珍藏本

纪念版

汉译世界学术名著丛书

政治经济学的
国民体系

〔德〕弗里德里希·李斯特 著

陈万煦 译

蔡受百 校

商务印书馆

SINCE 1897 The Commercial Press

2017年·北京

Friedrich List

THE NATIONAL SYSTEM

OF

POLITICAL ECONOMY

Translated by

Sampson S. Lloyd

Longmans Green and Co.

London·New York·Toronto

1928

本书根据朗曼斯·格林公司 1928 年版译出

汉译世界学术名著丛书
（120年纪念版·珍藏本）
出版说明

2017年2月11日，商务印书馆迎来120岁的生日。120年前，商务印书馆前贤怀揣文化救国的理想，抱持“昌明教育，开启民智”的使命，立足本土，放眼寰宇，以出版为津梁，沟通中西，为中国、为世界提供最富智慧的思想文化成果。无论世事白云苍狗，潮流左右激荡，甚至战火硝烟弥漫，始终践行学术报国之志，无改初心。

迻译世界各国学术名著，即其一端。早在20世纪初年便出版《原富》《天演论》等影响至今的代表性著作，1950年代后更致力于外国哲学和社会科学经典的译介，及至1980年代，辑为“汉译世界学术名著丛书”，汇涓为流，蔚为大观。丛书自1981年开始出版，历时三十余年，迄今已推出七百种，是我国现代出版史上规模最大、最为重要的学术翻译工程。

丛书所选之书，立场观点不囿于一派，学科领域不限于一门，皆为文明开启以来，各时代、各国家、各民族的思想与文化精粹，代表着人类已经到达过的精神境界。丛书系统译介世界学术经典，引领时代思想，为本土原创学术的发展提供丰富的文化滋养，为推动中国现代学术和现代化进程做出了突出的贡献。

为纪念商务印书馆成立120周年，我们整体推出"汉译世界学术名著丛书"120年纪念版的珍藏本，寄望既利于文化积累，又便于研读查考，同时向长期支持丛书出版的译者、编者和读者致以敬意。

两甲子后的今天，商务印书馆又站在了一个新的历史时间节点上。我们不仅要铭记先辈的身影和足迹，更须让我们的步伐充满新的时代精神。这是商务人代代相传的事业，更是与国家和民族的命运始终紧密相连的事业。我们责无旁贷，必须做好我们这代人的传承与创造，让我们的努力和成果不仅凝聚成民族文化的记忆，还能成为后来人可以接续的事业。唯此，才能不负前贤，无愧来者。

商务印书馆编辑部

2017年10月

中译本序言

德国资产阶级经济学者李斯特(Friedrich List，1789—1846)的名著《政治经济学的国民体系》,是一部在经济学说史上有重要地位的资产阶级经济学著作。

李斯特是资产阶级政治经济学历史学派的先驱者。历史学派在19世纪40年代以后是德国资产阶级经济学中居统治地位的学派,它一方面反对资产阶级古典学派,一方面又同空想社会主义学说作斗争。19世纪下半期又兴起了新历史学派,它成为当时庸俗经济学的主流之一,这个学派的代表人物反对马克思主义,它的学说也是修正主义思想的一个来源。历史学派对其他国家,特别是对美国资产阶级经济学产生了很大的影响,制度学派就是德国历史学派在美国的变种。

李斯特的《政治经济学的国民体系》出版于1841年。当时德国是一个落后的农业国。地主贵族掌握着政权,国内保留着封建农奴制度。拿破仑战争以后,德国的邦数已由三百个减少到三十八个,但是各邦有自己的关税壁垒,各邦内部各个省区也分别规定有地方税率。这种情况大大妨碍了商品流通的发展和全国市场的形成。为了消除这种阻碍,德国资产阶级早在1819年就建立了工商业协会(由李斯特等人领导),1834年更成立了统一的关税同盟，除了奥地利和一些小邦，其他各邦都参加了。由于共同税界的确立，大工业特别是纺织工业获得了比较迅速的发展，1835 年建筑了第一条铁路。可是国内政治上的统一还没有完成，工业的发展还远远地落后于英国和法国。当时英国已经完成了从工场手工业向机器大工业的过渡，法国的工业也有很大的发展，它们竭力提倡在国际市场上开展自由竞争，以大量廉价的商品冲击德国的市场。怎样摆脱外国自由竞争的威胁，促进德国大工业的发展，成为德国资产阶级的迫切要求。李斯特的这部著作就是适应德国资产阶级的这个需要而出版的。

英法资产阶级的主张是以古典学派的经济理论为依据的。针对英法资产阶级的主张，李斯特提出了自己的生产力理论，并且创立了国家经济学来同古典学派斯密、李嘉图等人的经济自由主义理论相对立。

李斯特理论体系的中心是对于生产力的研究。他的生产力概念中，既包括“物质资本”形成的生产力，也包括“精神资本”所创造的生产力，即人类知识积累所创造的生产力。他认为，不仅体力劳动是生产力，而且脑力劳动、管理、组织都应包括在生产力之内。他认为古典学派的理论是狭隘的，因为它只讨论“价值”，不注意生产力。李斯特的这些观点，一方面反映了他对生产力问题的重视，另一方面却表现出他对价值理论的不应有的轻视，因为如果没有科学的价值理论作为基础，是不可能正确理解生产力的发展及其在经济中的作用的。

斯密、李嘉图从他们的价值理论出发，认为在别的国家中生产费用较低的商品，毋庸在本国生产，因为花钱向别的国家购买更为合算和有利。李斯特反对这种说法。他说:“财富的生产力比之财富本身,不晓得要重要到多少倍。”向别的国家购买廉价的商品,表面上看起来是要合算一些,但是这样做的结果,德国工业的生产力就不能获得发展,德国将处于落后和从属于外国的地位。而采取保护关税的政策,起初会使工业品的价格提高,经过一定时期,生产力提高了,商品生产费用就会跌落下来,商品价格甚至会低落到国外进口商品的价格以下。因此,“保护关税如果会使价值有所牺牲的话,它却使生产力有了增长,足以抵偿损失而有余”。我们知道,国际间的自由贸易,是一些先进资本主义国家掠夺落后国家的手段,斯密、李嘉图的说法显然掩盖了这种性质。

李斯特的保护关税主张是同古典学派的自由贸易政策针锋相对的。但保护关税并不等于李斯特的全部政策主张。李斯特从自己的生产力理论出发,提出了包括实行保护关税在内的一系列发展生产力的建议。例如,他主张实行专利政策,保护科学技术的发明和创造;他主张从国外吸收先进的技术和学习经营管理的方法;他认为有必要发展本国的教育事业,培养科学技术人才;他主张制定各种经济立法,等等。尽管他错误地把宗教、政权、司法都包括在生产力概念之内,认为法官和行政官员也是生产力,但他的有关发展生产力的政策建议却有利于德国工业的发展,有利于工业落后的德国赶上工业发展早的资本主义国家。

为了加速发展本国的生产力,李斯特认为国家对经济的干预是不可缺少的。这一点又与古典学派的学说截然不同。

古典学派认为,资本主义各国都只生产生产费用比较低的商品,其他商品向别的国家购买,就可以形成合理的国际分工,而实现这种分工只须经由自发的自由竞争，国家不要干预。李斯特认为，这种理论是一种世界主义经济学，它抹杀了各个国家不同的经济发展水平和历史特点，错误地以“将来才能实现”的世界联盟作为研究的出发点。李斯特提出各国的经济发展必须经历五个阶段：原始未开化时期、畜牧时期、农业时期、农工业时期、农工商业时期。只有每一个国家都达到了它们可能达到的阶段，并“有一个包括一切国家在内的世界联盟作为持久和平的保证”，国际间的自由竞争才对一切国家有利。他认为当时德国正处在农工业时期，要过渡到农工商业时期，必须依靠国家采取一些具体的政策措施扶植本国工商业的发展，其中最重要的就是保护关税政策。因此，在现阶段不能有什么世界主义经济学，而只能有所谓国家经济学。国家经济学的任务就是“研究如何使某一指定国家（在世界当前形势下）凭农工商业取得富强、文化和力量”，提出“国家为了改进它的经济状况所应当遵行的政策”。

李斯特与古典学派之间的这场争论反映了英法资产阶级和德国资产阶级处于不同的历史地位。在英法资本主义工业发展初期，西欧各国的工业发展程度差别不大，谁也不能操纵国际市场，但是为了防止外国的工业品侵入本国市场，英法资产阶级曾经觅取国家的保护。产业革命以后英法工业生产技术大大提高，国内市场已不能满足资本主义生产发展的需要，同时资产阶级也有了充分的力量来在国际市场上开展自由竞争，因此他们放弃了保护贸易的主张，竭力倡导自由贸易。在这时德国的工业技术却落后得多，资产阶级面对着先进的资本主义国家的竞争，比工业发展初期的英法更加需要保护关税制度，因为这样，以李斯特为代表的德国资产阶级也就特别强调国家的干预作用。

古典学派的自由贸易和国际分工理论为英法资产阶级夺取国际市场提供了理论根据。但是他们在考察经济问题时运用了抽象方法，认为资本主义生产的某些客观规律（比如价值规律）具有普遍性，这在经济科学上是有积极意义的。李斯特从德国一国的情况出发，强调研究各国的历史特点，反对抽象的理论分析，这就使他沉陷在纷繁复杂的历史事实和表面的经济现象当中，看不到资本主义生产的内在联系。李斯特关于国家经济发展的五个阶段的论点，就是从表面现象出发的，它只看到了各个时期的国民经济部门的消长，而没有看到社会发展过程中最本质的关系——生产关系的发展和变化，因此它不可能反映社会经济形态的真实变化。从李斯特反对古典学派的劳动价值论，否定一般经济规律，用错误的社会发展阶段论来解释人类社会的发展等方面来看，李斯特经济理论中的庸俗性是明显的。

另外，李斯特所谓当资本主义各国达到了高级阶段，它们就可以建立起平衡发展、和平合作的关系，这与资本主义发展的实际也是不符合的。资本主义经济政治发展的不平衡是一种绝对规律。历史表明，资本主义越发展，这种不平衡性就越严重，各国的利害冲突也就越发激剧，根本不可能实现他所设想的德、法、英、美等国的平衡发展。李斯特自己也早就说过，未开化民族和热带国家不能超越畜牧时期和农业时期，只能处于殖民地的地位，而德国则具有一切优越的条件，应当运用国家力量拥有大量殖民地，并且应当吞并比利时、瑞士、荷兰等邻国，以便尽快地过渡到最高阶段。这里丝毫没有什么和平合作，而只是殖民主义、兼并原则在主宰一切；国家也已经不作为保卫民族独立的手段，而是实行殖民政策和侵略政策的工具了。从这里也可以看出，李斯特的所谓国家经济学是以德国资产阶级的利益为中心的一种经济学。正如一切资产阶级学者一样，李斯特是把阶级利益假托为国家利益的。在这个争论当中，李斯特和自由贸易论者一样都是以人民利益代表者的姿态出现的。古典学派说，实行自由贸易有利于全国人民，可以使工人得到"廉价的粮食，高额的工资"。李斯特却说，"在保护制度下使国内工业有了保障，国内市场由此获得的利益是人人可以自由享受的。"工业发展了，对农产品的需求就增加了，农产品的价格、地租和地价随着提高，工人也就可以获得较高的工资。实际上这些说法都是资产阶级为了取得劳动人民的支持而散布的，它们掩盖着资产阶级贪得无厌的私欲。马克思、恩格斯早已指出，自由贸易和保护关税都是资产阶级的政策体系，采取这种政策还是采取那种政策取决于资产阶级所处的历史条件，但是资产阶级考虑问题的出发点都是本身的利益。恩格斯说得很清楚："不论占统治的是保护关税制度还是自由贸易制度，或者是以这两者的原则为基础的混合制度，工人得到的工资都不会多于他维持起码生活所绝对必需的。不论实行哪种制度，工人得到的都只能是维持他这架开动着的工作机所必需的。"①因此，对于工人阶级，问题不是在于选择哪一种政策，而是如何从资本的奴役下获得解放。

李斯特是 19 世纪中期德国资产阶级的经济思想家，而当时的

① 《保护关税制度还是自由贸易制度》，《马克思恩格斯全集》第 4 卷，人民出版社 1958 年版，第 68 页。

德国资产阶级在政治上是软弱的。这种软弱性也反映于李斯特的经济学说中。例如，在德国地主贵族阶级势力强大的情况下，李斯特只主张对工业品实行保护关税政策，而反对对农产品的进口征收保护关税；又如，由于资产阶级害怕人民力量壮大，不敢提出消灭封建统治的任务，他们只想争取建立地主贵族和新兴的资产阶级共掌政权的国家，在这样的情况下，李斯特就不敢明确提出反对地主的高额地租，而要强调工业生产力的发展如何有利于地主和农业经营者（第 20、34 章），以便说服他们在这样的国家里实行工业化。尽管这样，李斯特所宣传的工业保护关税政策还是遭到了普鲁士地主的反对，李斯特本人也受到了迫害。

李斯特的国家经济学不仅是用来反对古典经济学的自由贸易理论，而且是用来抵制空想社会主义的思想影响的。德国工业资本主义的发展给工人阶级带来了悲惨的境遇，当时工作时间没有限制，工资十分低微，资本主义的罪恶已经明显地暴露出来。这种情况引起了德国空想社会主义者的批判，英法空想社会主义者的著作也在德国传播开来。为了维护资本主义生产方式，李斯特极力强调空想社会主义思想对于国家的"危害"作用。他说："也许世界潮流正趋向于实现这类学派所想象或预见的局势；但是依我的看法，这种局势无论如何总要经过许多世纪以后才有实现的可能。……就我们这个时代的任务来说，似乎并不是在于将人类组织拆散成像傅立叶所提倡的许多'小型共产制社会'（法郎吉），从而使每个人获得尽可能均等的身心享受，而是在于改进或提高一切国家的生产力、文化水准、政治状况与权力，并使各国在这些方面尽可能趋于均等，为世界联合事前做好准备。因为即使我们承认，在当前世界形势下，那些在傅立叶派心目中的直接目的可以通过每个'小型共产制社会'实现，由此对于国家权力与独立自主权又将发生什么影响？这时已被分划成若干'小型共产制社会'的国家，就有可能被一些比较落后、依然保持着旧制度的国家所征服，使这些未成熟组织连同整个国家一并遭到毁灭。"为了进一步抵制空想社会主义的思想影响，李斯特还把"国家生产力的联合"中的生产关系理想化。他说："在一个国家，就像在一个制针厂一样，每一个个人、每一个生产部门、以至整个国家的生产力所依靠的是彼此处于适当关系中的一切个人的努力。我们把这种关系叫作生产力的平衡或协调。"这就是说，在资本主义国家内部，各个根本利益不同的阶级可以和谐相处，共同为发展生产力努力；资本主义各国的生产力的发展，可以形成资本主义世界的联合和协作。空想社会主义者早已看穿资产阶级的"理性王国"的破产，而李斯特却仍在大吹资本主义生产方式是最理想的生产方式，资本主义社会将永恒存在，并以反对资本主义社会只能使国家毁灭来危言耸听。从这里可以明显地看出李斯特理论的阶级本质。

马克思和恩格斯都肯定地指出，李斯特在同古典学派争论中所作出的实际结论具有一定的进步意义。保护关税制度对于当时的德国资产阶级是必要的，它使德国的大工业获得了巨大的发展，从而加强了资产阶级的力量，提高了他们在反对专制制度中的地位和作用。马克思指出："保护关税成了它反对封建主义和专制政权的武器。"[①]为

① 《关于自由贸易的演说》，《马克思恩格斯全集》，第 4 卷，人民出版社 1958 年版，第 459 页。

了有效地实行保护关税制度，李斯特在这本书里强调要实现德意志政治上的统一，实行资产阶级“自由制度”。他说：“一个单独的城市或一个小邦与大国进行竞争时，决不能成功地建立或保持保护政策。”“缺少了自由制度以后，公民个人方面无论怎样地勤奋、俭约、富于创造能力和智慧，也不能有所弥补。”以上这些主张，对于德国由封建制度加速地向资本主义制度发展无疑是起到了促进作用的。

但是，马克思、恩格斯也指出了，李斯特的理论体系是错误的、不科学的。李斯特把政治经济学归结为一门研究特定国家的国民经济的科学，从而否认了反映资本主义生产内在联系的客观规律具有普遍的意义。在他的国家经济学中，他把他的生产力理论同古典学派的价值理论对立起来，片面地强调了国家对于经济发展的决定性作用。他关于国家经济发展阶段的学说，把社会历史的发展归结为国民经济部门的变迁，而撇开了生产关系这个根本因素。在他的“国家”中，各阶级为了共同的利益紧密合作，一切阶级矛盾都消失不见。李斯特的理论，对于德国后来经济思想的发展具有重大的影响，资产阶级历史学派的庸俗经济学就是承袭并发展他的这些庸俗观点而形成的。

李斯特的理论和他的保护关税的主张，在解放前对我国的一些经济学者也曾发生一定的影响。早在 1927 年他的这部著作就曾在我国翻译出版（书名为《国家经济学》）。翻译出版李斯特的著作，反映了当时某些人士依靠国家的保护来发展本国资本主义的愿望。但是，旧中国的情况和 19 世纪 30、40 年代的德国有很大的不同。当时的德国缺乏民族统一，统一的国内市场刚开始形成，因而李斯特创立了保护关税政策，对内是要促进资本主义的发展，而对外又是要和先进的资本主义国家英、法两国一争长短。中国的情况则是：辛亥革命以后，军阀混战，国家处在四分五裂的状态中，这首先是国际帝国主义侵略政策的结果；关税不能自主，也正是国际帝国主义在政治上、经济上全面控制中国的结果。在帝国主义的手掌中倡议保护关税政策，在实质上是不会触动帝国主义的一点利益的。不进行反对帝国主义和封建主义的斗争，企图依靠保护关税政策来求得中国的独立富强，这显然是一种幻想。

胡 企 林

1980 年 9 月

目录

英译者序

大约五年前，当弗里德里希·李斯特（Friedrich List）的作品在德国出版并广泛流行的时候，《泰晤士报》驻柏林记者就本书当时在德国所发生的有利于采行保护贸易政策的巨大影响，及时地写了一篇评论。

最初引起我对李斯特著作的注意的，就是他的经济学说这种在实际影响上的确凿现象。经仔细阅读了他的著作以后，使我感到有译述这本书的必要，这是为了让英国读者有机会自己来判断李斯特的说法是否正确，论据是否可靠。

本书包括四个部分——历史、理论、学派和国家经济政策。应当注意到，所有这一些都是在1844年以前写的，尤其是其中第四部分所说的一些政治情况与商业政策，大部分现已不复存在。当时英国所施行的谷物法、航海条例及一般保护税制还没有取消，德国工业还处于幼稚状态，德国各联邦的关税也比较轻微，英国仍然能够供应它们所需工业品的大部分。

因此乍看起来，把叙述与四十年以前情况特别有关的一本书放在今天读者的面前，这似乎是一个时代错误。但是李斯特所阐述的一些原理，它的主要特征固然与某一个时期相适应，然而也同样与另一个时期相适应；我们当可看到，这些原理所以在今天还值得加以考虑，其间具有特别有力的两个理由。首先，我们很有理由可以相信，这些论点直接促成了世界上两个大国德国和美国的商业政策；其次，这些论点对保护制度原则提供了确定的科学基础，虽然在英语殖民地奉行着这个原则，在英国有不少事业经营者和商业经济学者信守着这个原则，但迄今为止，英国作家对于这一原则的阐述还只是局部的，不够完整的。

我们看到李斯特学说的基本概念，是农产品和原料的自由输入，辅之以本国工业对抗外国竞争时有效的、但不过分的保护（借助于关税）。按照他的见解，要支持本国农产品及原料的生产，最有效的办法是使在这样保护下的繁荣的工业继续存在。由此可见，他所提倡的制度，一方面与英国所采行的片面自由贸易下无条件自由输入的制度不同，另一方面与俾斯麦首相目前所显然赞同的对食物、原料以及工业品输入一概征收保护关税的制度也有所不同。

李斯特对于他所认为真正的"政治"经济学与亚当·斯密及其信从者（英国的和外国的）的"世界主义"经济学两者之间实际上划分了清楚的界线；他竭力拥护"国家"政策，反对"世界贸易"政策，后一政策虽已由英国采行了将近四十年，但实际上还没有博得任何其他文明国家的好感。

李斯特当反对他所认为有害的谬论世界主义学说时，对于英国在当时所享有的商业优势，有时尝加以严厉抨击。但他绝不是英国的敌人，实际上对于英国的政治制度衷心赞赏，热烈主张英德两国结成联盟。"英国和德国，"他说，"在东欧问题上有着共同的政治利益，而英国为了密谋反对德国关税同盟，反对德国在商业上、经济上的进展，以致为了次要的贸易利益而牺牲了最高政治目标，对于这种目光短浅的商店主政策，它将来是一定要感到后悔的。”他还写了一篇简短而有力的论文《关于英德联盟的价值及其必要性》，向英国政府和普鲁士政府有所建议。

我翻译这本书时力求忠实于原作的内容。关于原作的一些繁冗之处既没有试图有所节略，对于原作的风格也没有擅自有所改动，原文中用斜体或大写来加重语气的地方也悉仍旧贯。有些人对李斯特论断的一部分或全部是准备接受的，这些人在我们国家或者还不在少数，他们是一定喜欢将他的学说和论据不加修饰，不加窜改，照原样表达的；有些人是反对他的学说的，他们大概也是愿意看到这位德国关税同盟的有智力的创导者对世界表达他的意见时所用文字的本来面目的。

劳埃德，1885 年

著者自序节录

我对于一般流行的政治经济学理论的真实性曾有所怀疑，对于在我看来的错误以及发生这类错误的根本原因拟加以探讨；自从怀有这一企图以来，直到现在，已经过了三十三年以上的时间。我的职务（教授职务）使我有了担任这一工作的动机；反对意见是无可避免的，但这一事实却更加促使我要把这个工作深入一步。

与我同时代的德国人当不会忘记德国的幸福生活于1818年已经衰退到了什么程度。我为了做好准备，对于政治经济学作了研究。关于在这个问题上前人所想过和写过的东西，我使我自己有了与别人一样的充分了解。但是把这门科学就按照它目前形态来教导青年，这样的做法我不能满足；要提高德国文化、生活和权力应当通过什么样的经济政策才能实现，我希望能把这个教给他们。流行学派所告诉我们的是自由贸易原则。当考虑到法国取消各省间的关税，考虑到三个王国处于大不列颠一个政府之下的情况时，这个原则显得是与常识相调和一致的，也是被经验所证明了的。但是拿破仑大陆制度的非常有利效果以及这一制度取消以后的危害现象都是近来的、活生生的事实，这一切都不容忽视；这些与我以前凭观察所得的认识都好像是直接矛盾的。我想肯定一下这个矛盾是在什么基础上产生的，当我这样思考时，我想到了一个念头——流行理论原来是完全正确的，但是只有当一切国家都像在上述各州各省一样的情况下遵守着自由贸易原则时，这个理论才有其正确性。这就使我要考虑到国家的性质。我所发觉的是流行学派并没有考虑到国家，它所顾到的，一方面是全人类，另一方面只是单独的个人。我清楚地看到，两个同样具有高度文化的国家，要在彼此自由竞争下双方共同有利，只有当两者在工业发展上处于大体上相等的地位时，才能实现。如果任何一个国家，不幸在工业上、商业上还远远落后于别国，那么它即使具有发展这些事业的精神与物质手段，也必须首先加强它自己的力量，然后才能使它具备条件与比较先进各国进行自由竞争。总之，我发现世界主义经济学与政治经济学两者之间是有区别的。我认为德国必须取消国内关税，采用统一的对外商业政策，由此来努力达到别的国家凭了它们的商业政策在工商业发展上所达到的标准。

1819 年，弥漫于整个德国的是有关政治新制度的种种方略与策划。君主和臣属，贵族和平民，政府官吏和学者，他们所忙着的都是这件事。德国就像遭过了一次战争破坏以后的一座家园，以前的家主回来了，一切都想重新动手布置起来。有些人一切都想率由旧章，甚至在每一个细节上都主张照原样不动；有些人想全部更新，彻底改用现代装备；还有一些人则常识与经验两者并重，希望走中间路线，使过去的主张与现在的需要相配合。到处是意见上的矛盾和冲突，到处是以促进国计民生为宗旨的团体和组织。国会宪法本身就是草创的，是在仓猝中拟就的，多数有知识、有思虑的政治家都认为这只是一个粗具规模的雏形，此后可望逐渐加以改进。宪法中有一条（第十九条）显然为建立国家商业制度留下了余地。我认为这一条为我们祖国今后工商业的繁荣提供了一个基础,由此就起了这样一个念头,要想组织一个德国工商业协会,目的在于取消我们的国内关税,使德国全国能采用统一的商业政策。这个协会最初怎样生根,怎样导使开明的、胸怀磊落的巴伐利亚和符腾堡统治者采取一致行动,随后又怎样建成了德国关税同盟,这些都是人所共知的。

作为德国工商业协会的一个顾问,使我处于很困难的地位。所有受过科学教育的从业员,所有报纸编辑,所有关于政治经济学的作家,都受到了世界主义学派的熏染和陶冶,对于任何一种保护税制都认为在理论上是站不住脚的,是犯忌的。他们的后援是英国势力,是在德国口岸和商业城市那些经营英国商品的商人。尽人皆知,英国政府通过"机密费"的布置,在操纵国外舆论方面,它所拥有的是如何强有力的一个手段;只要有助于它的商业利益,它是从来不惜任何代价的。于是在汉堡和不来梅,在莱比锡和法兰克福,出现了大批的、数不清的新闻记者和报刊社论作者投入阵地,对于德国工商业者施行统一保护税制的"不合理愿望"加以谴责,对于这些工商业者的顾问更竭尽所能地加以诋毁;例如,他们说这位顾问对于科学最高权威所倡导的政治经济学基本原理根本一无所知,或者说,他根本就没有这样的智力来理解这些原理。流行经济理论以及德国学者们的见解原来是站在他们一面的,这就使这些为英国利益说话的人,在进行工作时更加得心应手。

在这一场斗争中,双方所拥有的武器显然是不均等的。一方有的是经过细致加工、彻底条理化的一套理论,是一个完整的学派,是一个强有力的党派,在每一个议会、每一个学术团体中都有它的拥护者,还有最重要的一点是它拥有一个强大的动力——金钱。而另一方则情形截然不同,它没有钱,内部分裂,意见分歧,绝对缺乏理论基础。

在势难避免的日常辩难的进行中,使我认识到价值理论与生产力理论之间的区别,认识到流行学派从资本这一名词所引起的错误的论证方向。我看到了工业力量与农业力量之间的差异。由此发现了这个学派论证错误的症结所在;它以那些只能适用于农产品自由贸易的理由为依据,借此来证明工业品自由贸易的正确。我由此对于分工原则获得了进一步的完整理解,看到了这个原则对整个国家来说可以适应到什么程度。后来一个时期,我到奥地利、匈牙利、瑞士、法国和英国去游历,想从在这些国家实际情况的考察中,想从书本里,随处吸取教训。随后我又访问了美国,这个时候我撇开了一切书本,这些书本是只会把我引入迷途的。在那块新大陆上,关于政治经济学我们可以读到的最好的书本就是现实生活。在那里我们看到,一片荒野会发展成为富强的国家;在欧洲需要几百年才能看到的进步,在那里这样的进步过程就展现在我们眼前——由纯粹狩猎生活进而饲养家畜,进而从事农业,进而经营工业和商业。在那里可以看到地租由零点进而成为巨大收入的逐步增长过程。在那里一个朴素的农民对于农业如何改进、地租如何增长所懂得的,实际上要比旧世界中观察力量深刻的学者多得多;他会把工业家和技工吸引到他的身旁。运输工具的重要以及这一点对于人民精神生活与物质生活的影响,在那里再没有比别的地区能够看得更清楚的了。

我认真地、勤勤恳恳地学习了那个现实生活的书本,同我以前研究、经验和思考的结果作了比较。

结果是(那是我所想望的)提出了一个学说体系;这个体系,不管它可能还显得怎样地不够完整,却并不是建立在空洞的世界主义之上的,而是以事物本质、历史教训和国家需要为依据的。它提供了使理论与实际相一致的手段,使政治经济学能够为每一个有教育的人所理解。政治经济这门科学,过去由于学者们的过分夸张,由于其间的矛盾百出,由于名词使用的全不正确,人类的正常意识曾被它所迷惑。

我要说明一点,作为我的学说体系中一个主要特征的是国家。国家的性质是处于个人与整个人类之间的中介体,我的理论体系的整个结构就是以这一点为基础的。我曾一度有些迟疑不决,是否应将我的学说体系称作自然体系政治经济学,有一位朋友从旁劝阻,他说有些粗心大意的读者对这个名称难免要发生误解,认为我这本书所说的只是变相的重农主义。

流行学派对我曾加以诽谤,说我所想望的只是恢复所谓重商主义。但是读这本书的人会看到,在我的理论中对于那个备受责难的重商主义体系只是采纳了其中有价值的部分,它的谬误之处则一概摒弃;就是关于所采取的那些有价值部分,采取时的依据也与所谓重商主义学派完全不同,是以历史与事物本质为依据的;我又就那些来源中关于世界主义学派所一再竭力主张的论点初次作了驳斥,关于那些以空洞的世界主义、意带双关的名词的使用以及不合逻辑的论证为依据的一系列推论,初次加以揭露。

这里对于各个作家或整个学派的意见和著作加以驳斥时,如果所使用的言词有时显得过于激烈,那么要晓得这并非出于个人的狂妄夸谩。我认为我所驳斥的一些见解是有害于公众福利的，因此必须加以严厉的抨击。而且声望卓著的作家，他们错误的危害性比声望较差的更大，因此对于这些人的驳斥就不能不更加严厉。

各方对于我的批评有些是耿直的，并不是轻率的，例如关于论证时要点叙述的重复，对这方面的批评我应作一些解释。凡是研究过政治经济学的人都知道，在这门科学里，所有各个论点总是相互结合在一起的，因此与其听任某一点含混过去，不如把它重复十次，这比避免重复的办法要好得多。我没有仿照时下的风气多所引证。但是可以说，我所读到的多于我所引证的何止百倍。

我写这篇序言的时候深切感到，在我的作品里可能发现许多缺点；不仅如此，就是让我自己现在来重写一遍，有许多地方也许还可以写得好些。我唯一感到高兴的是，情形尽管是这样，在这本书里仍然可以找到许多东西是新的，是千真万确的，而且特别对于我的祖国，德国，多少是有些利益的。

第一编　历史

第一章　意大利人

当欧洲文艺复兴时期，在工商业方面所处地位，再也没有一个国家能够像意大利那样有利的。粗野横暴的行动并没有能完全摧毁古罗马的文化和文明。那里的耕作方法虽然拙劣，但气候温和，土地肥沃，为广大人民产生了丰富的食料。最不可少的艺术和工业，仍然像古罗马地方自治制度一样地保存着，很少受到破坏。沿海一带渔业发达，到处都足以培养海员，沿意大利漫长海岸线的航运使它内地运输设备不足的情况大大地获得了补偿。它与希腊、小亚细亚、埃及相近，海上交往频繁，使它对东方贸易获得了特有便利，这类贸易以前范围虽不广，是经由俄国与北方的各国进行的。由于这样的商业活动，意大利就势所必然地获得了希腊从古代文化保存下来的许多知识、许多艺术和工业。

从意大利各城市在鄂图大帝(Otho the Great)下获得解放时起，就证明了在历史上今古相同的一个公例，自由与生产事业两者总是分不开的，虽然它们出现的先后往往有参差。不论在哪里，如果工商业有了发展，我们就可以断定，在那个地方自由的获得已为期不远；否则，如果自由的旗帜已经在那里飘扬，也就可以断定，那里的生产事业迟早将获得发展。个人如果获得了物质或精神上的财富,他就要想把他所获得的遗留给后代,就必然要努力争取这方面的保证;否则如果他已获得了自由,他就必然要倾其全力来改善他的物质和精神状态。这样的演变是再自然也没有的。

自从古老的自由国家瓦解以后,意大利城市那种自由、富裕的社会的灿烂景象,就再度涌现于世界舞台。许多城市,许多地区,先后上升到了繁荣状态,并且由于十字军活动,在前进道路上更加受到了强有力的刺激。十字军战士以及他们装备和军需的运输,对意大利说来,不但有利于它的海运事业,而且提供了一个大好机会,使它与东方建立了商业关系,从而传入了许多新的生产事业、新发明、新植物品种,还使它学会了许多新的享乐方法。另一方面,出于同一原因,封建统治的压力趋于衰弱,在许多方面势力减退,这就使城市和乡村土地耕种两方面都获得了更大的自由。

佛罗伦萨,次于威尼斯和热那亚,它的工业与货币兑换业的发展特别显著。当12及13世纪,这个城市的丝织业和毛织业已经十分发达,这些行业的同业公会是参与国家政务的,共和国就是在它们的影响下组成的。单单一个毛织业就拥有二百个工厂,年产毛织品八万匹,原料是从西班牙输入的。此外还从西班牙、比利时、法国和德国输入未经加工的毛织品年值三十万金季尔盾(gulden),[①]在佛罗伦萨加工以后再转运到地中海东部沿岸各国。佛罗伦萨是意大利全境的金融中心,有八十个银行机构。[②] 它的政

① 季尔盾即福林,是13世纪时在佛罗伦萨创铸的金币,重五十四喱,一时德、法、匈、奥等国均通用。——译者

② 德·莱可吕斯:《佛罗伦萨的兴废》,第23、26、32、103、213页。

府岁入达三十万金季尔盾（合我们现在的货币一千五百万法郎），比那个时候那不勒斯或亚拉冈（Aragon）王国的收入要多得多，比伊丽莎白女王时代不列颠和爱尔兰并计的岁收也还要多。[①]

由此我们可以看到意大利在12与13世纪时是具有国家经济繁荣的一切因素的，在工业和商业方面都远远胜过其他一切国家。对别的国家来说，它的农业和工业是起着示范作用的，是仿效的动力。它的路政、运河在欧洲是首屈一指的。它的银行制度、航用罗盘、改进的造船技术、汇兑制度，还有许许多多极有用的商业习惯和商业法规以及市政和政治制度的大部分，都是独步一时的，文明世界在这些方面都是沾了它的光的。它的商业、海运和海军在南部海洋一带是占绝对优势的。实际上它据有全世界的贸易，因为除了比较不重要的一部分贸易在北部海洋进行外，贸易的主要活动领域当时是以地中海与黑海为限的。它以工业品、奢侈品和热带产品供给一切国家，一方面向它们购入原料。但是意大利这样煊赫一时，却独独缺少一件东西，因此使它不能达到像今天英国这样的地位，因为它缺少了这件东西，所以一切别的繁荣因素都如风卷残云，一霎时化为乌有了；它所缺少的是国家统一以及由此而产生的力量。意大利的许多城市和统治势力并不是作为一个团体中的成员而存在着的，而是像独立的国家那样，一直在进行着互相残杀、互相破坏的。它们一方面对外进行着战争，一方面各自的内部也进行着冲突，民主、贵族、专制各种势力更迭起伏。这类冲突对于国家已具有莫大的危害性，但是由于外邦的侵凌，由于内部教门

① 贝奇奥：《意大利政治经济史》。

势力及其破坏影响而危害更大，从而使意大利各自为政的集团相互间形成了两个敌对派别。

意大利怎样自取灭亡，从它沿海各邦历史中可以清楚地看到。例如阿马斐（Amalfi），起初是既强且盛的（从八世纪到十一世纪），[①]它的船舶遍布海面，意大利以及地中海东部沿岸各国所流行的全是它的货币。它所拟具的海上法是最切实用的，当时地中海各口岸都以此为准绳。12 世纪时它的海军势力为比萨所摧毁，而比萨又亡于热那亚之手，然后热那亚自己经过了一百年的斗争，终于被威尼斯所屈服。

威尼斯本身的倾覆，似乎也是间接由于这种目光短浅的政策。如果意大利的海军力量能够联合起来，那就不但足以维持它在希腊、小亚细亚、爱琴海以及埃及一带的优势，而且它的势力可以不断扩大、加强，一方面还可以遏制土耳其在陆上的进展，防止它在海上的劫掠，同时关于好望角绕道与葡萄牙进行竞争也并不困难。

但实际的演变绝对不是这样，威尼斯只顾保全自己，结果自己也不能保全，它受到了它兄弟之邦以及邻近的欧洲强国的攻击，终于崩溃。

如果意大利的陆军力量能够有组织地联合起来，要保卫它自己的独立，反抗强邻的侵略，并不是件难事。它于 1526 年实际上也曾组成这样的联盟，但只是情势确已危急时一种临时的防御措置。这个联盟的领导人物以及各成员之间总是貌合神离，甚至互

① 阿马斐当全盛时代有五万人口。航用罗盘的发明者夫拉维欧·基欧就是那个地方的公民。那本对德国的自由和精神为害非浅的古籍《罗马会典》就是在阿马斐受到比萨人劫掠时（1135 或 1137 年）发现的。

相倾轧；就是由于这一点，使米兰终于被征服，托斯卡那共和国终于瓦解。意大利工商业的崩溃就是从这个时候开始的。[①]

威尼斯不论在它的早期或晚期，总是想单独地自成一国。当它只是同意大利的一些小邦或衰老的希腊打着交道时，它要通过地中海与黑海沿岸各国保持它工商业的优势，并没有什么困难。但是统一的、强有力的国家一朝出现在政治舞台以后，情势就立即非常明显，威尼斯这时显得仅仅是一个城市，它的贵族政治不过是地方性的。固然它征服了几个岛，甚至也征服了几处辽阔地区，但它只是把它们作为征服区域来治理的，因此（根据一切历史记录证明）每次的征服，不但没有能增强，反而削弱了它的力量。

当此时期，这个共和国所赖以壮大的那种内在的精神意志已经逐渐消失。威尼斯所以能达到富强，是爱国、英勇的贵族政治的成就，这种贵族政治是由发奋有为、热爱自由的民主精神产生的；只有在民主精神的自由的支持下，只有这种活力在贵族政治的爱国心、智慧与勇敢精神的指导下，威尼斯的富强局势才能存续并加强。但是贵族政治后来逐渐蜕化为专横的寡头政治，人民的自由与活力受到了摧残，随着这种情势的演变，富强的局势在表面上似乎还支持了一个时期，但是它的基础已经不复存在。[②]

① 由此可见，破坏意大利工商业的是查理五世，尼德兰和西班牙的情况也是这样。从他开始，把贵族看成是一个特权阶级，贵族经营工商业被认为是不体面的，这种想法对国家生产事业是一个致命的打击。在他以前，一般的见解适得其反；例如梅迪奇一族掌握政权以后很久还经营着商业。

② "这些贵族们既未尝为祖国流血，也没有辉煌的战绩使国家提高威信，扩大版图，只是安富尊荣，坐享租税；在这种情况下人们就不免要发生疑问，为什么有许多优秀的威尼斯居民他们自己不能在这个共和国当家作主呢？"（达律：《威尼斯史》，第 4 卷，第 18 章。）

孟德斯鸠曾这样说："一个不能自主的国家所求的是，保持它所已有的而不是争取它所未有的；相反地，一个自主的国家则志在于继续争取而不是保持现状。"[①]这句话当然十分正确，但是或者还可以再加上一句——任何人如果安于现状，不求进取，结果他必将后悔莫及，一个国家也是这样，任何国家如果不求进取，它的地位必将逐渐降落，终至覆亡。威尼斯这时不但不争取扩充商业或努力于新的成就，就是从别的国家已有成就中吸取一些利益的想法它都没有。当与东印度群岛通商的新路线发现以后，威尼斯人在那个地区的商业可能要受到排挤，但是他们对于这一点直到有了实际经验方才感觉，事前竟从未想到。世界上别的国家所已经看到的，他们非但没有看到，还不能相信；当新路线已经发现，情势已经有了变化，他们已受到了损害时，他们的努力方向不是企图参加新路线，设法分享一部分利益，而是坚持旧的通商路线。这时要在竞争中争取胜利，只有以果敢、进取的精神来巧妙地适应新形势，而他们却想使用一些小小的阴谋诡计来维持现局。当他们最后眼看到原有的有利地位已经丧失，眼看到东印度群岛和西印度群岛的财富不再流入他们自己的口岸而流到了加第斯和里斯本时，他们就像那些傻子、那些败家子一样，想乞助于炼金术。[②]

当这个共和国成长和发展时期，在"功勋录"(the Golden Book)上获得题名，就被认为是在工商业或在军事、民政方面努力

① 《法的精神》，第192页。

② 有个人叫做马科・布累撒丁诺，实际是一个骗子，他自称有炼金法术，受到了威尼斯权贵们的欢迎，当时竟把他看成是一个救星。(达律：《威尼斯史》，第3卷，第19章。)

有卓越成就的一种表扬。当时这种荣誉对外国人也是开放的;由佛罗伦萨移入的最出众的制绸者也荣获题名,就是一个例子。[1]但是自从认为荣誉与国家公务是贵族阶级的世袭权利以后,这个记录簿就不再启用。后来人们认为对于衰弱、穷蹇的贵族政治有给与新生命力的必要,这个记录簿又重新开放。但是在簿上获得题名的主要资格已不是像以前那样的对国家作出的贡献,而是财富与高贵门第。结果获得题名这件事的荣誉性渐渐丧失,不再受有重视,以致整整经过了一个世纪,在记录簿上也没有发现任何新题名。

如果我们从历史上来检查一下这个共和国和它工商业衰亡的原因,就可以看出,主要是由于衰弱无能的贵族阶级的愚昧、顽固和懦弱以及陷于奴隶地位的人民的漠不关心,置身事外。即使绕行好望角的新航道没有发现,威尼斯工商业也仍然是逃不了衰落命运的。

威尼斯衰亡原因与意大利的所有其他共和国如出一辙,不外是国家统一观念的缺乏、国外强邻的优势、国内教门的统治以及在欧洲更加强大而统一的国家的勃然兴起。

如果我们仔细考察一下威尼斯的商业政策,就不难一眼看破,现代工商业国家的商业政策不过是威尼斯政策的依样葫芦,只是在规模上有所扩大(即扩大为全国性的)而已。通过航海法与关税

---

① 威尼斯,正如荷兰与英国后来所执行的政策那样,利用了一切机会把外国人的工业和资本吸引进来。例如卢加的天鹅绒与锦缎制造业在 13 世纪已经很发达,那里的丝业生产者由于不堪暴君卡斯特罗绰·卡斯特拉卡尼的压迫,曾大批移入威尼斯。(桑度:《威尼斯史》,第 1 卷,第 247—256 页。)

政策，在不论哪一种情况下，所保护的总是本国的船舶、本国的工业，所防御的总是外国的船舶、外国的工业；从外国输入原料，以制成品输出国外，总是一个妥善的政策；这些，在那么早的时期就已经奉为对外贸易的准则了。[①]

近来有人为绝对的、无条件的自由贸易原则辩护，认为威尼斯衰亡的原因就是在于它的保护政策。这个说法所含的真理很少而错误却很大。如果我们平心静气地考察一下威尼斯历史，当可看出，就它的情形来说，正与后来范围较大的国家情形相同，国际贸易的自由和限制，对于国家的富强有时有利，有时有害，是随着时期的不同而变化的。无限制的自由贸易对于这个共和国在成立的初期是有利的；它要从仅仅是一个农村的地位上升到商业强国，除此以外又有什么别的路可走呢？当它达到了某一富强阶段时，保护政策也仍然对它有利，因为它由此可以取得工商优势。但是当它的工业力量已经有了发展，已经处于优势地位时，保护政策就开始对它不利了，因为由此使它与一切别的国家的竞争处于隔离状态，这就要发生懈怠情绪。所以真正对威尼斯有害的，并不是保护政策的采用，而是当采用的理由已成过去以后，对这个政策仍然坚持不舍。

因此，上述为自由贸易作辩护的论据有一个重大的错误，它没有考虑到世袭君主制各大国的兴起。威尼斯虽然是一些地区和岛屿的统治者，但它一直是意大利的一个城市，当它上升到工业强国的地位时，还是同别的意大利城市在进行着竞争；只要具有统一力

① 西斯蒙第:《意大利各共和国历史》，第 1 部分，第 285 页。

量的、完整的国家还没有对它展开竞争，它的禁制性商业政策就是绝对有利的。但是一旦情势有了变化，这些大国同它展开了竞争以后，这时它除了使它自己成为统一的意大利的首脑，使它的商业体系囊括整个意大利国家以外，就再没有别的方法可以维持它的优势地位。从来就没有一种商业政策能使一个单独的城市对许多统一的国家长期保持商业优势的。

从威尼斯这个例子（就这一例证可据以反对今天的商业保护政策这一点而言）中，我们可以得出的结论恰恰就是这一点——一个单独的城市或一个小邦与大国进行竞争时，决不能成功地建立或保持保护政策；还有，任何国家，借助于保护政策，据有了工商优势，达到了这个地位以后，就能够有利地恢复自由贸易政策。

关于上述论争以及牵涉到国际贸易自由这一问题的一切其他讨论，往往会有一种误解，这种误解是许多错误论点发生的根源，这就是对于"自由"这一名词的误会。当我们谈到贸易自由时，我们心目中的自由是与我们谈到宗教自由或内政自由时一样的。因此拥护自由的善意的人们就感到特别需要维护一切形式的自由。因此"自由贸易"就成为一个通俗名词，而对一国范围以内的贸易自由与国与国之间的贸易自由，不加必要的区别了。然而事实上这两者的性质与作用都截然不同，犹如天渊之别。国内贸易方面的限制只有在极个别情况下才与公民的个人自由不相抵触；而在国际贸易方面，高度的保护政策却可以与最大限度的个人自由并行不悖。事实上最大限度的国际贸易自由，它的结果甚至能使国家沦于奴隶地位，这一点以后谈到波兰的情况时当有所说明。关于这一点孟德斯鸠说得很对，"商业在自由国家里所受到的限制最大，而在专制政体下所受到的限制则最小。”①

第二章　汉撒商人

当经营工商业的意志和自由精神在意大利已经有了充分发展，已经越过了阿尔卑斯山脉，弥漫于日耳曼，并在北海沿岸一带树立起了新的基础时，意大利各城市最伟大的解放者亨利一世就开始发动建立新城市，一方面扩大古罗马属地旧址和他直辖领土中原有的那些旧城市。

亨利一世和他的后继者，正同后来的法国和英国国王一样，都把城市看做是能抵消贵族政治的势力的最强大的力量，是国家最大的财源，是国防的新基地。这些城市，由于与意大利各城市有商业关系，由于对意大利生产事业的竞争以及它们自己所享有的自由制度，因此获得了迅速发展，不久就实现了高度繁荣与文化。和平相处的同胞生活形成了在艺术上、工业上的进取精神，也产生了在财富上、事业上争取成就、出人头地的热烈愿望。物质财富的增进，反过来又激起了在提高文化、改善政治状况上的努力。

北日耳曼沿海城市是强盛的，具有朝气勃勃的自由精神，欣欣向荣的生产事业，但不免要受到由陆上与海上来的盗贼的袭击，因此感到有进一步相互团结以谋共同防御的必要。1241 年，汉堡和律贝克(Lübeck)两个城市就在这样目标下缔结了同盟关系，以后参与这个同盟的陆续增加，到了那个世纪将近结束的时候，所有沿波罗的海与北

① 《法的精神》，第 20 卷，第 12 章。

海，也就是奥得河、易北河、威悉河以及莱茵河一带比较重要的城市，都已加入（当时加入这个同盟的共有八十五个城市）。这个联合机构取名“汉撒”（Hansa），在低地德语中，它的含意就是联合。

汉撒同盟成立以后，人们很快就看到由此形成的团结力量对个人事业会带来多大的利益，因此立即制定了一个商业政策，从而实现了在一定程度上的前所未有的商业繁荣。他们并认识到任何强大力量要想创立并保持广大的海外贸易，必须具有保卫这个贸易的手段，于是创立了强大海军；他们又进一步认识到，任何国家海军力量的强弱程度是按照它的商船与渔业规模的大小为比例的，这就促使他们制定了一个法令，凡是属于汉撒同盟的货物应严格限制用汉撒船舶装运，并建立了大规模的海上渔业。汉撒同盟的航海法以威尼斯的先例为蓝本，而英国的航海条例却是从汉撒同盟那里学来的。[①]

英国在这方面的所作所为，只是对先行于它的那些海上优势掌握者的一种模仿。然而当英国长期议会制定航海条例时，却认为是一个创举。亚当·斯密在他对这个条例的评论中，[②]关于类似的限制在当时的几世纪以前在不同场合已试行过多次这一点，似乎并无所知，或者是避而不谈的。英国议会曾于 1461 年提出该项建议，被亨利六世拒绝，随后詹姆士一世提出了类似的建议，又被议会拒绝；[③]实际上在这两个建议很久以前（在 1381 年）理查德二世就曾施行过这类限制措施，不过施行以后不久即告失效，渐成

① 安德森：《商业的起源》，第 1 部分，第 46 页。

② 《国家财富的性质和原因的研究》，第 4 卷，第 2 章。

③ 休谟：《英国史》，第 4 部分，第 21 章。

陈迹。显然，那时这个国家关于这类法令的执行，时机还没有成熟。有些国家自己感到极宜于发展工商业，在这方面前途大有可为，以这类国家而言，航海法令就同有关保护本国生产事业的别的措施一样，是必不可少的。例如美国，远在它完全获得独立以前，就因詹姆士·麦狄孙的建议，对外国船舶运输实行限制政策，由此取得的效果（在下面的一章里将提到），绝不亚于英国在一百五十年前在同样政策下所取得的效果。

北欧各国对于与汉撒商人发生贸易关系时所获得的利益，具有深刻印象。通过这类贸易活动，不但使它们本地区内剩余产品获得了出路，不但可以用来换取比它们本国所产的好得多的制成品，而且通过进出口税收，还可以使国库充裕；①它们的人民原来是偏于怠惰、放荡的，由此学会了刻苦耐劳的习惯。因此当汉撒商人在它们的国土上设立国外商业代理处时，它们就认为是好运临头，尽量给与各种方便和利益，竭力表示欢迎。英国国王在这一点上表现得更为突出。

英国的商业（休谟说）以前完全掌握在外国人尤其是“东方人”②

① 那个时候英国岁入中出口税多于进口税。但是输出自由、输入（制成品）征税的办法所体现的却是国内工业的发达与国家政治的开明。那时北欧各国家和政府，在文化上和政治上大致处于与现在土耳其政府相似的阶段。土耳其政府最近才签订的商约，订明对原料与制成品征收出口税不超过百分之十四，进口税则不高于百分之五。这种明白表示以收入为主要目的的财政制度，在那里还在继续施行中。那些主张或追随这样制度的政治家和政论家们应当到土耳其去；在那里他们一定会受到称许，认为是真正站在时代前列的。

② 从前在英国，人们称汉撒商人为“东方人”或东方商人，使他们与来自西方的、即比利时与荷兰的商人有所区别。“英镑”（“sterling”或“pound sterling”）就是从“东方人”（Easterling）这个字眼而来的，因为从前在英国流通的全部是汉撒同盟所发行的货币。

的手里，亨利三世特为这些东方人设立了一个机构，给以特别待遇，所有别的外商须受到的限制以及应纳的进口税，他们一概免除。那个时候英国人对于商业还完全没有经验，因此从爱德华二世起，汉撒商人就在“天秤商人”(Merchants of the Steelyard)的称号下垄断了这个王国的全部对外贸易。他们经营商业时完全使用他们自己的商船，因此那时英国的航运业陷于极度衰落状态。①

有些德国的也就是来自科隆的商人与英国有了长期商业关系以后，终于在1250年接受了英王的邀请，在伦敦设立了一个国外商业代理处，定名为“天秤”(The Steelyard)。这个机构名盛一时，最初在促进英国文化与生产事业方面具有极大势力，但是后来引起了英国人的猜忌，从它成立起直到最后解散止计三百七十五年的过程中，充满了热烈的、历久不衰的冲突和斗争。

英国从前与汉撒同盟之间的关系，正与后来波兰与荷兰之间以及德国与英国之间的关系相类似；英国输出的是羊毛、锡、皮革、奶油、其他矿产品和农产品，换来的是制成品。汉撒商人将从英国和北欧各国取得的原料品运到他们在布鲁日的机构(成立于1252年)，在那里用来交换比利时产的织物和其他制成品以及来自意大利的东方产品和制成品，然后再把它们运回沿北海各国。

1272年，汉撒商人在俄国的诺夫戈罗德设立了第三个代理处，在这里他们所取得的是毛皮、亚麻、大麻和其他原料、换出的是制成品。同年又在挪威的卑尔根设立了第四个代理处，主要从事

① 休谟:《英国史》，第35章。

于渔业以及鲸油和渔产品贸易。[①]

任何时期、任何国家的经验所教导我们的是:国家如果还处于未开化状态,就可以从自由的、不受限制的贸易中获得巨大利益,就可以为它的猎场、牧场、森林及农业中的产物,总之所有各种原料品,谋得出路,就可以换得更好的衣着材料、机器、各种用具以及贵金属——主要的流通媒介。因此这些国家在开头时对于自由贸易总是拥护的。但是经验也告诉我们,就是这些国家,当它们在文化上、生产事业上有了进一步发展时,对于这样一种贸易制度就不怎样看得上眼了,最后就认为这是在它们继续前进道路上的一个障碍。英国与汉撒商人的商业关系情况就是这样的。当汉撒商人的代理处"天秤"建立还不满一百年的时候,爱德华三世就有了这样的念头,认为一个国家不应该只是输出羊毛、输入毛织品,应该可以干些比这个更加有用、更加有利的事。于是他积极鼓励法兰德斯的织工到英国来工作,给予他们一切便利和权益;一等到前来工作的这种织工为数相当多的时候,他就发出了一道命令,禁止穿任何用外国材料制成的衣着。[②]

这位国王这一措施是英明的,而别的有关国家的统治者这时所施行的政策却愚昧到万分,从而对于这一英明措施起了协助作用——像这样暗相凑合的事例在商业史上并不是不常见的。法兰德斯和布拉奔早期的统治者用尽了心机,竭力发展他们本国的工业,使之日益昌盛,而后继的统治者的举动却适得其反,他们百般

① 萨托留斯:《汉撒史》。

② 《爱德华三世法规》,第5章。

地使工商阶级不能安居乐业，从而促使他们向国外迁移。[①]

1413年英国毛纺织业已经有了很大发展，因此关于这个时期的情况使休谟可以这样说："这个时候英国对于外国商人极端猜忌，对于他们的商业活动加以种种限制，例如，对于他们由出售输入品所得的货价，规定必须全部用于购买英国产品。"[②]

在爱德华四世治下，对外国商人的疾视更变本加厉，外国毛织物，还有许多别的商品，都绝对禁止输入。[③]

虽然这位国王后来不得不允许汉撒商人的要求，取消了这个禁令，恢复了他们的原有特权，但英国的毛织业似乎由此受到了积极鼓励。休谟叙及亨利七世在位时曾注意到这一点，这位国王是在爱德华四世去位后五十年即位的。

"贵族左右原来是从者如云的，自从工业技术有了发展以后，雇用大批奴仆的恶习就不得不受到限制，这比强制命令还要有效得多。贵族们彼此之间这时已不再以仆从的为数众多与精壮勇悍相夸耀，他们为了进一步符合时代精神，这时所崇尚的是住宅的壮

① 赖默尔：《探古篇》，第496页；德·威特：《荷兰的利益》，第45页。

② 休谟：《英国史》，第25章。

③ 《爱德华四世法规》，第4章。这一禁令的一段前文内容极为别致，因此将原文照录如次："居住伦敦以及居住在本国和威尔士境内其他各市、镇、村的男女技工，曾一再向该议会据情申诉，现在有大批各色各样的下流市侩，他们所属的行业种种不一，拥有全部制就随时可以出售的商品，还有从海外流入本境和威尔士境内与国王为敌的外国人以及属于归化者或其他身份的外国商人，他们所制作的商品充斥市场；由于这样的情况，使这些技工在生活上受到了莫大损害，陷于极度贫困。查上述这类外商绝大部分欺诈成性，并没有经商牟利资格，由于这些人的活动，致使上述男女技工不能像过去那样依靠原有行业生活，有许多人，以及佣工、仆役、学徒等等，现在已经失业。生活艰难，沦于颓废、贫困、矿产的境地，因此已经发生了许多不幸事故，如果再不采取适当挽救办法，此后不幸事故势将继续发生（事实上将来是断断不容许发生的）。"

丽，车马的华美，铺陈设备的精益求精，以此相竞胜。一方面庶民也不再能游手好闲，安于懈怠，不再能在他们恩主的庇荫下乞求生活，他们不得不学习一些手艺，使自己对社会有所助益。这时政府再度颁发了法令，防止不论已否铸成货币的贵金属出口；但是由于明知这类措施难收实效，就再度规定，外商必须将他们出售输入品所得货款全部用来购买英国制品。"①

当亨利八世在位时代，外国技工在伦敦人数增加，使那里各种食品的价格大涨；这是国内工业发展使国内农业获得巨大利益的一个确凿征象。

但是国王完全看错了这个现象的起因和作用，他听信了本国人民对外国技工有欠公道的控诉，总认为这类技工在技能、勤劳和节约各方面压倒了本国人民。于是由枢密院发布了一道命令，驱逐比利时技工一万五千人出境，认为"这批人的存在，使一切食品价格上涨，使国内有发生饥荒的危险"。为了铲除祸根，釜底抽薪，国王又发布了一系列命令，限制个人支出，规定了服装式样、粮食价格与工资标准。这种政策当然是汉撒商人所热烈欢迎的。他们对于这位国王表示了同对英国上一代国王（他的政策对他们是有利的）同样的好感，情况就像现在英国人对葡萄牙国王所表示的一样。汉撒商人把他们的战船交给了国王，由他自由支配。在这位国王临政的整个期间，汉撒商人对英国的贸易极为活跃。他们既有船又有资本，机敏干练，并不亚于今日的英国人，他们懂得怎样应付英国在朝在野的人物，怎样在其间讨好、沾光，而英国政府和

① 休谟：《英国史》，第 26 章。

人民关于自己的利益究竟何在这一点却并不十分了解。只是汉撒商人的论点与今天的商业垄断者相对照，双方所依据的基础是完全不同的。汉撒商人以制成品供给一切国家时，他们的权利基础是实际条约与已有的商业关系；而今天英国人同样权利要求的基础只是一种理论，是他们自己海关里的一个职员作出来的理论。这位理论家企图用虚伪的科学的名义来公然强求汉撒商人凭实际条约与公道求得的权利。

当爱德华六世在位时，他的枢密院找到了借口，要取消"天秤商人"的特权。汉撒商人对于这一新措施提出了强硬的抗议。但是没有用，枢密院坚持原议，由此对国家产生了极有利的结果。英国商人以本国人地位，在毛织品、羊毛以及其他物品的采购方面，与外商相形之下，有着极有利条件，这种利益以前他们一直没有能清楚地看到，因此一直没有敢同这样一个财力雄厚的集团展开竞争。但自从一切外商受到同样的商业限制以后，英国人经营工商业的兴趣就受到了鼓励，他们的企业精神一时竟弥漫全国。[①]

汉撒商人三个世纪以来在英国市场的独占地位正与英国商人今天在德国和美国的地位相同，至此他们却完全被排出了这个市场，后来由于德皇的抗议，玛丽女王又恢复了他们一切原有的权益。[②] 但是这一次他们的幸运没有能持久。当伊丽莎白王朝开始时，他们对于在爱德华六世与玛丽统治下所获得的待遇不能满意，提出了强烈抗议，希望不仅保持已有权益，而且还能有所扩充。伊

① 休谟：《英国史》，第 35 章；又海华德爵士：《爱德华六世传记》。

② 休谟：《英国史》，第 37 章；又海林的著作。

丽莎白的答复语气很和平，她说，“她没有权力擅作任何变更，但是对于他们的已有权益则乐于加以维护。”但是他们对于这个答复全然不能满足。过了一个时期，他们的贸易进一步受到阻滞，陷于停顿状态，这对于英国商人大大有利，这些商人现在有机会展其所长了。他们掌握了本国的全部出口贸易，他们的努力得到了光荣的胜利。他们分别从事于“坐商与行商”两种活动，前者在固定地点经营商业，后者则在外国或国外各城市贩卖毛织品和英国其他工业品。这种情况激起了汉撒商人的莫大愤慨，他们用尽了一切方法对英国商人进行毁谤，使各国对英商发生恶感。1597 年 8 月 1 日，他们终于在德国获得了一道敕令，禁止英国商人在德帝国境内进行任何商业活动。不久英国女王就找到了报复机会，有六十只汉撒商船与西班牙进行着非法贸易，1598 年 1 月 13 日她下令逮捕了这批商船。她采取这一步骤的原意只是准备在释放时可以获得汉撒商人的进一步谅解。但汉撒商人为此在律贝克召开了大会，以便以一致行动对英国出口贸易进行打击。她获知了这个消息以后，即将船只连同所载货物一概没收，然后又放回两只船到律贝克，带信给大会，说明她极端鄙视汉撒同盟和它的一切行动。①

汉撒商人曾经把船舶借给伊丽莎白的父亲，借给许多英国国王进行对外作战；曾受到许多欧洲君主的逢迎笼络；几世纪以来，曾经把丹麦和瑞典的国王看待得就同他们的臣属一样，随他们的高兴，招之即来，挥之即去；对于波罗的海东南岸一带曾加以开拓，施以教化，使这一地区脱离了海盗侵袭的恐慌；不久以前，还曾以

① 坎贝尔：《海军将领传记》，第 1 卷，第 386 页。

武力为后盾，迫使英国一位国王承认他们的特权；英王曾不止一次地向他们以皇冕为质，有所借贷；他们对英国还曾一度有过那样残酷侮辱的举动，由于英国渔民胆敢逼近他们的渔场，竟溺毙了这些渔民一百人——而现在伊丽莎白却这样对待他们。汉撒商人这时实际上仍然拥有足够力量对英国女王这种行动进行报复；但是他们向来所具有的那种勇敢气质，伟大的冒险与进取精神，自由与团结意志所激发的力量，都已经消逝。他们逐渐退化到了无拳无勇的地步，在欧洲各国朝廷都走遍了，到处哀求，希望能获得进口权利，但到处碰壁，备受嘲弄，这一同盟终于在 1630 年正式解体。

他们所以会一败涂地，除了一些内在原因随后再提外，还有许多外在原因。丹麦与瑞典在这个同盟下处于依赖地位为时已久，它们不甘心长期受制，企图报复，因此对于它的商业活动尽力从旁阻挠。俄国沙皇对于英国的一个商业机构给予了种种权益。条顿武士团几世纪以来就一直是这个同盟的助手，也是它的（原来的）后裔，这时却由衰落而瓦解了。荷兰人和英国人到处同他们作对，在各国朝廷上尽力排挤他们，把他们逐出一切市场。最后由于发现了经好望角到东印度群岛的航线，他们受到了最严重的不利影响。

这个汉撒同盟的成员们，当它们气焰方张的时候，从来就没有考虑到值得与德意志帝国结盟，现在它们到了穷途末路，就向德国议会投诚，告诉它，英国每年输出毛织品二十万匹，大部分运销德国，要使汉撒同盟恢复在英国的原有权益，必须禁止英国毛织品输入德国。据安德森的记载，德国议会即使对于这一措施的执行命令没有实际起草，对这件事确曾慎重考虑，但这位作家说明，只是由于当时英国驻德大使吉耳平的圆滑手腕，这一议案没有得到通过。汉撒同盟正式解散后一百五十年，汉撒各城市对于这个同盟昔日的煊赫声威已经忘记得干干净净；贾斯特斯·莫塞尔在他著作的某几节里曾这样说，当他到这些城市游历，访问当地商人，把他们前辈们的伟大事迹讲给他们听时，他们简直不能相信。例如汉堡这个地方，以前是各处海盗所畏避不遑的，它在镇压海盗方面对文明的贡献是基督教各国家喻户晓的，这时却一蹶不振到这样地步，为了使它的船舶能保持安全，不得不向阿尔及尔的海盗年年进贡。后来海上优势落到了荷兰人手里，对付海盗就通行了另一种政策。当汉撒同盟在海上居于统治地位时，把海盗看成是文明世界的敌人，随时随地尽可能地加以歼灭。荷兰人的态度则适得其反，他们把非洲北部一带的海盗看成是帮手，是同道，借助于这类人的活动，在承平时期可以破坏别国的海外贸易，从而对他们有利。德·威特说了一句支持这个政策的简括按语，"即使从仇敌处也未尝不可获得教益。"安德森引用了这句话，话虽简短，荷兰人对它却是有深刻体会的，而且奉行不渝；英国人也学了样，他们不顾基督教国家的体面，直到现在对于北非沿岸一带的海贼暴行也仍然视若无睹，还是法国人对文明作出了贡献，剿灭了这批贼徒。[①]

这些汉撒城市的商业并不是**国家**性质的，它既没有内部生产力量的均衡优势与充分发展作基础，也没有足够的政治力量的支持。这个同盟各成员之间的结合是极其松弛的，它们彼此之间互

① 作者似乎忘记了，否则是故意抹煞了，在埃克斯毛思勋爵率领下英国舰队的功绩。——英译本注

争优势，各为本身的小范围利益（或者按照瑞士人或美国人的说法是一州一市的利益）争胜，这种竞争观念超过了整个同盟中的团结精神；但是只有依靠了这种团结精神，才能牺牲各个城市的利益，以整个同盟的共同福利为重。于是彼此之间发生了猜忌，有时甚至演成叛变行为。例如科隆就利用了英国对这个同盟的仇恨这一点而从中取利；又如汉堡也企图利用丹麦与律贝克之间的争执而坐享其成。

汉撒各城市的商业并不是以商人所属地方上的生产与消费或农业与工业为基础的。这些城市对于如何促进本地农业发展这一点完全置之不顾；而由于它们的商业活动，外地农业的发展却受到了很大的鼓励。它们觉得在比利时采购工业品要比在自己境内建立工业方便得多。波兰的农业、英国的牧羊业、瑞典的铁工业和比利时的工业都受到了它们的鼓励与帮助。它们数百年来所奉行的一个准则就是现代经济理论家所推荐的，这就是“专向最便宜的市场购买”。但是当那些与它们有买卖关系的国家把它们撵出了各国市场时，它们发觉自己的农业和工业都没有充分发展、都没有条件能使它们的商业剩余资本在这些方面运用。结果这项资本就流入了荷兰和英国，使它们的敌人在工业上、财富上、力量上都有了增进。这是一个显著的例证，说明纯粹的私营事业如果任其自流，并不一定会促进国家的繁荣和力量。这些城市，由于专心致志地追求物质财富，对于政治利益的促进这一点就完全置之不顾。当它们处于鼎盛时期，看来它们好像是完全不属于德意志帝国的。这些城市里的自私而傲慢的公民，受到了许多帝王、贵族的逢迎谄媚，他们所处地位就好像是海上的君主。当处于这样的全盛时期，他们尽可以与德意志北部各城市联合在一起，成立一个众议院，作为帝国中贵族的一个对称势力，尽可以借助于帝国力量实现国家的统一，把从敦刻尔克直到里加整个海岸地带连成一片，也尽可以通过这些措施使德国在工商业与海上势力方面居于首屈一指的地位。当时他们如果要使这样的情况成为事实，真是不费吹灰之力的。但是事实上当他们在海上的大权旁落以后，剩下来的一点势力甚至还不足以诱使德国议会承认他们的商业是一种国家事业。相反地，这时德国贵族却倾其全力来压制这些低首下心的公民。他们在内地的城市逐渐归入各个王侯的绝对掌握，因此他们的沿海城市也就失去了与内地的联系。

汉撒商人所犯的错误在英国都没有发生。英国的海运事业和国外贸易都是以它的本国工农业为稳固基础的；它的国内贸易是在与国外贸易的适当比例下发展的，在这里，个人自由日益成长时，对国家统一或国家权力并无所损。以英国的情形而言，国王、贵族与人民的利益是在极其圆满的情况下结合在一起的。

如果对于这些历史事实有了深刻体会，那么关于英国人之所以能够这样广泛扩展工业生产力，所以能够这样无止境地发展，海军力量所以能够这样的压倒一切，谁还能说不是由于他们所采行的商业政策呢？有人说英国人所以能获得现在的商业优势和力量，并不是由于它的商业政策，与这个政策并没有关系，这种说法在我们看来是本世纪流行的最显著的谬论之一。

如果英国人对一切置之不问，任它们自生自灭——也就是流行经济学派所推许的“任其自由，不加干涉”的主张——那么所谓“天秤商人”现在将仍然在伦敦经营商业，为英国制造织物的仍然是比利时人，英国仍然是汉撒商人的牧羊场，一切正同葡萄牙成了英国的葡萄园以后，由于一位狡狯的外交家的谋略，直到今日依然如故的情况一样。的确，英国如果不是靠了它的商业政策，像它今天所具有的那样高度的政治自由与个人自由就不可能实现，这是可以断言的，因为这样的自由是工业与财富的产物。

关于汉撒同盟与英国两者之间在工商业方面进行斗争从头到尾的经过情况，亚当·斯密从未加以根究；这到底是怎么回事？然而从亚当·斯密著作中某些部分来看，清楚地说明，他对于汉撒同盟崩溃的前因后果并不是不了解的。“一个商人”，他说，“并不一定要属于某一指定国家的公民。他在什么地区经营商业，在很大程度上对他是没有关系的。只需有一点不如意，他就可以把他的资本连同他所进行的事业全部，从这一国移到那一国。这项资本在没有摊开以前，就是说还没有把它陈列在地面上变成建筑物或在土地上作持久利用时，就不能说其中的任何部分是属于任何某一指定国家的。汉撒城市所曾一度拥有的巨额财富，除了13、14世纪黯淡模糊的历史记录以外，大部分现在已杳无影踪。这些城市，其中有些当初究竟坐落何处、有些原有的拉丁名称指的究竟是哪些欧洲城市，现在甚至已经搞不清楚。”①

亚当·斯密对于汉撒同盟之所以颠覆的次要原因既具有这样的真知灼见，而对于其中的主要原因却没有感到有加以根究的必要，这是多么奇怪啊！要考察其间的主要原因，对于那些已成陈迹的城市正不必深究，它们的原址何在，关于哪些拉丁名称属于哪些

① 《国家财富的性质和原因的研究》，第3部分，第4章。

城市，也正不必在陈年记录中去寻根究底。他的同国人安德森、麦克弗森、金和休谟都有必要的说明，可以供他参考。

汉撒同盟为什么会一败涂地，在这方面作考察时是既能引起兴趣，也会获得丰富结果的；而亚当·斯密这样一个造诣极深的观察者，为什么对这一点却绝口不提呢？就我们所能看到的、其间唯一可能的原因是，作这样考察时所导致的结论，对于他的绝对自由贸易原则将无所裨益。由此他所面临的，将无可避免地是这样一个事实——英国人与汉撒商人的自由贸易关系使英国农业脱离了未开化状态以后，他们所采行的以汉撒商人、比利时人与荷兰人为牺牲的保护贸易政策，使英国获得了工业优势，然后借助于它的航海条例，使它进一步获得了商业优势。

这些事实看来是亚当·斯密所不愿意了解或不愿意承认的，因为这些都是属于萨伊所谓与他的理论相反的、那些不大对劲的事实。

第三章　荷兰人

荷兰、法兰德斯和布拉奔，从它们人民的性格与风俗、血统与语言来说，或者从它们的地理位置与政治关系来说，都是日耳曼帝国的组成部分。这里曾屡次有查理曼大帝的行踪，他时常驻扎在这一带附近，由此对这些地区在文化上所发生的影响，当远比对德国较偏僻地区所发生的影响为强大。还有一层，法兰德斯与布拉奔生来就特别适宜于农业和工业，就像荷兰的宜于畜牧和商业一样。

这些沿海地区的国内贸易，由于广泛而优良的海上与内河航运而获得了莫大便利，这种情况在德国是没有一处比得上的。那些足以阻碍上述地区进步的因素之所以能够消除，运河之所以能够开辟，即使就很早时期来说，也必然是由于水路运输在农业改进、城市发展方面的有利影响。法兰德斯历任的主政者，早在德国所有别处的主政者之前就看到了保持地方治安、改进路政、发展工业、建设城市等的价值，这种情况就格外促进了法兰德斯的繁荣。这个地区在地利上既占优势，主政者对于盗贼与野兽的扑灭又进行不遗余力。在这样情况下跟着发生的当然是城乡之间商业的活跃，畜牧、特别是养羊业的发展以及大麻、亚麻产量的增进；而且原料生产既欣欣向荣，财产与商业经营的安全又有保障，于是为制造这些原料时所需的劳动与技术就会与之相适应，这是势所必然的。同时这里的主政者对于羊毛纺织工人的争取也没有坐失时机，因为历史告诉我们这里不久就从国外招募了这样的技工。

法兰德斯获得了汉撒同盟与荷兰方面在贸易上交流的支援，它由于毛纺织业的发展，不久就成为北欧的商业中心，与威尼斯由于工业与航运业的发达而成为南欧中心的情况互相辉映。商船运输、汉撒同盟与荷兰之间的互惠贸易和法兰德斯的工业这几个方面，构成了一个巨大的统一体，一种真正的国家事业。这时法兰德斯工业的最高地位还没有遇到敌手，因此以它的情形而言，商业限制政策并没有需要。处于这样的环境，工业在自由贸易下可以获得最大发展，法兰德斯的主政者是懂得这一点的，而无须向亚当·斯密请教。法兰德斯的主政者，伯爵罗伯特三世（Robert III），当英王要求他把苏格兰人逐出市场时，他的回答与现代流行学派的理论精神十分符合，他说，“法兰德斯一向认为它是一切国家的一个自由市场，如果违背这个原则，就与它的利益有了抵触”。

法兰德斯是北欧的首要工业区，布鲁日是北欧的主要市场，这样经过了几个世纪之后，它们的工商业地位就转移到了邻近的布拉奔地区。因为法兰德斯的主政者不愿继续给与它们在全盛时期所要求的那些特权。于是安特卫普占了商业的首座，鲁文（Louvain）成为北欧的首要工业城市。由于这种情势的变化，布拉奔的农业不久就有了高度发展。早年时期租税由用实物缴纳改为用货币缴纳的这种变革，尤其是关于对封建制度方面的限制，都是对它特别有利的。

这时荷兰人作为汉撒同盟的对手，在统一力量下显露头角，这就打下了将来他们在海上挣得权势的基础。荷兰这个小国在自然条件下有优点也有缺点，但它善于应付，随处能取得利益。荷兰人在海洋的侵袭下作了长期不断的斗争，这就势所必然地养成了刻苦耐劳与冒险进取的精神；他们的土地是在不断艰苦斗争下保持住的，这就养成了对土地格外珍惜的观念，把它照顾得无微不至，他们在这方面所花费的力量简直是难以形容的。他们受了造化的限制，所能从事的只是航运、渔业和肉类、干酪、奶油的生产，他们不得不靠了海洋运输、乳制品出口和渔业来满足他们对谷类、木材、燃料和衣着材料这些方面的需要。

汉撒商人在后期逐渐被荷兰人撵出东北各国市场，所以会发生这种变化，这里可以略举其间的主要原因。汉撒商人所需要的农产品和木材，主要取给于与他们的城市直接毗连的地区，而荷兰人所需要的这类物资，数量却比他们所需的要大得多。而且荷兰有邻近的比利时工业地区，有莱茵河一带广阔、肥沃、遍产葡萄的地区，况且这条河流还可以一直通航到瑞士山地，这些都是对它极有利的。

沿海国家的商业与繁荣取决于水路交通所赖的河流的流域是否广阔，这一点可以认为是一个通则。[①] 我们只要看一看意大利地图，就可以明白威尼斯商业之所以大大超过热那亚或比萨的商业，其自然条件上的原因就在于波河流域之广阔和富饶。荷兰商业的主要根源是莱茵河及其支流的灌溉地区，这些地区远比易北河及威悉河流域为丰饶，而荷兰商业之所以优越于汉撒各城市的商业，其原因也在这一点上。此外荷兰人还有一点值得庆幸的是，有个人叫做彼得·鲍克尔斯(Peter Böckels)的，发明了一种腌制青鱼的特有方法，这种方法即以其人而得名，他的方法秘不外传，经过了一段很长的保密时期，在这段期间，这一行业由荷兰人独占其利，用此法制出的青鱼质量特别优美，因此在市场上可以获得高价。[②] 据安德森说，自从荷兰发明了这种制鱼方法以后，数百年间，英格兰和苏格兰鱼商虽然享有巨额出口津贴，他们的青鱼在国外仍找不到市场，即使竭力减价，也无法与荷兰人竞争。要晓得在欧洲的宗教改革运动发生以前，各国对于海产鱼类的消耗量非常之大，因此当汉撒航运业已开始衰落时，荷兰人竟有力量每年造新船二千艘，这一事实与上述渔业的情况对看，是并不足奇的。

---

① 最近路政大大改进，尤其是有了铁路以后，这个通则实际上已经有了很大的限制性。——英译本注

② 近来有人指出，荷兰制青鱼所以品质特优，不但是由于上述的特种加工方法，这种食品出口时是用橡木制的桶装运的，这一点也有关系。——英译本注

比利时与巴达维亚全部地区在勃艮第王室统治下合并以后，这些地区有一部分获得了国家统一的巨大利益，当我们研究荷兰对德国北部城市在海上贸易竞争中获得胜利这一事实时，上述情况是不可忽视的。在查理五世统治下的尼德兰王国构成了一个有权能、有作为的集体，这时他对于这种力量的性质若果有真切的了解，并且能懂得怎样来引导、运用的话，就不难使他在陆上、在海上称霸世界，这种力量对他所能作出的贡献，实在比地上的全部金矿，比教皇所能赐给的一切恩宠、优遇还要有效得多。

查理五世若果有远见，能够把那个西班牙王冠像扔掉一块要把他拖入泥坑的累赘的石头一样地毅然弃去，试问荷兰与德国人民的前途因此将发生如何惊人的变化！这时的查理是尼德兰王国的统治者、日耳曼的皇帝、宗教改革的领袖，在物质上、精神上拥有一切的必要手段，可以建立一个力量最强大的工商业帝国——把从敦刻尔克直到里加的航运业联合在一个旗帜下的海军强国。

这时要使德国提高到世界上最富裕、最强大国家的地位，要使它的工商业势力遍及全球每一角落，甚至使这样的情势也许历许多世纪而不衰——这时要实现这样的野心，所需要的只是一个理性概念，只是一个人的意志的运用。

但是查理五世和他那个性情乖张的儿子所采行的却是恰恰相反的政策。他们甘愿成为痴迷狂妄一派的领导，要使尼德兰趋于**西班牙化**，以此作为主要目标。这个政策的结果如何，史乘上自有记载。荷兰的北部地区，由于它原有的优越因素，获得了独立地位；而南部地区的工商业和技术则破坏在政策执行者的手里，只有迁避到别的国家的那部分才幸免于灾殃。这时世界商业中心已不是安特卫普，代之而兴的是阿姆斯特丹。荷兰各城市在很早时期，由于布拉奔地方的骚乱，已经吸收了大批比利时羊毛织工，现在更无余地可以容纳全部比利时的流亡者，结果有很大部分不得不流入英国和萨克森。

争取自由的斗争在荷兰产生了一种在海上冒险的勇敢精神，在这样的精神下显得任何困难、任何危险都是不足道的，而恰恰相反，痴迷狂妄的精神几乎使西班牙完全失去了前进的勇气。荷兰主要靠了对西班牙商船、特别是载有金银财宝的货船进行私掠、劫夺而养肥了自己。它用了这个方法与伊比利安半岛及比利时进行了大量的非法买卖。葡萄牙与西班牙合并以后，荷兰占有了葡萄牙在东印度群岛殖民地的主要部分，还获得了巴西的一部分。直到十七世纪上半期止，荷兰在工商业、海运事业、殖民地经营各方面都超过英国，超过的程度正与今日英国在这些方面超过法国的程度一样。但是随着英国革命的发生，情势自然而然地有了巨大变化。争取自由的精神在荷兰逐渐转化成为只是一种平凡的国民精神。正像一切在单纯商业精神下的贵族政体一样，眼前情况似乎一切都很好，并没有什么破绽；荷兰人只要他们识力所能及的目的仅仅是在于保全身家性命，在于物质利益，就显得自己是能够干些大事的。可是比较深谋远虑的政治手腕却是在他们的认识能力范围以外的。他们没有看到，已经获得的优胜地位，必须有大国的基础，必须有强毅的民族精神的支持，才能维持不坠。另一方面，有些国家的民族精神在君主政体下已经有了大规模发展，而它们的工商业则尚处于落后地位，它们眼看到荷兰这样渺小的一个国家，而在工商业、渔业、海军力量等等方面却处处在它们之上，这就使它们激起了一种羞辱的心情。这时在英国不但存在着这种心情，与之并存的还有革命以后的那种朝气和新生力量。英国颁布的航海条例，就是在这种激动心情下直摔到荷兰这个当前的霸主面前的一封挑战书。一旦冲突表面化以后，情势就非常明显，英国国民性的气魄要比荷兰的雄伟得多。演变的结果如何是没有怀疑余地的。

法国跟着学了英国的榜样。据科尔伯特估计，当时全部海上运输贸易所使用的船舶约二万艘，而其中为荷兰人所有的达一万六千艘，这个数字同这样一个小国是完全不相称的。由于波旁皇室继承西班牙王位的结果，法国的贸易得以扩展到伊比利安半岛与地中海东部沿岸各国，这些都是对荷兰人极端不利的。同时法国对它本国工业、海运事业与渔业实行的保护措施，也使荷兰工商业受到了莫大的损害。

荷兰对北欧各国贸易的大部分、它与西班牙及其殖民地进行的非法贸易、它对东印度群岛及西印度群岛贸易的大部分以及它的渔业，都已转到了英国人的手里。但对它打击最严重的是1703年的麦修恩条约。荷兰对葡萄牙、葡萄牙属地及东印度群岛的贸易从此受到了致命的打击。

荷兰在国外贸易方面丧失了这样大的部分以后，结果与汉撒城市及威尼斯过去的遭遇如出一辙——大宗的物质与精神资本这时在荷兰已感到无用武之地，就以移民或贷款形式转向别的国家，这些国家这时已从荷兰手里取得了荷兰昔日占有的优越地位。

如果荷兰能与比利时、与莱茵地区、与德国北部联合在一起，共同构成一个完整国家，英国和法国就不容易像它们所已经顺利完成的那样，使用战争和商业政策来削弱它的海军力量，削弱它的国外贸易和国内工业。像上述那样构成的一个国家，就可以用它自己的商业系统与别国的商业系统进行竞争。即使由于那些别的国家工业的发展，使它自己的工业受到了些损害，它也可以靠它国内的资源，加上在国外建立的殖民地力量，使创痛得以充分复原。荷兰所有的只是沿海岸一片狭长的土地，只是由日耳曼渔夫、海员、商人和制酪者组成的一小撮人口，但是它却企图把自己建成一个强大国家，同时对于在它后部的腹地（实际上它本身就是属于这个地区的一个部分）却看做是国外领土，并以此相对待——这就使它在挫败以后难以恢复。

荷兰这个例子，正与比利时、汉撒城市、意大利各共和国的情况一样，它所说明的是，如果所处的外围环境不利，单靠私营工业是不足以维持整个地区或整个国家的工商业和财富的；还有一层，个人的生产力大部分是由政府的政治组织与国家的力量得来的。比利时的农业在奥国统治下再度获得了发展；当它与法国联合时，它的工业已发展到了前一时代的巨大规模。荷兰当孤立无援时，从来就没有能够为自己建成一个独立的商业体系，与大国相竞争。但是当1815年实现普遍和平后它与比利时合并时，在国内资源、人口与国土方面就获得了极大的增进，使它得居于大国之列，并且拥有了巨大的各种各样的生产力量，这时我们看到在尼德兰也建立了保护制度，在这个制度的影响下，农业、工业和商业都获得了显著的进展。这一合并现在又告解散（解散的原因不属于本书研究范围以内），因此保护制度在荷兰就失去了它所依据的基础，而在比利时则依然存在。

荷兰现在所依靠的是它的殖民地和对德运输业。但是再来一次大规模海战时，它的殖民地就会岌岌可危，同时德国关税同盟对于它的利益所在看得越清楚，越是要进一步运用它的力量，就会越清楚地认识到把荷兰包括在关税同盟以内的必要。

第四章　英国人

上面在“汉撒商人”一章里已经提到，英国的农业和养羊业怎样由于受到了国外贸易的影响而获得发展，怎样国外技工由于不能在他们本国安居乐业而逃到英国，由于英政府对他们抚绥有方而使英国毛纺织业逐渐达到了繁盛状态，并怎样由于工业进步与伊丽莎白女王英明果断的措施，使以前由外人垄断的一切国外贸易，顺利地转入本国商人之手。

关于英国国民经济的发展，在上面第二章里已经谈到了一些，在接着谈下去以前，让我们先谈一谈英国工业的起源。

我们要追究英国工商业巨大发展的根源，主要应该从它的养羊业和毛纺织业谈起。

在汉撒商人的踪迹初次出现于英国国土以前，英国的农业很简陋，它的牧羊场也是微不足道的。牲畜在冬季饲料不足，因此每逢秋季，就有很大一部分不得不加以屠宰，结果畜产和肥料两者都感到缺乏。那个时候猪肉是肉类的主要供源，情况正与一切未开化地区——如以前的德国与现在的美国未开发地带——一样，其间的理由是很明显的。猪比较地不需要照顾，比较地会自己寻食，在荒地与山林中都可以觅得丰富的食料，只需保存相当数量的孕猪过冬，明年春季就稳可以有大群小猪。

但是国外贸易有了发展以后，猪的饲育就逐渐减退，养羊业就有了较大发展，跟着是耕作方法和牛的牧养也有了很快的改进。

休谟在他的《英国史》[①]里对于十四世纪初叶英国农业状况，曾有一段很有趣的叙述：

“斯宾塞勋爵于 1327 年就他所有的六十三处田产计算了一下，一共有羊二万八千只、公牛一千头、母牛一千二百头、马五百六十四、猪二千只，平均每处田产有羊四百五十只、牛三十五头、马九匹、猪三十二只。”

从这一段记载可以看出，英国即使在那样早的时期，羊的畜养数量就已经比其他一切家畜的合计数量还要大得多。由于从养羊事业可以获得巨大利益，因此在那样早的时期，英国贵族对于工业以及农业的改进就已经发生了兴趣；而大多数欧洲大陆国家的贵族，在那个时候对于他们所有田产的大部分，除了用来畜养大群麋鹿以外，还不懂得别的更好的利用方法，他们除了用种种敌对行为向邻近城市及其商业找麻烦以外，也不晓得还有什么更加正当的事业。

在那个时期，正如匈牙利在较近时期所发生的情形一样，羊群在英国逐渐有了高度发展，有多处采地以拥有羊一万只到二万四千只相夸耀。在如此情况下，当伊丽莎白女王采取保护措施时，原来已有很大发展的毛织业即迅速达到高度繁荣，这是势所必然的。[②]

---

① 第 2 卷，第 143 页。

② 这时关于禁止羊毛出口的命令无疑是要使人感到烦恼的，是不公道的，更不用说加于近海岸各市场羊毛贸易的种种限制了；然而这一措施对于英国工业的促进，对于法兰德斯的打击，却起了有利作用。

在第二章曾述及汉撒同盟向德国议会请求对英国进行报复时，提到英国每年输出毛织品的估计是二十万匹，在詹姆士一世时这项输出总值已经达到了二百万镑那样的庞大数额，但是在1354年时羊毛出口总值还仅仅是二十七万七千镑，而所有其他物品的出口价值并计也不过一万六千四百镑。到詹姆士一世时止，英国所制毛织品的绝大部分总是在未加工状态下运到比利时，然后在那里加以染色、整理的；当这位国王及查理一世时代，由于采取了保护和鼓励措施，英国的呢绒加工技术达到了高度完善境地，从此国外比较精细的毛织品就几乎不再输入英国，而英国输出的毛织品则全部是经过染色并精细加工的。

英国商业政策在这些方面的结果是非常重要的，为了充分认识到这一点，应当指出，当近代麻布、棉布、丝绸、铁的生产事业还没有获得大发展以前，毛织品在对一切欧洲国家的贸易，尤其是对北欧各王国、地中海东部沿岸各国以及东印度群岛与西印度群岛的贸易中，占交易媒介的最大部分。早在詹姆士一世时代，英国毛织品出口占各种出口品总量的十分之九，这是一个绝对确切无疑的事实，这一工业当时在国际贸易所占地位重要到什么程度，由此可以想见。[①]

这一项用品的制造，使英国能够把汉撒同盟逐出俄罗斯、瑞典、挪威和丹麦市场，使它在与地中海东部各国及东印度群岛、西印度群岛的贸易中获得了其中最丰富的果实。也就是这一工业促进了煤业的发展，从而又兴起了广泛的沿海贸易和渔业，这两者构成了海军力量的基础，因此，使那个著名的航海条例得以实行，而

① 《英国史》(1603年)。麦克弗森：《商业史》(1651年)。

为英国海上优势打下基础的也就是这个条例。英国的羊毛工业是各业中的一个主干，许多别的工业围绕了这个主干而获得发展，这就使这一工业成为英国工商业与海军力量得以积极发展的基础。

这个时候英国对于其他各部门工业也并没有忽视。

在伊丽莎白统治下，金属制品与皮革制品，还有许许多多别的工业品的输入，就已悬为例禁，而对于德国矿工与金属业工人的移入则积极鼓励。所需的船舶以前是向汉撒商人购买的，或者是在波罗的海口岸订造的；但是它在这方面限制与鼓励双方并进，尽力设法促进国内造船事业。

为了造船，需要由波罗的海各口岸购入木材，这又大大推动了英国对那些地区的出口贸易。

英国人捕制青鱼是从荷兰人那里学来的，捕鲸是从比斯开湾沿岸居民那里学来的；政府对于这两种渔业这时都用了奖励办法来积极推进。詹姆士一世对于造船业与渔业的鼓励有着特别热烈的兴趣。他不断地劝告他的百姓多吃些鱼，我们对于这种举动虽然不免要觉得有些好笑，然而不能不对他作出公正评价，他对于英国远大前途的方向何在，是有真知灼见的。还有，大批的新教徒技工被腓力二世与路易十四分别从比利时与法国逐出以后流入英国，这一点使英国在工艺上、工业资本上获得了无可计量的增益。英国精细呢绒的制造，麻布、玻璃、纸张、帽子、绸缎、钟表等工业技术上的改进，以及一部分五金工业的建立，都是靠了这些人而获得实现的。它懂得怎样利用禁止输入与高额关税来促使这些工业迅速发展。

每一个欧洲大陆国家都是这个岛国的老师，它的每一种工业技术都是向这些国家模仿得来的，它学会了以后就把这些工业建立在自己的国土上，然后在关税制度下加以保护，促使它们发展。威尼斯在玻璃制造技术上（还有其他许多奢侈品制造业）不得不甘拜下风；波斯对于地毯织造与染色的技术终于不得不告放弃。

英国一旦掌握了任何一个工业部门就锲而不舍，给与密切的注意和照顾，经几个世纪而不倦，就像保护幼苗那样地小心周到。任何一种工业，靠了勤奋、技术和节约，不久总有所成就，总有利可图的；任何一个在农业上、文化上已经有了发展的国家，其幼稚的工业如能加以适当的保护，不论开始时怎样缺点累累，成本高昂，通过实践、经验与国内竞争，其产品一定能够在任何方面与国外竞争者的老牌产品相匹比而毫无愧色；任何一种工业的成功总不是孤立的，总是与许多别的工业的成就相辅相依的；任何一个国家，对于工业工作如果能代代相传，历久不懈，把前一代留下的工作由后一代紧接着继续下去，这个国家的生产力就必然会发展——如果还有人不相信这些，或者对于这些情况完全无知，那么在他大胆建立自己的理论体系以前，或者在他向操着国家祸福之权的执政诸公献策以前，我们敢请他先读一读英国工业发展的历史。

在乔治一世统治下，英国的政治家们早就清楚地看到：这个国家的强大所应依靠的基础是什么。1721 年英国议会开幕时，这位国王经内阁授意曾这样说，“输出制成品并输入原料，对于公共福利的促进显然是再有利也没有的。”①

① 参阅乌斯塔里兹：《商业理论》，第 28 章。据说所谓“重商主义”的基本原则是输出商品，而作为报偿的输入品，则除了现金、银外，不要任何别的东西，这种说法不论在什么情况下总是荒谬的，而从这里可以看到乔治一世的主张并不是这样。他所希望的是输出制成品，输入原料。

这是几个世纪以来英国商业政策的主导原则,以前威尼斯共和国的商业政策也是如此。这一点在今天(1841 年)的有效性与伊丽莎白时代毫无二致。由此所产生的效果是全世界所共睹的。有些理论家不同意这样的说法,认为英国并不依靠它的商业政策,尽管没有这个政策,它也仍然会臻于富强的。他们也同样可以这样说,树木当幼弱时虽然曾用篱笆和支木加以扶持,然而它并不是靠了这些成长成来的,尽管没有这些,它仍然会发荣滋长,果实累累的。

国家的一般政策与政治经济之间存在着密切关系,就这一点而言,英国历史所提供的证据也是非常确凿的。英国工业的勃然兴起以及由此发生的人口增加现象,显然使咸鱼与煤的需要激增,由此又大大促进了专用于渔业与沿海贸易的商船业务的发展。渔业与沿海贸易两者以前都操于荷兰人之手。这时英国人受到了关税提高与津贴制的鼓励,他们就用自己的力量来经营渔业,同时通过航海条例,不但使英国海员掌握了海上运煤业务,而且掌握了本国的全部海运业务。英国商船事业由此获得了发展以后,它的海军力量也有了相应的增长,从而使它有力量与荷兰舰队相对抗。航海条例实施以后不久,英荷之间爆发了海战,使荷兰人与英吉利海峡对岸各国的贸易差不多完全陷于停顿,他们在北海与波罗的海的船只几乎全部为英国的私掠船所歼灭。休谟估计在这次战役中荷兰船舶被英国巡洋舰所夺得的为数达一千六百只;达夫南特则在他的《国库岁入报告》里说明,在英国航海条例实施以后二十八年间,英国的航运业比前增长了一倍。[①]

① 《英国史》,第 5 卷,第 39 章。

就英国航海条例实施以后比较重要的结果而言，以下几点是值得格外注意的：

1.英国对所有北欧王国、对德国与比利时的贸易（输出制成品，输入原料）都有了扩展，根据安德森的记载，在1603年以前，英国对这些国家的贸易几乎完全被荷兰人排挤掉。

2.对西班牙与葡萄牙以及其西印度群岛殖民地的走私买卖，有了大量的扩展。

3.英国的捕制青鱼与鲸鱼业务有了显著的增进，这类业务原来是几乎全部为荷兰人所独占的。

4.英国于1655年征服了牙买加，这是它在西印度群岛最重要的殖民地，从此它得以控制西印度群岛的制糖业。

5.1703年与葡萄牙签订了麦修恩条约，关于这件事在叙及西班牙与葡萄牙情况时当作详尽分析。这一条约使荷兰人与德国人同葡萄牙及其殖民地的重要贸易关系完全断绝。葡萄牙从此完全沦于在政治上依附英国的地位，而英国通过它对葡萄牙贸易中所获得的金银，得到了对中国与对东印度群岛大规模扩展商业关系的资力，从而为它庞大的印度帝国打下基础，并且夺得了荷兰人最重要的几个商业根据地。

以上所举最后两个结果彼此之间是有密切关联的。英国蓄意要把葡萄牙和印度两个国家作为它发展自己前途的两个工具，其间所使用的手腕是特别值得注意的。西班牙和葡萄牙除了贵金属以外，在贸易中可以提供的基本上没有什么别的东西，而东方所需要的，除毛织品外，主要就是贵金属。这样的局势就显得在英国人面前是处处安排得妥妥当当的。上面曾提到英国执政者坚持不舍的一个原则是输出制成品，输入原料，而东方在贸易中所能提供交换的主要只是棉织品与丝织品，这一点是与他们的原则格格不入的，在这样的情况下他们怎样应付呢？他们是不是在葡萄牙销售毛织品、在印度购入棉织品和丝织品而从中取利以后，就这样心满意足了呢？决不是的。英国执政者的目光所注，并不到此为止。

他们如果允许印度的棉、丝织品自由输入英国，那么英国的棉织业和丝织业马上就得垮台。印度不但有着劳动力与原料代价都较低的有利条件，而且有着好几百年来相传的实践经验和技术。在自由竞争制度下，这类有利条件的效果如何是没有争论余地的。

但英国并不愿意为了在亚洲建立殖民地而使自己在工业方面屈从于亚洲。它所要争取的是商业优势；它的看法是，当两个国家彼此之间有着自由贸易关系时，售出制成品的一方所占的是优势，而只能供应农产品的那一方是居于劣势地位的。它对北美洲殖民地所已经执行的就是这个原则，它甚至不许那些殖民地造一只马蹄钉，更不许把那里所造的输入英国。它自己的工业品市场是它前途发展的基础；而印度人民为数如此众多，又这样克勤克俭，对于旧有制造方式又这样地熟练，这样地广有经验；又怎样能够指望它放弃它自己的市场，转让给像印度这样的一个民族呢？

因此英国禁止输入它自己工厂也在制造的那一类商品——印度的棉织品与丝织品。[①] 这个禁令是绝对的，毫无伸缩余地的。印度制造的哪怕是一根线，英国人也不许动用。这些制造品物美价廉，但英国自己弃而不顾，它宁可使用质量较差、代价较昂的它

① 安德森关于 1721 年的论述。

自己的东西。但是它却十分乐意把这些印度产的精美得多的织物在较低价格下供应欧洲大陆各国，情愿把这个廉价的利益让给它们，而自己却一无沾染。

英国为什么这样做？它是不是一个傻子？按照亚当·斯密和萨伊的理论，按照价值理论来说，的确是这样。因为，按照他们的说法，英国应当到能够按最低价格供应最高质量的商品的那些地方，去采购它所需要的东西。它以较高代价来自己制造那些它可以在别处买得到的东西，同时却把那部分利益让给大陆各国，这分明是件傻事。

但是按照我们的理论，情形却适得其反；这个理论我们把它叫作"生产力理论"(the Theory of the Powers of Production)。英国执政者对于这个理论所依据的基础并未加以审察，然而当他们执行着输入天然产物、输出纺织品的原则时，实际上却采用了这个理论。

英国执政者所注意的并不是在于价格低廉的、并不是经久存在的那些工业品的取得，而是在于代价虽较高而能够长期存在的制造力的取得。

他们出色地达到了这个目标。今天英国所生产的棉织品和丝织品价值达七千万镑，英国的制造品供应了整个欧洲、整个世界，印度也包括在内。今天它的本国产额超过它以前经营印度制造品的贸易价额计五十倍到一百倍。

如果一个世纪以来它只是购入印度制造的廉价商品，对它又会有什么好处可说呢？

再说，那些为自己购买了那样便宜的商品的国家，到底得到了些什么好处？英国获得了力量，获得了难以估计的力量，而别的国家所获得的却是力量的反面。

这些都是以无可否认的证据为依据、经历史证实了的结果。面对着这样的事实结果，亚当·斯密对于航海条例竟会作出那样歪曲的评价，这只能是由于那个原则，关于这个原则，我们在另一章里谈到这位鼎鼎大名的作家对商业限制所作出的错误结论时将有所分析。无限制自由贸易是这位先生最得意的见解，而这些事实却是与他的论点相凿枘的。因此他必须设法排除可能由航海条例效果中引证来的那些对于他的原则的异议，他排除异议的方法是把这些效果划分为政治的与经济的两种目的。他说航海条例在政治上虽然是必要的，而且是有利的，但在经济上是不利的、有害的。不论就事理或就实际经验来说，作出这样的区别其根据都是十分缺乏的，这一点我们将在以下的讨论中予以充分揭露。

萨伊对于美国的经历或者了解得多一些，但是也犯了同样的毛病，凡是遇到自由贸易与保护贸易原则上互有抵触时，他在这方面的表现比他的前辈还更进一步。他计算了一下法国政府在渔业津贴上对于一个海员的负担，从而说明这类津贴是如何地虚糜无益。

航海限制这个问题，对拥护无限制自由贸易主张者来说是一个很大的绊脚石；他们这些人，尤其是如果他们同时也是海口城市商业社会中的成员时，就只想悄悄地绕过这个绊脚石。

事情的真相是这样的。对航海的限制与对其他任何种事业的限制无异，是在同一个规律支配之下的。任何国家当处于初期文化阶段，它的农业与工业还没有获得发展时，对于外人经营的航海业与运输业的自由总是觉得有用的和值得欢迎的。这些国家，由于缺乏资本，缺乏海员人材，情愿把海运事业与国外贸易让别的国家来经营。但是过了些时，它们的生产力已经发展到了一定程度，已经学会了造船与航海技术，那时它们就要想从事于发展自己的国外贸易，用自己的船来运货，使自己成为一个海军强国。它们自己的商船有了一定程度的发展以后，就会感到已经能够逐去外人，大可以用自己的船向最辽远的地区经营商业。于是时机成熟了，到了这个时候，一个国家借助于航海条例，就可以把那些在财力上、经验上、力量上都胜过一筹的外国人顺利地排挤出去，不让他们分享在那类业务上的利润。然后再进一步，当海运业务与制海权达到了最高度发展时，毫无疑问，一个新时代将开始。普里斯特利博士说："这样的时候也许会到来，那时取消这个条例，与当初制订这个条例，可能是同样合机宜的。"[①]当他说这句话时，在他心目中的就是上述最后的一个发展阶段。

一个国家，借助于建立在权利平等基础上的航海条约，可以获得确定的有利条件以对付文化比较落后的国家，使它不能专为它自己利益着想采行航海限制政策；另一方面，由此可以防止它自己的航业人员趋于懈怠，鼓励他们在造船与航海技术上与别的国家齐步前进。威尼斯在争取霸权时，固然大大地倚仗了它的航海限制政策；但是等到已经在工商业上、海运事业上取得了优势地位以后，仍然抓着这个政策不放，这就是一个失策。因为这样就使它在造船、航海以及海员技能各方面，在竞赛中落在别的滨海国家与商

① 普里斯特利：《关于历史与一般政策的讲演》，第 2 部分，第 289 页。

业国家的后面，而那些国家却在步着它的后尘不断前进。英国就不蹈这个覆辙，英国的政策使它的海军力量有了增进，然后靠了海军力量使它的工商业力量有了扩大，而这一点反过来又助成了它海军势力的继续增长，殖民地的继续开拓。亚当·斯密当他认为航海条例对英国商业并不有利时，却承认这个条例无论如何是增进了英国的力量的。而力量比财富是更加重要的。事实的确是这样。力量的确比财富更加重要。为什么呢？只是因为国家力量是一种动力，新的生产资源可以由此获得开发，因为生产力是树之本，可以由此产生财富的果实，因为结果子的树比果实本身价值更大。力量比财富更加重要，因为力量的反面——软弱无能——足以使我们丧失所有的一切，不但使我们既得的财富难以保持，就是我们的生产力量，我们的文化，我们的自由，还不仅是这些，甚至我们国家的独立自主，都会落到在力量上胜过我们的那些国家的手里；这种情况在历史上已经有了充分证明，意大利共和国、汉撒同盟、比利时、荷兰、西班牙、葡萄牙都是前车之鉴。

但是亚当·斯密对于政治力量、生产力量与财富之间的交互作用与反作用这个规律视若无睹，却敢贸然断言，从商业观点来看，麦修恩条约与航海条例对英国并无好处；这到底是怎么回事呢？我们已经说明英国如何利用它所执行的政策获得了力量，如何基于政治力量进而获得生产力量，又如何由生产力而获得财富。现在让我们再进一步看一看，这个政策如何使它力量之上更添上了力量，生产力之上更添上了生产力。

英国掌握了每一个海洋的锁钥，对每一个国家都安置了步哨，它安置步哨的所在：对德国是赫耳果兰岛，对法国是格恩济岛和哲尔济岛，对北美洲是新斯科页半岛和百慕大群岛，对中美洲是牙买加，对沿地中海各国是直布罗陀、马耳他和爱奥尼亚群岛。它在通往印度的两条航线上据有了每一个战略要点，只有苏伊士地峡在外，然而也正在竭力争取；它以直布罗陀控制地中海，以亚丁控制红海，以布什尔和卡拉克控制波斯湾。它只需再把达达尼尔和松德海峡、苏伊士和巴拿马地峡拿到手，对于世界上不论哪个海洋，哪处主要航线，就可以随心所欲地开放或封锁。它一个国家的海军力量就超过了所有其他各国海军力量的总和，即使以船数计不一定这样，无论如何以战斗力计总是这样。

英国的工业在生产能力上超过了其他一切国家。虽然它的毛纺织品产量从詹姆士一世到现在增加了十倍以上（产值达四千四百五十万镑），但是还有一种工业，只是从上一世纪才建立起来的，即棉纺织业，它的产值却更加庞大，达五千二百五十万镑。①

英国的麻织业与别的国家对照下长期处于落后状态，它在工业上虽然取得了上述成就，仍然未能满足，在麻织业方面也想急起直追，取得与上述两种工业相类或者更高的成就；目前它的麻织品产值是一千五百五十万镑。当十四世纪时英国在铁的生产上还那样贫弱，因此对于这种不可少的金属认为有禁止出口的必要；但是在今日十九世纪的情况却大不相同，它所产的钢铁制品的数量上超过了其他一切国家，产值达三千一百万镑，所产的煤与其他矿产则产值达三千四百万镑。按除英国外，所有其他国家的金银产值

① 这里的以及下面的一些关于英国的统计，是从英国著名统计家麦奎恩的一篇文章里引来的，该文载 1839 年 7 月份《泰特氏爱丁堡杂志》。这些数字可能是有些夸大的，但即使如此，这些数字极有可能在这十年内将成为现实。

总计约二亿二千万法郎，合英币九百万镑，上述英国两项生产合计的产值与这个数值对照，计超过七倍。

现在英国所产的丝织品产值计一千三百五十万镑，超过了中世纪时所有意大利共和国在这方面的产值。有些在亨利八世与伊丽莎白时代不足挂齿的工业，现在也有了巨大产值，例如玻璃、瓷器与陶器的产值达一千一百万镑，铜与黄铜产值四百五十万镑，纸张、书籍、颜料与家具产值一千四百万镑。

还有，英国的皮革制品产值达一千六百万镑，杂项物品产值一千万镑。英国单单啤酒与蒸馏酒这一类的产值，就大大超过了詹姆士一世时代全国四千七百万镑的总产值。

现在联合王国工业的总产值估计达二亿五千九百五十万镑。

由于、也只是主要由于这种庞大的工业生产，使农业方面的总产值达到了五亿三千九百万镑，超过上面的数字一倍以上。

固然，英国的力量以及它生产力这样的突飞猛进，并非完全是出于它的商业限制政策、航海条例和商业条约之赐，在很大程度上也是由于它在科学上、技术上的胜利。

但是我们要问，今天一百万的英国工人，怎么会完成数目比他们大许多倍的那些人的工作呢？这是由于人们对英国工业品的巨大需求；它懂得怎样运用明智而有力的政策，在国外、尤其是在它的殖民地引起这种需求，这是由于施之于它国内工业明智而有力的保护政策，是由于它利用专利法对于每一种新发明所提供的优厚报酬，也是由于公路、运河及铁路所提供的在它内地运输方面的高度便利。

英国使全世界看到了运输便利对生产力的增长可以发生如何

有力的影响，从而促成国家财富、人口与政治力量的增长。它使我们看到了，一个自由、勤奋并且有着良好管理制度的国家，在短短的半个世纪期间，即使处于对外战争的环境下，在这方面所能做到的是什么。现在看来，意大利各共和国以前在这些方面所获得的一些成就，只是儿戏而已。据估计英国在那些与国家生产力有关的巨大设施方面的花费达一亿一千八百万镑。

但是英国只是在它的工业力量已经开始有所发展时，才着手进行这些工作的。从那时起，一切观察者都看得很清楚，一个国家要完成这样的工作，只有在它的工业力量已经开始有大规模发展时，才能办到；只有在国内工业生产与农业资源同时有了发展时，代价这样高的商业设备才能获得补偿；也就是这类设施只有在这样的情况下才能使它们充分完成使命。

同时也必须承认，英国的巨大生产力与巨大财富，并非单单是国家力量与个人的利得心的结果。人民爱好自由与公正的先天禀赋，人民的活动力和他们的宗教、道德品质这些方面，都是有关系的。国家的政体制度，政府与权要人物的智慧和力量，也是有关系的。不仅如此，地理的环境、国家的气运，甚至侥幸因素，在其间也未尝没有关系。

在大势的演进中，究竟是物质力量超过了精神力量的作用还是后者的影响超过了前者，究竟是社会力量在支配着个人力量还是后者影响了前者，这些都是不容易肯定的。但这一点是可以肯定的，两者之间存在着互为因果的关系，是互相起着作用与反作用的，结果这一组力量有了增长时即足以促使那一组跟着增长，有一组力量有了削弱时，另一组也难免不被波及。

有人以为英国的勃然兴起与不断进步，根本原因在于安格鲁撒克逊与诺尔曼血统的混合，提出这个见解的人应当先看一看英国在爱德华三世在位以前的情况。在那个时候，民族的勤勉耐劳精神与俭约习惯到底表现在哪里？还有人说根本原因是人民所享有的宪政自由，那么他们可以看一看亨利八世与伊丽莎白是怎样对待他们的议会的。在都铎王室的统治下，英国的宪政自由又在哪里？在那个时候，德国和意大利各城市却享有比英国多得多的个人自由。

在自由的宝库中独有一个宝是安格鲁撒克逊—诺尔曼民族远在日耳曼血统其他民族之先就保留下来的，是英国一切自由公正观念所由滋长的种子——这就是陪审权。

当那部罗马会典在意大利发现时，当那个从废墟里掘出来的遗骸（在它的时代无疑是非常伟大的，是智慧的结晶）其势力弥漫于欧洲大陆各国时，英国的权要方面却毅然表示，有关法律与土地的任何变革将不予考虑。他们没有把由这部会典而来的遗毒遗留给后代，这是何等的伟大智力！这种智力，在物质生产的力量上后来发生了多么深刻的影响！

英国不但对于罗马会典不加理会，而且很早就从社会与文学领域、从政治各部门与法院排除了拉丁语，这一点对于国家的发展，对于立法、司法、文学与工业，有多大的影响！德国长期保留着拉丁文和那些外来的法典，这一点对它发生了什么样的影响，对现在的匈牙利又发生了什么样的影响？火药的发明、印刷术、宗教改革以及通往印度的新航线与美洲的发现，对英国自由、英国文化与英国工业的发展发生了什么样的影响？把这些影响情况与在德国和法国的比一比看。在德国所发生的情况是：在整个德国、在各区之间、甚至在各城市以内的互相倾轧；使人痛心的意见分歧；在文学上、在国家行政与司法上的未开化状态；内讧、宗教迫害、向国外逃亡、外来侵略、人口减少、土地荒芜；城市的毁灭，农工商业以及自由制度、民政制度的衰落；显要贵族的无上权势；王权与民族精神的衰退；最富裕地区与帝国的分离。在法国的是：为了专制政治的利益而对城市、对贵族进行的镇压；与宗教势力联合在一起反对求知的自由，同时并不利于国家的统一、国家的力量；在胜利中虽有得有失，但是受到摧残的总是自由和工业。而在英国的则是：城市的勃兴，工农商业的进展；贵族服从本国法律，因此积极参加了立法工作，参加了国家行政与司法工作，同时也分享了工业利益；国内资源与国外政治势力的同时发展；国内和平；在一切落后国家占有的势力；国王权力受到限制，但在王室收入、在声名显赫与地位巩固方面都有所增进。总之，在国内是进一步提高的幸福、文化和自由，在国外是压倒一切的权力。

英国怎样会获得这样圆满的结果，在造成这种结果的各种因素中，有多少应当归功于它的国民精神与政体，有多少应归功于它的地理位置与过去的境遇，或者还可以说，有多少应归功于机会与命运，这又有谁能肯定呢？

假使把查理五世与亨利八世的地位对调一下，则由于一次下流的离婚案的结果，英国与西班牙的情况，在德国与尼德兰或者也会照样发生，这是可以想象得到的（我们为什么说“想象得到”，读者一定明白）。假使把与腓力二世这样一个人联姻的那个软弱妇人放在伊丽莎白的地位，那么大不列颠在它的力量、文化、自由各方面又将发生什么样的变化?

如果说在这个伟大变革中,只有国民性的力量这一点是一切问题的关键所在,那么获得其中有利结果的最大部分的,岂不就应当是变革所由发生的那个国家——德国吗?但事实上却适得其反,在这个走向进步的运动中,除了灾害与衰弱以外别无所获的,恰恰就是德国。

关于贵族制度,在欧洲各国中再没有像英国那样安排得尽美尽善的了。它使贵族在对国王、对民众的关系上获得了个人的独立、尊严与安定;给与他们在议会中的锻炼机会与地位;把他们的活动力导向爱国的与国家的目的;鼓励他们把民众中的优秀分子吸入他们自己的队伍,使平民不论在天才上、在异常的财力上或是在巨大成就上有卓越表现的都归入他们的团体;另一方面,对于贵族后裔过剩的部分则仍然使之回入民众的巨流,这样就为贵族与平民在将来的合而为一打下了基础。通过这样的处置,使贵族在公民精神、爱国精神、科学以及智力与物质资源等等方面可以不断地从民众中获得新的增益;同时贵族又把自己特有的文化及独立精神的一部分不断地归还给人民,使他们自己的子孙不依赖先人的余荫而自食其力,可以使民众由此获得一种新生力量的导源。在英国有爵位的人,他们子孙无论怎样众多,在同一时间内只允许有一个人继承爵位,家族中的其余成员都是平民,要依靠专门学识,或从事于行政事务,或工农商业来谋取生活。有这样一个故事,从前有一位在英国享有最高爵位的贵人,他起了一个念头,想邀集他一族中所有的人来举行一次宴会,但是他终于不得不放弃了这个计划,因为他的家系虽然不过起源于不多几个世纪以前,而同族中人已无法计数。要说明这种制度在进取精神、在殖民地开拓、在权力与自由、尤其是在这个国家的生产力上所发生的影响，简直有整整一本书可写。①

英国的地理位置对于国家的独立发展有着巨大影响。英国在对欧洲大陆的关系上，向来是自成一个世界的；对于大陆各国间敌对、偏见、自私、激动、灾祸种种方面的影响，总是无所沾染的。它所以能够在政治组织上作独立、纯正的发展，宗教改革所以能安然完成，宗教财产所以能充作大有裨益于各种工业的世俗用途，主要是由于这种隔离的状态。它所以能够获得长期和平，也是由于这个原因；除了内战时期以外，它享受和平接连达数百年之久，从而使它免除了常备军设施，使它在很早就能够采行一贯的关税制度。

英国由于它的岛国地位，不但得以避免了争夺领土的战争，而且从大陆战争中还可以为它的工业优势取得极大的利益。陆上战争与地区的遭受破坏，使战争中心的工业受到种种损害；直接妨碍农业，毁坏农作物，从而剥夺了耕作者所赖以购买工业品并为工业家生产原料与食物的手段；间接往往使工厂被毁，或者至少被破坏，因为战争足以妨碍原料品输入、工业品输出，因为这时厂主势必要负担额外的、繁重的捐税，并且在资本与劳动的取得上发生困难；还有一层，即使在战事停止以后，它的不利后果仍将继续发生作用，因为农民和他们的收获在战时受到的损害越大，则资本与劳力就越受农业工作的吸引而从工业中转移过去，从而为资本与人

① 发表这个意见的这位天才作家已经逝世，深可哀悼。在他的《关于英国问题的几封信》里，关于这里所述及的问题，他对他本国的贵族曾有所告诫，这是值得他们铭记在心的。——英译本注

力的使用开辟了一个比工业更为简捷有利的领域。像这样的情况在德国大致每百年要重演两次，它使它的工业倒退，而英国的工业则不断前进。每当英国用装备战舰与军队的办法，或用津贴的办法，或两者兼用，准备积极参加海外战争时，英国的工业家，与它的大陆竞争者正相反，却可以从中获得一倍或两倍的利益。

有人为非生产性支出、即用于战争与维持庞大军队的支出作辩护，认为这是绝对有利的，我们不能同意这种主张，有人认为公债的性质是绝对有利的，对于这个说法我们也未能赞同；但是我们也不相信流行学派的那种论调，他们认为凡是不属于直接再生产性质的消费——例如战争消费——都是绝对有害的。关于军队设备、战争以及由这类目的所发生的债务，在某种情况下对国家生产力的增长可能是非常有利的，英国的情况就是一个例子。严格地说，物质财富的消费有时可能是非生产性的，但这种消费却可以刺激工业家，使他们作格外的努力，由此可以导致新的发现与改进，特别是生产力的增长。这种生产力取得以后就长期存在；战争费用只是限于一次的，而生产力的增进却是继续不已的。[①] 这就会发生这样的情况，在像英国那样的有利情况下，国家对于每项那些理论家认为非生产性的支出，所得会大大超过所失。英国的情况

① 如果英国的贵族承认，应由在战争费用上获得利益的那个阶级，即富裕阶级，来负担国债，则英国的国债就不致使我们在今天看来显得是那样大的一个灾害。据麦奎恩估计，三个王国财产的资本价值是四十亿镑，又马丁估计，投于各殖民地的资本约二十六亿镑。由此可见，英国私人财产的九分之一即足以与全部国债相抵。如果在这个基础上进行拨偿国债，或者至少从所得税收入项下拨付债务利息，似乎是再公平也没有的办法。但英国执政者却认为用对消费品征税的办法来应付这方面的费用比较合宜，这就使工人阶级在生活上受到的打击达到难以忍受的程度。

的确是如此，这是可以用数字证明的。这个国家在战争中，单单就棉布业一项所获得的生产力而言，每年由此所产生的收益价值，就超过了国债增进项下所需支付的利息，且不提其他一切工业部门的广泛发展与殖民地财富的增进。

最显著的是在欧洲大陆战争期间，当英国在大陆上驻有军队须支付费用或津贴时，它的工业由此所获得的利益。这类费用是全部用英国工业品形式支付的，它把这些工业品运到战争地区，那里的工业原来已极度困难，由此就更快地使它趋于末路，而英国工业从此就占有了那个国外市场。这种行动所起的作用实际上无异是一种出口津贴，得到好处的是英国人，遭殃的是外国工业家。[①]

在这样情况下，以大陆各国的工业而言，英国人以同盟者身份所给与它的害处，实在比英国人以敌人地位所给与它的害处更大。倘使要为此说寻找根据，我们只需举出七年战争与对法兰西共和国与帝国的战争这两个例子就够了。

这里所提到的一些利益已经够大的了，但是还不止这些，有些人被英国的政治、宗教和地理条件所吸引，移居到了英国，其由此所发生的影响对英国利益之大，更远远超过了上述的一些。

远在十二世纪时，就有法兰德斯的羊毛织工为政治环境所吸引，移居威尔士。不多几个世纪以后，有被放逐的意大利人流入伦敦，经营钱兑业和银行业。在不同期间，曾有法兰德斯与布拉奔技工整批地流入英国，这在第二章里已经提到。从西班牙和葡萄牙来的是受到迫害的犹太人；从汉撒各城市、从衰落了的威尼斯来的

① 参阅附录一。——英译本注

是商人，随着他们一道来的是他们的船舶、商业知识、资本和进取精神。还有更加重要的是，由于西班牙、葡萄牙、法国、比利时、德国和意大利的宗教改革与宗教迫害，有大量资本和工业家流入英国；还有同样十分重要的是，荷兰由于航海条例与麦修恩条约的影响，出现了工商业停滞状态，因此有许多商人与工业家流入了英国。只要在英国具有自由的权利，避难的便利，国内安定和平，有法律保障以及一般福利，只要英国具有这些特点，则每一次政治运动，大陆上的每一次战争，就会使它在资本和人材方面获得大量的新生力量。例如晚近的法国大革命与由这个帝国引起的多次战役，又如在西班牙、墨西哥、南美洲发生的政治暴动、革命的与反动的运动和战争，情况都是这样。英国凭了它的专利法，长期独占了每个国家的发明天才。英国工业的成长与进展已经登峰造极，它的生产力原是由欧洲大陆各国得来的，如果现在饮水思源，把其中一部分归还给原主，那才公平合理。

第五章　西班牙人与葡萄牙人

英国人为了要在最巩固的基础上建立国家繁荣的结构，足足忙了几个世纪，而西班牙人与葡萄牙人却凭了他们的新发现，一下子就发了财，在极短促时间内拥有了巨大财富。但这是浪子手里的财富，是中了头奖得来的；而在英国人手里的财富则好比是一个克勤克俭的家长辛苦集聚起来的。前者是暴发户，浪费过度，任意追求奢侈享乐，可能一时看上去似乎比后者值得羡慕，但是在他手里的财富只是供作取快一时的手段，而后者则把财富看作主要是为后代争取精神与物质幸福奠定基础的一种手段。

西班牙很早就有了品种优良的羊群，这使英国的亨利一世远在1172年就禁止输入西班牙羊毛，而意大利毛纺织业所需原料的大部分，远在十世纪及十一世纪时，就一直是取给于西班牙的。在那时以前二百年，比斯开湾一带的居民就以制铁、航海与渔业著称于世。他们是最先从事于捕鲸业的，直至1619年，他们在这一事业上还远远胜过英国，英国还特为请他们派专人到它那里去传授捕鲸技术。①

摩尔人十世纪时在阿卜都拉曼（Abdulrahman）三世统治下（912—950年），就已经在瓦伦西亚一带的沃野从事于棉、稻、甘蔗的种植和育蚕事业。哥尔多华、塞维尔和格拉那达在摩尔人的时代就已有了比较发达的丝织业与棉织业。② 瓦伦西亚、塞哥维亚、托利多与卡斯提尔的几个别的城市都是以毛织业的发达闻名的。单是塞维尔一处，在历史上很早的时代，就已有织布机一万六千架；当1552年，塞哥维亚的毛织业就有一万三千工人。其他各业，尤其是武器与纸张的制造，也有相似的发展。法国当科尔伯特的时代，还惯于向西班牙采购毛织品。③ 西班牙的口岸城市是广大贸易与重要渔业的中心，它直至腓力二世时代止，一直拥有最强大的海军。总之，西班牙是具有一切走向强大、富裕的因素的，而专制政治与顽固不化结合在一起，却要来摧残国民的进取精神。这

① 安德森：《商业的起源》，第1卷，第127页；第2卷，第350页。

② 西门：《英国观察者的评论》，《西班牙商业及财政评述》。乌斯塔里兹：《商业理论与实践》。

③ 沙普塔尔：《法国的工业》，第2卷，第245页。

种愚昧无知的举动首先表现在驱逐犹太人，表现得最激烈的是驱逐摩尔人，由此把二百万最勤奋而富裕的居民连同他们的资本赶出了西班牙。

宗教的排除异端精神就这样地把本国的工业放逐出境，同时也不许国外工业家在西班牙境内安家落户。至于美洲大陆与好望角航线的发现，对于这两个国家财富的增进，性质只是浮而不实的，一瞬即逝的——实际上这类发现对两个国家的工业、两个国家的力量首先是一个致命的打击。因为西班牙人与葡萄牙人并不像后来荷兰人与英国人那样用本国工业品向东印度群岛与西印度群岛易取物资，而只是用他们从殖民地榨取得来的金银向外国购买工业品。[1] 它们的国民原来是勤恳的、有用的，在它们的政策下却变成了买卖奴隶的贩子，变成了殖民地的专制魔王。它们就这样助长了荷兰与英国的工业、商业和海上势力，养肥了敌人，引火烧身；这些国家不久就壮大起来，有了足够的力量，来摧毁它们的舰队，夺取它们的财源。后来西班牙的一些国王制定了禁止金银输出、禁止工业品输入的命令，但是毫无实效。只有在宗教自由、政治自由的土壤上，进取精神、工业和商业才能生根，才能发荣滋长；只有工业懂得怎样吸引并使用金银时，金银才能保持住。

但是葡萄牙在一位开明的、有权力的大臣主持之下，对于工业的发展确曾作过一度努力，努力的初步结果使我们感到震惊。这

① 葡萄牙与中美洲及南美洲通商时，它所输出的主要是贵金属，从 1748 到 1753 年间输出额即达一千八百万披亚斯特。参阅洪保德：《论西班牙王国的政治》，第 2 卷，第 652 页。它对那些地区以及对西印度群岛的贸易，由于传入了种植甘蔗、棉花、咖啡等事业，最初占有较大比重。

个国家同西班牙一样，从远古以来就有了品种优良的羊群。斯特拉波(Strabo)告诉我们，曾经有一批优种羊由亚洲传入葡萄牙，每只的代价是一个泰伦(talent)。当厄勒塞拉(Ereceira)伯爵于1681年当权时，他想到了一个计划，要设立毛纺织厂，利用本地原料，以本国工业品供应本国和殖民地。为此特向英国招来了纺织工人。这些毛纺织厂在当局照顾之下获得了迅速发展，结果在三年以后(1684年)就使他可以实行禁止毛纺织品输入。从那个时候起，葡萄牙就把用本国原料制成的这类工业品供应本国和它的殖民地，进行得非常顺利，这样经过了十九年，这种情况在英国作家的著述中也有证明。[①]

的确，即使在那个时候，英国已经显示出了它的才能，这种才能后来更发展到了完善的境地。当时英国人为了逃避葡萄牙对毛织品输入的关税限制，它们把这类出品加以改头换面，称之为哔叽或毛毯，实际上用途相同，然后把它输入葡萄牙。但是这种伎俩不久即被发觉，这类货色随印也被禁止输入，诡计归于无效。[②] 葡萄牙这次发展毛纺织业居然获得成功，的确是有些出人意外的，因为这个国家在不久以前，由于驱逐犹太人而流出了大量黄金，而且还一直受着顽固势力、腐败政治与封建贵族的毒害，人民自由与农业生产长期受到了摧残。[③]

但是在厄勒塞拉伯爵逝世以后，1703年，有名的英国大使保罗·麦修恩成功地说服了葡萄牙政府，使它相信，如果英国允许葡

① 《英国商人》，第3卷，第69页。

② 同上书，第71页。

③ 《英国商人》，第3卷，第76页。

萄牙酒类按低于别国所纳酒税三分之一的税率进口,同时由葡萄牙允许英国毛织品进口时按照1684年以前的税率(即百分之二十三)纳税作为交换条件,这样于葡萄牙将大大有利。在葡萄牙方面,签订这个条约的主要动机,看上去好像是葡萄牙国王方面的希望增加关税收入与贵族方面的希望增加地租收入。英国女王安娜在这个条约里把葡萄牙王称为"她的老朋友与同盟者"。当年那些不幸的国王被罗马的元老院拖下水,与它发生进一步密切关系时,元老院对这些国王也是惯于使用这类称呼的。两者所奉行的是同一个原则。

这一条约缔结以后,顷刻之间,英国工业品即泛滥于葡萄牙市场,而且立见分晓的是葡萄牙工业突然而彻底的崩溃。这种结果跟此后与法国签订的所谓伊甸条约以及德国废除大陆制度的情形极为类似。

根据安德森的证言,即使在那个时候,英国人对于在海关报单上将货值以多报少的技巧就已经那样精通,结果他们实际支付的税款还不到应纳税款的半数。①

《英国商人》有这样一段记载:"禁令取消以后,我们从他们那里拿走了那么多的银币,以致在那里剩下的,已经几乎不足以供应他们的需要;于是我们把目标转向他们的黄金。"②这样的贸易由英国人一直继续到最近时期。他们把葡萄牙人向殖民地取得的贵金属全部运走,其中有一大部分是运到东印度群岛与中国的,然

---

① 《商业的起源》,第3卷,第67页。

② 《英国商人》,第3卷,第267页。

后，像在第四章里已述及的那样，在那里把贵金属换成货物，运售欧洲，换回原料。英国对葡萄牙每年的输出额超过由那个国家的输入额达一百万镑。由于贸易上这种顺差现象，使外汇率降低到百分之十五，不利于葡萄牙。《英国商人》的著者向那位鼎鼎大名的公使的儿子保罗·麦修恩爵士献辞时说："我们对葡萄牙贸易中，差额的有利于我方，为对任何其他国家的贸易所不及，我们现在从那个国家输入的硬币已达一百五十万镑，以前不过三十万镑。"[①]

从那时起，所有英国商人、经济学家以及政治家一致赞扬这个条约，认为是英国商业政策上的一个杰作。安德森对于有关英国商业政策的一切问题是具有清晰的观察力的，而且讨论这些问题时态度也是非常坦率的，他也称赞这个条约是"极度公平而有利的"，他也不禁要天真地高呼，"但愿它能够天长地久地继续下去！"[②]

直到亚当·斯密才提出了一种与这类异口同声的论调直接相反的理论，他认为麦修恩条约并不在任何一点上对英国商业有什么特殊利益。舆论对这位轰动一时的作家表示了盲目信从，接受了他的(一部分是很荒谬的)见解。如果要问为什么对他意见的信从是盲目的，只需举出一点就够了——上面所提到的那个意见，直到现在还存在着，没有人加以反驳过。

亚当·斯密在他著作的第四编第六章里说，根据麦修恩条约，葡萄牙的酒进口时只需缴纳别国所缴进口酒税的三分之二，这是

① 《英国商人》，第 3 卷，第 15、20、33、38、110、253、254 页。

② 安德森关于 1703 年的论述。

给与葡萄牙人的明确的利益，而英国人以毛织品运往葡萄牙时，仍须照缴与别国同样高的关税，因此英国人并没有从葡萄牙人手里获得任何特殊利益。但是我们要问，葡萄牙人在这个条约成立以前，关于他们所需要的国外商品，其中有一大部分，难道一向不是从法国、荷兰、德国和比利时输入的吗？难道英国人此后没有把葡萄牙市场据为己有，来销售那种在他们本国有原料制造的工业品吗？难道没有找到一个窍门，使葡萄牙关税减低了一半吗？难道在英国消费葡萄牙酒的人，没有由于外汇率的关系，享有了百分之十五的利益吗？法国酒与德国酒在英国的行销，难道并没有近于完全停顿吗？难道葡萄牙的金银并没有给英国人供作向印度换取大量商品的手段，然后使英国人把这些商品泛滥于整个欧洲大陆市场吗？葡萄牙的毛织业难道没有被全部摧毁，从而使英国人获得莫大利益吗？所有葡萄牙的殖民地，尤其是那个富饶的巴西，难道没有因此在实际上成为英国的殖民地吗？这个条约对于葡萄牙当然是有利的，但是徒有其名；而英国人所获得的却是在作用上、效果上的实际利益。在英国人此后所订的各种商约中，都可以看到一种同样的倾向。在表面上他们总是以世界主义者、博爱主义者自居，然而就其目的与企图来说，他们实际上始终是利益垄断者。

亚当·斯密第二个论点认为，英国人之所以未能从这一条约获得任何特殊利益，是由于他们在很大程度上不得不把出售毛织品以后由葡萄牙人那里得来的钱财转付给别的国家，并因此在那些国家购入商品；这就是说，他们如果用毛织品去直接掉换那些他们所需要的商品，就可以通过一次交换来完成由于对葡贸易不得不通过两次交换来完成的任务，这样的直接交易对他们要有利得多。我们对于这位崇高学者的品格与智慧固然深为敬服,但是像这样的论证,使我们对于他的大公无私,或对于他的敏锐的理解力,实在不能不感到失望。如果要我们不存此想,那就要使我们想到,深可叹惜的是人类性格上的弱点,亚当·斯密在这一点上是有很明显的表现的,他的另一些论据也往往是不合理的,几乎是可笑的;显然,他所要竭力辩护的是绝对自由贸易原则,他为这一本身就很光荣的使命的绚烂夺目的光彩,已经弄得有些眼花缭乱了。

关于刚才提到的论证,我们可以作一个比方。一位面包师傅,他售出面包时向顾客取得的是现款,他就用现款向磨坊买进了面粉,据说这样做生意就无利可图,因为如果他用面包直接调换面粉,他就通过一次交换而不是两次达到了他的目的。上述论点所含的理论性或逻辑性实际上并不比这个比喻所含的高明些。要说明这个一次交换办法的行不通是再简单也没有了,磨坊的主人也许不需要这位面包师傅所能供应的那么多的面包,再说他自己也许懂得烤面包,或者事实上也是在那里烤面包,因此不经过两次交换,这位面包师傅的业务就无法进行。葡萄牙与英国在签订条约时的商业情况实际上就是这样。葡萄牙把工业品输出到南美洲,在那里换来了黄金和白银;但是由于它的懒惰无能,它自己没有能制造这些工业品,就用金银向英国交换。英国却不需要这些贵金属供作国内流通,就把它们运到了印度或中国,在那里购入商品转卖给欧洲大陆,然后在大陆上换取了农产品、原料或仍然是贵金属,把它们运回本国。

我们现在要凭常识提出一个问题,假使葡萄牙人对于那些毛织品愿意自己动手来制造,或者愿意向别的国家采购,那么英国人手里的那批货色又有谁向他们来买呢？在那样情况下，英国人的这批毛织品既不能卖给葡萄牙，也将无法卖给别的国家，因为英国人的毛织品在那些国家里早已作了尽可能的推销，已经无法继续推进。结果英国人势必按照他们曾经售给葡萄牙的那个部分的比例，减少毛织品的制造数量；势必按照他们曾经向葡萄牙取得的金银的那个数量，减少对印度的金银输出量；他们运售欧洲大陆的印度商品，势必按照那个数量减低；结果运回他们本国的原料也势必按照那个数量减低。

亚当·斯密第三个论点认为，葡萄牙金钱如果不流入英国，英国仍然有别的方法来满足这方面的需要。这个论点也是同样站不住脚的。按照他的想法，葡萄牙人手里的金银既有余，这个剩余部分无论如何总是要外流的，总是要通过某些别的途径流入英国人之手的。我们这里不妨假定，葡萄牙自己动手制造了毛织品，他们把多余的金银运到印度和中国，然后向别的国家买回了他们所需要的货物；试问在这种情况下，英国人又能到手多少葡萄牙的金银呢？再说，葡萄牙如果与荷兰或法国签订一个麦修恩条约，在它也是一样的。毫无疑义，在这里所假定的两个情况下，总会有一小部分金钱辗转流入英国，但只是限于它出售生羊毛时所能获得的那一些而已。总之，如果没有麦修恩条约，英国的工商业与航运业是决不会达到已有的那种发展程度的。

但是就麦修恩条约的影响来说，关于涉及英国方面的，无论作如何估计，姑作别论，关于涉及葡萄牙的方面，至少有一点似乎是可以断言的，那就是这个条约决没有能诱使别的国家，为了利于农产品输出，也在它们国内的工业品市场对英国有所让步。葡萄牙与英国有了来往以后，它的工农商业与航运业不但无所进展，而且日趋下降。庞巴尔曾经力图振作，但是没有用，英国的竞争破坏了他一切的努力。同时也必须指出，像葡萄牙这样一个国家，它的整个社会状态对于工农商业的进展是格格不入的，因此商业政策在这里能发生的作用极为有限。但是尽管如此，通过庞巴尔所实现的那一点点成就，已经足以证明，只要能够首先把一国的社会情况中所出现的内部障碍除掉，则一个力求发展工业的政府在这方面是大有可为的。

西班牙在腓力五世及其后两个继承者统治下所经历的也是同样的情况。这个国家在波旁皇室下对于国内工业所实行的保护措施很多失当的地方，对于关税法令的认真施行也极度缺乏能力，但是当它把科尔伯特的商业政策从法国移用到它本国时，各地区、各部门的工业都有了生气，这一点却是无可怀疑的。① 从乌斯塔里兹和乌洛阿的叙述里，②我们可以看到，在当时那样的环境下而工业推进方面居然能收到一些效果，真使人感到惊奇。因为在那个时候，西班牙的一般社会状态简直是糟透的，到处是极肮脏的道路，绝对找不到设备齐全的旅馆，也没有桥梁、运河与内河运输，每一个省区都设有地方关卡，与国内其他省区相隔绝，进入任何城市都须缴纳入城税，拦路打劫和沿门乞讨成为正常职业，走私买卖盛极一时，捐税的苛杂达于极点——这些都是上述两位作家认为西

① 麦克弗森:《商业年鉴》,1771 年及 1774 年。对国外商品输入施行的种种限制,大大地促进了西班牙工业的发展。在那个时期以前,西班牙所需的工业品取自英国的占二十分之十九。——布鲁阿姆:《欧洲列强殖民政策研究》,第 1 部分,第 421 页。

② 乌斯塔里兹:《商业理论》。乌洛阿:《西班牙工业的复兴》。

班牙工农业所以一蹶不振的原因所在。其实所有这些灾害的根源是在心理上的偏信、盲从、不实事求是，是教士的贪婪腐败，贵族的享有特权，政府的专制横暴，以及民众的愚昧与缺少自由，而两位作家对于这些却没有敢公然指斥。

英国于1713年与西班牙签订了阿西安托条约，这是同与葡萄牙订立的麦修恩条约堪以媲美的，在这个条约下英国人获得权利，每年得以一定数目的非洲黑人运人西属美洲，英国商船每艘每年得驶入波托贝洛港一次。这就使他们有了机会得将大量私货运入这个国家。

现在我们可以看到，英国人所订的一切商业条约总不脱离一个倾向，要在有条约关系的一切国家扩展他们工业品的销路，给与对方的表面利益则在农产品与原料方面。他们在这些国家随时随地所努力的是用廉价物品与长期贷款手段，摧毁这些国家的工业。如果不能享有低率关税待遇，在这一点得不到便宜，他们就会想尽一切方法漏税逃税，组织大规模组织的非法买卖。我们已经看到，他们在葡萄牙行之有效的是前一办法，在西班牙实现的是后一个。在这个问题上，进口税从价的原则对他们是大有帮助的，由于这个缘故，所以他们近来花了很大的气力从事宣传，要使人们相信，从量纳税的原则——像普鲁士所采用的——是要不得的。

第六章　法国人

法国也是继承了罗马文化的许多残余的。当日耳曼族法兰克人侵入时，这些人所爱好的没有别的，只是打猎，因此有许多久经耕种的地区又变成了森林与荒地，使法国几乎又失去了一切。法国同欧洲所有其他国家一样，它在中世纪时农业所以获得进展，大部分有赖于宗教势力，不过后来成为文化发展上一个重大障碍的也是这个势力。修道院中人不像贵族那样不断地从事于仇杀、竞争，并不以兵役义务来磨难他们的奴属，田地与牲畜受劫掠与破坏的危险也比较少。教士们所喜欢的是安闲生活，反对的是争吵，而且往往愿意扶危救困，以此来博得声誉和别人的尊敬。因此有一句老话，"寄居在教门中人的屋檐下总是幸福的。"对于法国早期工业发展有重大影响的是十字军、路易九世（圣路易）建立的市民社会与行会制度、与意大利及法兰德斯的接近等因素。早在十四世纪时，诺曼底与布列塔尼就已经从事于制造毛织品与麻织品，供国内消费并运销英国。这个时候，它的酒与盐的出口业务，主要由汉撒商人为居间，也已占有重要地位。

由于法兰西斯一世的努力，法国南部开始有了丝织业。亨利四世也重视这一工业，同时并注意玻璃、麻布及毛纺织工业的发展；里舍留与马扎蓝也曾注意促进卢昂和色当的丝绸、天鹅绒与呢绒制造业以及渔业与航运业。

美洲的发现使法国受到了最有利的影响，这种情况当时是再没有任何一个国家比得上的。法国西部所产谷物运销西班牙的数量很大。比利牛斯山区每年有许多农民移入西班牙东北一带去找寻工作。法国曾以大量的酒和盐运销西班牙属尼德兰；它的丝绸、天鹅绒、尤其是某些奢侈品曾大量销售尼德兰、英国、西班牙和葡萄牙。就是由于这些缘故，在很早一个时期曾有很多西班牙金币与银币在法国流通。

但是法国工业的全盛时代是从科尔伯特开始的。

当马扎蓝死的时候，法国不论是工商业、航运业或渔业都没有达到重要地位，那时法国的财政更处于最恶劣的境地。

科尔伯特却有勇气独立担负起一种任务，这种任务在英国是经过三个世纪不断努力、两次革命的代价，才得以顺利完成的。他向各国招聘优秀技师和工人，收买商业上的秘诀，并广泛搜罗精美的机械和工具。他实行了统一而有效的税则，使本国工业在国内获得了稳定市场。对于内地关税尽可能地撤废或加以限制，一方面积极建设公路与运河，以改进国内运输。这些措施使农业获得了甚至比工业更大的利益，因为消费者的数目增加了一倍到两倍，生产者与消费者之间的接触很便利，而且运输的代价低廉。他又降低了对地产的直接税，减轻了以前征税时在手续上的那种严厉苛刻的程度，平衡了租税负担，最后还实行了降低利率的办法，这样就使农业方面获得了更大利益。他只是当谷物供应不足、价格高涨时，才禁止谷物出口。他对于国外贸易的推广与渔业的发展特别重视。他与地中海东部沿岸各国重新建立了商业关系，扩大了对殖民地的贸易，开辟了对北欧的贸易。他对于行政的一切部门采行了最严格的节约措施，并使之在工作上秩序井然。他死的时候，法国制造毛织品的纺织机已经有五万架，每年丝织品产值已达五千万法郎。国家的岁人已增加了二千八百万法郎。这时法国已拥有繁盛的渔业，大量的商船，一支强大的海军。①

隔了一个世纪以后，有些经济学家对科尔伯特严厉地加以责

① 纳克:《对科尔伯特的颂词》(1773 年)(《全集》,第 15 卷)。

难，认为这位政治家急于促进工业利益而以农业利益为牺牲。这样的责难是过当的，只是说明了这些作家自己对工业的本质并没有充分了解。[①]

但是，科尔伯特即使对原料出口反对作定期性的阻止，被认为在这一点上措施失当，然而由于对国内工业发展的鼓励，他却使人们大大地增加了对农产品的需要，使农业获得了十倍于上述损失的补偿。如果说他对工业规定了一套新的措施，以命令强制实行，违背时即加惩罚，因而认为他违反了政治家的开明风度，那么要晓得，这样的措施是适应时机的，在他所处的时代也还是最有利、最适当的，那个时候人民处于长期专制统治下，意志消沉，对一切都漠不关心，即使对于有进步意义的革新也抱着反对态度，科尔伯特所应付的就是这样一种人民。

有人说科尔伯特的保护制度，使法国丧失了一大部分的国内工业，这只有对南特敕令（the Edict of Nantes）废除后的极度悲惨后果完全视若无睹的那个学派，才能把这个罪过加在科尔伯特身上。在他死后的三年间，由于上述敕令废除后的种种倒行逆施，法国最勤奋、最干练、事业上最成功的五十万居民被迫离开祖国。这

① 参阅魁奈的论文《重农主义，或最有利于人类的支配力量（1768 年）》，注 5，“关于第八准则”。魁奈在这里以短短两页的篇幅对科尔伯特进行驳斥，而纳克则用了整百页的篇幅来说明科尔伯特所施行的制度和它的成就。魁奈在这方面的表现是对于工业、历史、财政一类问题的无知，是在没有任何确切依据下对于像科尔伯特这样一个人轻下结论时的武断态度，就这两点来说，究竟哪一点更加使人感到惊奇却难以断言。不仅如此，这个无知的妄人甚至不够坦率到连当时法国新教徒雨格诺派受到驱逐这一事都避而不谈；还有，他甚至颠倒黑白，并不以为耻，说科尔伯特曾经用强制法令，限制各省区之间的谷物贸易。

些人流到了瑞士，流到了德国的每一个新教区、特别是普鲁士，还流到了荷兰和英国，他们在那些地方安家落户，把他们的事业和资本带了过去，这就使他们的祖国受到了双重损害。这样就由于法皇一个姘妇的阴谋毒计，在三年之中，毁灭了整整一个世代的丰功伟绩，使法国再度陷于那种奄无生气的情况；而英国则在宪法的庇护下，革命精神的鼓舞下，激起了全国的一切积极因素，由伊丽莎白和她的上一代开始的那些建设事业一直在稳步进行，中间从未停顿，而且热情越来越高。

法国由于长期的政治腐败，它的工业与财政状况毫无起色，与英国那种欣欣向荣的气象恰恰成一鲜明对比，因此在大革命将发生以前，引起了法国政治家们的仿效心。他们被那些经济学家不切实际的理论所蛊惑，与科尔伯特的政策方针相反，希望建立自由贸易，以此为补救办法。他们的想法是，如果予英国工业品输入以优惠待遇(进口税率减为百分之十二)，以此为条件，使法国的葡萄酒与白兰地能够在英国畅销，法国一下子就能够恢复繁荣状态。英国对于这个建议当然极度欢迎，要它对法国来一个麦修恩条约的翻版，它又何乐而不为，于是成立了 1786 年的伊甸条约，这个条约所造成的不利于法国的毁灭性结果，与葡萄牙原版所造成的丝毫没有两样。

英国人是习惯于伊比利亚半岛的烈性饮料的，因此对法国酒的消费量并没有增加到原来所想望的程度。这时更加使法国人大吃一惊的是，他们在英国行销的只是一些时兴货和小工艺品等杂货，这些货物的总值是很有限的，而英国所提供的却都是主要必需品，总值非常巨大，而且英国工业家在价格、质量以及赊销条件各方面所提供的,处处胜过法国的工业家。经过了一个短时期竞争以后,法国工业家已濒于破产之境,法国的制酒商所获甚微,于是法国人想赶紧止住这种恶化现象的演进,取消了这个条约。结果所获得的只是这样一个教训:已经发展起来的工业可以在几年之间一败涂地,已经受到摧残的工业要想用整整一个世代的时间使它恢复却不那样容易。英国的竞争在法国已经引起了对英国货的爱好,习惯既已养成就很难铲除,结果是发生了广泛的、长期继续的走私买卖,一时不容易扑灭。而在条约废止以后,对英国人来说,要他们对伊比利亚半岛的烈性酒重温旧好,却并没有什么困难。

大革命的骚动与拿破仑时代不断的战争,对法国工业繁荣当然不会有利,况且在这个时期法国丧失了大部分海外贸易,失去了一切殖民地;但是尽管如此,法国的工业,只是由于对本国市场的得以独占,由于封建束缚势力的消除,在帝国时期比之在革命以前的旧制度下却获得了较大发展。在德国以及在大陆封锁范围内的一切国家,情况也是这样。

拿破仑曾经锋芒毕露地说过,在世界当前情况下,任何国家要想采用自由贸易原则,必将一败涂地。就法国商业政策来说,他在这句话里所表现的政治智慧,超过了他同时代一切经济学家在他们著作中所表现的。这位伟大的天才,以前并没研究过这些学说。却能明智地了解工业力量的性质与重要性,不能不叫人惊叹不置。他没有研究那些学说,这对于他,对于法国来说,真是一件好事。拿破仑说过:“以前对于财产只有一种说法,就是土地的占有;但是现在兴起了一种新型的财产,这就是工业。”拿破仑看到了,并且在这里清楚地说明了他同时代经济学家所没有看到或者没有明白表达的一个事实，即一个能够把自己的工业与农业力量结合在一起的国家，比较一个单纯的农业国家，在完善程度上，在富力上，不知要超过多少倍。拿破仑树立了并促进了法国的工业教育，提高了国家的信用，采用了许多新发明与改进的操作方法，改善了国内交通运输设备，这些都不必细说，因为大家都还记忆犹新。不过有一点在这里似乎值得特别提一提的是，现代一些理论家对于这位非常高明的、煊赫一世的统治者作出了有偏见的、不公平的评价。

拿破命时代过去以后，英国竞争势力，原来其活动只限于走私买卖的，这时在欧洲和美洲却又站稳了脚步。这时我们第一次听到了英国人反对保护政策、拥护亚当·斯密的自由贸易原则的论调，这些讲究实际的岛民以前是把这一原则看成不可实行的幻想的。但是任何观察者，如果不存私见、有相当鉴别力的话，当可很容易地看出，在这种论调的转变中，并不存在丝毫博爱主义的感情动机。只有当涉及的问题是如何促进英国商品运销欧美大陆的便利时，他们才用得着世界主义论据；一等到问题转向到谷物的自由输入，或者牵涉到外国商品是否允许在英国市场与它本国工业进行竞争时，他们所援引的就完全是另一套原则。① 据说不幸的是

① 鲍尔文先生，一位极有才能的美国演说家，美国的高级法院院长，当他谈到坎宁—赫斯启森自由贸易制度时，提出了尖锐的批评，说这个制度同英国多数的产品一样，是专供出口，不是为国内消费而设的。

当坎宁—赫斯启森制度发表时，法国和德国的自由党员，尤其是主张博爱的世界主义理论家，其中格外突出的是萨伊先生，都表示热烈欢迎，兴奋到了极点；我们想起了这类情况时，是笑好呢，还是哭好呢？这时的狂欢气象，简直要使人感到理想中的黄金时代已在眼前。但是让我们来看一看为坎宁先生作传记的人，他关于这位大臣对自由贸易问题的见解是怎样说的。

“坎宁先生充分相信那个观念原则的真确性，就是说，他认为商业在任其自由自在

英国所奉行的一种政策虽与自然原则相违背，但存在已久，已经以人力造成了一种形势，如果加以突然的干预，就不免会发生危险，发生不幸的后果。因此非经过十分谨慎周详的考虑，不可轻于尝试。这是英国的不幸，并不是它的过失。欧美大陆各国毫无拘束，因此可以充分自由地、及时地来共享自由贸易之福；据说这是它们的佳运，是应当格外感到心满意足的。

在法国，它的旧王室在英国保护下或至少在英国金钱势力下重新登上了王位，但上述自由贸易的论据却没有能够长期流行。英国的自由贸易使法国在大陆封锁制度下壮大起来的工业受到了重大破坏，因此不久法国就采用了禁止制度，以图挽救。根据杜潘的记录，[①] 从 1815 到 1827 年间，法国工业的生产力增长了一倍。

第七章　德国人

在叙述汉撒同盟那一章里，我们谈到了德国怎样由于广泛的商业活动，在次序上仅后于意大利，而远在其他欧洲国家之前，就繁盛了起来。我们现在必须先把它最早期的工业环境及其发展情况作一概略的考察，然后接着叙述它的工业历史。

的情况下一定是最发达的；但是由于我们祖先的见解既不是这样，处于我们周围的各国的见解也不是这样，并且由于在一切商业关系上已经加上了种种束缚，这就形成了一种形势，在这种形势下，如果不谨慎小心地应用那个观念原则，那么不管它在理论上怎样正确，在实践中也许会引起些悲惨后果的。”（斯塔普尔顿：《坎宁先生的政治生活》，第 3 页。）

1828 年，英国的这一套策略又盛极一时，因此自由党议员休谟先生在议会中曾毫不犹豫地加以斥责，说这类策略是要置欧洲大陆工业于死地的绞索。

① 《法国的生产力》。

古代日耳曼的土地大部分是供作畜牧和行猎用的。那时的农业还处于原始状态，极为简陋，这项工作是丢给奴隶和妇女去做的。自由民的唯一任务是战争与打猎；这就是德国贵族身份的发端。

在整个中世纪时代，德国贵族所坚守的就是这种制度，压制农夫，反对工业；至于他们既处于领主地位，这两项事业的发展必然能使他们获得利益这一点，他们却茫无所知。

的确，德国贵族对于行猎活动这种相沿已久的传统的爱好是根深蒂固的，因此直到今天，他们久已在犁头上、织机上发了财，但是对于那个祖传的工作还是念念不忘，在议院中还梦想保留狩猎事业与狩猎规则，好像狼和羊、熊和蜂是可以和平共处的，好像同一块土地在同一时间，可以用于园艺、植林及科学耕作，也可以供作野猪与鹿兔的驰逐之场。

德国的城市与寺院对于邻近地区在文化上的影响很大，这一点虽未可忽视，但它的耕作事业则长期停滞在未开化状态。

这时在古罗马属地，在尘世与宗教首脑人物驻在地区，在寺院附近，在一定程度上属于他们势力范围、为皇帝所中意的地方，以及渔业集中、水陆交通便利的所在，兴起了许多城市。这些城市在多数情况下，只是由于对当地需要的供应以及国外运输业务的经营而获得发展的。那个时候要使国内工业获得广泛发展，要使它能够支持出口贸易，只有从大规模发展养羊与植麻事业着手。但是大规模植麻的含意就是高度发展农业，而从事于大规模养羊则必须具有防御狼群与盗贼的保卫设备。当时在各个诸侯与贵族彼此之间以及对各城市不断发生着争斗，在这样情况下，安全的环境就无法实现。牧场上的牲畜总是盗劫的主要目标;而贵族们为了爱好野猎,谨慎地保留着大片的森林地带,这样对于野兽的为患就谈不到彻底扫除。豢养的牲畜既少得可怜,生命财产的安全又没有保障,在耕作者方面资本和自由两个因素都感到缺乏,在地主方面则对于农业的发展全无兴趣,这样就必然使农村以及城市的发展停留在一个非常落后的状态。

如果将这些情况作了适当考虑,那就不难理解,为什么处于完全相反情况下的法兰德斯与布拉奔能够在那样早的时期就实现了那样高度的自由与繁荣。

可是虽然障碍重重,沿波罗的海与北海的德国城市,由于渔业、航运业与海外贸易的关系,终于获得了发展;在德国南部及阿尔卑斯山麓一带,则由于意大利、希腊及陆上运输业的影响而有了发展;在莱茵河、易北河、多瑙河流域则靠了从事于葡萄种植与酒类贸易而有了发展,这一带土壤特别肥沃,而且水路交通便利,在中世纪时路政不修,陆上交通困难,加以普遍缺乏安全保障,因此水路交通甚至比现在还更为重要,这就使这一带地区处于有利地位。

由于各地区发展的起源不同,因此德意志各城市联盟,如汉撒、莱茵、斯瓦比亚、荷兰、瑞士等联盟,各有不同的特点。

这些联盟组织由于普通贯串着一种少壮的自由精神,因此也强盛了一个时期,但它们所普遍缺乏的是内部的安全保障,是团结一致的原则和力量。由于贵族所有地的存在,由于乡村间存在着的农奴制,这些城市是互相分离的,它们的联盟迟早会垮台的,因为这时农业人口逐渐增加,境况也比较富裕(通过当地统治者的势力，他们彼此之间原来存在着团结的关系）。这些城市如果在农业发展上企图有所进展，则首先必须设法与农业阶级或贵族阶级相结合，使之成为联盟组织中的成员，否则将自取灭亡。但是它们要达到这样的目的，却缺乏必需的高度政治的直觉才能与知识。它们的政治眼光是很少能超出它们自己的一城以外的。

这些联盟组织中只有两个，瑞士联邦与七省联盟，的确实现了这种结合，这也并不是由于深谋远虑的结果，而是由于形势上的迫不得已，当时环境也有利于这样的措施，由于这个原因，这些联盟就得继续存在。瑞士联邦不过是德意志帝国一些城市的一个集合体，是由居于这一地带的自由人民结合在一起而建立起来的。

其余的德国城市联盟都已没落，这是由于它们藐视乡村人民，荒谬地认为市民身份高于农民，以此自傲，看到农民处于屈从地位反而沾沾自喜，并不想从事于提高他们的水平，使城乡获得共同发展。

这些城市只有靠了世袭王室的威权才能达到统一。但是在德国这种权力操于各诸侯之手，他们为了使自己的独断统治避免受到约束，为了使城市以及一些级位较次的贵族处于服从地位，因此他们所注意的是如何阻止一个世袭帝国的成立。

因此德国的国王都坚持着罗马帝国的观念。皇帝只有居于军队首领的地位时才能算是统治者，只有在进行战争时才能使那些诸侯以及城市处于他们的旗帜之下。所以在德国受到国王的保护的公民自由，在意大利就受到国王的敌视与摧残。

但是对罗马几次的远征，不但越来越削弱了德国的王权，而且也削弱了那些王朝；靠了那些王朝的力量，在帝国范围以内，在这个国家的中心，原来是可望建成一个统一政权的，但是霍亨斯陶棻王室倾覆以后，统一政权的核心也就随之化为齑粉了。

哈普斯堡王室原来是既贫且弱的，它看到国家无法获得巩固，就从事于利用国民精神以降服异族，由此得以在德意志帝国东南境建成了一个巩固的世袭君主政体，后来勃兰登堡的侯爵们在东北境也仿效了这个办法。这样就在东南和东北以对异族的统治为基础，建成了世袭王位的独立国，一方面在国境的西隅成立了两个共和国，它们与祖国越来越貌合神离，在国家内部也一直在闹着不团结，实力日益消耗，处于分崩离析的局面。后来在世界范围内发生了一系列的重大变化，如火药与印刷术的发明、罗马法的复兴、宗教改革、美洲大陆与通往印度新航线的相继发现等等，使德国的厄运达于极度。

上文所说的这些智力上、社会与经济上的变革，造成了德意志帝国各组成部分之间、各诸侯之间、各城市之间、甚至各个城市的各行会之间以及各个等级的分子之间的倾轧分裂。全国的活动力这时所倾注的并不是工农商业或航运业的发展，也不是殖民地的开拓或国内制度的改善，实际对于任何实质上的改进都全不在意，人们所争论不休的只是在于宗教教义与教派继承的问题。

这时汉撒同盟与威尼斯正趋于衰落，德国的大宗贸易，以及在南北各城市的权力与自由，也就跟着一蹶不振。

于是发生了三十年战争，各地区、各城市都遭到了兵燹蹂躏。荷兰与瑞士都退出了，而国内膏腴之区则被法国所征服。而昔日的那些卓越的城市，如斯特拉斯堡、纽伦堡、奥格斯堡等，曾经在力量上超过一切选侯辖区，现在由于常备军的存在而陷于完全无能的地位。

在变革以前，如果王室威权能够比较地巩固，各城市能够比较地团结一致，如果能够有一个完全属于日耳曼民族的国王完全掌握宗教改革事宜，使之有利于国家的统一、权力和自由，那么在德国工农商业的发展方面将获得如何不同的结果是不难想象的。有些政治经济学理论硬要我们把国家的物质福利完全归因于个人的生产，与上述的一些观察相对照时即不难看出，这种论调实在是不切实际的，不足取的，它完全忽视了一个事实，即一切个人的生产力，在很大程度上是取决于国家的社会环境与政治环境的。德国采用了罗马法，对德国来说，再没有比这一措施的危害性更大的了。由此使各个人的法律地位与关系发生了莫可言状的混乱，而这一点还不能算是最大的不良影响。还有比这个更大的恶劣后果是，由此造成了一种阶级，这些人是学者，也是法理学家，他们的精神，他们的语言，在与民众不同，他们把人民看成是在法律上一无所知的，在地位上是低一等的，他们否认一切人类正确知识的价值，处处对公开的事理故神其说，所倚恃的是独断权力，这是一种最卑鄙的仗势行为，他们就在这样的权力下过生活，到处所宣扬、所辩护的只是他们的利益，自由的基础在他们手里受到了彻底摧残。因此直至十八世纪初叶，德国在各方面还是非常落后，在文学、国家行政、法律的制定与执行各方面都还没有能脱离未开化状态；农业简陋，工业与一切大规模商业都奄无生气，国家缺乏团结一致的力量，与外国发生交涉时处处显得软弱无能，毫无威信。

只有一件东西德国人是保持着的，这就是他们固有的品质。他们热爱的是勤劳、秩序、俭约和节制，他们对于研究工作、对于各种事业，富有忍耐与不屈不挠精神，有诚恳的力求改进的精神，相当地具有道德心与审慎周详的态度。

这样的品质是统治者与被统治者双方所共有的。当德国国民性几乎被完全破坏而情势恢复平静之后，人民就开始在某些个别的、孤立的范围内从事于建立秩序，努力改进和争取进步。他们对于教育、礼貌、宗教、艺术和科学都极度重视，那种热烈提倡的态度是再没有别的地方比得上的；在上的绝对权力则施之于一般教育、秩序与道德的维持，施之于对弊端的革除与公共福利的促进，关于这方面权力行使时的恰当与有利也是别的国家所不及的。

德国国民性之所以能获得恢复，其基础无疑是由政府奠定的。政府忠实地把改作俗用的教会地产项下的收入，用于教育、科学、艺术以及公用事业各方面。由于这类措施，就使国家行政与司法、教育与文学、工农商业、更加重要的是人民大众，各方面都有了生气。由此可见，德国的获得发展，它所遵循的途径，是与一切别的国家完全不同的。在别的国家，高度的精神文化总是由物质生产力的发展而来的，而德国则情况相反，它的物质生产力的发展，主要是事前的智力发展的结果。因此现在德国人的整个文化是属于理论性的。也因此在德国人的性格中含有许多不切实际的、古怪的特征，这一点在别的国家看起来是很触目的。

我们可以作一个比喻，德国人民就像是这样一个人，这个人原来未曾有机会使用他的四肢，他首先从理论上学会了怎样行走跳跃，学会了怎样吃喝，怎样啼笑，然后把他的理论知识付诸实践。因此产生了德国人所偏爱的哲学体系与世界主义幻想。这种智力既不容干扰世界实务，就在纯理论领域中竭力发挥。也因此使我们看到信从亚当·斯密及其门人的学说的，在德国比在任何别处为多，与坎宁及赫斯启森的世界主义论调表同情的，在别处也没有像在德国那样地深切。

德国工业的最初发展，主要应归功于南特敕令的废除，由于这一疯狂措施，有无数逃亡者流入德国，他们的踪迹几遍及德国各地，因而就到处有了他们建立起来的各种各样的工业，如呢绒、丝绸、帽子、手套、珠宝、玻璃、瓷器等等。

在德国首先采取促进工业的政治措施的是奥地利与普鲁士；奥地利是在查理六世与玛丽亚·赛里萨的时代实施这种政策的，但在约瑟二世时代推行得更加有力。奥地利以前由于驱逐新教徒——那是它最勤奋的一部分的公民——而遭到极大损失，至于它紧接着实行的促进教化和精神文化政策究竟有什么显著成就，却不能十分肯定。后来由于实行保护关税制度、改进养羊业、改进路政以及其他措施，结果即使在玛丽亚·赛里萨时代它的工业就已有了相当进展。

在约瑟二世时代，对这一工作推进得更加有力，结果获得了比前大得多的成就。最初所获得的成就实在并不重要，因为这位皇帝的脾气向来是急躁的，在这一工作以及另一些改进计划上都犯了过于冒进的毛病，结果奥地利与其他各邦比较，仍然处于落后地位。这里的情况也和别处一样，说明凡事操之过急就难期有成，保护关税的实施，如果希望它能顺利进行，不致成为对现状的一个扰乱因素，在开始时就绝不可把税率订得过高。但是这个制度实行以后，经过时间愈久，它的优点就显示得愈加清楚。奥地利的工业及农业所以能够达到现在这样欣欣向荣的境地，主要是由于这种税制。

普鲁士的工业在三十年战争中所受到的打击，比任何别的国家为严重。它最重要的工业，勃兰登堡的毛纺织业，在这一战役中差不多已完全毁灭。纺织工人大部分流入了萨克森，而这时英国的输入品使任何竞争力量无法活动。于是发生了南特敕令取消的事件，在巴拉登领地以及在萨尔斯堡的新教徒也受到了迫害，从而使普鲁士得以坐享其利。普鲁士的统治者，这位伟大的选侯腓特烈二世，立刻就看到了伊丽莎白早在他以前所清楚认识到的一个事实。在他的策划之下，大批被放逐的教民流入了普鲁士，这就使这个地区的农业有了生气，工业有了发展，科学与艺术也有了进步。所有他的后继者都依照他的方针行事，跟着他的脚步前进，但是这位大王热情横溢、勇往直前的气概，却是没有一个后人及得上的——他在承平时期的政策比他在战争中的胜利更为伟大。关于腓特烈二世所采行的那些多得数不清的措施，这里的有限篇幅简直无法详论；通过这些措施，使大量的国外农民流入了他的领土，使许多荒地变为良田，培养起了大片草地，提高了牲畜饲料、蔬菜、马铃薯与烟草的产量，改进了马、牛、羊畜牧事业，推广了无机肥的使用，等等，由此产生了有利于农民阶级的资本和信用。这些还只是在发展农业方面的直接措施，此外由于某些工业的发展，对农业的间接利益更大。他建立了关税制度，改进了运输工具，建立了银行，使普鲁士在工业方面有了在各邦中突出的进展。普鲁士所处的地理位置对于顺利地实现这些措施来说，并不见得有利，境内各区互相分裂，走私买卖的不良影响比那些大邦所受到的更为严重，那些大邦的地区大都是连成一片的，有海洋或河流、山脉为天然屏障，普鲁士并没有这样的有利条件，但是，它在各方面的进展仍然超过了那些大邦。

我们对于普鲁士所施行的制度尽管作了这样的赞扬，但也绝不想替它掩盖缺点，例如它对于原料出口的限制，就是缺点之一。不可抹煞的是，缺点尽管存在而国家工业仍然获得了极大的提高，这一点是没有一个进步的、无私的历史家敢于否认的。

任何人如果不存私见，没有被虚妄的理论所蒙蔽，就一定能清楚地看到，普鲁士之所以能成为欧洲列强之一，主要并不是由于它的煊赫战绩，而是由于在促进工农商业利益与科学、文学进步的方面所施行的贤明政策；而所有这一切却完全是那一位伟大天才一手所造成的。

然而这位国王所依靠的并不是一国中自然习尚的活动力，而只是一个行政制度，这种制度是有条不紊的，谨慎周密的，但也无疑地要受到官僚政治下那种死板的机械常规的牵制。

而德国所有其他地区，几世纪以来，却一直处于自由贸易势力之下；就是说，世界上任何国家可以把它的工业品自由输入德国，却没有人容许德国工业品输入别的国家。这个规律未尝没有例外，但例外是很少的。但这并不是说拥护自由贸易的学派关于自由贸易巨大利益的预见和所作的诺言，通过这个国家的经验已经获得证实，因为在那里到处所见到的只是退步而不是进步的现象。有些城市如奥格斯堡、纽伦堡、美因兹、科隆等等，人口已减低到了不足以前的三分之一或四分之一，常仅为了脱售一些无价值的剩余产品而彼此摩拳擦掌，要诉诸战争。

法国革命爆发以后跟着发生了战争，也跟着发生了英国对于驻欧洲大陆军队的津贴，从而使来自英国的竞争变本加厉。因此使工业发生了新的下降趋势，一方面农业似乎有了发展机会，但这种现象只是表面的、一时的。

接着出现了拿破仑的大陆封锁政策，这个措施虽然备受亚当·斯密最出名的高足萨伊先生的抨击，斥之为祸殃，却使德国和法国的工业史开辟了一个新纪元。有些理论家，尤其是英国的理论家，把这个政策攻击得体无完肤，但是不论他们怎样说，有一点总是肯定的，这就是，受了这个封锁政策之赐，德国所有各种工业初次获得了重大发展；凡是熟悉德国工业历史情况的人必然能为此说作证，因为在当时的一切统计著作中，对于这一事实的证明材料是俯拾即是的。① 德国只是从那个时候起，对于已经着手了一个时期的养羊业的改进，才获得普遍推行，并获得了良好成绩；德国对于运输设备的改进，也只是从那时起才有了积极进行的机会。固然，在另一方面，德国也丧失了它原有出口业务的大部分，尤其是麻布的出口。然而它所得远过所失；普鲁士与奥地利的工业开始得比德意志其他各邦为早，这时所获得的利益也更大。

但是和平恢复以后，英国工业再度对德国展开了剧烈竞争；因为当相互封锁期间，这个岛国由于有了种种新发明以及对国外各地进行着数额巨大、几乎近于独占的出口贸易，它的工业发展已经远远超过德国，这就使它成为德国工业可怕的劲敌。由于这个缘故，再加上在资本上有了巨额扩充，使英国居于非常有利地位，与德国对照下，它的商品，售价可以压得非常之低，而质量则高出很

① 这个政策对于法国所发生的影响必然与德国有所不同，因为当时德国工业品大部分被摈于法国市场之外，而德国市场对法国工业品却是完全开放的。

多，它所提供的赊欠其期限远比德国所提供的为长，而在德国方面则重重困难方始开端，有待于它作艰苦的奋斗。结果在德国方面发生了工业普遍崩溃的情况，呼号求助之声响遍全国，特别是莱茵河下游一带，这些地区原来属于法国，这时已被排除于法国市场之外。还有一层，普鲁士的关税制度在绝对自由贸易方针下经过了许多变迁，这时已不足以抵抗英国竞争。一方面普鲁士的官僚们对于国内呼援之声并无同情，却一直抱着反对态度。他们对于亚当·斯密的理论在校时渍染已深，因此不能十分机警地认识到时代的需要。在普鲁士甚至还存在着那样的经济学家，他们还在那里雄心勃勃地企图复兴那个久已被驳倒了的"重农"制度。但是事物的现实状态究竟比理论具有更大力量。有些地区的工业家对于与法国的旧有关系仍然念念未忘，从他们那里发出来的痛苦呼声，终不能不予以同情抚慰，终不能一直置之不顾。这时有一种蔓延得越来越广的意见，认为英国政府正以前所未有的态度支持着一项计划，准备将它的工业品向欧洲大陆倾销，使之泛滥于大陆市场，以便窒息大陆工业于其初生之时。有些人对于这种看法嗤之以鼻，认为是一种妄谈；但是这种看法的广泛流传实在是极其自然的，是可以从各方面获得印证的。首先是，这种倾销现象确曾发生，看上去好像确是事先蓄意作了安排的；其次是有一位大名鼎鼎的国会议员亨利·布鲁阿姆先生（后来是布鲁阿姆勋爵）曾于1815年公开宣称，"为了将外国工业扼杀在摇篮里，英国工业品出口就是有些损失也是值得的"。① 这位勋爵是有名的博爱主义者、

① 《工商业委员会对美国国会众议院的报告》，1816年2月13日。

世界主义者与自由主义者；十年以后又有一位国会议员休谟先生，他在自由主义这一点上的声名也不亚于这位勋爵，他的意见与这位勋爵如出一口，而且在措辞上都几乎是相同的，他说，“大陆工业应趁其蓓蕾之时加以剪除”。

普鲁士工业家们的呼吁终于获得了反应；想到他们年复一年与死神搏斗的痛苦，直到这个时候才有复苏希望，应该承认这段时间是够长的，但他们的申诉终于获得了良好效果。普鲁士在1818年成立的关税制度满足了当时普鲁士工业的一切要求，而丝毫没有过分夸大保护原则，对各国原有的有利关系也没有作不适当的干扰。它所规定的税率标准远较英法为低，这是势所必然的，因为在当时并没有从禁制制度逐渐过渡到保护制度的问题，而只有从（所谓）自由贸易走向保护制度的问题。这个制度从全体来看还有一个优点，即征税时大部分是按照商品重量不是按价值计算的。通过这种办法，不但防止了走私活动及估值偏低、以多报少的弊端，而且达到了一个重大目的，对于性质不同的商品起了不同的刺激作用。有些物品是供普遍消费的，由任何国家自己来制造都极为便利，由于总值的巨大，对任何国家说来也最关重要，对这类物品的进口税率就订得最高；有些物品比较精细，比较贵重，在国内制造比较困难，有些则比较易于引起走私，或比较便于走私，对于这一些物品的保护税率就逐级予以降低。

但是在这种按量计征办法下受到最大影响的，当然是邻近的德意志各邦的贸易，受害程度远在各外国的贸易之上，理由是极为明显的。这些次一级的小邦，原来已被排出于奥地利、法国与英国市场，这时又几乎完全被摈于普鲁士，受到的打击更加严重，因为这些小邦有许多在地理上是完全或大部分被普鲁士的省区所包围的。

这类措施实施以后，普鲁士的工业家平静下去了，但是在德意志其他各邦的工业家方面，不平的呼声又高了起来。还有一层，奥地利对于德国商品，特别是上斯瓦比亚麻布的运销意大利，又规定了限制办法。这就使这些国家在各方面的出口业务，只能局限于一个非常狭小的区域，它们彼此之间又互设关卡，互相隔绝，它们的工业这时已临到绝境。

1819 年在美因河畔法兰克福举行春季博览会时，由德国工商业家五六千人在那里组成的非正式的协会，就是在这种迫切情况下产生的，其目的在于取消德意志各邦在各自为政情况下设立的关税，同时在于争取成立一个德意志全国统一的商业与海关制度。

这个协会后来正式宣告成立，它的协议条款曾送呈议会及德国所有各邦的领导人与政府，请求批准。在德意志各邦分别设置了联络员，各城市分别设置了当地联络员。会内每一个成员与联络员都以竭尽所能促使团体目标得以实现为职志。该会择定了纽伦堡为总会所在地，授权该城设置了一个中央委员会，在一位辅佐的参赞下负责领导协会事务，本书的作者即当选为辅佐。中央委员会的方针策略与议事录，均在协会所办的一个周刊《德国工商业机关报》公布，与协会任务有关的一些意见、建议、论文以及统计资料，都在这个刊物上发表。该会每年在法兰克福春季博览会上召集全体大会一次，由中央委员会在大会上作事务报告。

协会向德国国会递了请愿书，说明所建议各项措施的适当与必要，然后在纽伦堡的中央委员会就开始行动，派遣代表到各邦政府，并派代表参加1820年在维也纳举行的各邦使臣会议。在使臣会议上至少取得了一点成就，即德意志若干次级的、较小的邦同意另在达姆施塔特召集会议，讨论协会所提出的问题。这次达姆施塔特会议讨论的结果是：第一，促使瓦敦堡与巴伐利亚结成联盟；其次，某些德意志邦与普鲁士结成联盟；再次，若干中型的德意志邦结成联盟；最后，主要出于科塔(Cotta)男爵的努力，使上述三个联盟共处于一个总的关税同盟之下。至此，整个德意志，除了奥地利、两个梅克伦堡、汉诺威与汉撒诸城市以外，已经联合在一个关税同盟之下，在同盟范围以内取消了各成员之间原来的各不相谋的税制，对外成立了统一的税制，所征收的税款，由各邦根据人口多寡按比例分配。

这个同盟所建立的税制实质上与1818年普鲁士所建立的相同，就是说，这是一个适度的、有节制的保护税制。

由于税制的统一，组成同盟的德意志各邦在工农商业上已经获得了重大的发展。

第八章　俄国人

俄国在文化上与工业上的初期发展，主要是由于对希腊的交往、汉撒各城市对诺夫戈罗德的通商，以及（在诺夫戈罗德被伊凡・瓦西里叶维奇破坏以后）发现了与白海沿岸通航的路线以后从而兴起的对英国与荷兰的贸易关系。

但是俄国在工业上、特别是在文化上的巨大发展则开始于彼得大帝。国民的团结与政治的环境这两者对于一国的经济生活有莫大影响，俄国近一百四十年来的历史在这一点上提供了极有力的证明。

俄国的君主威权，把无数未开化的游牧民族联合起来，建成了一个统一国家；俄国在工业上打下了基础，农业上有了巨大发展，人口不断增长，通过运河与道路的修筑使国内交通便利，国外贸易规模壮阔，居于商业强国地位，它所以能获得这一系列的成就，就是由于具有统一的巩固政权。

俄国的独立商业制度，只是从 1821 年才开始的。

当叶卡捷琳娜二世时代，由于她对于国外流入的技工与工业家的优惠待遇，当然使本国工商业获得了一些发展；但是由于国家在文化上欠缺的地方还很多，因此在铁、玻璃、麻布等工业方面，尤其是在国内农产与矿产丰富的条件下特别有利的那些工业方面，还没有能越出初期发展阶段。

还有一点，就当时情形来说，工业的进一步发展也未必有助于这个国家的经济利益。假使当时同它有往来的国家向它大量购买粮食、原料以及它所能供应的一些简陋的工业品，还有，假使没有战事以及一些国外事变的干扰，则俄国借助于对一些比它先进的国家的交往关系，就可能会实现更大的繁荣，它的一般文化状态通过这类交往，就可以取得比较在工业制度下更大的进步。但是由于战争与大陆封锁政策以及各国在商业上所规定的限制，使它不得不放弃了输出原料输入制造品的那条路，别寻发展途径。在这样情况下，俄国原有的海上贸易关系就发生了波折。它对大陆西部的陆路贸易没有能弥补这方面的损失，因此对于所拥有的原料不得不由它自己来利用。战事结束，全面和平实现以后，它就有了一种要求，想回到旧有的制度。政府，甚至沙皇本人，都倾向于赞成自由贸易。在俄国，斯托哈先生的著作是享有极高声望的，就像萨伊先生的著作在德国那样。俄国的国内工业在大陆封锁时期取得了一些进展，这个时期过去以后，由于英国的竞争而受到了损失，一般对于这样的打击最初还没有感到震惊。一些理论家认为对于这种打击不妨忍受一下，自由贸易的良好效果随后自会发生。实际上那个时候的商业环境也的确非常有利于这种转变。欧洲西部农产的歉收，使俄国农作物有了大量输出的机会，因此俄国在一个很长的时期内得借此获得巨大收入，而与工业品的大量进口相平衡。

但是对俄国农产品这种一时的、非常的需求过去以后，另一方面，当英国为了照顾贵族的利益对谷物输入加以限制，为了照顾加拿大的利益对木材输入也加以限制以后，俄国就陷入了本国工业崩溃与国外输入工业品泛滥的双重困境。以前一般人们，与斯托哈先生一样，是把贸易平衡这个说法看作是一种离奇的幻想的，认为一个有理智的、进步的人而相信这种说法，其荒谬与可笑，简直无异于相信十七世纪的魔术、妖法；虽然他们原来的态度如此，现在却不得不无限惊讶地觉察到，在独立国家彼此之间必然存在着所谓贸易均衡这样一种性质的东西。俄国最开明的、眼光最敏锐的政治家涅塞尔罗德伯爵就毫不含糊地公开承认，他相信这个说法。他在1821年的一个官方文件中这样说："俄国为环境所压迫，现在不得不考虑采行一种无所依傍的贸易制度；我们的产品现在找不到国外市场，国内工业已经破产，或已近于破产，所有国内的现款都向外国流出，最殷实的商行也已濒于倒闭，情况岌岌可危。"

俄国实行保护制度后的有利效果与恢复自由贸易时所发生的有害效果，同样足以使那些理论家所标榜的一些原则与论断声誉扫地。这时外国的资本、才能与劳力，从各文化区域，尤其是英国和德国，不断流入俄国，目的在于分享其国内工业所提供的利益。

俄国的贵族阶级也在大体上模仿了政府的政策。他们的产物在国外既找不到市场，就想换一个方向来解决问题，想把市场移置到生产所在地的附近，就是说想在他们自己的土地上设立工厂。结果由于新成立的毛纺织厂对细羊毛需求增加，使养羊业获得了迅速的发展。国外贸易不但没有减少，而且有了增长，尤其对中国、波斯以及亚洲其他邻近各国的贸易增长更快。商业恐慌气氛一扫而空，这只要看一看当时俄国商业大臣的报告就可以明白，俄国主要由于采行了这个制度，国家财富与力量才有了巨大的进展。

德国人则对于这种进展趋势故意不加重视，只是对于德国东北地区由此造成的损失埋怨不休，这种态度是愚蠢的。国家就同个人一样，各有他自己的切身利益挂在心头。俄国人对于德国的福利并无加以关怀的义务；德国人必须当心的是德国，俄国人所要关心的是俄国。无须埋怨，也不必痴心期待将来的自由贸易那个救世主，赶快把世界主义制度扔在火里，从俄国的榜样取得教训，这样做要好得多。

英国对于俄国的这一商业政策满怀嫉妒，这是极其自然的。凭了这一个政策，俄国已经把它自己从英国的势力范围中解放了出来，在亚洲从事竞争时，它与英国已经分庭抗礼。即使英国制品比较便宜，但是由于俄国在地理位置上比较接近以及它的政治势力，英国在中亚细亚贸易中，这一优点也起不了什么作用。俄国与欧洲比较，也许仍然只好算是一个略有几分文明的国家，但是与亚洲比较时，它就要算是一个十足的文明国家了。

不过这一点也是不能否认的，俄国在文化与政治制度上还有许多欠缺之处，尤其是帝国政府如果不能锐意改进，实施有效的地方行政制度，逐步限制并最后取消农奴制，组成有教育的中产阶级与自由的农民阶级，改善内部运输工具和对中亚细亚的交通，从而通过这一系列措施，使它的政治状况与工业要求两相协调，则工商业的进一步发展将受到莫大阻碍。这些存在的困难都是俄国需要在本世纪加以克服的，它要在工农商业、航运与海军方面获得进一步发展，就必须有赖于这种努力。但是要使这类改革成为可能并见诸事实，则首先必须使俄国贵族们认识到，通过这类改革能够获得最大进展的，就是他们自己的物质利益。

第九章　美国人

我们对于欧洲各国——除了那些在吸取历史教训方面没有什么重要性的以外——的商业政策，已经作了一些历史考察，现在再看一看移殖到大西洋彼岸的人的大致状况。他们原来是完全依赖着祖国的，内部分裂成许多殖民区，彼此之间没有任何政治上的联合；他们从这样的地位一跃而成为一个团结一致的、有组织的、强大、自由、勤奋、富庶的独立国家，这几乎就是在我们眼前发生的变化。看上去在我们孙子一辈的时代，这个国家将上升到世界第一等海军与商业强国的地位。就这里研究的问题来说，再没有比美国的工商业历史更富有教育意义的了，它的发展过程异常迅速，自由贸易与保护贸易一个紧接着一个地实现，它们的效果极为分明，国内工业与国家行政整个结构的演进是清清楚楚暴露在观察者的眼前的。

北美殖民地在工商业方面原来是处于对祖国完全奴属地位的，除了家庭工业与普通手工业以外，不容许从事于任何种工业。直迟至 1750 年，为了马萨诸塞州的一个制帽厂，还引起英国议会那样大的激动和猜忌，因此宣称，在北美任何种工业都是“妨害公众”的，连制铁业也不例外，虽然在那里制铁所需的一切材料实际上都异常丰富。甚至迟到 1770 年，查坦伯爵[①]看到新英格兰人对工业作初步尝试时他还大不以为然，当即声明，在殖民地区就是一只马蹄钉也是不准制造的。

首先指出这种政策有欠公正的是亚当·斯密，这份功劳是应当归属于他的。

一切工业都垄断在祖国的手里，这一点就是美国革命主要原因之一，至于茶税事件只是提供了革命爆发的一个机会。

北美各自由州当革命战争时期脱离了一切束缚，它们有的是供工业用的物质与精神资源，它们跟原来对它们输出工业品并向它们购买农产品的那个国家已经脱离关系，一切需要就得取给于自己的物资，于是各种各样的工业受到了极大鼓励，在这样情况下，农业也受到了极大的鼓励；因此虽然由于这次战争，它们的负担很重大，受到的破坏很严重，而地产价格和工资仍然到处急遽上

① 指英国辉格党头子威廉·庇特，他在 1766～1768 年曾任英内阁首相，积极实行殖民地扩张政策。——译者

升。但是在巴黎和议以后，由于各州在制度组织上的欠缺，无法实施统一的商业制度，结果英国工业品又乘虚而入，自由畅销，美国新成立的工业，这时羽翼未丰，还无力抵抗这种竞争，于是在战时一度繁荣的气象又成过去，它的消逝比它兴起时还要快得多。有一位美国国会议员事后关于这个危机曾这样说："我们曾经依照现代理论家的劝告，向价格最低廉的地方买进我们所需要的东西，结果国外商品泛滥于我们的市场；英国商品在我们口岸城市的售价比在利物浦或伦敦的还要便宜。我们的工业濒于毁灭，我们的商人，即使曾指望靠进口贸易致富的那些人，也陷于破产的境地；所有这些现象对农业又造成了极大损害，因此土地的价格极度低落，使地主也普遍陷于破产。"

这样的事态并不是一时的，从巴黎和议时起一直延续到美国宪法的成立。各州之间后来所以能获得进一步团结，所以不得不把维持统一的商业政策的全权交托给国会，主要原因就在这里，这种事态的足以促成国家团结，比任何别的情况更为有力。所有各州——纽约与南卡罗来纳也不例外——纷纷请求国会对国内工业采取保护措施。华盛顿在他就职的那天，特地穿了一套用国产衣料制成的服装。当时纽约的一个记者这样说："这位伟人就用了这一个简单而特别令人感动的方式，使一切后继者，一切后来的立法者，获得了一次深刻教训，告诉他们怎样才能够促进这个国家的福利。"虽然美国最初实行的税制(1789 年)，对于主要的各种工业品只征收了很轻微的进口税，但是在实行的最初几年就已获得显著效果，使华盛顿能在 1791 年的"咨文"里对国内工农商业欣欣向荣的情况表示庆贺。

这种保护税率不够恰当的情况不久就充分显露出来；因为英国工业家具有进步的生产方法这个有利条件，对于这种较低的税率所造成的困难很容易克服。国会对于最主要各项工业品的进口税率确曾提高到百分之十五，但这一措施直迟至 1804 年才实行。国内工业家在事前用尽了一切方法来说明提高税率的必要，但是在利害关系上处于相反地位的各派势力则力说自由贸易有利和高税率有害，最后只是由于关税收入不足，才不得不实行了这个措施。

工业方面一般的进展情况比较不很显著，但是与这一点形成鲜明对照的是这个国家的航运业，由于詹姆斯·麦迪逊的动议、从 1789 年起，获得了有效的保护。商船的吨位，从 1789 年的二十万吨增加到了 1801 年的一百万吨以上。美国工业在 1804 年改订税制的保护下与英国工业对抗时，仅仅能勉强维持现状，而英国工业则在不断改进中，已经达到了非常巨大的规模，如果不是由于 1812 年的宣战而实行禁运，则毫无疑问，美国的工业面对着英国的竞争，将完全崩溃。由于这一系列的事变，正同独立战争时的情形一样，美国工业受到了极大的刺激，结果产量不但足以供应国内需求，而且不久就开始向外输出。根据美国工商业委员会 1815 年向国会提出的报告，单单毛织业与棉织业所雇的工人就达十万名，每年产值在六千万元以上。由于工业生产力增长的必然结果，情形正同独立战争时一样，一切价格迅速上涨，不但商品价格与工资，就是地产价格也一致提高，因此地主、工人以及一切从事于国内贸易者享有了普遍繁荣。

根特和议成立以后，国会吸取了 1786 年的经验教训，在第一年就规定把原来的进口税率提高一倍，这个时候，国内仍然处于繁荣状态。但是有些方面在利害关系上与工业家处于反对地位，由于这些方面的压力以及一些理论家论调的影响，国会复于 1816 年决定大大降低进口税，于是国外势力重新抬头，结果在 1786 至 1789 年间工业崩溃、农产品滞销、地产价格低落等现象重新出现。这个国家再度在战争时期享受到了和平时期的幸福以后，却再度在和平时期遭受到了比在最残酷战争中还要大的灾害。直至 1824 年，当英国谷物法在效果上对美国农民的不利倾向已经充分显露，从而迫使中部、北部与西部各州的农业在利害关系上与工业趋于一致以后，国会才同意将关税率略予提高；但赫斯启森先生立即采取了抵制措施，使这种税制对抗英国的竞争归于无效，于是在国会经过剧烈斗争，复于 1828 年在税制上作了补充规定。

马萨诸塞州近来发表的官方统计，①使我们对于美国，尤其是它中部及北部各州的工业，在保护制度下——不管 1828 年在税制上作了如何修改——开端时的情况，得到一个大致的轮廓。1837 年，这一个州（马萨诸塞）共有 282 家纱厂，开工锭数 565 031，雇男工 4 997 人，女工 14 757 人，消耗棉花 37 275 917 磅，制出棉织品 126 000 000 码，产值 13 056 659 元，使用资本 14 369 719 元。

在毛纺织业方面有 192 个厂，机器 501 架，男工 3 612 人，女工 3 485 人，消耗羊毛 10 858 988 磅，制出毛织品 11 313 426 码，

① 《至 4 月 1 日为止 1837 年的马萨诸塞州统计表》，州秘书比吉洛编（波士顿，1838 年）。美国各州除马萨诸塞外都没有这类的统计摘要。我们得以在这里引用这些材料是全靠州长埃弗雷特，他是一位负有盛名的学者、著作家，也是一位出色的政治家。

产值 10 399 807 元，运用资本 5 770 750 元。

靴与鞋的产量计 16 689 877 双，其中有大部分运销西部各州，产值 14 642 520 元。

工业其他各部门的发展，大体上与上述情况相应。

这个州的工业产量的综合价值（造船业除外）在八千六百万元以上，流动资本约六千万元。

工人（男工）117 352 名；全州的总人口（1837 年）是 701 331 人。

在这里的就业工人中，完全没有贫困、残暴和犯罪等现象。正相反，无数的男女厂工都有着最严格的道德品质，服装清洁整齐，建立了图书馆，备有许多有实用的、有教育意义的书籍供他们阅读，工作并不过度疲劳，食物则富有营养而精美。大多数女子都有积蓄，都为自己准备了妆奁。①

上述最后的一种现象，显然是生活必需品价格低廉、课税轻微、关税制度公平的结果。假使英国能取消农产品进口限制，将现行消费税减低一半或三分之二，用所得税来弥补这方面的短缺，就不难使它的工人处于类似的地位。

有许多理论家和实践家对于美国的前途与国家经济作了错误的理解，错误的判断，再没有一个别的国家在这方面曾被误解到这样程度。亚当·斯密和萨伊曾断言，美国"就像波兰一样"，注定是应当经营农业的。对于这样一个由一打左右朝气勃勃、抱负不凡

① 据 1839 年 7 月美国报纸的报道，单在工业城市罗威尔一处，女工在储蓄银行有存款一千元以上的就有一百多人。

的年青共和邦组织起来的联邦共和国来说，作这样的期许是不大能令人满足的，对于它的前途作这样的展望，鼓励性显然是不大的。上述两位理论家指出，在美国以极低代价可以获得最丰饶的耕地，情况既然是这样，美国人民就生来被老天指定专门从事农业的。美国人民就能这样老老实实地服从造物主的安排，在这一点上诚然是对他们作了很大的赞扬，事态若果是如此演变，自由贸易原则在这里就可以获得极其圆满的应用，就可以为这些理论家提供一个理想的范例。但是他们的理论与事实并不符合，他们所提出的有力证据的正确性与适应性不久就完全丧失，这一学派在事实演变之前感到懊丧，这是无法避免的。美国寻求它国家幸福前途时所遵循的方向与绝对自由贸易原则恰恰相反，这个学派不得不眼睁睁地看着这个事实。

学者们对于这个年轻的国家原来是珍爱非常的，这时却成了欧洲各国理论家们最严重谴责的对象。据说欧洲各国正在最恳挚的热情下努力使普遍自由贸易成为可能，尤其是英国和法国，正在向这个伟大的博爱主义目标作实际的努力，使这方面能获得重大发展，而美国却图重返到已经在理论上被彻底驳倒的、久已被唾弃的重商主义，想走这一条路来促进国家繁荣，这一点足以证明新世界在政治知识上还很少进步。据说像美国这样一个国家，还有着无限广阔的膏腴之地没有开垦，工资又这样高昂，要充分利用国家的物质财富与增加了的人口，再没有比发展农业更好的方法；而且农业有了充分发展，工业到那时自然会跟着兴盛起来，更无需用人为方法督促；如果美国使工业作不自然的发展，不仅将损及久已享有文明的那些国家，而且受害最大的就是美国自己。

但是在美国方面，健全的常识与对国家需要的直觉认识，胜过了对理论主张的信从。他们对理论家的论据作了彻底考察，结果发现这种理论的信徒对于自己所坚持的理论要点，却不愿意付诸实施，这就使他们发生了极大的怀疑。

理论说美国还有大量的土地没有开垦，对于这一点作出的答复是，就美国人口稠密、土地一般已经充分开垦、发展工业的时机已经成熟的那几个州来说，像这样有待开垦的土地，稀少程度并不亚于英国；如果要把像理论家所说的那一类土地加以垦殖，势必要化极大代价将那几个州的剩余人口移殖到西部，这样不但将使东部各州在物质与精神资源方面受到重大损失，而且移殖的结果，将使原来的买主化为竞争者，从而使地产及农产品的价值降低。有些旧有的州，在人口、文化及军事力量方面都还没有获得充分发展，在这样情况下，如果把所有荒地直到太平洋岸止全部加以开垦，对这个国家是不会有利的。情形正相反，就东部各州来说，除非它们能专心致力于工业的发展，能够用它们的工业品交换西部的农产品，否则从事于开垦偏僻的处女地对它们并不会有利。人们还可以更进一步提出问题。英国不是也处于同样情况吗？英国在加拿大、澳洲以及世界其他地区，不是在它的统治下也同样有着大量未开垦的肥沃土地吗？英国如果把它的过剩人口移殖到这些地区，同美国把它在大西洋沿岸的过剩人口移殖到密苏里河流域，在便利程度上不是也相差无几吗？然而英国不但一直保护着它的国内工业，而且在不断地努力扩充，这是什么缘故呢？

这个学派还有一个论点，认为在农业方面存在着高度的工资率时，由于自然之理，工业就不能获得发展，就只能像温室里的花草一样用人为方法来勉强获得一些成就，这个说法未尝没有部分的根据，就是说，它对于部分的情况是适用的，但不能普遍适用。有些工业品，与价值对照下体积较小，重量较轻，主要用手工生产，以这类制品来说，这个说法是可以适用的；但是有些工业品的价格受工资率的影响比较小，由于机器的使用，由于尚未动用的水力的可以利用，由于原料与食物价格的低廉，由于低价燃料与建筑材料的充裕，由于课税的轻微以及劳动效率的提高，可以抵消高工资这一不利因素的作用，就这类工业品来说，这个说法就不能适用。

还有一层，美国人根据经验，久已懂得，除非以农产品交换工业品这一点能够获得永久保证，否则农业就不会达到高度发展。如果从事农业的在美国，而从事工业的却在英国，那么双方的交换，由于战争、商业恐慌或对外关税等原因，就不免要常常被打断，因此要使国家福利获得稳固基础，用杰斐逊的话来说，“就得把工业家请来住在农业家的附近地方”。

美国人终于认识到了一个真理，作为一个大国，决不能但顾眼前物质利益的享受；文化和力量是比单纯的物质财富更加重要、更加有益的资产——这是亚当·斯密自己所承认的——，只有建立自己的工业，才能取得并保持这些资产；一个国家如果觉得自己在世界上强大、文明的各国中有资格占有一个地位，那么遇到任何牺牲时就不可退缩，只有这样才能为自己守住这些资产；而在那时可为这类资产进行奋斗的地区，显然就是沿大西洋各州。

欧洲的移民和欧洲的文化在美洲首先获得稳固据点的地方，就是沿大西洋岸一带。最先建成繁荣而有文化的地区是这里，渔业、沿岸贸易与海军的发祥地是这里，赢得独立并建成统一国家的根据地是这里。国家的对外贸易是通过了沿大西洋各州方才得以进行的；通过了它们，国家才能与文明世界取得联系；通过了它们，国家才能获得欧洲的过剩人口、物资、资本和精神力量；整个国家后来的文化、力量、财富和独立自主以及后来对比较落后地区占有的势力，所依靠的就是这些沿海各州的文化、力量和财富。假使这些沿大西洋的州当初的人口日益减少而不是逐渐增长，假使它们的渔业、沿岸贸易、从事国外贸易的航运业以及国外贸易本身，尤其是它们的一般发展情况，有退无进，或停滞不前而不是继长增高，那么我们所能看到的情况将是，整个国家文化的泉源，独立自主与对外力量的保障，也将在同样程度上有所减退。甚至还可以作这样的设想，即使美国整个地区，从东到西，从南到北，处处都开垦了，每一个州都全力发展了农业，内地人口稠密，但是国家本身在文化、独立自主、对外力量、对外贸易各方面，可能还是处于很低的地位。有许多国家就的确处于这样的情况，它们国内人口众多。而航运事业和海军却一无所有！

假使世界上真有这样一个强国，它存心不良，想阻塞美国人民的发展前途，使他们在工商业上、政治上屈服在它势力之下，它如果要达到这样的目的，唯一有效办法就是使沿大西洋各州的人口减少，把这一带增加的人口、资本和知识力量驱逐到内地。用这样的方法，不但可以制止美国海军的进一步发展，而且可以有希望于必要时占有大西洋沿岸及各港口的主要防御阵地。达到这个目的的方法是不难想象的，只要能设法阻止大西洋各州力量的发展，使美国接受对外贸易绝对自由的原则，只要能做到这一点就够了。

假使大西洋各州不能实行工业化，它们就不但在文化上不能维持现有状态，而且在各方面也势必一步一步下降。试问没有了工业，则大西洋沿岸各州怎样能取得发展？靠了把内地农产品运到欧洲，把英国工业品运到内地是起不了什么作用的，因为只需几千人就足够办这件事。渔业在那时怎样能取得发展？到那时大多数迁移到内地的人民，他们所最喜欢的必然是鲜肉和淡水鱼而不是那些腌制品；他们对鲸油不会有需要，即使有，数量也不会大的。到那时大西洋各州的沿岸贸易叫它怎样维持？滨海各州绝大多数的居民既然是从事农业的，他们为自己生产着所需要的一切粮食、建筑材料、燃料等等，到那时沿岸一带就没有什么东西足以支持运输业务。国外贸易和远地区航运在那样情况下怎样能有所增长？到那时这个国家除了一般落后国家所大量具备的那些物资以外，再没有什么别的可以供应，而吸收它的农产品的那些工业国家，它们都在竭力发展着自己的航运业务。试问如果渔业、沿岸贸易、海外运输和对外贸易都处于一蹶不振的情况，又怎样能建成强大的海军力量？如果没有海军，则大西洋各州受到外力攻击时，叫它们怎样进行自卫？沿海岸这些州的土质早已枯竭，而西部的广大土壤却要肥沃得多，代价要低得多，简直不需施肥即可耕种，凭了运河、铁路等等的交通设备，那里的农产运销东部时，比东部当地农产的价格要低廉得多，试问在这样情况下，东部这些州即使就农业这一方面来说，又怎样能有发展机会？就东部各州来说情况是明显的，在对英国保持自由贸易的状态下，一切人口方面与农业资金方面的增进必然要流向西部，处于这样情况下，各州的文化又怎样能发展。人口又怎样能增加？假使美国东部没有工业，则大西洋各州将沦于何种境地，这从弗吉尼亚州的现状中可以获得一个大致的概念，因为这个州同大西洋沿岸的南部各州一样，目前正以农产品供应大西洋各州，从中分享利益。

现在大西洋各州事实上是存在着发展了的工业的，因此，在各方面所表现的是与上述完全不同的面貌。人口、资本、技术以及智力，现在正从所有欧洲各国流向大西洋各州；大西洋各州对工业品的需求现在正与它们对西部各州供应的原料的消耗，同时增长。现在的情况是，各州的人口、财富与所属各城市的数量和范围，同西部处女地的开垦作了等比例的增进；各州由于人口增加，对于肉类、奶油、干酪、牛乳、蔬菜、含油种子、水果等等的需求也有了增加，因此它们自己的农业也在发展中；由于腌鱼与鲸油的需求增加，渔业也有了发展；为了供应工业区人民的需要，须转运大量的食粮、建筑材料、煤等等，因此沿岸贸易也有了发展；国内各工业区生产了大量商品运销世界各国，从而又换回了有用的物资；由于沿岸贸易、渔业与远程航运事业的发展。全国海军力量有了增长，从而使国家的独立自主有了保障，对别的国家，尤其是对南美各国占有势力；东部各州在科学与艺术方面，在文化与文学方面，也都在进展中，进展的影响从那里又传布到了西部各州。

促使美国对国外工业品的输入实行限制、对本国工业实行保护政策的就是这一些情况。这种措施究竟获得了多大成就，我们在前面已作了说明。假使没有这样一个政策，美国大西洋各州的工业建设是决不能胜利完成的，这一点我们可以从它们自己的经验以及其他各国工业发展史看得很清楚。

美国曾屡次发生那种周而复始的商业恐慌，时常有人把这一点归咎于对国外商品进口的限制，但这个说法并没有合理根据。情形正相反，美国早期以及比较晚期的经验都证明，当这样的恐慌发生得最频繁、性质最严重、破坏性最大的时候，也正是对英国商业往来限制得最不严的时候。就那些农业国来说，它们的工业品是从国外市场取得的，在那里发生商业恐慌的起因，是进口与出口之间的不相平衡。工业国的资本比农业国丰富，它们总是在竭力争取增加出口数量，因此往往用信用交易方法来鼓励消费，增进运销数量。这种做法实际上就是以未来的农产收获为依据，进行贷放。但是如果农产歉收，它的价值缩减，缩减到前已消费的商品价值以下，或者是获得了大丰收，以致供过于求，价格跌落，而同时国外商品仍然充斥市场，那么由于支付手段与前已消费商品数额之间失去平衡，由于农产品与工业品在市场上供求之间失去平衡，就会发生商业恐慌。这个时候外国与本国银行的行动，对于这样的恐慌可能起推波助澜作用，但是它们的行动并不能造成恐慌。在下面的有一章里，对这一问题将作进一步详细的阐述。

第十章　历史的教训

不论何处，不论何时，国家的福利同人民的智力、道德与勤奋总是成正比例的，财富就随着这些因素而增进或减退；但是个人的勤奋与俭约、创造与进取，如果没有内政上的自由、适当的公共制度与法律、国家行政与对外政策，尤其是国家的团结和权力这些方面的支持，就绝不会有任何重大的成就。

历史到处向我们指出的就是社会与个人力量及条件之间起着

交互作用的这种动人过程。在意大利与汉撒城市、荷兰与英国、法国与美国，我们所看到的是个人生产力，因此也就是个人财富，随着所享受到的自由以及政治与社会制度的完善程度作比例的增长；而另一方面，自由与政治社会制度，反过来又从个人的物质财富与生产力取得了进一步进展时所需的要素与动力。英国工业与权力的增长，只是从英国的国家自由奠定实际基础的时候才真正开始的；而威尼斯、汉撒城市、西班牙和葡萄牙的工业与权力的崩溃，是与自由的丧失同时发生的。缺少了自由制度以后，公民个人方面无论怎样地勤奋、俭约、富于创造能力和智慧，也不能有所弥补。历史还教导我们，个人的生产力大部分是从他所处的社会制度和环境中得来的。

自由、智力与教化在国家力量上的影响，因此也就是在国家生产力与财富上的影响，显示得最清楚的是在于航海事业，就这一点来说，再没有别一事业能比得上它的。在一切事业的经营中，最需要活动力、个人勇敢精神、进取心和忍耐精神的就是航海事业，而这些条件只有在自由气氛下才能滋长。无知、迷信以及偏私、怠惰、怯懦、软弱这些缺点在任何事业中都是要产生不利后果的，但特别是航海事业；在这一事业中，不可缺少自信心这一点，其重要程度，也是没有一个别的事业可以比得上的。因此被奴役的人民而能在航海事业上占有卓越地位的例子，历史上就找不出一个。印度人、中国人和日本人的努力，一向就严格限制在运河及内河运输与沿岸贸易。古老的埃及对海上运输所以抱憎嫌态度，也许是由于僧侣和君主们的深恐由此会助长自由与独立精神。古代希腊最自由、最进步的城邦同时也就是在海上最有势力的，它们的自由丧失以后，海军力量跟着也就不复存在，虽然历史上对于马其顿王叙述了许多陆上的战绩，但关于海上的胜利却一无所闻。

罗马人是什么时候在海上最有势力，他们的舰队是在什么时候销声匿迹的？意大利是什么时候曾在地中海上独断独行，又是从什么时候起连它自己的沿岸贸易都落入外人之手的？西班牙的海军之被宗教法庭判处死刑，还远在英国与荷兰的舰队执行这一命令之前。商人寡头政治在汉撒各城市得势以后，权力、进取精神就跟汉撒同盟脱离了关系。

西属尼德兰只有沿海几个省是得到自由的，至于屈服在宗教法庭势力之下的那几个省连内河航行的自由都没有。英国舰队在英伦海峡战胜了荷兰以后，到现在已据有海上霸权，实际上由于自由精神的发扬，早已决定了这样的形势；然而荷兰人直到今天还保有很大一部分商船，而西班牙和葡萄牙的商船已几乎完全消灭。在法国专制君主下，一位有才干的大臣的想建成一支舰队的个人努力，总是劳而无功，因为建成的舰队总是逃不了毁灭的命运。

但是现在我们却看到法国的航海业和海军势力在日益增长中，这又是什么缘故呢？美国的独立还刚刚开始，我们就看到它同它母国的强大舰队展开了斗争。但是中美和南美各国的情形又怎样呢？只要它们的国旗没有在海面上到处飘扬，它们的共和政体效能就很难加以信赖。得克萨斯的情形和它们形成了一个很好的对照，这个地区还没有获得充分的政治生活，就已经想在海王领域内占一席地。

但航海事业不过是一个国家的工业力量的一部分，这个部分只有与其他的辅助部分结合在一起，才能发展起来，达到重要地位。无论何时何地，只有工业已达到了高度发展状态，航海业、国内和国外贸易、甚至农业本身，才会发展起来。如果说自由是航海发展一个不可缺少的条件，那么要发展工业力量，要提高一个国家的整个生产力，自由这个条件又将更加不可缺少到什么程度？一个富裕的、工商业发达的国家，而同时它却并不享有自由，像这样的情况，历史上还未见过。

无论何处的工业，首先带动的总是河流、公路、铁路等等运输工具的改进，这是使农业方面、文化方面获得进展的基本要素。

历史告诉我们，技术和商业是会从这一个城市移转到另一个城市，从这一个国家移转到另一个国家的。它们在本土受到了迫害、压制，就会逃避到别的城市、别的国家，在那里寻求自由、安全和支持。它们就是在这样的情况下从希腊和亚洲移转到意大利，从意大利移转到德意志、法兰德斯和布拉奔，再从那些地区移转到荷兰和英国的。无论何处，驱逐它们的总是理性的缺乏和专制虐政，吸引它们的总是自由精神。假使不是由于欧洲大陆各国政府的愚昧无知，英国就很难达到掌握工业优势的地位。就我们德国所处地位来说，与其抱着守株待兔的态度，静候着别国由于政策失当，把它们的工业驱逐出境，使这些工业不得不流亡到我们这里来寻找避难所，不如不要等待这样可遇而不可求的机会，而主动提供对工业的有利条件，邀请它们到我们这里来安家落户，这样做不是要聪明得多吗？

固然，经验告诉我们，风力会把种子从这个地方带到那个地方，因此荒芜原野会变成稠密森林；但是要培植森林因此就静等着风力作用，让它在若干世纪的过程中来完成这样的转变，世上岂有这样愚蠢的办法？

如果一个植林者选择树秧，主动栽培，在几十年内达到了同样目的，这倒不算是一个可取的办法吗？历史告诉我们，有许多国家，就是由于采取了那个植林者的办法，胜利实现了它们的目的的。有许多孤立的自由城市，小型的共和邦，或这类城市与小邦的同盟，虽然领土有限，人口不多，兵力也很微薄，但是由于具有蓬勃的自由意志，在地理位置以及环境与机遇方面获得便利，它们早在那些大的君主国之先，就已由于工商业的发达而欣欣向荣；它们由于与这些大国的自由通商关系，向它们输出工业品，换回农产品，在财富和力量上获得了高度发展。威尼斯、汉撒城市、比利时和荷兰就是这方面的例子。

这种自由贸易制度，对于同这些范围较小的国家发生商业关系的大君主国自身，在开头时也是同样有利的。这些大国拥有丰富的天然资源，在社会制度方面还没有充分发展，在这样情况下自由输入国外工业品，输出本国农产品，是达到下列目的的最有效方法：发展它们自己的生产力；使原来习于怠惰、散漫的国民逐渐养成勤勉习惯；激起它们的地主和贵族对工业的兴趣；唤起商人在潜伏状态中的进取精神；更加重要的是提高它们本身的文化、工业和力量。

英国人向意大利、汉撒同盟、比利时和荷兰的工商业学习以后，一般所获得的就是这些效果。但是这些大君主国靠了自由贸易达到了一定程度的发展以后，就认识到，只有把工商业同农业结合起来，文化、力量和财富方面的最高度发展才能实现。它们认识到，它们新建成的国内工业要想同国外成立已久的工业在自由竞争下获得胜利是绝没有希望的；它们本国的渔业和商船业是海军力量的基础，这些事业如果没有特殊的保障，是决不能顺利发展的；这个时候外国商人具有压倒一切的资本力量，具有较高的经验和才能，在这样情况下，它们本国商人的进取精神是永远不会抬头的。因此它们就用了限制制度、特惠待遇、奖励补助等种种措施，把那些外国人的财富、才能和进取精神移植到它们的本土。它们采行这个政策时，有的与所悬的目标格外相切合，有的则在切合程度上差一些，有的在进行时态度格外认真、坚强，有的就不免要差些，政策成功程度的大小、快慢，就看这些方面程度的高低而定。

在一切国家中，英国是首先采取这个政策的。这个政策，作为一个固定的、实际有效的措施，最初是在爱德华六世、伊丽莎白及革命时期制定的；由于执政者方面智力和自制精神的缺乏，或由于内讧外战的关系，在初步执行期间时常中断。英国直到亨利六世时代，方才允许谷物得在国内各郡之间通运或运往国外，在亨利七世及亨利八世时代，对于计息贷款、甚至票据贴现还一概认为是高利贷性质，还认为用压低毛织品价格和工资标准的方法可以振兴商业，还认为用禁止大规模牧羊的方法可以增加谷物产量——试问在这样的情况下，爱德华三世的措施怎样能顺利实行？

亨利八世曾经把谷物价格的上涨说成是一种祸殃，他的先辈曾竭力奖励国外技工入境，而他却反其道而行之，把他们大批驱逐出境，亨利七世对于国会建议的航海条例曾拒不批准——如果没有这一类的挫折，则英国毛纺织业和海外贸易的高度发展，会提早多少时候实现？

在法国我们看到，本国工业、自由的国内贸易、对外贸易、渔业、海运业和海军，总之凡是一个富强国家应有的一切特征——这些都是英国花了几个世纪不屈不挠的努力的代价才挣得的——在一个伟大的天才的手里，就像用魔杖一挥那样，在短短数年之间就色色具备；但是后来却断送在痴迷狂妄和专制暴虐的铁腕之下，消灭得比兴起时更快。

我们也看到自由贸易原则在不利环境下与坚决执行的限制政策对抗时的徒劳无功；汉撒同盟覆没了，而荷兰在英国和法国的打击下也一蹶不振。

我们看到了威尼斯、西班牙和葡萄牙的衰落，看到了法国在南特敕令废除以后的退化，也看到了英国的经历，在这个国家，自由总是同工商业与国家财富的进展齐头并进的。这些历史事实使我们认识到，要使商业的限制政策永远有效，只有在文化进展和自由制度的支持下才能实现。

反过来说，如果有了高度发展的文化，不论同时有没有自由制度，除非有适当商业政策的支持，否则这个国家在经济进步上所获得的保障总是薄弱的；就这一点而言，我们一方面可以从美国的历史、另一方面可以从德国的经历获得教训。

现代德国，既缺乏一个有力的、统一的商业政策，在国内市场又有一个处处胜过它的工业强国跟它进行竞争，它在这个竞争力量之前毫无掩护，一方面在国外市场则受到霸道的、往往变幻莫测的限制政策的排斥，就它文化发展的程度来说，在工业上已有的进展与应当达到的进展，实际上相差得极远，因此种种，它甚至不能保持它原来已经取得的地位，它就像一个殖民地一样，竟被一个国家所任意利用，那个国家也就是在数百年前被德国商人以同样手法利用的;在这样情况下,直到最后,德意志各邦终于决定采取统一的、强有力的商业政策,使它们自己的工业能够掌握本国市场。

北美的自由州,处于可以充分吸取自由贸易利益的地位,在这一点上它超过了以前任何别的国家,甚至还在它独立的酝酿期间就受到了世界主义学说的影响,它在这一原则下的努力,也超过了任何别的国家。但是我们看到,这个国家在自由贸易下原来是向国外购入工业品的,由于对英国的战争,两度被迫对于所需物品不得不自己动手在国内制造,然后在和约成立以后,由于外商的自由竞争,已成立的工业又两度濒于毁灭;因此获得了教训,认识到在目前世界形势下,任何大国要获得恒久的独立与富强的保障,首先要做到的就是使自己的力量与资源能够获得独立的、全面的发展。

历史这就向我们指出,限制政策并不只是出于凭空的理想,而是由于利益的分歧,由于各国在追求独立与优势方面的争夺,也就是由于国际竞胜与战争的自然结果;因此在国家利益上的这种冲突还没有停止以前,换个说法,就是一切国家还没有在同一个法律体系下合成一体以前,这个政策是不能舍弃的。所以如果谈到各个国家是否能、怎样能结成统一的联盟,以及在各个独立国家之间引起了争端怎样以法律裁判代替武装冲突来求得解决这些问题时,则同时必须求得解决的是,怎样建成一个普遍自由贸易制度以代替各个国家商业制度的问题。

世界上有一个国家在工业、财富和力量上是出类拔萃的,它所施行的排外性关税制度也是独步一时的;曾经有许多国家不顾这一事实,各个地采行自由贸易制度,例如葡萄牙在 1703 年,法国在 1786 年,美国在 1786 与 1816 年,俄国在 1815 到 1821 年,以及德国几个世纪以来，都是这样做的。这样做的结果，牺牲的是这些各个国家的繁荣，对全人类并没有好处，只是更加养肥了那个占优势的工商业国家。瑞士的情况（以后将有所说明）是一个例外，它的情况对于两种制度的孰优孰劣，都不能提供充分的证明作用。

科尔伯特所施行的、曾由意大利人用他的名字来命名的那个制度，在我们看来似乎并不是出于他的创造；就我们所知，英国人早在他之前就充分推行了这个制度。法国人如果想满足他们的希望，达到他们的目的，迟早总是要这样做的，科尔伯特不过是把这种迟早要做的事情付诸实施而已。假使科尔伯特果有什么应受责难之处，也只是在于一点，他所要实行的那些措施只有在政治状况有了根本改革以后才能持久，而他却想在专制政体下进行。

但是对于这种责难也还是有充分理由可以驳倒的，反驳的人可以这样说，科尔伯特的事业如果有圣君贤相好好地继续下去，那么足以阻止农工商业和国家自由前进的那些障碍，是可以通过种种改革来消除的；如果事态有了这样的演变，法国就不会发生革命，相反地，在勤奋与自由的交互影响下沿着发展的道路前进，就有可能使它在工业、国内贸易、国外贸易、殖民地开拓以及渔业、海运业、海军等等方面，于最近一百五十年来对英国展开有利的竞争。

最后，历史教导我们的是，凡是先天的禀赋不薄，在财富、力量上要达到最高度发展时所需的一切资源色色具备的那些国家，就可以，而且必须——但不必因此失去了我们这里所说的目标——按照它们自己的发展程度来改进它们的制度。改进的第一个阶段是，对比较先进的国家实行自由贸易，以此为手段，使自己脱离未开化状态，在农业上求得发展；第二个阶段是，用商业限制政策，促进工业、渔业、海运事业和国外贸易的发展；最后一个阶段是，当财富和力量已经达到了最高度以后，再行逐步恢复到自由贸易原则，在国内外市场进行无所限制的竞争，使从事于农工商业的人们在精神上不致松懈，并且可以鼓励他们不断努力于保持既得的优势地位。我们看到处于第一个阶段的是西班牙、葡萄牙和那不勒斯王国；处于第二个阶段的是德国和美国；法国显然是紧紧地靠在最后一个阶段的边缘；但在目前只有英国是实际达到了这个最后阶段的。

第二编　理论

第十一章　国家经济学与世界主义经济学

在魁奈一派法国经济学家以前，只有在实地应用下存在的政治经济学，那是由公务人员或行政官们来执行的；至于叙述这类问题的作者，他们所写的只是属于他们自己国家的农工商业与海运业事项，完全以这一范围为限，关于财富的起因这类问题是不加分析的，关于全人类利益这类问题是绝对不予考虑的。

首先把研究扩展到全人类、不以国家概念为考虑对象的是魁奈，普遍自由贸易这个概念也是从他开始的。他把他自己所写的那本书命名为《重农主义，或最有利于人类的支配力量》，他要求我们必须具有这样的想法：所有各个国家的商人是处于一个商业联邦之下的。魁奈所谈的无疑是世界主义经济，是从事研究如何使全人类获得发展的那种科学；它与政治经济学，即以研究如何使某一指定国家（在世界当前形势下）凭农工商业取得富强、文化和力量的那种科学是对立的。

亚当·斯密[①]也在同样扩大的意义下研究他的学说，尽管重

① 有人说亚当·斯密原来是准备把他的伟大著作献给魁奈作纪念的（参看T.奥尔曼与J.奥尔曼1825年出版的《亚当·斯密传记》）。——英译本注

农主义者违反了自然法则，违反了逻辑，发生了严重错误，他仍然以阐述全世界范围的商业绝对自由原则作为他的任务。亚当·斯密同魁奈一样，对于真正的政治经济，也就是各个国家为了改进它的经济状况所应当遵行的政策这方面，却极少过问。他把他的著作题名《国家财富的性质和原因的研究》①(这里的国家指的是全人类中所有国家)。他在他书里的个别场合谈到各种政治经济制度时，只是为了指出这些制度的无成效，从而证明必须以“世界主义或世界范围的经济学”来代替“政治的”或国家的经济学。他虽然在这里或那里不时提到战争，但只是偶然提到的。构成他理论基础的是持久和平局势的概念。为他作传记的斯图亚特曾明白指出，他的研究从一开头所根据的就是这样一个原则：“为促进公共福利而订立的国家规章大部分是多余的，一个国家要从落后的未开化状态转变到尽可能最高的进步状态，无需什么别的，只需合理的租税、公正的司法与和平。”亚当·斯密所理解的“和平”，当然是像圣皮埃尔神甫所说那样的“持久、普遍的和平”。

萨伊就曾毫无掩饰地说明，为了理解普遍自由贸易这个概念，我们必须具有这样的想象，一个世界范围的共和国是存在的。这位作家主要所努力的是就亚当·斯密所提供的材料形成一个体系。他在他的《实用政治经济学》第六卷(第 288 页)里坦率说明：“我们考虑的范围可以是属于以族长为首的一个家族的经济利益，有关这方面的观察和原则所构成的是私人经济。但是属于整个国家、不论是对这些国家本身或与别的国家有关的那些原则，它们所

① 简称《国富论》。——译者

构成的是公共经济。归根到底，政治经济学所研究的是一切国家的利益，是全体人类社会的利益。”

这里并须注意的是，首先，萨伊承认在他所使用的“公共经济”这个名词下，国家经济或政治经济是存在的，但他在他的著作里并没有谈到这些；其次，他把在政治经济这个名词下所包含的内容归纳到一种学说，这种学说显然是世界主义性质的；结果他在这个学说中所谈的始终只是以整个人类社会的利益为唯一对象的经济，并不顾到各个国家的不同利益。

所谓“公共经济”，老实说，它的内容应当没有别的，只是属于某些指定国家的经济，也就是真正的政治经济；如果萨伊在向我们说明他所说的政治经济是什么（实际上没有别的，只是世界主义的、世界范围的或属于全人类的经济）以后，使我们知道当他谈到一些学说的原则时他唤作“公共经济”的是什么，那么这种在名词上的代用，原也可以存而不论。

但是当他给这种学说下定义并加以引申时，简直无法避免从国家的概念和性质开始，这就必然要使所谓“全人类经济”发生实质上的改变；因为现在人类还是在不同的国家下互相分开的，各自在它共同力量和利益下结合在一起，各不相谋，而且与那些在天赋自由权的行使上彼此对立的其他同样的社会不同。他用政治经济的名称来称呼他的世界主义经济时，在这一点上并没有作出说明，由于这种名词上的移动，跟着就发生了意义上的移动，这样就掩蔽了一系列最严重的理论错误。

一切后来的作家都陷入了这个错误，不能自拔。西斯蒙第也把政治经济学明白地说成是“以造福人类为使命的科学”。亚当·

斯密和他的后继者在这一点上所教导我们的，主要也就是魁奈和他的后继者所已经教导过了的。《方法评论》里一篇文章谈到重农学派时所说的话几乎与亚当·斯密一派的话如出一口，它说："个人福利是完全依存于全人类福利的。"

就亚当·斯密所了解的，美国倡议自由贸易最早的是哥伦比亚学院院长托马斯·库柏，他甚至否认国家的存在，把国家说成是出于"字面上的创造"，只是为了避免表达时的多所周折而设的，除了存在于政治家的头脑以外，并没有实际的存在。库柏在这一点上的主张是非常一贯的，实际上他的态度比他的前辈和老师们还要彻底得多；因为这是很明显的，如果承认了各个国家以及它们各个性质和利益的存在这一点，这就立刻有必要按照这些各自不同的利益来考虑修改属于人类社会的经济学，如果库柏的意向所在是要把这类修改说成是错误的，那么在他的一方面最聪明的做法就莫过于从头否认国家的存在了。

就我们这方面来说，我们绝对不是要把流行学派主张的世界主义经济理论一笔抹杀；但是我们认为政治经济，或者像萨伊所说的"公共经济"，也应当科学地加以发展；可是我们还认为对事物应当给以正确的名称，这样总比使用意义相反的名称要好些。

我们如果想对于逻辑、对于自然法则信守不渝，那就必须使个人经济不与社会经济相混淆，关于后一项，又必须把政治经济或国家经济与世界主义经济划分开来。政治经济或国家经济是由国家的概念和本质出发的，它所教导的是，某一国家，处于世界目前形势以及它自己的特有国际关系下，怎样来维持并改进它的经济状况；而世界主义经济产生时所依据的假定是，世界上一切国家所组成的只是一个社会，而且是生存在持久和平局势之下的。

如果像流行学派所提出的那样，我们的确有一个包括一切国家在内的世界联盟作为持久和平的保证，那么国际自由贸易原则似乎是完全正确的。就个人来说，他争取个人发展时所受到的束缚越少，同他自由往来的那些人人数越多，财富越大，他个人活动的范围越广，则为了争取进一步发展，对于他先天的禀赋、后天的知识和才能以及供他支配的自然力量，利用时就越加容易。个人如此，就各个社会、地区和国家的情形来说，也是如此。就美国的各州、法国的各县、德国的各联邦来说，说是与其把它们联合起来彼此进行自由商业往来，不如用内部地方关税把它们互相隔开更为有利，只有傻子才会这样想。

大不列颠三王国与爱尔兰的联合，使全世界看到了一个显著的、无可反驳的例证，在联合国家之间的自由贸易是具有无限效能的。假使世界上其他一切国家也在同样情况下联合起来，则全人类由此所获得的进展和幸福将达到何种程度，就是最丰富的想象力也难以描画。

毫无疑问，世界联盟和持久和平的观念是受到常识和宗教的拥护的。[①] 如果个人之间的争斗认为与理性相违背，那么国家之间的争斗受到同样谴责时，在谴责的激烈程度上应当扩大多少倍？社会经济学能够从人类文化史提出的证据，说明全人类在正义的

① 基督教所谆谆教诲的是持久和平。但是在“一个羊圈、一个牧人”的诺言还没有实现的时候，那些教友派教徒的原则不论怎样万妥万善，也无法施展。基督教的教义和诺言完全符合于人类物质与精神福利的要求，这一点最能证明基督教是出于神的创始。

法律之下联合起来是合情合理的，看来在人类健全的理智之前，这一证明是最为明显的。

历史告诉我们，当发生了战事，个人投入了战争活动时，人类幸福就降到了最低度；当国际协作情绪有了高涨时，人类幸福就有了相应的增长。当人类处于原始阶段时，最初实现的是家族的联合，然后有了城市、城市同盟与整个国家的联合，最后是若干个邦处于同一政府之下的联合。假使事势所趋，足以使这种联合（那是从家族的联合开始的）扩展到千百万人，那就有理由认为在这样的趋势之下使一切国家联合起来也是有可能的。如果人类智力能够理解到这种大规模联合的利益，那么我们就应当敢于作这样的设想，因全人类联合而产生的更大利益，人类智力也是能够理解得到的。有许多例子足以表明，在现代精神下是有着这种倾向的。这里只需提一提在科学、艺术、新发现方面以及在工业与社会制度方面的进步就够了。现在已经可以有把握地预言，再过几十年以后，由于交通工具的进一步改善，世界上的文明国家通过物质和文化方面的交流而联合在一起的密切程度，将不亚于一个世纪以前英国各郡的联合，或者还比它们更为密切些。欧洲大陆各国政府，现在用电报互通消息，彼此已经好像是处于同一地区。空前的强大力量已经把工业提高到以前所料想不到的完善程度，而更加强大的力量还在不断地出现。工业愈进步，愈加匀称地扩展到世界各国，则发生战争的可能性将愈小。两个工业同样发展的国家如果互相冲突，则彼此在一星期内可以使对方受到的损害，或者经过整个世代还难以恢复。但是同时也可以推想得到的是，原来专用于生产的新生力量同样也可以为破坏性的战争服务，这一点将主要有利于取守势的一方，特别是欧洲国家，而英国原来以岛国地位在防御上所占有的优势，或将由此丧失。欧洲各大国的国会，现在已具有未来的、由各国共同组成的国会的雏形。用协商来解决争端的办法，比之凭武力来夺取公理的办法，显已占有优势。一切文明国家比较开明的首脑，对于财富与工业的本质作了进一步深入观察以后，已经确信，对未开化、半开化或文化在衰退中的国家进行的教化工作和殖民地的形成，为文明国家提供了发展生产力的场所，而这比战争的相互敌对行动或贸易限制能提供更丰硕更安全的果实。我们对于这一点看得越清楚，未开化国家通过交通工具的进步越与文明国家相接触，则文明国家越会认识到：对于未开化的、内部陷于无政府混乱状态的以及受恶政府压制的那些国家的启发和教导，是一种使命，这种使命提供给文明国家的利益是均等的，同时也是各文明国家大家都应负的一项责任，但这种责任只有在团结一致的情况下才能完成。

对一切国家、对整个世界进行教化，是全人类应该共同担当的任务，从那些不变的自然法则来看，这一点是显然的，文明国家被不可抗拒的势力所推动，不得不把它们的生产力扩大或移转到文化比较落后的国家。我们到处可以看见，在文明的影响之下，人口、智力和物质资本达到了这样的规模，就势所必然的要向文化比较落后的国家倾注。如果国家的可耕面积已经不足以供养全部居民，已经不足以吸收全部农业人口，则人口的多余部分就势必要向辽远地区寻找适于耕种的土地；如果一个国家有才能、有技术的人材已经这样多，以致在国内不再能获得足够报酬，他们就必然会流向对他们的需求较大的地区；如果由于物质资本累积的结果，以致利率下降得那样厉害，较小的资本家已经不再能靠利息收入过活，他就会把资本在比较有利的情况下投放到富力较低的国家。

由此可见，流行学派的学说体系未尝没有正确原则作为基础，但这一原则要达到为实践作先导的目的，必须获得科学上的承认和应用，同时为了避免误入歧途，实践也不能忽视这一思想；这个学派却没有考虑到各个国家的性质以及它们各自的特有利益和情况，没有把这些方面同世界联盟与持久和平的观念统一起来。

流行学派把那些还没有出现的情况假定为已经实际存在的情况。它假定世界联盟与持久和平的形势是已经存在的，然后由此推定自由贸易的巨大利益。这样就把因与果混淆了。就那些已经在政治上联合起来的各省、各州、各邦来说，持久和平的状态是存在的；由于这种政治上的联合产生了商业上的联合，由于在这样形势下的持久和平，才使商业联合对它们那样的有利。历史上一切的成例告诉我们，领先的总是政治联合，跟着发生的才是商业联合。[①] 由后者带头而由前者跟进的情况，简直举不出一个例子。但是在目前世界形势下，实行普遍自由贸易的结果是不会产生一个世界范围的共和国的，情形将适得其反，比较落后的国家将普遍屈服于工商业与海军强国的优势之下，作出这种结论的理由是极其充分的，在我们看来，这样的形势简直是万难避免的。要使一个

① 这个说法在李斯特写这本书的时候也许是对的，但是现在却可以举出一个显著的例外。德国各联邦在关税同盟之下的商业联合比它们在帝国之下的政治联合要早出现许多年，而且后者的成立是出于前者的有力督促。——英译本注

世界共和国(按照亨利四世和圣皮埃尔神甫所理解的)、也就是世界各国彼此承认有同等权利、放弃单独采取纠正行动的广泛同盟成为现实,只有多数国家在工业与文化、政治修养与权力达到尽可能近于同等的程度时,才能办到。只有当这样的同盟在逐渐形成的过程中时,普遍自由贸易才能发展;只有由于这样一个同盟的结果,才能使一切国家像现在在政治上联合起来的各省各州一样,享有同样大的利益。有些国家在文化上同那占优势的国家比起来还差得很远,但是那个国家绝没有从上帝手里取得垄断工业的永久权利,不过在时间上它比别的国家占先了一步而已。保护制度是使落后国家在文化上取得与那个优势国家同等地位的唯一方法。从这一点看起来,保护贸易制度可以认为是促进各国实现最后联合,也就是促进真正自由贸易的最有效方法。从这个观点来看时,国家经济学似乎是这样一种科学,它正确地了解各国的当前利益和特有环境,它所教导的是怎样使各个国家上升到上述那样的工业发展阶段,怎样使它同其他同样发展的国家结成联盟,从而使实行自由贸易成为可能,并从中获得利益。

但是流行学派把这两种学说互相混淆起来;它犯的严重错误是,以单纯的世界主义原则为依据,来衡量不同国家的情况,从而仅仅由于政治上的理由,忽视了生产力的世界性的发展趋势。

马尔萨斯希望限制人口增加,查默斯和托伦斯则近来有一种奇妙的想法,认为资本的累进与生产的无限制扩张都是要不得的,社会福利所严格要求的是制止这方面的进展,西斯蒙第说工业发展是对社会有害的;他们所以会发生这类错误见解,只是由于抹煞了生产力发展的世界性趋向。他们的理论在这一点上有类于吞噬了自己的儿子的萨腾(Saturn)。[①] 这种理论认为由于人口、资本和机器的进展而出现了分工，然后根据这一点来解释社会的福利，最后就把这些发展因素看成是洪水猛兽，是对国家富强的威胁；他们所以会作出这样的结论，是由于只看到各个国家的目前情况，没有考虑到整个世界的情况和人类未来的进步。

人口增长率大于食料生产增长率的说法是不正确的。世界上还有大量的天然富源没有开发，人口就是再增十倍或甚至百倍也足以供应；情况既然是这样，这种食料与人口两者不能相平的想法，或者用假想的计算、诡谲的论据来证明这种臆说的办法，可以说至少是愚昧的。以生产力的目前限度为标准，据以计算多少土地能够养活多少人口，这样的想法只是由于器量不大，目光短浅。整个地球可以容纳的人口，照野蛮时代渔猎者们的计算恐怕不到一百万人，照畜牧时代牧羊人的计算恐怕不到一千万人，照原始农业时代农民的计算也恐怕不会到一亿人；然而现在一个欧洲就有两亿人在生活。马铃薯与其他粮食作物种植的推进与近来农业上一般的改进，使人类供应食料的生产力提高了十倍。英国小麦每英亩的产量，在中世纪时已比前增加到四倍，现在已增加到十倍至二十倍，此外耕地面积也已扩大到五倍以上。有许多欧洲国家，它们土地的肥沃并不亚于英国，但农作物每英亩产量的增加还不到四倍。对于人类此后在新发现、发明和改进方面，谁又敢预定限度呢？农业化学还在幼稚时代，明天也许由于某种新发现或创造，一下子就把产量提高五倍或十倍，谁能知道呢？我们已经能够靠了

① 古罗马的农神。——译者

自流井把不毛之地变成膏壤，地质也许还有什么未知力量在潜伏中有待发现，谁又能断言呢？假定由于某种新发现，可以无须像现在这样依靠燃料的帮助，在任何地区用极低的代价产生热力，假使处于这样的情况，可耕种地区将扩大到多少倍，每英亩产量将增加到什么程度，谁能预计呢？我们说马尔萨斯的学说看来是胸襟狭窄的，但他所使用的方法也是要不得的，由此会发生一种违反自然的作用，从而毁灭道德和力量，这个方法简直是可怕的。这个学说企图毁灭人类的一种愿望，这种愿望是造化用来激励人们发挥身心力量、激起并支持人们高尚感情的最有效手段，人类所以有进步，主要就是由于这种愿望的存在。这个学说将使最冷酷的自私自利成为一种法则，它对我们所要求的就是，即使眼看着一个人在挨饿，也应该不闻不问，因为假使给了他饮食，三十年后也许另有一个人要因此处于饥饿状态。这个学说足以使同情心化为乌有，有的只是机械核算，这就是说，足以使人心化为铁石。如果作为一个国家的国民，他们的一腔热血都化成了铁石心肠，那么对于这样一个国家最后还有什么期望呢？到那个时候，道德势必完全摧毁，一切生产力量因此势必完全消失，国家的财富、文化和权力也将不复存在，除此以外，还有什么别的后果可期望呢？

如果一个国家人口的增长超过了食料生产的增长趋势，如果资本的积累最后达到了这样程度，以致不能再找到投资出路，如果机器生产造成了大批工人失业，使商品有了巨额过剩——如果发生了这样的情况，这只是说明，造化注定，不允许任何一个国家单独享有工业、文化、财富和权力，或者是说，地球上大部分宜于耕种的地方只应当成为野兽的窟穴，人类的绝大部分应当永久陷于野蛮、无知和贫困状态。

这里所说明的是这一学派因从政治观点来衡量人类生产力而发生的错误；我们还要指出它由于从世界主义观点来考虑各个国家的利益而犯的错误。

如果包括一切国家在内的那样一个世界联盟的确存在，那时各国所处的地位将同组成北美合众国的各州一样，过剩的人口、才能、技术和物质资本将从英国流向欧洲大陆各国，情况就同相类的过剩人口、才能等从美国东部各州流向西部各州一样——假定大陆各国具有与英国同样的人身与财产安全，同样的宪法与一般法律，并且假定英国政府能够服从这个世界联盟的统一意志的话。在这样的假定情况下，要使所有这些国家在财富和文化上提高到与英国同样的程度，那就没有比自由贸易更好的方法了。这就是流行学派的论据。但是在目前世界形势下，这一论点又如何能与自由贸易的实际活动相吻合呢？

英国是一个独立国家，因此它的政策方针将以为它自己谋福利为唯一鹄的。英国人所爱好的是他自己的语言、自己的法律、风俗和习惯，只要有可能，他将尽量用自己的力量和资本从事于发展他本国的工业，使他的工业产品推广到世界各国市场，在这个情况下，自由贸易制度是最能适应他的目的的，他决不会喜欢或想到在法国或德国来建立工业。英国一切的剩余资本会毫不犹豫地用来发展对国外各地区的贸易。如果英国人想迁居国外，或者想把他的资本投放到国外地区，他宁可到比较辽远的、他的语言、法律和规章已经有了基础的那些地区，而决不会选中欧洲大陆的那些落后国家，他现在就是这样做的。在这样情况下，整个英国就会发展成为一个庞大的工业城市。亚洲、非洲、澳洲所接受的将是英国的文化，许多以英国为榜样的新国家将陆续出现。一朝时机成熟，就会组成一个以英国为首的国家体系，到那时欧洲大陆国家的地位将一落千丈，人民将成为不重要的、没有收益的民族。在这样形势下，法国以及西班牙、葡萄牙将遭到同样命运，最上品的酒得供应英国世界，只有最下等的劣酒才能留给自己，法国至多只能干些小型女帽业那类营生。德国到那时看来对英国世界没有什么别的可以贡献，只有一些儿童玩具、木制的钟、哲学书籍等类，或者还可以有一支补充队伍，他们为了替英国人服务，扩大英国的工商业优势，传布英国的文学和语言，牺牲自己，长途跋涉到亚洲或非洲沙漠地带，就在那里沦落一生。到那个时候，属于这个英国世界的人民想到或谈到德国人或法国人时，就像我们现在想到或谈到亚洲各国人的那副神气一样，这个转变是不需要多少世纪的。

但是真正的政治科学对于普遍自由贸易这样的结果，认为是极度违反自然的；我们敢说，如果在汉撒同盟时代实行了这样的普遍自由贸易，那么今天在工商业发展方面高出其他一切国家的，将不是英国人而是德国人。

现在仅仅由于首先树立政治的商业制度、多半不顾世界主义原则的是英国人，就把世界上一切财富和权力让给了他们，这一点就是从世界主义立场来看，也是最不公平的。为了使自由贸易能够获得自然的推行，必须首先用人为方法，把那些比较落后的国家提高到曾经用人为方法使英国达到了的那个文化阶段。通过我们在上面所指出的生产力发展的世界主义倾向，世界上那些比较辽远的地区，也许会比坐落得较近的欧洲各国先一步获得利益，达到富强。为了避免这种形势的发展，欧洲的那些国家，对于自己道德、智力、社会和政治情况作了衡量以后，如果感觉到自己有能力发展成为一个工业强国，就必须采用保护制度，作为达到这个目的的最有效手段。在这个目标下实行这个制度有两个步骤：首先是把外国工业品逐渐从我们市场排除出去，这样工人、才能和资本在外国将发生过剩，它们必须找寻出路；其次是在我们的保护制度下，国外工人、才能和资本流入时应受到鼓励，获得利益，这样国外的剩余生产力才可以在这里获得出路，而不必迁徙到世界上较远地区或殖民地去。政治科学是以历史为依据的，它要追究的是，英国在以前曾否使用过这样的方法，从而由德国、意大利、荷兰、法国、西班牙和葡萄牙获得了大量生产力。它要问，世界主义学派对于保护制度的利弊，自以为是权衡过轻重的，那么对于上面所说这个制度所造成的一些非常显著的情况，为什么完全置之不顾呢？

第十二章　生产力理论与价值理论

亚当·斯密把他的名著命名为《国家财富的性质和原因的研究》。这位流行学派的创立者在这里所表示的是一种双重观点；国家经济同各个人的私人经济一样，是应当在这种双重观点下来考察的。

财富的原因与财富本身完全不同。一个人可以据有财富，那就是交换价值；但是他如果没有那份生产力，可以产生大于他所消费的价值，他将越过越穷。一个人也许很穷；但是他如果据有那份生产力，可以产生大于他所消费的有价值产品，他就会富裕起来。

由此可见，财富的生产力比之财富本身，不晓得要重要到多少倍；它不但可以使已有的和已经增加的财富获得保障，而且可以使已经消失的财富获得补偿。个人如此，拿整个国家来说，更加是如此（例如，国家是不能仅仅靠着收租过日子的）。德国过去每一个世纪总要受到疾疠、饥荒或内讧、外战的摧残，但是它总能保持住大部分的生产力，因此每次受到打击以后，总是能很快地恢复到一定程度的繁荣。西班牙原来是既富且强，不过是备受专制和僧侣势力的折磨的，虽然它的国内环境比较地和平，①但是总不能摆脱贫困，而且越陷越深。照耀着西班牙人的还是同一个太阳，他们所据有的还是同样的领土，矿藏还是同样丰富，他们还是与美洲发现以前、与宗教法庭成立以前同样的人民；但是这个国家逐渐丧失了它的生产力，因此日趋贫困。美国在独立战争中丧失了无数资财，但是它赢得了独立以后，生产力有了无限提高，只是由于这个原因，使它在和平以后短短几年之内，就在财富上获得了空前大规模的增长。如果我们把法国在1809年与1839年的情况作一对比，后者的有利情况要胜过前者多少倍！尽管如此，法国在这一过程中却丧失了欧洲大陆很大一个地区的主权，遭到了两次破坏严重的侵略，付出的战费和赔款达数十亿法郎。

像亚当·斯密具有这样明彻理解力的一个人，说是会完全不理会到财富与财富原因之间的差别以及这类原因对国家状况的莫大影响，那是不可能的。在他那部书的绪言里，他曾明白、剀切地

① 就西班牙的情况来说，在受到拿破仑侵略的时期以前是这样，但以后并不是这样。不过著者的论断并不因这一点而失去它的正确性。——英译本注

这样说："劳动是任何国家财富所由产生的泉源，要增加财富，依靠的首先是劳动的生产力，也就是国家所一般使用的劳动的精巧、熟练和鉴别力程度，其次是从事于生产劳动者与不从事于生产劳动者的人数的比例。"由此可见，斯密对于国家状况主要决定于生产力的总和这一点，看得何等清楚。

但是，使完整的科学端端正正地从个别思想家的脑海里一下子涌现，看来并不是造化的计划。斯密显然完全被重农学派的世界主义观念、"普遍自由贸易"和他自己的伟大发现"分工"迷惑住了，所以对于生产力对国家的重要意义这一点不再能有深切体会。不管他著作的其余部分对科学作出了多大贡献，他似乎认为"分工"这个概念是他思想上最卓越的一点。他是打算靠了这一点使他的著作问世以后能轰动一时，使他自己能扬名后世的。

他是深通世故的，他不会不懂得这个道理，不论哪一个，如果有一粒宝石要出卖，把它埋在一袋小麦里带到市场总不是最好办法，虽然小麦是极有用的；聪明的办法莫过于把这粒宝石摆在最显眼的地方。他是广有阅历的，因此他不会不懂得，一个初出茅庐的演员（他的书出版时，他在政治经济学方面所处地位就是这样），如果在登场第一幕就显一下身手，博一个满堂彩，那么后来几幕即使平平而过，也比较地容易获得谅解；他是蓄意要把分工原则作为书中的绪言与读者见面的。斯密的打算没有落空，他那部大作的开宗明义第一章就使他站稳了脚跟，成为经济学权威。

但是在我们方面却深信我们能够证明，正是要把"分工"这一重要发现摆在显著地位的这种热情，妨碍了亚当·斯密，使他不能深入探讨"生产力"的思想内容，使他不能用更完善得多的形式来表达他的学说——虽然“生产力”这个名词在他的绪言里并不是没有露面，以下也常常见到，但只是偶然提及的。虽然他自己曾清楚地看到，也曾明白表示，劳动生产力主要决定于完成劳动时的技巧与鉴别力程度，但是由于他对“分工”概念的过度重视，就显然趋入了歧途，把劳动本身看成是国家财富的“泉源”。我们要问，如果一种现象，它本身就是许多深一层原因的结果，而我们却把这种现象说成是起因，这难道可以认为是科学的推理吗？毫无疑问，一切财富总是由脑力和体力（劳动）得来的，但是并没有理由说是由这一事实就可以得出有用的结论；因为历史告诉我们，曾有许多国家，它们的国民尽管克勤克俭，还是不能免于贫困。有些国家由贫穷落后的地位进入富强，有些则由富裕与幸福的状况沦入贫困，凡是对这样的演变想根究一下原因的，当他听到了劳动造成富强、怠惰造成贫困的道理以后（其实所罗门王在亚当·斯密之前早就提出了这一点），总是不禁要再问一下，劳动的起因是什么，怠惰的起因又是什么呢？

我们说财富的起因是劳动，说得与事实更近一些，也就是起因于人的头脑和四肢；于是接着就发生了这样一个问题，促使头脑和手足从事生产、从事于这类活动的是什么？我们说，这是对个人有鼓励、激发作用的那种精神力量，是使个人在这方面的努力可以获得成果的社会状况，是个人在努力中能够利用的天然资源；除了这些还有什么呢？当一个人感到必须为未来作准备时，他对于这一点看得越清楚，他的智力和感情对他所起的激励作用就越大，从而促使他要为与他关系最密切的亲人谋未来的安全，提高未来的幸福生活；他如果从少年时起就惯于作远虑，惯于积极活动，他在这方面的习惯越巩固，他的高尚感情就越加发展，身心就越加获得了锻炼；他从小所看到的榜样越好，他利用他的身心力量以改善他周围情况的机会就越大；他的正当活动所受的束缚越少，已往努力的成就越大，所获得的成果越巩固，他的有组织、守纪律的活动就越加能够博得社会的同情和尊敬，他的心情由于偏见、谬论、迷信、无知等而受到的打击也越少；在这样的情况下，他的身心力量对生产目标将作更大的发挥，将获得更大的成就，对于他已有的劳动成果也将作更加圆满的利用。但是所有上述这些方面，主要还是有赖于个人所处的社会状况的。谈到社会状况，这就是说，科学与艺术是否发达；公共制度与法律对于宗教品质、道德和才智、人身和财产安全、自由和公道这些方面是否能有所促进；国内的物质发展、农工商业这些因素是否受到一视同仁的、相称的培养；国家是否有足够强大的力量，可以保障它的国民在财富和教育方面世世代代发展下去，可以使他们不仅能够充分利用本国的天然资源，而且通过国外贸易和殖民地的占有，还能够把国外的天然资源供他们自己来利用。

亚当·斯密一般说来，对于这些力量的本质极少认识，甚至不认为维持法律与秩序、培养和促进教育、宗教、科学、艺术的人的精神劳动具有生产性。他的研究只是限于创造物质价值的人类活动。关于这一方面的劳动，他当然也认识到它的生产力是取决于进行劳动时所运用的“技巧与鉴别力”的；但是当他研究到这种技巧与鉴别力的起因时，他只说到分工为止，他用来说明这一点的只是交换、物质资本的增加和市场的扩大这些因素。因此他的论点很快就越来越深地陷入于唯物主义、狭隘观点和利己主义。假使他不是把全部精神贯注在“价值”、“交换价值”那些概念，而同时还能够注意到“生产力”概念，他就会看出，要解释经济现象，除了“价值理论”以外，还必须考虑到一个独立的“生产力理论”。他走错了路，他要从物质环境和状态来解释精神力量，就由于这一点，他奠定了这一学派的种种错误和矛盾的基础（关于这一点我们随后将有所论证），一直相沿至今，政治经济学说所以会使最富于理解力的人望而却步，原因就在这里。斯密学派的教导，除了价值理论并没有什么别的，这不但是由于它的学说处处以“交换价值”这个概念为依据，而且由于它对它的学说所下的定义。据萨伊说，这个科学所教导的是，财富或交换价值是怎样生产、分配和消费的。这样说，他所指的那个科学，与生产力的怎样兴起和发展以及怎样受到压迫和摧残这些方面当然没有关系。麦克洛克直截痛快地把这个科学叫作“价值科学”，近来英国作家们则称之为“交换科学”。

私人经济里的一些例子，是最足以说明生产力理论与价值理论之间的差异的。

假定有两个家族，家长都是地主，这两位家长每人每年可以积蓄一千泰勒[①]，各有五个儿子。前一个家长将他的积蓄存储生息，叫他的儿子从事于普通力作，而后一个则将积蓄用来培养他的儿子，把其中两个教育成为有技术、有知识的地主，使其余三个各随着他们自己的兴趣学习一种行业；前一个家长是按照价值理论行事的，后一个的行动依据是生产力理论。前者在他临终的时候，单

① 德国旧银币名。——译者

单就交换价值来说，可能比后者要富裕得多，但就生产力来说，情况却完全不同。后者把他的地产分成两份，由于管理方法的改进，结果每一份的产量相等于原来两份的共有产量；而其余的三个儿子由于各有专长，获得了丰富的生活资料。前者的地产将分成五份，每一份的生产方法都一仍旧贯，结果五个部分的总产量比前毫无增益。后一家族在精神力量和才能上获得了巨大的、种种不同的培养和发展，而且一代一代传下去，获致物质财富的力量将有增无已；而前一家族地产愈分愈小，愚昧和贫困情况的演进就势难避免。因此奴隶主由于奴隶的繁殖，他所占有的交换价值有了增加，但后代的生产力却被他所毁灭。所有关于下一代的教养、公道的促进、国家的防卫等等支出都是对于现有价值的消耗，而目的是在于生产力的增长。一国的最大部分消耗，是应该用于后一代的教育，应该用于国家未来生产力的促进和培养的。

基督教，一夫一妻制，奴隶制与封建领地的取消，王位的继承，印刷、报纸、邮政、货币、计量、历法、钟表、警察等等事物、制度的发明，自由保有不动产原则的实行，交通工具的采用——这些都是生产力增长的丰富泉源。如果对这个说法有疑问，只要把欧洲各国的情况与亚洲的比一比就可以明白。思想与意识的自由对国家生产力影响很大，要在这方面获得适当估计，只需看一看英国的然后再看一看西班牙的历史。司法公开、陪审制度、国会立法、公众监督行政、地方自治、言论自由、有益目的的结社自由——这些都足以使立宪国国民以及官员获得一定程度的精神力量，这种效果是难以用别的方法取得的。任何法律或公法上的决定，对于国家生产力的增减，或多或少总是有些影响的；说是全无影响，这个情况是难以想象的。[①]

现代国家在财力、权力、人口以及其他各方面的进展比之古代国家不知要胜过多少倍，如果仅仅把体力劳动作为财富的起因，那么对于这一现象将怎样解释呢？古代国家所使用的人手，与全人口对比，不知比现在要增加多少倍，工作比现在艰苦，各个人所拥有的土地面积比现在的大，然而一般群众吃的、穿的却比不上现在。要对这些现象作出解释，我们势必要提到近一千年以来在科学与艺术、国家与社会制度、智力培养、生产效能这些方面的进步。各国现在的状况是在我们以前许多世代一切发现、发明、改进和努力等等累积的结果。这些就是现代人类的精神资本。对于前人的这些成就怎样加以运用，怎样用自己的心得来加以发扬光大；无论哪一个国家生产力的进退，就决定于对这方面领会的深切程度。每一个国家都应当以它的地下蕴藏、疆土范围、地理位置、人口和政治力量为依据，尽可能完善、均衡地发展它领土范围以内一切的天然资源，并且使它道义上的、智能上的以及商业、政治上的势力扩展到比较落后的国家，特别是关系到世界局势的事务，它应当有所参加；国家生产力的进退，也就决定于对这些方面的努力程度。

流行经济学派要我们相信，政治和政治力量是不能放在政治经济学里来考虑的。如果我们只是以价值和交换作为研究主题，这个说法也许是对的；我们可以为价值、资本、利润、工资和地租下定义，我们可以把它们分解成元素，从而研究足以影响它们涨落的

① 萨伊在他的《实用政治经济学》(第3卷，第242页)里说："法律不能创造财富。"当然，法律没有这样的作用，但是它能够创造生产力，生产力比财富、也就是交换价值的占有，更加重要。

是些什么，等等，而不必牵涉到国家的政治环境。但是很明显，这些问题关系到整个国家的经济，也在同样程度上关系到私人经济。只要考察一下威尼斯、汉撒同盟、葡萄牙、荷兰和英国的历史，就可以看出物质财富与政治力量两者彼此之间存在着怎样的交互影响作用。

这个学派每逢不得不考虑到这类交互影响作用时，就必然要陷入不可思议的前后矛盾中。亚当·斯密对于英国的航海条例曾作出耸动一时的论断，我们只要在这方面回想一下就够了。[①]

这个学派只是由于对生产力的性质没有作适当研究，对国家情况不作综合考虑，因此对于农工商业、政治力量和国内财富作等比例发展的重要性，以及国家特有各工业部门取得充分发展时这种工业力量的价值等方面，就格外地不重视。它所犯的错误是，将工业力量与农业力量作等量齐观，谈到劳动、自然力量、资本等等时只是作概括的叙述，没有考虑到它们之间存在的差别。它没有看到，仅仅从事于农业的国家与工农并举的国家两者之间的差别，比从事于畜牧的国家与农业国家之间的差别还要大得多。国家处于纯农业阶段时，国内情况是任性与奴役、迷信与无知，在文化、贸易、运输各方面都感到缺乏，贫困和政治上的衰弱是它们的特点。在纯农业国家，人民的身心力量获得鼓励与发展的、国内的自然力量和资源获得利用的只是一个极小部分，能够累积起来的资本也极有限，或者简直没有。

让我们拿波兰和英国来比一比。两个国家有一度在文化上是

① 《国家财富的性质和原因的研究》，第 4 部分，第 2 章。

属于同一阶段的，现在它们彼此相差得多远！国内自由、智力、技术与科学、国际与国内贸易、航海业与运输的改进、文化和政治力量——所有这些，工厂和工业品是它们的前因，也是它们的后果。要把农业从束缚中解放出来，要从农业提高到商业阶段，在技术和科学上达到一定程度的水平，从而使地租、农业的收入与工资都有所增长，使地产价值提高——要达到这样的目的，工业是一个主要手段。流行学派把这种文化力量归之于国外贸易，这样就把仅仅是属于交换的作用与创造的作用混淆了起来。国外工业为国外贸易提供商品，通过贸易把这些商品运送给我们，从而引起对我们产品与原料的消费，这些产品与原料就是我们用来代替现款与国外商品相交换的——这就是国外贸易的作用。

如果我们在自己的境内办工业，这种工业在地区上、商业上、政治上是同我们结合在一起的，它向我们所吸取的食物和原料不只是它所需要的一小部分而是绝大部分，它的产品并不会由于巨大的运输费用而抬高代价，我们在这方面的物资交流也不会由于国外工业适应它自己的需要或由于战争或禁制性进口税等关系而发生阻滞——试问，如果说辽远地区的工业对我们农业有有利影响的话，那么我们自己的工业在这方面的有利影响比前者要扩大多少倍？

流行学派把物质财富或交换价值作为研究的唯一对象，把单纯的体力劳动认为是唯一的生产力；我们现在可以看到这个学派在这一点上陷入了多大的错误和矛盾。

按照这个学派的说法，一个养猪的是社会中具有生产能力的成员，一个教育家却反而不是生产者。供出售的风笛或口琴的制造者是生产者,而大作曲家或音乐名家,却由于他表演的东西不能具体地摆在市场,就属于非生产性质。医师救治了病人,倒不是属于生产阶级,相反的,一个制药工人,虽然他所生产的交换价值(丸药)在化为无价值状态以前的寿命也许只有几分钟,却是一个生产者。像牛顿、瓦特或刻普勒这样一种人的生产性,却不及一匹马、一头驴或一头拖重的牛(近来麦克洛克把这些都列入人类社会生产性成员项下)。

我们对于萨伊"非物质产物"的说法,绝不可信为是足以补救亚当·斯密学说中这一缺点的;他只是对于由此所产生的荒谬结论作了一些掩饰,并没有使这种结论从真正的错误中解脱出来。依照他的见解,精神(非物质的)生产者之所以具有生产性,只是由于他们是获得了交换价值报酬的,并且是由于他们的报酬是牺牲了交换价值得来的,并不是由于他们生产了生产力。[①] 在他看来,他们的成就好像只是一堆积存的资本。麦克洛克还更进一步;他说人是劳动的产品,正同人所产生的机器一样,而且在他看来,似乎在一切经济研究中,人是必须在这个观点下来考虑的。他相信斯密懂得这个原则的正确性,不过他没有从这一点得出正确的结论。此外他还得出这样一个结论,认为吃和喝是生产工作。据托马斯·库柏的估价,一位干练的美国律师计值三千元,约相等于一个体魄强健的奴隶价值的三倍。

---

① 萨伊曾在好多地方说明这一见解,这里只引证他最后所述及的一段话(《实用政治经济学》,第 6 卷,第 307 页):"一位律师或医师用了一定代价取得的、并且能产生报酬的那部分才能,是资本价值,但不能转化为实物,只是寄托在拥有这种才能的个人躯体之中。"

这里所提到的流行学派的一些错误和矛盾，从生产力理论的观点来看，很容易纠正。那些养猪的和制丸药的当然属于生产者，但是青少年和成年人的教师、作曲家、音乐家、医师、法官和行政官也是生产者，他们的生产性比前一类要高得多。前者所生产的是交换价值，后者所生产的是生产力。就后一类来说，有些人能够使下一代成为生产者，有些能促进这一代人的道德和宗教品质，有些能提高人类的精神力量，有些能使病人继续保持他的生产力，有些能使人权和公道获得保障，有些能确立并保护公共治安，有些则由于他们的艺术给与人们精神上的愉快享受，能够有助于人们生产情绪的高涨。从单纯价值理论来看，当然，这些生产力的生产者只能在他们的劳务是用交换价值来报酬的这一限度内来考虑；像这样来考虑他们劳务的方式，有时也未尝没有些实际用途，例如在税制学说中，因为税款是要用交换价值来缴纳的。但是当我们考虑到国家，从整个国家或它的国际关系来看问题时，这种单纯价值理论就完全不能胜任，就要导向一系列的狭隘观念和错误见解。

一个国家的发展程度，主要并不是像萨伊所相信的那样决定于它所蓄积的财富（也就是交换价值）的多少，而是决定于它的生产力的发展程度。法律和公共制度虽然不直接生产价值，但它们是生产生产力的；如果萨伊认为国家在任何形式的政体下都能够富裕起来，而靠了法律却不能创造任何财富，那是错误的。一国的国外贸易决不可只是在价值理论下以各个商人的看法为依据来加以衡量，就是说，决不可单纯地以任何特定时刻一些物质利益的所得为考虑的根据；考虑这个问题时所片刻不能忽视的是与国家现在和将来的生存、进展以及权力有决定关系的那些因素。

国家对于物质资产势必多少有所牺牲或放弃，借以获致文化、技术和协作生产的力量；就是说，必须牺牲些眼前利益，使将来的利益获得保障。流行学派以单纯的价值理论为依据，认为国家应当像商人那样，向最便宜的供应处采购商品，如果在国外可以用较低代价买得到的任何商品，我们不去买而自己动手制造，那就是愚不可及的举动，认为国家的工业应当完全听任个人私利的摆布，认为保护关税造成垄断者，是牺牲了国家利益使国内工商业者个人获得优惠待遇。如果以任何国家的情况来说，在工业各部门都获得了发展的一个工业力量，是在文化上、物质繁荣上、政治力量上进一步发展的基本条件（这一点我们认为在历史上已经获得了证明）；如果就目前世界形势来说，世界上已经有了一个国家处于强有力地位，并且早已在它自己领域以内有着周密的保护，处于这样的形势，在自由竞争下一个一无保护的国家要想成为一个新兴的工业国已经没有可能；如果这一点是确实的话（我们认为这一点的确切无疑是可以证明的），那么上述的流行学派的论点又怎能站得住脚呢？的确，保护关税在初行时会使工业品价格提高；但是同样正确的，而且也为流行经济学派所认可的是，经过相当时期，国家建成了自己的充分发展的工业以后，这些商品由于在国内生产成本较低，价格是会低落到国外进口品价格以下的。因此，保护关税如果使**价值**有所牺牲的话，它却使**生产力**有了增长，足以抵偿损失而有余，由此使国家不但在物质财富的量上获得无限增进，而且一旦发生战事，可以保有工业的独立地位。工业独立以及由此而来的国内发展，使国家获得了力量，可以顺利经营国外贸易，可以扩张航运事业，由此文化可以提高，国内制度可以改进，对外力量可以加强。上面提到的那个地主，他牺牲了若干物质财富，让他几个儿子学习生产业务；一个国家如果能够利用保护制度，使它自己发展成为一个工业国，这种行动在精神上同那个地主是一致的。

有些国家为了促进出口业务，有时会实行一种奖励补助办法，萨伊认为“这些都是赠给我们国家的礼物”；由此可以清楚地看到。流行学派以单纯价值理论为评判事物现象的依据时，会发生怎样的错误，用生产力理论来评判这类现象就可以得出正确结论。假定法国因为看到它的工业没有能获得充分发展，认为应实行百分之二十五的保护税才能使工业获得保障，而英国方面对于它的出口商却给了百分之三十的补助，这种出于英国方面的“礼物”对法国将发生什么影响呢？法国的消费者固然在几年以内可以较低的代价取得他们所需要的工业品，在这一点上占到了便宜，但法国的工业却一败涂地了，几百万人民将沦于乞讨生活，或不得不迁流国外，或改业务农。即使就最有利的情况来说，原来是法国农民的消费者和顾客，这时将变成农民的竞争者，农业生产增加而消费则减少。必然的结果是农产品价值降低，地产跌价，国家将陷于贫困衰弱的地位。英国所付出的“礼物”仅仅是交换价值，而法国所偿付的高昂代价却是力量的丧失，这种礼物就好像是土耳其皇帝惯于送给他的帕夏(pasha)[①]的那种珍贵的“丝绳”一样。

自从特洛伊人接受了希腊给他们的那件“礼物”木马以来，任何国家收受别一国送给它的“礼物”时，总是有些疑忌的。英国人以出口补助形式赠送给欧洲大陆的礼物价值实在不小，但大陆各

① 土耳其高级官衔。——译者

国付出的代价却更可惊，那是力量的丧失。这类补助看来好像是对英国出口事业的鼓励，而德国工业却遭到了莫大损害。[①] 假使今天英国人对于德国所需的工业产品，甘愿在若干年间无偿供应，我们也要力劝德国人不可接受这样的好意。假使英国人由于在技术上有了某种革新，制造麻布时比德国人用土法制造的成本要低百分之四十，假使英国人使用这种新法不过比德国人先走一步，不过早了儿年，在这样的情况下，德国方面如果没有保护关税，它最重要、历史最悠久的工业之一，就会遭到毁灭的命运。这时的德国，就好像是一个人四肢失去了一肢。如果有个人买衬衫时代价可以比前低四成，他只是为了贪这个便宜而结果却失去了一只膀子，他怎能甘心呢？

如果说英国人曾时常有机会向别的国家致送礼物，它致送时的形式是种种不一的，而且有时也并不是出于它的自愿，但是作为一个接受礼物的国家，对于这种礼物应不应当接受，事前总得仔细考虑一番。英国人的工商业在世界上居于垄断地位，他们时常会发生他们叫作“生产过剩”的情况，据说是由于“存货积压过多”的缘故。逢到这种时期，他们每个商人就都急于把货色往船上扔。隔了八天以后，这种货色就在汉堡、柏林或法兰克福市场上出现。隔了三个星期就在纽约出现，代价比它们的实在价值要低一半。英国商人在当时是不免要受到损失的，但是不要紧，会得救的，他们在随后的好买卖中会得到补偿。吃亏的是德国和美国工商业者，他们兜心受到了一拳——这一拳原是应当由英国人自己受

① 参阅附录一。——英译本注

的——他们完蛋了。而英国人只是在隔岸观火，听取灾情的报道；大火爆发以后，火场中的烬余碎片如果落到了别的国家，有人被打得焦头烂额时，居间的商人们就说，“这都是恐慌造成的！”由于这样的恐慌，处于与英国作自由竞争地位的那些国家，它们的全部工业：信用系统，不但是这些，还有农业，甚至整个经济系统，都发生了根本动摇，这些国家在创巨痛深以后，还要通过提高了的价格来大大地报答英国商人——恐慌演变的结果往往如此。在这样情况下，对于各国商业关系的解释，是否应当以单纯价值理论和世界主义原则为依据；我们对于这一点的恰当性还不应当发生极大疑问吗？流行经济学派就从来不认为对这种商业恐慌的因果关系加以明白解释是一个可取的办法。

一切现代国家的伟大政治家，几乎没有一个例外，都认识到工业对于国家财富、文化和力量的重大意义，有加以保护的必要。在这一点上，爱德华三世和伊丽莎白一样，腓特烈大王和约瑟二世一样，华盛顿和拿破仑一样，他们都有着同样的理解。他们不必在理论上深入探讨，凭着他们的远见，早已看到了整个工业的本质，有了正确的认识。重农学派却别有会心，用了诡辩的推理方法，从另一角度来看这种本质。这一派所建立起来的空中楼阁已经烟消云散，比较近代的经济学派已经把它摧毁，但是后者对于前人所犯的错误依然不能摆脱，不过略微前进了一步。流行经济学派没有能认识到生产力与单纯交换价值之间的区别，对于前者没有能在脱离后者的情况下单独地加以考察，只是作为交换价值理论下的一个附属因素，因此对于农业生产力与工业生产力两者在本质上有多大的区别也就不可能有所认识。它没有看到，工业从一个农业国家获得发展以后，就会有大量的身心力量、天然资源和工具力量（流行学派把这个叫做“资本”）倾注在这个方面而发生作用，如果国内工业没有建成或获得发展，这些因素就不会有发挥机会；它以为工业发达以后，这些因素就会脱离农业而转向工业因而使农业受到影响，它不晓得工业在很大程度上是一个完全新生的、增出的力量，不但与以农业利益为牺牲的情况相差很远，而且往往对这种利益会起协助作用，是使它达到高度发展的一个有效手段。

第十三章　国家商业动作的划分与国家生产力的联合

流行学派发现了它称作“分工”的那个自然法则，这一光荣是属之于它那大名鼎鼎的创立者的；但是不论亚当·斯密或他的任何后继者，对于这一法则的主要本质或特征都没有能作彻底研究，都没有能把它最重要的后果追究到底。

“分工”这个说法是有些欠明确的，势必由此发生错误或模糊的见解。

如果一个野蛮人在同一天里打猎或捕鱼、砍伐树木、修补屋子、制箭、制渔网、制衣服，这是“分工”；但是在制针工业的不同操作中由十个人分司其事（像亚当·斯密所曾举示的一个例子），也是“分工”。前者是客观的分工，后者是主观的分工；前者阻碍生产，后者则促进生产。两者的主要区别在于，前一个例子指的是同一个人把他的工作划分了一下，以便完成各种事物，后一个例子指的是几个人分担一种事物的生产工作。

但是两种动作也都可以说是工作的联合，这样说也是同样正确的；那个野蛮时代的人是把各种工作结合在他一个人的身上，而制针业的情况是把各个人结合起来从事于同一生产工作。

流行学派所据以说明社会经济中这样重要现象的自然法则，它的主要特征显然不只是分工，而是若干个人之间不同商业动作的划分，同时也是各种活动力、智力和力量为了共同生产而进行的联合或结合。这类活动之所以具有生产性，不单单是由于"划分"，主要还是由于"联合"。亚当·斯密自己未尝不清楚地看到这一点，他说："就是社会中最低级成员的生活必需品，也是出于许多个人共同劳动与协作的结果。"[①]他已经这样清楚地说到了这一点，但是对于联合劳动这一观念终于没有能根究到底，这是多可惜的一件事！

让我们再回到亚当·斯密为了说明分工好处而举示的制针业那个例子。在制造过程中，十个人联合起来比各人单干时产量不知要大多少倍，如果我们检查一下会发生这种现象的原因时就可以发现，这种在商业动作上的划分，要是没有生产力向着一个共同目的时的联合，在生产上能发生的推动作用就很小。

要产生充分推进生产这样一个结果，各个人就必须在肉体上、精神上共同协作，并且在一起工作。从事于针头操作的人，如果要使他有把握他的劳动力不至于白费，则对于从事于针尖操作的另一工人的协作，必须毫无疑虑。从事于这一工作时，各方面的劳动之间必须有适当的比例，工作时彼此之间必须尽量靠近，他们之间

① 《国家财富的性质和原因的研究》，第1部分，第1章。

的共同协作必须有保证。假定担任这一工作的十个工人并不住在一处，而是各居一国，那么由于战争、运输方面发生的障碍、商业恐慌等等，他们之间的协作就不免要时常中断；在这样情况下，生产成本要增加多少，分工的利益要减低到怎样的程度，其中有一个脱离了协作范围时，其余的人岂不是都要陷于失业状态？

流行学派由于只把动作划分这一点认为是这一自然法则的唯一要素，结果法则的应用范围只是限于各个工厂或农场，这就发生了错误；它没有看到这一法则的作用特别扩及于整个工农业力量，扩及于整个国家经济。

制针业要靠了各个人生产力的联合才能发展，同样的道理，无论哪一种工业，都只有依靠了其他一切工业生产力的联合，才能获得发展。例如要使一个机器制造厂能够顺利进行工作，必要的条件是要使它能够向矿山和金属冶炼厂买到必要的原料，各种各样需用机器的工厂要愿意向它购买出品。没有了机器制造厂，一个国家遇到战争时，就会面临丧失大部分工业力量的危险。

同样的情况，就一个国家整个工业与农业相互间的关系来说，它们彼此之间所处的地位愈接近，双方物资交流时所受到的障碍愈少，则共同发展的机会愈大。当遇到战争、国际争端、商业恐慌、农业歉收等等事变时，这种在同一政权下的工农协作的利益是非常明显的，它的明显程度并不亚于制针业中许多个人在同一个屋子里协力工作的利益。

斯密断言，最能适用分工的是工业，农业就要差些。① 在斯密

① 《国家财富的性质和原因的研究》，第1部分，第1章。

的心目中，只有各个工厂和各个农场。他没有想到把他的原则扩大到整个市区或省区。假使各市各省能够专心致志地，或者至少主要地，从事于在自然条件上最适宜的那些农业部门的生产，那么商业行为的划分与生产力协作的影响，这时就表现得格外突出。有些地区宜于种麦种麻，有些宜于栽培葡萄和各种果品，还有些则宜于培养森林，进行畜牧，等等。假使每个地区各自专门从事于它在自然条件上最适宜的那些生产事业，然后把它特有产品的剩余部分，向别的地区交换那些地区所宜于生产的那些生活必需品和原料，这样做比每一地区对一切生产事业不分好歹样样都来的办法，在人力和地力方面可以获致更大的利用，可以获致大得多的生产效果，这一点是显而易见的。像这样的商业行为的划分，像这样的在农业方面的生产力的协作，只有在一切工业部门都已达到了最高度发展的国家才能实现。因为只有像这样的一个国家，对于种别繁多的产品才会有巨大需要，或者说，对于农产的剩余部分才会有数量既大且又稳定的需要，从而使生产者可以有确切把握，他的剩余产品不论数量多少，总可以在本年或至少在下一年按照适当价格脱售；只有这样一个国家，才会有足够的资本投放于国内农产品的收购与贮藏方面，才会在有利的情况下对铁路、公路、内河、运河等运输方面作巨大改进；也只有在运输设备方面有了彻底改进的情况下，各市各省才能把它特有产品的余额尽量运销到其他各地区，甚至最辽远地区，向后者换回它所缺乏的产品。如果人人都力求自给自足，交换的机会就很少，也就不需要代价高昂的运输设备了。

我们可以看到，由于工作的划分与个人力量方面的协作，如何促使生产力首先在各个工厂开始增长，然后扩大到整个统一国家。商业行为划分得越细致，工人结合得越紧密，整个团体获得各个人的协作越有保障，则工厂的发展越有把握。国家工业的一切部门都有了发展时，各个工厂与工业的其他部门结合得越密切，则各厂的发展也越有把握。在一切工业部门发展下的工业力量，同农业在地区上、商业上、政治上结合得越密切，则农业生产力越加增长。工业力量有了这样的发展以后，在农业生产中商业行为的划分与生产力的协作，也将作等比例的发展，从而使农业达到最高度完善阶段。因此凡是一个国家，既培养了在它领域以内工业的一切部门，使工业达到了高度完善阶段，又拥有广大疆土和充分发展的农业，使它工业人口在生活必需品和原料方面的需要，绝大部分可以由本国供应，那么它就拥有最高的生产力，因而也就是最富裕。

现在让我们就这个论点的反面再考虑一下。如果一个国家所有的仅仅是农业以及一些必不可少的工业，它就缺少了在人民中居于首要地位的、需要最大的商业行为上的划分，就缺少了生产力中最关紧要的那一半，实际上甚至在农业本身各部门中有利的商业行为上的划分这一点，它也是缺少的。像这样一个有缺点的国家同一个充分发展的国家对照时，在生产力上相差的决不仅仅是一半；同那个健全国家相形之下，它拥有的土地和人口也许相等，或者还远远超过，但就所能获致的物质财富来说，恐怕还不能及至那个国家的五分之一，或者甚至十分之一。同样的道理，在一个极复杂的生产过程中，十个人所共同生产的多于一个人所独自生产的绝不是十倍，也许是三十倍以上；一个人用一只手所做的工作比一个人用两只手所做的，绝不是只少一半，而是要少到无限度。机器对于工业的推进作用愈大，在农业上的应用愈少，就一个农业国家来说，在生产力上的这种损失就愈大。农业国这样损失了的生产力，一部分将落到用工业品向它交换农产品的那个国家的手里。但是，只有当一个农业国在文化上和政治上已经达到了那样的发展阶段，已经有必要建成一个工业国时，这方面的损失才是绝对的损失。如果国家还没有达到那样的发展阶段，还处于未开化或半开化状态，它的农业生产力甚至还没有脱离最原始情况，如果输入国外制成品输出原料时，仍然可以使它一年一年地发展起来，可以使它的精神力量和社会力量不断有所启发和增长，如果这样的贸易关系能够继续下去，不致由于国外禁止输入原料品或由于战争而使贸易中断，或者如果这个农业国家是处于热带的；那么在这样情况下输入国与输出国双方的利得是均等的，也是符合于自然规律的，因为处于这样地位的国家，在以本国农产品交换外国工业品的影响下，比之完全依靠它自己的力量时，可以更迅速、更稳健地实现文化的发展与生产力的提高。但是如果一个农业国在农业发展上，就它在国外贸易影响下所能达到的发展限度来说，已经达到了顶点，或者是工业国输出工业品时，不愿意接受农业国的农产品作交换，或由于工业国在这个农业国市场上的有力竞争，使后者的工业无法成长；在这样情况下，这个农业国的农业生产力就要发生陷于残缺状态的危险。

所谓农业的残缺状态，我们指的是这样一种情况：国家由于缺乏强有力的、在稳步发展中的工业，以致人口的增加部分，为了求工作不得不全部投入农业生产，从而消耗了国家的全部农产余额，一等到人口有了显著增进时，除了流徙国外，就只好就眼前所有的一块土地与原有的农民争夺土地，将土地零星分割，直到每一个家庭所有的土地越来越少，以致所出产的只能勉强供应农民家庭在食物和原料方面最基本的、必不可少的那部分需要，再没有余额可以用来向工商业者交换它所需要的工业品。在国家生产力作正常发展的情况下，作为一个农业国，当它已达到一定程度的文化发展阶段时，它所增加的人口，大部分就应当转移到工业，农产的剩余额，一部分就应当用来供应工业人口在食物和原料方面的需要，一部分应当用来换取工业品、机器和工具，以适应农民在消费方面、在提高他们自己生产方面的需要。

如果这样的演变能及时实现，农业和工业的生产力就能相互增长；这种增长实际上是无止境的。这时工业人口对农产品的需要将积极增加，而农业方面除了为获致尽可能大的农产剩余量所必需的劳动力以外，就不会有更多的人口转移到农业，现有土地也就不会再有进一步的分割。农产剩余量愈大，农民可以消费的工业产品数额也愈大。农产余额不断增加，对于从事于工业的工人，需求也将不断增加。因此农业人口的过剩部分将不断地在工业中获得工作，结果工业的人口不但将与农业的相等，而且将大大超过。英国就处于上述的后一个情况，而一部分法国和德国就处于上述的前一个情况。英国在生产事业的两大部门之间所以会获得这种在工作上的自然划分，主要是靠了它的养羊业和毛纺织业，它在这方面的大规模发展比别的国家领先了一步。在别的国家，主要是由于封建和专制势力，农业受到了摧残。为什么有了土地就有权有势，只是因为封建地主依靠土地就可以获得相当数量的奴仆，可以在领地上加以利用。封建主部下的臣民愈多，他能召集的战士也愈多。况且在当初的草昧时期，地主对于他的收入，除了豢养大批奴仆以外，也实在没有别的消费方式；他对待这些奴仆的方法是给他们各人一小块土地从事耕种，条件是为他服劳役并用农产品缴纳少量的租税；他要使奴仆们获得一定的报酬，忠于主人，这是最好的方法了。这样就用了人为方法，打下了过度分割土地的基础；现在，政府如果要用人为方法改变这个制度，那么它的行动不过是恢复原来的状态罢了。

现在要制止国家农业力量继续下降，要逐渐纠正由过去制度所遗留下来的弊病，除了采用移民政策以外，最好的办法就是建立国内工业；这样就可以把人口的增加部分逐渐吸引到工业，使对农产品的需求增加，结果使较大范围的农业经营可以居于更有利地位，可以鼓励农民增加生产，取得尽可能大的农产余额。

农业劳动者生产力的升降，总是随着以农产品交换工业品或其他产品时的便利程度为转移的。关于这方面，任何略有发展的国家的国外贸易都是十分有利的，这种情形我们在另一章里已通过英国的例子加以说明。但是当一个国家在文化、资本、人口各方面已经有了相当发展时，那就可以看到，发展自己的工业对农业的利益，较之即使有最发达的国外贸易而没有工业，也不知要大多少倍。这是因为这样就可以使它自己获得保证，不致由于战争、外国在贸易上的限制、商业恐慌等等变动而受到影响；这样就可以节省输出农产品与输入工业品的运输费用和商业费用的绝大部分；这样就可以因本国工业的发展而使交通运输有改进的机会，从而获得极大利益，并且因同一原因，原来没有被发掘的大量人力和物力可以得到利用的机会；这里尤其重要的一点是，工业和农业彼此靠得越近，则工农业之间交流的量越大，在各种产品交流过程中受到种种事故的阻碍也越少。

1828 年，我曾几次写信给费拉德尔非亚的工业技术促进协会主席查理·英格索尔先生（这一套书信后来汇集刊印时题名《政治经济学新体系大纲》），当时对于同一国家、同一政权下工业与农业利益结合时的优点曾试加解释。我是这样说的。假定你不懂得磨麦子的技术（这在当时的确是一个很重要的技术），再假定你也不会烘面包，就像安德森所说的十七世纪时英国人还没有学会腌青鱼的秘法的情形那样，因此你就不得不把麦子送到英国去磨成粉，烘成面包。试问，在这样情况下你的麦子被英国人扣去作为服务代价的那个部分要占多少，在输出麦子输入面包的过程中，被装运工人、海员和商人所消耗的要占多少，种麦子的人能够到手的代价又能够有多少？毫无疑问，通过这种程序国外贸易将受到很大鼓励，但有疑问的是这种交易对于国家的福利与独立自主究竟有没有好处。只要想一想，假使贵国（美国）与英国之间一旦发生战争，那些为英国面粉厂和面包厂生产麦子的人将处于什么境地，另一方面，那些吃惯了英国制的面包、在口味上已经养成特好的人，又将处于什么境地。由此可见，为了种麦子的人的经济发展，磨麦子的面粉厂所在地应当同他相近，同样的道理，为了农场主的经济发展，做工的人应当住得同他相近，为了整个广大平原地区的发展，应当有一个发达的工业城市位于它的中心，为了国家整个农业的发展，应当使自己的工业尽可能发展到最高度。

耕种地区有些离繁盛的都市比较近，有些则比较远，让我们把这两方面的农业情况比较一下。后者的农场主要想向城市供应农产品，只能种植那些耐得起长途运输的一类，他的供应品同距离购户较近地区的产物相比较时，价格不会更低，质量也不会更好。他的利润大部分势必被运输费用所吞去。他要觅取资本来有利地用于他的农场，将感到困难。他处于穷乡僻壤，既看不到好榜样，又缺乏接受教育的机会，要革新技术，改良工具，采行新的种植方法，这就很难措手。这位劳动者，由于缺乏观摩机会，由于对工作的积极努力缺少竞争与鼓励，生产力就很难获得充分发展，他自己就不免要偏于闲散、怠惰状态。

另一方面，一个与城市接近的农场主情况却不同，他可以因地制宜，对每一方土地作尽可能大的利用。他可以在最有利的情况下供应多种多样的产品。诸如菜蔬、家禽、蛋类、牛乳、奶油、水果这些产品，尤其是远地农场主所不便经营或认为属于次要的那些产品，由他经营时就可以获得很大利润。以家畜的饲养来说，远地区农场主所能获得的利益主要只是在于家畜的繁殖，而他却通过育肥可以获得大得多的利益，并且由此可以改善根菜作物和饲料的种植。有许多东西如石、沙、水力等等，在远地农场主很少有用或简直没有用处，而他却可以充分利用，从中获得很大利益。无数最新、最好的机器和工具以及教育设备都近在手边，俯拾即是。为改进农场所需要的资金也很容易累积。地主与工人依靠城市所提供的改造办法，依靠城市在他们中间所引起的竞争，再加上获利比较方便，因此容易受到鼓励，充分发挥身心力量来改善他们的处境。有的国家是工业与农业同时发展的，有的国家只能用自己的农产品向国外交换工业品，这两种国家之间存在的差别情况正同上面两种农场主的情况一样。

一个国家的整个社会状态，主要决定于工作种类与工作划分以及国家生产力协作的原则。一枚针在制针厂所处的地位，同国家福利在我们叫作“国家”的那个大社会中所处的地位是一样的。一国之中最重要的工作划分是精神工作与物质工作之间的划分。两方是相互依存的。精神的生产者的任务在于促进道德、宗教、文化和知识，在于扩大自由权，提高政治制度的完善程度，在于对内巩固人身和财产安全，对外巩固国家的独立主权；他们在这方面的成就愈大，则物质财富的产量愈大。反过来也是一样的，物质生产者生产的物资愈多，精神生产就愈加能够获得推进。

物质生产中最重要的工作划分与最重要的生产力协作是农业与工业之间的划分与协作。上面已经说明，两者是相互依存的。

在一个国家，就像在一个制针厂一样，每一个个人、每一个生产部门以至整个国家的生产力所依靠的是彼此处于适当关系中的一切个人的努力。我们把这种关系叫作生产力的平衡或协调。有些国家可能会有这样的情况，哲学家、语言学家、文学家这类人材有余，而熟练技工、商人和海员却感到不足。这是由于在学问方面文化有了高度进展，但工业力量与国内外贸易却没有能获得高度进展，在这方面缺乏支持；这就像一个工作失调的制针厂一样，制针头的太多了，制针尖的却赶不上。像这样“针头过多”的国家，它所过剩的是一大堆无用的书本、难以究诘的理论体系和学说的空泛争论，结果使整个国家在理智上越来越糊涂而不是越来越开朗，对于实用工作则置之不顾，生产力的发展受到了阻滞，这就好像是处于这样一种畸形状态，国内的僧侣很多而缺少诱导青年的教师，军人很多而缺少政治家，行政官很多而缺少公理与正义的裁判者和捍卫者。

一个国家没有工业，只经营农业，就等于一个个人在物质生产中少了一只膀子。商业只是农业与工业之间以及它们各部门之间的交流中介。一个国家只用农产品向国外交换工业品，就等于一个个人只有一只膀子，还有一只膀子是借助于外人的。借助于外人的那只膀子也许很有用，但总不及自己有两只膀子的好，因为外人之心是难以捉摸的。国家自己有了工业，食物和原料就可以尽量按照工业的需要来生产；如果依存于国外工业，那就要受到牵制，只能按照外国自己不想生产而不得不向另一国家采购的那个限度来生产剩余产品。

同一个国家内各个不同地区之间一样，各国之间也存在着分工与生产力的协作关系，不过前者是通过国内贸易进行的，后者是通过国际贸易进行的。国际生产力的协作实际上是缺陷很多的，遇到战争、政治上的变动、商业恐慌等变故，就往往会中断。世界各国是依赖这类协作而互相联系起来的，虽然从这一点看来，这类协作好像有着很重大的意义，但是就文化上已经获得高度发展的任何国家来说，它的重要性是极有限的。流行学派就不否认这一点，它说一个国家的国内市场，比起国外市场来要重要得多。由此可见，不论哪一个大国努力的主要目标总是生产力在国内的结合，其次才想到国际结合。

但是决定国际和国内分工的，主要是气候和造化本身。中国产茶，爪哇产香料，路易斯安那产棉花，温带各国产五谷、羊毛、水果和工业品，我们不能使每一个国家都能同样地生产这些产品。有些产品由于自然条件的限制，不宜在国内生产，如果依照国际分工原则(就是说,通过国外贸易)向国外采购时,质量既好,价格也低,对于这类物品要想采用国内分工原则,试图由本国来供应,那就是件愚不可及的事。如果一个国家,不去尽量利用它所有的一切自然力量,来满足本国的需要,使自己能够用生产余额,向别的国家采购自然条件不容许在它自己领土上生产的那些必需品,这种现象所表示的也同样是国家在智力上、勤恳耐劳上的缺乏。

有些国家的土壤能生产质量最优、数量最大的一般生活必需品,其气候也最有助于身心的努力,不论从国内分工或国际分工来说,这些都是在世界上得天独厚的国家,这就是处于温带的国家;这些国家的工业特别易于发展,因此不但可以使它们在精神发展、社会发展和政治权力上达到最高度,而且可以使一些热带国家以及文化比较落后的国家,在一定程度上对它们处于从属地位。因此处于温带的国家责无旁贷,它们格外应当使自己的国内分工达到高度完善的境地,格外应当利用国际分工使它们自己富裕起来。

第十四章　私人经济与国家经济

我们已经从历史上证明了国家的统一是国家长期发展的基本条件;我们也已说明了只有个人利益服从国家利益,只有世世代代地向同一个目标努力,国家生产力才能获得均衡发展,如果没有当代和后代各个个人对于一个共同目标的努力,私人工业就很少发展机会。我们在前一章里还进一步说明了生产力的联合对各个工厂起着怎样有利的作用,对整个国家的工业起着怎样同样有利的作用。在这一章里我们要说明的是,流行学派把私人经济原则与国家经济原则相混淆以后，怎样借助于这个手法掩盖了它对国家利益的误解以及对国家力量联合的作用的误解。

亚当·斯密说，[①]“凡是在私人家庭中看上去是有智虑的行动，施之于国家时也决不会是愚蠢的”。任何人追求他自己的利益时，势必也有助于社会利益的推进。显然，每一个个人对于他自己的环境总是了解得最清楚的，对于他自己的工作总是最注意的，因此他的资金应当怎样有利地加以运用，能够比政治家或立法者作出远为正确的决定。对于这一点谁要是敢于越俎代庖，那不但对他说来是一件吃力不讨好的事，而且这原是完全属于生产者自己的事，由别人来承担这样一个任务是最不适宜的。亚当·斯密由此得出的结论是：“为了国内的工业而对贸易加以限制是傻子干的事；不论哪个国家、哪个个人，应当向最便宜的地方去采购物品；要使国家达到最高度发展，我们只需守着这样一句老话办事：一切不管，听任自由”。斯密和萨伊把一个企图用保护关税促进工业的国家比作一个裁缝，他是一个缝衣的，却要替自己做鞋子，又比作一个靴匠，他为了发展业务，却对进门的客人征收通行税。流行学派都不能免于这样的错误，托马斯·库柏也患了同样的毛病，而且更加趋于极端。他在他反对美国保护制度的那本书里[②]这样说：“政治经济与一切个人的私人经济差不多是一件东西；政治并不是政治经济里的主要成分；说社会与社会所赖以组成的个人，两者完全不同，那是荒谬的。每一个个人都完全懂得怎样来利用他的劳力

① 《国家财富的性质和原因的研究》，第4部分，第2章。

② 托马斯·库柏：《政治经济学讲演》，第1、15、19、117页。

和资本。社会的财富无非是所有各个成员财富的综合;既然每个人都能为他自己作出最妥善的安排,那么尽量听任每个人自己做主时,国家就必然是最富裕的。"美国保护关税制的拥护者曾经反对这种论调,而主张自由贸易的进口商人则曾加以引证;美国施行的航海法大大促进了它的运输业、渔业和国外贸易;单单为了保护商船业,每年在舰队方面就花了数百万元。按照库柏的理论,这类法律措施和这类支出,像保护关税一样,都是应当受到指责的。他大声疾呼,"无论如何,为了海外贸易而引起海军战争总是不值得的;可以让商人自己去保护他们自己。"

于是流行学派由于一开头就抹煞了国家和国家利益的原则,终于达到了这样的程度,完全否认了国家和国家利益的存在,一切都要听任个人安排,要单靠他们自己的个人力量来进行保卫。

什么?难道在私人经济中认为值得做的,也就是在国家经济中所认为值得做的吗?难道关涉到民族和国家性质的问题,如关于后代需求的考虑,也是包括在个人性质之内的吗?我们只要想一想一个美国城市在开创时的情况;任何个人如果听任他自己去干,他就只会关心到他自己的需要,充其量也不过兼顾到与他最切近的一些后辈,而由个人结合成社会时,就能为关系最远的后代谋便利,作打算,就能为了后一代的幸福而使这一代忍受困难和牺牲;这些都是只有个人结成团体时才会实现的,没有一个懂得事理的人会期望各个个人来这样做的。诸如保卫国家、维持公共治安以及其他许许多多数不清的任务,只有借助于整个社会的力量才能完成,当个人促进他的私人经济时,他能进一步来考虑这些问题吗?国家为了完成这类任务,难道不应该要求各个个人限制他们的自由吗？不仅如此，国家难道不应该因此要求个人牺牲收入的一部分，牺牲他们的脑力和体力劳动的一部分，甚至牺牲他们自己的生命吗？我们必须像库柏那样，先把“国家”、“民族”那些概念连根拔掉，然后才能抱有像他那样的见解。

不，那种见解是完全错误的。有些在私人经济中也许是愚蠢的事，但在国家经济中却变成了聪明的事，反过来也是这样；理由极为简单，缝衣匠并不是一个国家，国家也并不是一个缝衣匠，一个家族与数以百万家族计的一个社会是大不相同的，一所屋子与一片广大的国家疆土在性质上是有极大区别的。一个个人知道得最清楚的只是他自己的利益，他所竭力要促进的也就是这一点，但这并不等于说，由他自行设法，他一定总会促进社会的利益。我们可以问问那些法庭推事，他们是不是时常要送一些人到监狱里去，只是由于这些人独出心裁的本领太大了一些，过于卖力了一些。强盗、贼、私贩、骗子，他们对于自己周围和本身的情况、环境，也同样是极端了解的，对于他们自己的事也是极端关怀的；但并不能因此得出结论，说这些人的个人活动受到最少约束时，社会就会处于至善至美的境地。

国家对私人事业有时不得不行使权力，加以限制，这类情况是多不胜数的。[①] 它防止船主在非洲西岸装载奴隶把他们运到美国。轮船的建造、航海的规则，都要受到严格限制，以防止船长从中上下其手，使乘客或海员遭受灾害。英国近来发现保险公司与船主作不法勾结，由于少数人的这种贪婪罪恶行为，每年受害的有

① 参阅附录二。——英译本注

数千人，损失的资财达数百万元，因此对造船业规定了某些限制。美国是最重视个人自由的，但是对面粉厂规定每桶装入的上好面粉不得少于一百九十八磅，否则厂主须受罚，还派了市场检查员，一切市场商品须受检查。任何国家都认为应该保护公众，使他们在生活必需品以及药品等等的销售中不受到危害和损失，都把这一点看作是国家的责任。

但是流行学派也许要提出答辩，说我们所提到的是关于对财产、对人身的非法损害行为，并非有用之物的正当交易，并非私人经济中那些有益无害的事业，国家对于这些是无权加以限制的。当然，只要这些事业的确有益无害，国家是无权过问的；但是就事业本身、就世界一般贸易来说确是有益无害的事业，就国家的国内贸易来说却可能成为有害的事业；反过来说也是如此。当和平时期，从世界主义观点来看，商船私掠是非法活动；但是在战争时期，政府却赞助这种活动。故意伤害人命在和平时期是罪行，在战争中却是责任。火药、子弹、军械的买卖在承平时是允许的，但是谁要是在战时向敌人供应这类物资，就要当作卖国贼来处分了。

基于同样的原因，国家为了民族的最高利益，不但有理由而且有责任对商业（它本身是无害的）也加以某种约束和限制。所谓禁止或保护关税，与流行学派那种强词夺理的说法恰恰相反，它对于个人怎样运用他的生产力和资金这一点，并不发号施令；它并不向这一个作出指示，“你的钱必须用来造一只船或建立一个厂”，也不向那一个规定任务，“你一定要当上一个船长或土木工程师”；任何个人在哪里运用、怎样运用他的资金，他要选择哪一类职业，这是由个人自己决定的事情，它是绝对不过问的。它只是这样说：“为了我们国家的利益，这些或别的一些商品应当让我们自己来制造。但是我们由于处于与外国进行自由竞争的情况下决不能获得这种利益，因此在我们认为必要的限度以内，对这种竞争加以限制。这样就不但可以使投资于这些新工业部门的人以及把身心力量贡献于这些新事业的人获得必要的保障，使他们不至于损失资本或失去他们所选定的终生职业，而且可以诱使国外商人和技工连同他们的生产力投奔到我们这边来。”在这样情况下，它一点也没有束缚私人事业；相反地，它使国内个人的、自然的以及金钱上的力量有了更加广阔的活动领域。因此关于国民个人知道得更清楚、更加擅长的那些事，它并没有越俎代庖；相反地，它所做的是，即使个人有所了解、单靠他自己力量也无法进行的那些事。

流行学派认为保护制度足以造成国家权力对私人资本、私人事业活动不公平、违反经济原则的侵犯；如果我们考虑到，允许我们私人事业遭受这样的侵犯行为的是国外商业规制，只有靠了保护制度的帮助，才能使我们与那些国外商业政策的有害作用相抵抗，那么流行学派的那种论点的荒谬，就显得更加突出。假使英国人拒绝接受我们的谷物，把它排出市场，他们的做法岂不就是迫使我们的农业家减少谷物产量，减去在自由输入制度下得以运销英国的那个数量吗？假使英国人对于我们所产的羊毛、酒类或木材定了那样高的进口税率，以致使我们在这些方面的出口业务大部分或全部陷于停顿；这样的结果，除了表明英国国家权力在这个限度上限制了我们若干生产部门的活动，还有什么别的意义呢？就这些情况来说，显然表明，国外的法制在支配着我们的资本，我们个人的生产力，如果不是由于国外的规章制度，是不会产生这样的结果的。由此可见，如果不靠了我们自己的法制，在以我们自己国家利益为前提下指导我们自己的国内工业，就不能防止外国以它们自己的实际或推定利益为依据，来限制我们的国内工业；在这样情况下，无论如何对我们生产力的发展总是不利的。一个情况是听任我们的私人事业处于以外国利益为依据的外国法制的指导之下，还有一个情况是我们的事业由以我们自己利益为依据的自己的法制来指导；难道前一个情况对于我们本国人民反而会更加有利、反而是一个更聪明的办法吗？如果处于前一情况，作为一个德国和美国的农业家，就得逐年留意英国国会颁布的法令，从而摸出那个机构的意旨对于他的谷物或羊毛的生产究竟是要加以鼓励呢还是要加以限制；处于后一情况时，他自己国家的法制在对国外工业品的关系上对他规定了某种限制，但是他全部产品的行销却有了保障，使他绝不会再受到国外法制的侵犯。试问，难道这位德国或美国农业家在前一个情况下反会感到他所受到的束缚比较少吗？

假使这个学派认为保护关税将使国内经营工业者居于垄断地位而对国内消费者不利，这样的论据也是非常脆弱无力的。在保护制度下使国内工业有了保障，国内市场由此获得的利益是人人可以自由享受的，绝对不是一种不公开的垄断而是一种特有权益，这种权益凡是我国人民都可获得，除外的只是外国人民；外国人民他们自己也享有同样的这种“垄断”，我国人民只是借此使自己和他们立于同等地位，这就使施行保护制度的主张更加理直气壮了。这种权益既不是使生产者专享其利，也没有使消费者受到不利；因为如果说生产者在开始时获得了较高价格，他们所冒的风险也是大的，因为一切工业在开创时总不免有发生巨大损失和牺牲的危险，他们是要同这种危险作艰苦斗争的。但是在消费者方面尽可放心，这种非常利润绝不会达到过高程度或长期存在，由于继起的国内竞争，不久必然会使价格降低，且会降低到在外商自由竞争局面下相当稳定的价格水平之下。工业品最主要的消费者是农业家，如果说他们也须付出较高代价而受到不利影响，这种不利影响是可以从另一方面获得补偿而大大有余的——这时农产品的需求有了增加，价格也有了提高。

流行学派由于把单纯价值理论与生产力理论混淆在一起，从而发生了又一诡异的论据。它说一国的财富不过是国内一切个人财富的综合，要谈到刺激生产，累积财富，在这一点上各个人的个人利益要比国家的一切规定有力量得多，因此得出结论说，对于各个人累积财富的活动，如果听其自然，不加干预，国内工业就能够获得最大发展。这个论点未尝不可以同意，但是流行学派希望由此得出的结论却是我们所不能容忍的；因为问题的焦点，像在前一章里已经指出的那样，并不是通过商业限制来直接增加国内的交换价值的量，而是在于增加生产力的量。但是国家生产力的综合并不等于在分别考虑下一切个人生产力的综合；这些力量的综合量主要决定于社会和政治情况，特别有赖于国家在国内分工和国内生产力协作这些方面进行时的有效程度，这一点在前几章里已作了充分阐述。

流行学派的理论体系处处只考虑到个人，在这种理论的设想下，个人彼此之间的商业关系是完全自由，毫无拘束的，如果我们让每个人按照他自己的自由意向追求他自己的私人利益，他就满意了。这种论调指的当然不是国家经济体系而是人类的私人经济体系；假使没有任何政府方面的干预，没有战争，没有敌对的外国关税限制，这样的体系就会自然形成。至于那些现在已经强盛起来的国家，它们是凭什么方法达到并保持现有强盛地位的，还有些以前曾经一度强盛的国家，它们是由于什么原因失去了原有强盛地位的，这个理论体系的拥护者对于这些问题却向来置之不顾。我们从这种理论体系所能知道的只是，私人事业、天赋才能、劳动和资本怎样为了使有价值产品得以交换而结合在一起，以及这些产品怎样在全人类中获得分配和消费。但是如果要问一问，属于任何一个国家所有的自然力量是凭了什么方法使它们活动起来并具有价值，从而使贫弱国家臻于强盛的，就不能从这个理论体系中获得任何解答；这是因为这个学派完全没有顾到政治，也没有顾到各个国家的特有情况，它所顾到的只是全人类的发展。当它谈到国际贸易问题时，所讨论的始终是本国与外国个人之间的敌对关系，举述的例子始终只是限于各个商人的私人交易，提到商品时总是笼统来说的，并不考虑到问题是有关原料品还是制成品——所以如此，只是为了要证明一点，进口和出口的不论是货币、原料或制成品，进出口不论是否平衡，对国家是同样有利的。比如说，我们听到美国发生了商业恐慌，吓得手足无措，就像在本国发生了瘟疫一样，因此向这个理论请教有什么方法可以避免或缓和恐慌的袭击，这时我们是不会获得教益或安慰的；不仅如此，这个理论使我们对这类现象简直不可能作科学探讨，因为要避免被骂成糊涂虫或无知识的蠢物，“**贸易平衡**”这个词儿就根本不宜出口，虽然在议院里、官厅里、交易所里，这个词是到处在应用的。我们受到了不倦不厌的教诲，说是就整个人类生活来说，出口总是会自然而然地与进口相平衡的；虽然我们看到英格兰银行的公开报告时，晓得它对事物的自然演变是怎样在进行着帮助的，我们也看到了这一事实，由于英国谷物法的存在，与英国有交易关系的那些国家的农业家，用他的农产品来偿付他所消耗的工业品时，发生了些困难。

有些国家在经济发展上达到了较高程度，有些国家还处于较低阶段，这个学派却不承认有这样的区别。它处处把国家权力的作用置之度外，按照它的说法，国家权力对个人照顾得越少，个人生产就越加能够发展。根据这样的论点，野蛮国家就应当是世界上生产力最高、最富裕的国家，因为就对个人听其自然、国家权力作用若有若无的情况来说，再没有能比得上野蛮国家的了。

但是统计和历史所教导我们的却恰恰相反，国家在经济上越是发展，立法和行政方面干预的必不可少，就处处显得越加清楚。只要同社会利益无所抵触，一般来说，个人自由是好事；同样的道理，个人事业只有在与国家福利相一致的这个限度上，才能说在行动上可以不受限制。但如果个人的企图或活动不能达到这种境地，或者甚至对国家可能有害，私人事业在这个限度上就当然需要国家整个力量的帮助，为了它自己的利益，也应当服从法律的约束。

流行学派把一切生产者的自由竞争说成是促进人类繁荣的最有效方法，这从它所采取的立场观点来看，原是十分正确的。在世界联盟的假定下，对各个国家之间正当的商品交换加以任何限制，似乎都是不合理的，有害的。但是如果有些国家把人类全体利益放在它们的利益之下，就是说，使人类全体利益服从少数国家利益，在这样的情况下高谈各国个人之间的自由竞争，那就荒谬之至了。这个学派拥护自由竞争的论点，实际上只能运用于属于同一国家的各个人之间的交换。看来不论哪一个大国都必须力图在自己范围以内形成一个聚合体，到那时只是在适合自己集体利益的情况下，才会与别的相类聚合体发生贸易关系。如果我们把各个个人看成只是为他自己而生存的，并不具有属于国内社会一个成员的性质，如果我们（像斯密和萨伊那样）只是把各个个人看成是生产者和消费者，而并不是属于一个国家的公民或成员，那么上述的社会集体利益与个人利益将迥然不同。在这样情况下的个人是不会关心到后代的发展的；为了难以肯定的渺茫的未来利益（即使在他看来有一点价值的话）而作确定的、现实的牺牲，在他们看来是愚不可及的（像库柏先生就的确曾向我们这样指出过）；他们对于国家的是否继续存在根本不十分注意；即使他们的商人的船只受到海盗的侵夺，也觉得没有什么切身关系；他们对于国家的权力、尊严或光荣这些问题是不会去多操心的；他们至多只是为了自己儿女的教育能够说服自己在物质方面有所牺牲，给予他们学习一种职业的机会，然而也必须在事前确有把握，深信儿女有了教育在若干年后就能够自己谋生，方才肯这样做。

按照流行学派的理论，国家经济与私人经济实际上的确是极为相类的，萨伊曾（例外地）认为国内工业也未尝不可加以保护，但须附有一个条件，要有一切可能使工业在几年以后达到自立地位，这就像一个鞋匠收学徒一样，学徒必须在短短的几年以内把手艺学好，他应当在几年以后能够不靠师傅的帮助，自己独立谋生。

第十五章　民族精神与国家经济

从上面几章已经可以看到，流行学派的理论体系存在着三个主要缺点。第一是无边无际的世界主义，它不承认国家原则，也不考虑如何满足国家利益。第二是死板的唯物主义，它处处只是顾到事物的单纯交换价值，没有考虑到国家的精神和政治利益，眼前和长远的利益以及国家的生产力。第三是支离破碎的狭隘的本位主义和个人主义，对于社会劳动的本质和特征以及力量联合在更大关系中的作用一概不顾，只是把人类想象成处于没有分裂为各个国家的情况下与社会（即全人类）进行着自由交换，只是在这样情况下来考虑自然而然发展起来的私人事业。

但是在个人与整个人类之间还有一个中介者，这就是国家。各个国家各有它特有的语言和文字、传统和历史、风俗和习惯、法律和制度，它需要这一切来求得生存、独立、改进以及在未来岁月中继续存在，它有它自己的疆土；这是一个团体，是由千头万绪的精神关系和利害关系结合起来，把自己合并成一个独立整体的，它承认它自己的和本身范围以内的权利法则，但与别的同类团体在国家自由上仍然处于对立地位，因此在目前世界形势下，只能依靠它自己的力量和资源来保持生存和独立。个人主要依靠国家并在国家范围内获得文化、生产力、安全和繁荣，同样地，人类的文明只有依靠各个国家的文明和发展才能设想，才有可能。

然而，一方面各个国家就它们的情况和环境来说，彼此之间是存在着千差万别的，它们之中有巨人，也有侏儒，有体格健全的，也有缺手缺脚的，有文明的，也有半文明或野蛮的；但是它们就同个人一样，都要求生存、要求进步，这是天赋的本能。使国家从野蛮转变到文明，从弱小转变到强大，尤其重要的是使它获得长期生存的保障，这些都是政治任务。要完成**国家的经济发展**，为它进入将来的世界集团准备条件，这却是一个政治经济任务。

处于正常状态下的国家所具备的是共同的语言和文字、广阔的领土、多种多样的天然资源、合宜的国境和稠密的人口。国家的农工商业和航运事业必须作共同的、按比例的发展，艺术和科学、教育事业以及一般的文化事业必须与物质生产处于同等基础。它的政体、法律和制度对于本国人民必须提供高度的安全和自由，对于宗教、道德和繁荣必须能有所促进，总之必须以提高人民福利为目标。它在陆上、海上必须具有足够力量来保护其独立生存以及国外贸易。它还应当有力量对落后国家的文化发生有利影响，用它的过剩人口以及精神与物质资本来建立殖民地，建立新国家。

地大、物博和人口众多是正常国家的基本条件，也是文化发展、物质发展和政权巩固的基本条件。一个土地狭小、人口无多的国家，尤其是如果有着各别的语言时，它的文学、它的促进艺术与科学的制度，就不会是完善的。一个小国是决不能使生产的各部门在它国境以内获得充分发展机会的。在这样环境下，一切保护制度不过是私人垄断性质。它只有靠了与强大的国家结成同盟，牺牲一部分国家利益，并加倍地努力，然后可以有希望勉强保持独立地位。

一个国家如果没有海岸线、商船或海军，或对其河流的港口没有管辖权，那么它在对外贸易上就不得不依赖别的国家；它既不能建立殖民地，也不能缔造新国家；在这样情况下，它的过剩人口以及精神与物质资本流入未开化国家时，就会对它自己的文学、文化和工业造成损失，而有利于别的国家。

一个国家，如果没有海洋和山脉为屏障，遇到敌人攻击时就成为四战之地，在这样情况下只有忍受很大牺牲，才能有希望为自己建成一个独立的关税制度，然而无论如何，这个制度仍然是不会十分完善的。

国家领土上的缺陷是可以补救的，补救的方法有的是通过王位的继承，如英格兰和苏格兰，有的是收买，如佛罗里达和路易斯安那，有的是征服，如大不列颠和爱尔兰。

现代则又采用了一个第四种方法，它比征服的方法合乎公道，更加合乎国家争取进展的要求，也并不有赖于王位继承等偶发的事变，这就是通过自由协商的方法，使不同国家的利益结合起来趋于一致。

德国通过关税同盟这一措施，初次取得了它在民族精神上的一个重要表征。但是这个同盟的范围还没有扩展到全部海岸地区，它的范围应当从莱茵河口直到波兰边界，把荷兰和丹麦都包括在内，只有这样才能算是大功告成。将来这两个国家一定要加入德意志同盟，然后再进一步加入德意志国家，这是一个自然结果，到那时德意志国家就立即可以享有它目前所缺乏的那些，那就是渔业和海军，海外贸易和殖民地。况且就血统和一般特征来说，这两个国家本来是属于日耳曼民族的。它们受到了债务负担的压迫，这只是由于违反自然形势、硬要挣得独立的结果；将来势所必然，这种负担的压迫将愈演愈甚，直到难以忍受的程度，到那时它们就会认识到与大国合并是合情合理、也是合于需要的。

比利时的领土和人口都很有限，要弥补这个缺陷，唯一的方法是与较大的邻邦相联合。美国和加拿大两者的人口越是增加，美国的保护制度越是发展，就越会使它们感到彼此有靠拢的必要，英国要从旁阻挠，就会越来越感到困难。

从经济方面看来，国家都必须经过如下各发展阶段：原始未开化时期，畜牧时期，农业时期，农工业时期，农工商业时期。

当一个国家由未开化阶段转入畜牧、转入农业、进而转人工业与海运事业的初期发展阶段时，实现这种转变的最迅速有利的方法是对先进的城市和国家进行自由贸易，但是要使工业、海运业、国外贸易获得真正大规模发展，就只有依靠国家力量的干预，才能实现。各国工业发展的经过都可以作证，尤其是英国的历史，格外清楚地证明了这一点。

一个国家，其农业愈不发达，愈没有机会把自己的剩余农产品通过国外贸易换取外国工业品，在未开化程度上陷得愈深，只宜实行君主专制政体和法制，这时如果实行自由贸易（即输出农产品、输入工业品），也就格外能起到促进繁荣与文化的作用。

另一方面，一个国家在农业、工业、社会、政治、内政上已经有了充分的发展，而仍然以农产品与原料向国外交换工业品，那么它在这些方面的发展程度愈高，通过国外贸易在改进国内社会状况方面所得的利益将愈少，在比它先进的工业国家对它的优势竞争中它所受到的损害也愈大。

就后一类国家来说，它们已经具备一切精神上和物质上的必要条件和手段，可以把自己建成工业国家，从而在文化、物质繁荣和政治力量各方面达到高度发展，只是由于还存在着一个比它们更先进的工业国家的竞争力量，使它们在前进道路上受到了阻碍——只有处于这样情况下的国家，才有理由实行商业限制以便建立并保护它们自己的工业；即使就这类国家来说，也只有当它们的工业已经有了相当力量，已经没有任何理由害怕国外竞争，从而有从根本上来保护国内工业的必要时，才值得实行这种保护制度。

实行保护制度时也并不是没有步骤的，如果一上来就完全排除国外竞争，使处于这样制度下的国家同别的国家完全隔离，那么这样的制度不但与世界主义经济原则相反，而且也与正确理解下的国家本身利益相违背。如果要加以保护的那个工业国还处于发展初期，保护关税在开始时就必须定得相当轻微，然后随着国家的精神与物质资本以及技术能力与进取精神的增长而逐渐提高。工业的不同部门也并不是一定要在同样程度上受到保护的；应当予以特别注意的只是那些最重要的部门。这里所谓重要的工业部门，指的是建立与经营时需要大量资本、大规模机械设备、高度技术知识、丰富经验以及为数众多的工人，所生产的是最主要的生活必需品，因此按照它们的综合价值来说，按照它们对国家独立自主的关系来说，都有着头等重要意义的工业，例如棉、毛、麻等纺织业就属于这一类。如果这些主要部门能够在适当保护下获得发展，工业中其他次要部门就可以围绕着它们在较低度的保护下成长起来。有些国家，工资标准很高，领土广大，而人口还没有获得与幅员相称的发展，比如美国就是一个典型例子；像这样的国家，如果从别的国家输入工业品时能够自由地用它们的农产品相交换，那么对于主要不以机器来进行生产的那些工业可以给与较少的保护，而以主要用机器来生产的那些工业作为保护的主要对象，这样的办法对它们比较有利。

流行学派认为像这样的国家，用农产品向国外交换工业品与自己建立工业，两者同样可以促进文化与物质生活的发展，尤其是社会进步；这样对国家经济的性质就完全陷入了误解。一个单纯的农业国家，决不能使它的国内和国外贸易、内地运输设备以及国外航运获得充分的发展，决不能使人口随着生活的提高而相应地增加，在道德、智力、社会与政治各方面也决不能获得显著的进展；这样一个国家决不能获得重大的政治势力，对于落后国家的教化和进步也决不能居于能够有所影响的地位从而造成自己的殖民地。一个单纯的农业国家与一个工农业都发达的国家比较起来，就制度的完备来说，不知要相差多少。前者对于用工业品向它交换农产品的那些国家，在经济上、政治上总是要或多或少处于从属地位的。它要生产多少，自己不能决定，必须看着别的国家的眼色，要看别的国家愿意向它购入多少而定。至于后者，也就是那些工农业同时并进的国家，情形却相反，它们自己也生产大量原料和粮食，只是除由自己供应以外还感到不足的部分，才由纯农业国输入。因此就纯农业国所处的地位来说，首先它的农产有效销售量势必要看工农业国家收成的丰歉来决定，其次在销售中还势必要同别的纯农业国相竞争；这就是说，销售情况本身原已很少稳定成分，由于竞争势力的存在，就更加处于摇晃不定的地位。最后农业国对工业国的贸易关系还有遭到全部被破坏的危险，一旦发生了战争，或外国在关税制度上有了新的设施，贸易的局面即将完全改观，这时农业国一方面不能为自己的剩余农产品找到买主，一方面眼见工业品的供应断绝，势必受到双重打击。我们在上面已经提过，将农业国比作个人时，这个人只有一只膀子，还有一只是向外人借用的，借来的是靠不住的，是不能随时随刻"如身之使臂"的；而工农业同时发展的国家却是两臂齐全的人，他的两只膀子是完全听他自己使用的。

流行学派说保护制度是违反自然的，只是投机政客玩弄的一种花样；这种说法是根本错误的。历史证明，保护制度来源于国家要求达到独立、强盛地位的自然努力，或是由于战争与优势工业国家施行敌对性商业法制的结果。

独立和权力的概念，就是从"国家"那个概念而来的。流行学派从来就没有考虑到这一点，因为作为它的研究对象的并不是各个国家的经济，而是一般社会或全人类的经济。例如，假使我们设想，一切国家已经在世界联盟的方式下统一起来，那么关于各个国家独立和权力的问题就不再成为研究对象。在这样情况下，各国独立地位的保证，所依据的将只是世界团体的法律条文，就像罗得岛和德拉韦两州在北美合众国中的地位一样。自从这个合众国建立以来，说是其中较小的州想扩大自己的政治势力，或认为自己的独立地位没有比它大的那些州安全，像这样的事还没听到过。

世界联盟这一原则是合理的，然而它不过是一个原则而已，并不是一个既成事实；如果某一国家，预料从这样一个联盟、从普遍持久和平能够获得莫大利益，因此就假定这样一个联盟已经实际存在，即以此为依据来规定国家的政策方针，这就与理性相反，成为不合理的行动了。我们要问，假使有一个国家，由于看到了普遍与持久和平的莫大利益与合情合理，因此就主张解散军队，销毁兵舰，撤除要塞，任何头脑清醒的人是否要认为这个政府精神失常？但是流行学派竭力鼓吹普遍自由贸易的好处，劝告一些国家放弃保护制度的利益；如果有这样一个国家，依照它的主张办事时，这个国家所做的，原则上同上述的不合理行动也并没有什么两样。

战争对于国与国之间的商业关系是要起破坏作用的。这一国的农业家因此不得不与别一国的工业家分手。这时工业家——尤其是属于有着广泛商业关系的海军强国的工业家——可以从容地从他本国农业那里获得补偿，或者与别的可以接触到的农业国家发生关系，而那个纯农业国家的居民，在这样关系中断的情况下，却要受到双重打击。

纯农业国居民的剩余农产品将完全找不到出路，他在原来存在的贸易关系中已经习于使用、对他已经成为必需的那些工业品，现在已经无法获致，于是在生产和消费两方面，他的力量都将趋于萎缩。

但是处于这样情况下的农业国，由于战争的影响，在生产和消费两方面都有所减退时，如果在人口、文化和农业方面都已有了很大进展，则国际贸易停顿以后，它的工业将勃然兴起。这时战争对它所起的作用，就像禁止性的关税制度一样。由战争所造成的形势，使它知道了自己建立工业的巨大利益，使它从实际经验中体会到了战时对外贸易关系的中断，对它实在是利多于弊的。国内会普遍相信，它得从农业国地位转变到一个工农业国家的地位，从而在富强和文化这些方面达到最高发展程度。但是像这样一个国家，由战争时期开始，在工业上已经有了巨大进展以后，如果和平再度确立，而原来有贸易关系的国家想重新建立这种关系时，双方就都会发现，在战时新的事业已经构成，再恢复以前的关系，就会使这种事业受到破坏。[①] 已往的那个农业国家这时就会感到，如果恢复向国外销售农产品的办法，势必牺牲自己成立未久的工业；而那个工业国家所感到的却是，一旦恢复自由输入，它在战时构成的一部分国内农业生产将受到破坏。因此双方都想用征收进口税办法来保护这些事业。这就是近五十年来商业政策的历史。

晚近的保护制度是战争所促成的。我们坚决认为，即使英国在和约告成以后并没有犯那个绝大错误，并没有限制生活必需品与原料输入，从而使战时实行保护制度的动机在和平时期继续保持下去——即使处于这样的情况，那些列入二三等的工业国家，为了自己的利益，也应当继续施行保护政策，并使它进一步发展。对未开化国家来说，农业还处于原始落后状态，只有与文明的工业国家进行贸易，才能获得进步；但是当它已经达到了一定的文化程度以后，除了自办工业，就再没有别的方法可以使它在富强上、文化上达到最高度。因此当战争使一个纯农业国改变了局势，使它得以转变为工农业国家时，对它来说，战争实在是一个福星，美国的独立战争就正是这样，它尽管牺牲很大，但对后代说来，却由此获得了无穷幸福。但是一个有条件可以发展自己工业的国家，如果在和平恢复以后，依然走向纯农业的老路，那就要形成一个祸胎，这种情况的危险性，比战争本身还不知要大多少倍。

英国在普遍和平恢复以后，对于国外生活必需品和原料的进口规定了限制，从而对它的主要活动倾向——垄断全世界的工业

① 参阅《国家财富的性质和原因的研究》，第 4 部分，第 2 章。——英译本注

市场——自己加上了一个限度，这对处于二三等地位的工业国家来说是一件幸事。英国的农业家在战争时期对本国市场供应农产品时，曾居于专利地位，战后如果允许外国自由竞争，当然将感到痛苦，但这种情况只是暂时的，在后一时期，英国工业将由此在全世界居于垄断地位（在另一场合，当详细说明这一点），他们在这方面的损失将获得十倍的补偿。至于处于二三等地位的工业国家，经过了二十五年的长期战争，在这个期间，它们的农产品一直与英国市场处于隔离状态，因此使它们自己的工业有了相当发展；根据这个情况，也许只需再经过十年到十五年的严格保护，它们的工业就可以获得进一步巩固，就可以有力量与英国工业的自由竞争势力相抗衡。我们说，处于这样地位的国家，假使在受了将近半世纪的牺牲以后，放弃了自办工业的巨大利益，仍然要从只有工农业都发达的国家才能达到的那种高度文化繁荣和独立地位降落到纯农业国俯仰由人的劣势地位，那就比英国人限制农产品进口的举动更加愚昧。我们眼看到欧洲大陆国家的工业蒸蒸日上，将与英国展开有力竞争，而它们自己却又缩回到单搞农业的老路，这只会使英国看到这种乖谬的举动而快意。

再假定英国的工业界果有充分势力，足以迫使以大地主为主要组成分子的上院和以乡村地主为主要组成分子的下院在限制输入农产品这一问题上让步，谁又能保证若干年以后又一个保守党内阁在新环境下不会改弦易辙，再来一个新的谷物法呢？也许由于又一次海战或由于大陆制度的变化，再度使欧洲大陆的农业家同岛国的工业家分了开来，这时大陆各国在工业上将不得不重起炉灶，倾其全力于克服在开始办工业时势必发生的困难，然后在恢复和平时再将过去的一切努力付之东流——谁又能保证在将来不会有这样的演变呢？

在这样情况下流行学派将振振有词，它会埋怨大陆国家，只懂得在战时建立工业，在和平时期又把它毁掉，这样转来转去，就像西赛法斯[①]的搬运石头一样。然而这样的演变，实际上就是流行学派自己所主张的。

流行学派如果没有从这门科学中（这个学派所研究的尽管自命是科学）把政治因素完全排除，如果对国家的存在这一事实没有完全置之不顾，以致关于战争对各个国家之间的商业关系所发生的影响完全不加考虑，那就决不会产生这样荒谬的结论。

农业家与工业家如果同属于一个国家，因此真正在持久和平下结合在一起，则两者之间的关系就完全不同了。在这样情况下，已有工业的扩充和改进，每一步骤都足以扩大对农产品的需求。这种需求并不是捉摸不定的，并不是取决于国外的商业限制、国外的商业盛衰、国外的政治变动和战争、国外的种种发明和革新、或国外农产的丰歉的；本国农业家不必看外国的眼色行事，不必与它们同甘共苦，他的利益是年年有把握的。不管国外的农产收获如何，也不管在世界政治舞台上发生了什么争执，他总可以安然脱售他的产品，按适宜的、正常的价格，换回他所需要的工业品。另一方面，本国农业上的每一个进展，在种植技术上的每一种革新，对本国工业都会引起鼓励作用，因为本国农业生产的每一次增长，对

① 古希腊神话中科林斯的国王。他被罚推运巨石到山巅，但推上又滚下，永无止期，劳而无功。——译者

本国工业生产必然会引起相应的扩张。于是通过这种互为影响的作用，就使作为国家力量与支柱的这两大源泉有了不断进步的保证。

政治力量不但使国家通过国外贸易和国外殖民地在发展上获得保证，而且使国内的发展以及它自身的生存也有了保证，这是比单纯物质财富要重要得多的。英国借助于航海条例获得了政治力量，又借助于政治力量，使它的工业势力能够扩展到其他国家。波兰在国际地位中已被除名，主要是由于它缺乏一个强有力的中产阶级，而这个阶级是只有在国内工业确切树立以后才能成立的。

流行学派并不能否认，一国的国外市场尽管极为繁荣，但是它的国内市场对它的重要性却十倍于国外市场；但是它没有能够由此得出一个结论，那是极明显的，即向海外追求财富虽然重要，还有比这个更加重要十倍的是对国内市场的培养与保卫，只有在国内工业上有了高度发展的国家，才能在国外贸易上有重大发展。

这个学派对于市场的本质和特征，只是从世界主义观点而不是从政治观点来衡量的。欧洲大陆沿海国家，大多数处于伦敦、利物浦或曼彻斯特工业天然的市场范围之内；在自由贸易下，就大陆各国内地来说，只有极少数地方的工业产品能够在它们自己的口岸与英国工业品维持相等的价格。英国的工业资本比较雄厚，技术比较先进，有着较大的国内市场，可以在较大规模下、因此也就是较低成本下从事生产，海上运输费用也比较低廉，这就使英国工业居于比别的国家更有利的地位；后者要占有这种有利地位，只有对本国市场作长期不断的保护，积极改进内地交通设备，才能逐渐实现。但是沿海一带居民的市场，不论就国内或国外贸易来说，对于每一个国家都是极关重要的；如果在沿海一带市场占上风的是外国而不是本国工业，这个国家就不但在经济上而且在政治上是一个分裂的国家。这是的确的，如果一个国家其沿海一带的城市，风气所趋，同情于外国人胜过本国人时，不论从经济或政治方面来说，国家所处地位再没有比这个更危险的了。

科学决不可为了世界主义的目标而否认各国特有情况的本质，也不可把这一点置之不顾或加以曲解。只有注意到各国的自然环境，引导各个国家分别按照它各自的特有环境向更高目的努力，这类目的才能达到。我们可以看一看，流行学派学说迄今为止在实践中的成就是如何的渺小。这并不是实践政治家的失职，他们对于国家环境的特征是有相当正确了解的，错误是在于理论本身，由于这种理论与一切经验事实背道而驰，在实践中就必然要格格不入。有些国家，例如南美洲各国，是不宜于采用保护制度的，因为这个制度是同它们国家环境的要求相违反的；可是这个理论果曾阻止它们采用保护制度吗？有的国家对粮食和原料的生产无需实行保护政策，在商业往来上作了这样的限制以后，在任何情况下，施行限制政策和受到限制影响的国家双方都必然会遭受不利；这个理论也曾阻止这些国家采用保护政策吗？[①] 那些精制品，主要也就是奢侈品，是不需要在贸易上加以保护的，这类物品尽可以让它遭受竞争，对国家的经济发展显然不会引起丝毫危险；这个理论曾阻止对这些物品实行保护措施吗？没有。迄今为止，这个理论并没有引起过任何彻底的改革，它既与事物的本质相违反，此后

① 参阅附录三。——英译本注

也绝不会引起任何改革的。如果它愿意以事物的本质为依据，它就能够而且必然会引起重大的改革。

如果这个理论能够说明，阻止粮食与原料的自由贸易，将使实行这个政策的国家自身受到极大不利，并且指出，唯有以国家的工业发展为目的时，才有理由实行保护制度——如果它能够这样做，则首先沾到它的光的就是一切国家、即整个人类的繁荣和进步。它这就可以将有关工业的保护制度树立在正确原则上，从而诱使目前正在严格实行禁止制度的那些国家，例如法国，逐步地放弃这个制度。工业家对于这些理论家一旦有了信心，晓得他们所企图的绝不是在于现有工业的毁灭，他们所考虑的每一个通情达理的商业政策，都是以工业的保持和进一步发展为依据的；到了那个时候，工业家就不会反对他们的说辞，就不会不愿意改变禁止政策了。

如果这个理论能够这样教导德国人，告诉他们，要顺利发展他们自己的工业，开始时保护税率只能暂仍旧贯，然后逐步提高，到相当时期再逐步降低；告诉他们，在任何情况下，经过周密布置的有限度的国外竞争，对自己工业发展实际上总是有利的——如果这个理论能够这样说明问题，那要比单纯地帮助扼杀德国工业，对自由贸易事业能作出大得多的贡献。

美国的工业有廉价原料和粮食作后盾，有机械力量作支持，这个理论休想使美国工业为自由竞争而牺牲。但是它如果能够这样说明情况，告诉美国人，他们那里的工资既然异常高昂，远在旧世界文明各国之上，那就不妨在别国同意吸收他们的农产品和原料的条件之下，对于以工资为成本主要部分的那些工业品的输入尽量开放，这样做对于他们生产力、文化和政治力量的发展和促进最为有利——在这样情况下，这个理论就不会受到反驳了。

自由贸易理论到那个时候就可以在世界各国畅行无阻，不论在西班牙、葡萄牙、那不勒斯、土耳其、埃及以及一切未开化、半开化和热带国家就都可以行得通。那个时候，上述的这类国家，在它们目前文化状态下，就不会再存痴念，要凭保护制度来发展它们自己的工业了。

到那个时候，英国就会放弃它是注定要垄断全世界工业的这种想法。它就不会再向法国、德国和美国噜苏，要它们为了它允许免税输入它们的农产品和原料而用牺牲自己工业的办法来报答它的雅意。那个时候，虽然对它自己来说自由贸易越来越有利，但同时它会看到有些国家却应当实行保护制度，这也是合情合理的。这个理论那时就会告诉它，一个已经达到工业优势地位的国家，要防止自己的工商业者趋于退化或怠惰，唯一有效办法是让食物和原料自由输入，让国外工业品参与竞争。

英国一向的做法是劝诱别国遵守自由贸易原则，它自己则厉行禁止制度，到那个时候它就会采取与现在完全相反的商业政策，它就会不管外国保护制度的存在，而主动容许竞争；它就会主动把普遍实行自由贸易这一愿望暂时搁置起来，直等到别的国家不再害怕自由竞争的结果会毁灭它们自己的工业时为止。

英国当时和在这个愿望实现以前的那一段时期内，由于各国的保护制度，它在日用工业品的输出贸易上势必要受到些损失，但是它可以通过精制品的更多的输出，通过为它的工业品开辟、培养新市场来补偿这些损失。

那时它在西班牙，在东方，在中美及南美各国，将竭力倡导和平，在中南美、亚洲及非洲的一切未开化以及半开化国家将运用它的势力，进行教化工作，使那些国家得以建成强有力的文明政体，得以确立人身和财产安全，得以建设公路和运河，教育和文化、道德和劳动习惯得以逐渐推进，而狂妄、迷信、怠惰的风气将逐渐被根除。在这样的努力过程中，如果它同时能够取消粮食和原料输入的限制，它的工业品输出将大量增加，这比不断企图毁灭欧洲大陆工业的做法要聪明得多，有效得多。

但是英国如果想在对未开化和半开化国家的教化工作上获得成就，就不可采取独占方式，决不可像它在巴西所使的手段那样，借助于商业上的特殊权益，企图垄断市场，把别的国家屏之门外。这样的政策必然会激起别的国家的义愤，促使它们反对英国的努力。文明国家对上述一些国家的教化工作，到现在为止，还极少成就，症结所在，显然就是这种自私政策。因此英国在国际法方面应当推行这样一个准则，即一切工业国对于这一些国家的商业应当享有同等权利。这样英国不但在它的教化工作上可以获得别国的协助，而且如果由别的工业国家承担相类的教化工作，对它自己的商业也并不会有所不利。现在不论拿哪一种工业或商业来说，英国总是首屈一指的，由于这一点，对任何这类市场的出口贸易，在各国中居首要地位的将总是英国。

我们代英国设想，假使它为了自己的发展前途，垄断世界工业的确是一个必要条件，假使有人说别的国家看了英国的榜样也想发展成为一个大工业国，当充分实现这一目标时不致损及英国地位，或者说当别的国家在富裕程度上有了增长时，英国的富力并不会因此削弱，或者说德国、法国和美国在天然禀赋上并不亚于英国，可以发展成为与英国相等的强国而并不碍及英国的发展前途——而所有这些都不能确切加以证明；假使情形的确是这样，那么英国处心积虑反对别国建立工业，或者也是情有可原的。但是实际情况绝不是这样。

这里还有一点应当指出，任何国家，如果它自己的工业品掌握了全部国内市场，则由于工业品在国内的生产和消费，随着时间的推移，将获得莫大利益，一方面原来对它供应工业品的那个国家被排除以后，将受到损失，但前者的所得将远远超过后者的所失；这是因为当一个国家自己在办工业，从而在经济地位上有了充分发展时，就会在财富和人口方面获得更大的增长，结果对于工业品的消费，比之依靠别一工业国供应进口品时，将有无可限量的进展。

至于就工业品出口方面的情形来说，处于温带的国家，生来特别宜于发展工业，自有它们的特有活动领域，可以努力于供应热带国家的消费，后者可以用殖民地农产品来交换工业品。但是热带国家对工业品的消费量主要决定于两点：一点是热带国家方面关于产品剩余额的生产能力，还有一点是温带国家方面对于热带产品需求的增进程度。

如果我们能够证明，在相当时期内，热带国家所产的糖、米、棉、咖啡等等可以比现在扩大五倍到十倍，一方面温带国家对于这类产品的消费也可以扩大五倍到十倍，那么就同时证明了一个事实，温带国家工业品对热带国家的输出在这个期间可以比现在扩大五倍到十倍。

我们说欧洲大陆国家对殖民地产品的消费可以有这样的增

势，是大体上以近五十年来英国消费量的增势为依据的；谈到这里还须注意到一个事实，假使英国对消费没有过度征税的话，这方面的增势或者还要扩大得多。

关于热带生产增进的可能，近五年来荷兰在苏门答腊与爪哇以及英国在东印度群岛的成就，给我们提供了无可否认的证据。从 1835 年到 1839 年，英国由东印度群岛输入的糖增加了三倍，输入的咖啡增加得还要多，输入的棉花也有了大量增进。最近(1840 年 2 月)英国报纸曾以极兴奋的语调作了报导，认为东印度群岛这类产品的生产能力几乎是无限制的，相信在不远的将来，英国关于这类产品的输入就可以无需再仰给美国和西印度群岛。在荷兰方面，近来对于殖民地产品的出路已经感到为难，正在设法寻找新市场。一方面我们还要注意到，北美仍然在不断努力增加棉花生产，得克萨斯作为一个州已经勃然兴起，它的势力无疑将笼罩整个墨西哥，使那一带膏腴之地转变成像美国南部各州现在的情况一样。我们很有理由作这样的设想，法律和秩序、勤奋和智力将逐渐扩展到从巴拿马到合恩角的整个南美洲，然后扩展到整个非洲和亚洲，从而到处增加生产和产品的剩余量；由此我们不难理解，这里是大有发展余地的，绝不是仅仅足供一个国家来推销工业品的。

我们如果把迄今为止实际用于殖民地产品生产的土地面积计算一下，然后同性质上适于这类生产的全部土地面积作一比较，就可以看到，适于这种生产的土地现在已被实际使用的还不到五十分之一。

现在我们可以看到，如果从东印度群岛一个地方的输入，即足以满足英国对这类产品的全部需要，那么英国又怎么能够垄断生产殖民地产品的一切国家的工业市场呢？有许多国家的殖民地产品，它既无力吸收交换，它又怎样能作此妄想，要把它的工业品销售给所有的这类国家呢？还有一层，如果欧洲大陆的工业没有能获得大规模发展，因此没有充分力量足以购买从而消费这类产品，那么欧洲对于这类产品又如何能够产生大的需求呢？

所以这一点是非常明显的，抑制欧洲大陆的工业，虽然一定足以阻止大陆国家的发展，但是对于英国的发展前途却丝毫没有好处。

还有一点也是很明显的，热带国家在目前，以及在一个漫长的未来时期内，将以大量原料提供给一切适于生产工业品的国家作交换。

最后还有一层，保护制度的目的是在于为了整个热带农业的利益而发展整个温带的工业，而英国工业品目前在欧洲和美洲的自由竞争则形成了对世界工业的垄断，就为全人类谋福利这一点来说，后一办法绝不会比前者更有利些。

因此，英国以外的任何别的国家，如果适宜于发展工业，并有相配的领土、国家力量和人民智慧，看到英国在工业、航运和商业方面的进步，不必感到气馁，它们也可以急起直追，取得与英国同样的工业优势。今天工商业和海运事业的发展已远不是过去所能比拟，但是更远大的发展还在将来，这种转变的实现，为期也不会很远。我们要鼓起勇气，对国家伟大前途抱有信心，向这个目标猛进。尤其重要的是我们要有充分的民族精神，立刻行动起来，抓住最紧要的关键，努力进取，从而为我们后代取得最丰富的果实。首先必须掌握自己的国内市场，至少在日常必需品方面利权不能外溢，对于那些同意用我们自己的工业品向它们作交换的热带国家，要能够直接向它们取得热带产品。德国如果不甘心远远落后在法国、美国、甚至俄国的后面，这就是德国商业同盟必须担当的任务。

第十六章 人民经济与国家财政经济，政治经济与国家经济

凡是与一个国家的政府的物质资产在建立、消费、管理各方面有关的那些事项，也就是国家的财政经济，必须处处与国内个人经济所依存的、并受其约制的那些制度、规章、法律和事态，也就是人民经济，相划分清楚。就任何政治团体来说，不论这些团体所包括的是整个国家还是国家的一个部分，也不论这些团体的范围是大是小，有作出这种区别的必要总是显而易见的。

就联邦国来说，国家财政经济又有各个邦的财政经济与整个联邦的财政经济的区别。

当国家或联邦国所包括的是一个国家整体，这个整体就人口数量、领土广袤、政治制度以及文化、财富、力量各方面来看，都有独立资格，因此可以享有稳定局面和政治势力时，人民经济就等于国家经济，也就是说两者这时是同一事物。这两者就与国家的财政经济共同构成国家的政治经济。

但是，另一方面，有些小邦人口和领土只占国家或国家领土的一个部分，它们彼此之间既没有作完全的、直接的结合，也没有采用联邦结合形式从而构成一个整体，在这样一个情况下我们所能考虑的只是“人民经济”，这是与“私人经济”或“国家财政经济”直

接对立的。

在这样一个欠完备的政治状况下，关于作为一个大国的那种目标和要求就不能加以考虑；要以完整国家的发展以及国家的独立自主与长远利益为目的来计划人民经济，就更加无从着手。这里势必要从经济中将政治因素撇开，所能考虑的只是社会经济的自然法则，因为在没有统一起来的大国或没有国家经济存在的情况下这些法则也会自行发展和形成起来的。

德国的经济科学就是在这样的观点下发展起来的，以前人们把这门科学叫做“国家行政”，后来又叫做”国家经济”、“政治经济”或“人民经济”，始终没有人清楚地了解到这些理论体系的根本错误。

由于从经济上结合起来的一个国家这里并不存在，又由于人们到处把“国家”这个清楚、明确的名词用“社会”这个笼统、含糊的名词来代替，而后一名词的概念可以适用于全人类，或一个小国，或一个小城市，也可以适用于国家，因此就无法认识国家经济的真正概念和特征。

第十七章 工业与国家的个人、社会及政治生产力

一个国家所经营的假使仅仅是原始状态下的农业，在那里普遍存在的现象就必然是感觉迟钝，笨手笨脚，对于旧有的观念、风俗、习惯、方式、方法固执不化，缺乏文化、繁荣和自由。一个国家，假使能专心致志于工商业，则情形相反，在那里存在的普遍特征必

然是竞胜情绪、自由意志和努力于身心发展的进取精神。

这两类人民所以会有这样的差别，部分是由于各自所特有的社会习惯和教育内容的不同，部分是由于各自的工作和工作要求性质的不同。农业人口是分散在全国各地的，以精神和物质上的交流关系来说，农民彼此之间也是隔开得很远的。他们的工作互相雷同，这一个人所作的也恰恰就是别一些人所作的，这一个人所生产的照例也就是别一些人所生产的。他们在生产上所剩余的，在消费上所要求的，彼此几乎完全相同，每个人自己产品的最大消费者就是他自己，因此精神交流与物质交换在这里的诱力非常微小。与农民打交道的主要是无生物界而不是他的同道。他已经习惯于在耕耘以后经过一个长时期再从事收获，至于他一番努力的结果如何则听之天命，于是知足、忍耐、顺从，还有懒散和思想怠惰，就成了他的第二天性。他的工作既使他与同类的人不相闻问，因此在日常事务处理中关于发挥智力与革新技术方面也就很少需要。他只是在自己所由出身的家庭的狭小范围内出于模仿而懂得了他的工作，说是这种工作的方法可以变换，技术可以改进，这些问题简直是在他的想象以外的。他从小到老，就局限在这样人事和物质一成不变的小圈子里度过了他的一生。至于那些由于卓越的身心努力而获得非常成就和发展的范例，在他是难得有机会见到的。小康的局面或贫困的境遇，就在单纯的农业工作中世世代代的流传着，争强斗胜的心情所由产生的那种力量，几乎已经完全丧失。

工业的性质与农业的就根本不同。从事于工业的人总是生活在社会中的，他们由于工作而互相吸引在一起，他们生存在商业关系之中，也是靠了这种关系而生存的。从事工业者所需的一切生活必需品和原料都是向市场取得的，他自己的产品只有极小部分供他自己消费。如果农民在努力中主要盼望的是上天保佑的话，工业者的生存和发展所依靠的却主要是他的商业关系。农民对于他产品的买主是没有什么接触的，或者至少对于他产品的脱售是无需十分担心的，而工业者生存所依赖的就是他的买主。商品、原料、工资、货币以及生活必需品的价格一息不停地在变动，工业者所获得的利润是难以确定的。他不能像农民那样靠着上天的恩惠和单纯的普通劳动来保证他的生存和发展，他所依靠的只是他的智力和活动力。他要确保足以维持生活所必需的那一些，就得超过那个必需限度多多争取；换个说法就是，为了要避免陷于贫困，就得努力致富。他在前进的道路上如果比别人能占先一步，那就有了成就，发了大财；如果比别人落后了一步，那就不免要遭到毁灭的命运。他必须不断地买进卖出，谈交易，做生意。他处处要同人事、同变化不定的环境以及种种律例、规章相接触，因此他在智力上受到锻炼、获得发展的机会要多于一个农民无数倍。他要使自己精通业务，就得熟悉外情，与外国人打交道；要使他的事业立于不败之地，就得格外努力。一个农民所需要周旋的只是他自己周围的人物，而工业者的业务则可以扩展到一切国家，扩展到世界上各个角落。他希望获得并保持同道中人对他的尊敬，他的对手则不断地向他展开竞争，不断威胁着他的生存和发展，这些因素对他说来都足以产生深刻的刺激作用，使他作艰苦奋斗，争取不断进步。同时有着数不清的例子展示在他面前，告诉他，通过卓绝的成就和格外的努力，一个在生活上、地位上处于最下层的人不难上升到最高的社会等级，而由于脑力的迟钝和精神上的懈怠，也可以从最崇高的地位一落千丈，降为一个卑屈的失败分子。这样的环境对工业者足以激起一种活动力，那是在单纯农民的身上所看不到的。

假使我们把工业工作作为一个整体来看，那就立刻可以看出，这种工作能够唤起并发展多种多样的、高度的智力和能力，它在这方面的作用比农业工作不知要大多少倍。亚当·斯密确曾表示过这样的见解（据他的传记作者斯图尔特说），这是他极得意的、但是极荒谬的见解，他认为农业所需要的技巧多于工商业。试将制一只钟同管理一块田地这两件事比较一下，是哪一件需要更多的技巧；这且不去深究，我们只需指出一点，农业工作是千篇一律的，而工业种类却说也说不清，数也数不完。不过有一点不应忽视的是，在这里与工业作对照的农业，指的当然是在原始状态下的，并不是在工业影响下技术上有了改进的农业。假使在亚当·斯密看来，今天英国农民的情况比英国工业者的情况更加值得重视的话，那么有一点他却不可忘怀，农民地位所以获得提高，仍然是由于工商业的影响。

农业所需要的只是属于同一类型的个人能力，只是在简单的程序观念下把体力和耐力结合起来从事于笨重体力劳动的那类能力；而工业所需要的智力、技巧和经验却是千变万化的，这一点也是显而易见的。工业对于个人才能上的要求既然这样多种多样，这就使工业国家的各个人容易找到同他的能力和兴趣相配合的工作或职业。而农业国家个人在这方面的选择机会却极少。在前者的情况下，个人天赋才能的受到重视比后者不知要高出多少倍，而在后者的情况下，个人的有用程度一般是决定于他的体力的。身体衰弱或残废者在工业国家的劳动比体魄最强的人在农业国家的劳动会受到更高的评价，这种情形也并不是不常见的。任何种力量，妇女和儿童的，老年和残废的，都会在工业中找到工作和报酬。

工业是科学与技术的成果，也是科学与技术的支持者和保护者。我们可以看一看，在原始农业的情况下需要科学与技术这两者的地方多么少，它所使用的粗陋工具用得着两者中任何一者的地方又是多么少。诚然，由于农业产生地租，最初使人专心致志于科学与技术研究的是农业；但是如果没有工业，这些方面的研究就只能永远成为私人的宝藏，对于群众的有利效果就只能达到极微小的程度。在工业国家，群众的工业获得了科学的启发，反过来，科学与技术又受到了群众的工业的支持。任何种工业同物理学、力学、化学、数学或图样设计等等多少总有些关系。这类科学方面的任何发展或新发现、新发明，必然会使许许多多的工业操作获得改进或革新。因此在工业国家，科学与技术必然会普遍流行。许多人把科学研究的成果付诸实施，这些人的著作和讲演是有教育作用的，为了教育目的上的需要，就诱使那些具有特殊才能的人专门从事于教导和著作。这类才能的贡献是非常需要的，从而造成人材方面的竞争，使科学活动有了分工与协作，这一点不但有利于科学本身的进一步发展，而且对于技术与工业的不断改进也有极好的影响。这类进步的效果甚至还会立即扩展到农业。只有在工业上获得发展的国家，才会看到完善的农业机械和工具，才会在高度的智力下经营农业。在工业的影响下农业有了提高，它本身就变成一种技术性很强的实业，一种技术，一种科学。

科学与工业结合以后产生了一种巨大的物质力量，这种力量在新的社会状态下代替了古代奴隶劳动，它对于大众的生活状况，对于未开化国家的文化，对于人口向无人迹地区的移殖以及对于原始文化国家的力量，无可避免地发生着莫大影响——这就是机械力量。

工业国家利用机械力量的机会比农业国家多得何止百倍。一个有残疾的人操纵一架蒸汽机时，他所能完成的工作量就比一个赤手空拳的壮汉多百倍以上。

机械力量加上现代的完善运输设备，就可以使工业国比纯农业国具有无比的优越性。运河、铁路和轮船只有靠了工业力量才能产生，也只有靠了它才能扩展到全国各地。在纯农业国家里，每个人所生产的大部分用来供应他自己的需要，每个人所消费的大部分就是他自己所生产的，他们中间只能经营少量的货物和客运，这就不可能有数量足够巨大的客运和货运来负担建立和维持运输机构的费用。

在纯农业国家里，新发明和改进并没有多大价值。在这样的国家，从事于这类工作的人，他们的研究和努力往往劳而无功；而在工业国家，要获得财富和地位，最便捷的一条路却莫过于发明和发现。因此在工业国家受到重视、获得厚酬的，首先是天才，其次是技巧，再次是体力；而在农业国家，除了公家职务以外，照例是适得其反的。

工业既有利于国民智力的发展，对于体力发展也有良好作用，它对劳动者提供了娱乐方法，使他们有了发挥体力的动机，利用体力的机会。在工业发达的国家，工人从精美的机器和工具所得到的帮助且不谈，就是除开这一因素，他在一天之内所完成的工作比在纯农业国家要多得多，这一点也是无可否认的。

还有一层，工业国比农业国总是更懂得爱惜时间，这一情况也足以说明劳动力在前者是属于较高地位的。要衡量一个国家的文化程度和劳动力的价值，可以从它对时间重视的程度来看，再没有比这个更准确的标准了。一个蛮族中的野蛮人，会整天躺在茅屋里虚度着光阴。一个放羊的，整天只是靠了一支笛子，靠了睡觉，来勉强度过他的生活，时间在他简直是一个负担，叫他又怎样能懂得光阴的可贵呢？一个奴隶、农奴或小农，他的劳动是在强迫下执行的，对他来说，劳动是惩罚，偷懒是收益，这又叫他怎样能懂得珍惜时间呢？国家只是通过工业才认识到时间的宝贵的。现在的情况是，争取时间就是争取利润，丧失时间就是丧失资财。工业家是要尽可能最高度地利用时间的，这种热情会逐渐传布到农民。工业使农产品的需要有了增加以后，地租、因此地产价值也有了增长，耕作方面的投资也有了增加，利润也有了增加，这就必须使土地产生更多的农作物，以供应增加了的地租和资本利息，以供应提高了的消费量。一方面是工资有了提高，一方面是工作也要求多做。这时工人开始感到，他有的是体力和运用体力的技巧，这是可以改善他生活的手段。于是他明白了，为什么英国人常说，"时间就是金钱"。

农民由于生活与外界隔绝，孤陋寡闻，他对于一般文化的提高很难有所贡献，也很难懂得怎样来衡量各种政治制度的价值，要他积极参加公务和司法的管理或保卫他的自由和权利，那就更难了。因此他大都是处于依赖地主的地位。在纯农业国家里看到的总是奴隶生活，或是在专制、封建、教士政治压迫下的生活。仅仅土地独占这一事实，就使专制君主、寡头政治的执政者或教士阶级对广大农民有了统治权，而广大农民本身却无法摆脱这种统治。

就任何纯农业国家的情形来说，暴力、迷信和教士政治加在农民身上的枷锁，在顽强的习惯势力下已经这样根深蒂固，因此农民已经把它看作是他们自己身体的一个不可缺少的组成部分，看作是他们生存本身的必要条件。

另一方面，工商业活动的分门别类和多种多样，生产力联合的作用，以不可抗的力量迫使行业不同的工业者彼此牵连在一起。摩擦可以发生火花，对于心灵也是这样。但是只有当人们密切地相聚在一起，在商业、科学、社会、民事和政治方面有了频繁的接触，在商品方面、思想方面有了广泛的交流，才会产生心灵上的摩擦。人们的生活越是集中在一个共同的地点，其间每个人在他的业务上越是有赖于别人的协作，每个人在业务上需要知识、教育和谨慎小心这些方面越是殷切，顽固、不法、压制和无理违反正义的现象越对所有这些个人的努力和他们的奋斗目标少加干涉，社会制度就越加完善，享受自由的范围就越广，自己改进与互助改进的机会也就越多。所以就任何时间任何地点来说——例如古代的希腊和意大利，中世纪的意大利、德国、比利时与荷兰，随后的英国，更近期的美国与法国——自由和文化总是发源于城市的。

但是有两种性质不同的城市，一种可以称作是生产性的，还有一种是消费性的。有些城市吸收原料，进行加工，对于所需要的原料和粮食则用工业品来偿还给农村。这就是工业城市，是生产性的。这些城市越发达，乡村的农业越发达，农业力量越加能够发挥，则工业城市也就越加能够壮大起来。但是还有一种城市，那里的居民只从事于消耗地租。任何在文化上有相当发展的国家，总有一大部分的国民收入是以地租形式在城市里消耗的。假使认为这种消耗有害于生产或对生产不能起促进作用，把这一点作为一种普遍原则，那是错误的。因为既然通过地租的取得可以使自己享受独立生活，这一可能性对于理财、对于从农业中和农业改进中所得的积蓄的利用，就是一个有力的刺激。况且靠了地租生活的人，为了要在同侪中有所表现，博取声望，加上他所受到的教育和独立地位的有利条件，他在这方面的努力对文化、对公共机关和行政管理的效率以及对科学与艺术，就会起促进作用。但是地租在这样方式下对国家的工业、国家的繁荣和文化能够影响到什么程度、总是要看国家已经获得的自由的程度来决定的。这种要在同侪中显露头角、也就是出于自愿的想对国家有所贡献的活动，只有在这种活动能够获得社会方面的表扬与尊重、能够获得荣誉职务的国家中才会获得发展；有些国家的统治阶极，对于个人任何企图获得社会重视的努力，对于任何独立的表现，总是侧目而视的，在这样的国家里，这种活动就不能获得发展机会。在这样的国家里，有独立收入的个人将自暴自弃，陷于颓废、怠惰的生活，这样就会使有用的劳动受到轻蔑，损害国民的德性和勤劳意向，他将从根本上危及国家的生产力。在这样情况下，即使由于靠地租收入为生的人的消费行为对城市工业在一定程度上有促进作用，人们也会把这种工业看成是不足道的、不健全的产物，认为对国家文化、繁荣和自由的推进作用很小。实际上在健全工业下特别会发荣滋长的是自由和文化，因此也就可以说，正是由于工业的存在，地租本身才不致成为导向怠惰、颓废和不道德行为的泉源，得以转变为促进精神文化的动力，结果也正是由于这一点，单纯消费的城市才得以转变为生产城市。还有一个支持消费城市的因素是公务人员与行政管理方面的消费。这类消费在城市也足以助成一些表面的繁荣；但是它对于国家制度、繁荣以及生产力究竟是特别有所促进还是有所损害，这就完全要看消费者的作用对这些方面是偏于促进还是偏于损害这一点来决定。

从这一点可以看出，为什么在纯农业国家大城市仍然可以存在，在这些城市里虽然也有许多富户，也有许多种行业，但是对于国家文化、自由和生产力的影响极为微弱，其间的原因是很明显的。从事于这些行业的人们，势必与他们的顾客抱着共同的见解；他们的地位被认为在很大程度上只是地主和公务人员的家仆。这些城市的生活往往极度奢侈浪费，而处于城市四郊的居民则情况相反，处处见到的是贫困、器量狭小和奴隶性。工业应当独立成长，完全不依靠坐食租息者和公务人员，应当为广大农民或出口贸易服务，在工业品制造方面应当大量消费本国农民的产品；只有在这样情况下的工业，对于公共制度的改进，对于一国的文化和自由，才会有良好影响。这样一种健全的工业，实力越是强大，则由上述那类消费中产生出来的工业力量以及坐食租息者与公务人员，就越会被吸引到它自己的身边，公共制度也就越会向符合社会利益的方向改进。

我们可以作这样一个设想。假定有一个大城市的情况是这样的，这里有着无数的工业者，他们都是独立自主、热爱自由、受过教育的，而且是很富裕的，商人在利害关系上，在地位上，同他们站在一起，地租收入者自己感到不能不博得社会的尊敬，公务人员是受舆论约束的，研究科学与艺术的人们为大众服务，他们也是靠了这一点而生活的，大众的精神和物质资产就在这样一个狭窄地区内结合在一起，而且由于事业进行时的分工法则以及力量的联合，使这类资产结合得更加密切。在这样情况下我们可以看到，假使有任何改进，在公共制度以及社会与经济状况上有任何进步，或者假使有任何退化现象，在公共利益方面有任何损害，就会怎样迅速地为大众所觉察；还有，大众既然集居在一个地点，他们对于共同的目标和规章就会怎样容易地取得一致意见，在这类目的上就会有怎样庞大的资产在当地集中起来；最后，像这样一个进步的、强有力的、爱自由的社会，与国内其他情况相类的社会的关系又会怎样地密切。如果我们对于这一切都加以适当的思考，就不难深信，分散在全国各地的农业人口，无论它的总数怎样庞大，对维持和改进公共福利所发生的影响，同城市方面比起来只是极其微细的，而城市全部力量所依靠的（如我们所已经指出的那样）是它的工业以及与工业相辅相依的农业的发展。

城市对国家的政治和市政有着极大的影响势力，这一点绝不是对乡村居民不利，恰恰相反，后者由此所得的利益是无可计量的。城市所享受到的利益使它们感到，提高农民地位，使他们享有同样的自由、教化和繁荣，是它们的职责所在；因为乡村人民所能享受的这类精神和社会利益的数量越大，他们能够送到城市的粮食和原料的数量也越大，向城市购买工业品的数量也就越大，结果就造成了城市的繁荣。乡村的活动力、文化、自由和良好制度是由城市而来的，城市也只有使乡村人民共享福利，它所享有的自由和良好制度才能获得保证。农业以前所供养的是地主和他们的仆从，现在则在为国家提供捍卫国家自由的最富有独立精神的坚强的保卫者。在土地耕种事业中，现在任何阶级都能改善它的地位。劳动者可以把自己提高成为一个农场主，农场主可以成为地主。工业所创建的资本和运输设备，现在处处使农业获得发展的机会。奴隶制、封建束缚、妨害勤劳和自由的法律和规章都绝迹了。地主所有的那些森林，原来只供行猎之用，现在可以向他提供百倍于以前的收入。有些地主以前从农奴劳动中获得的一些菲薄的产品，只能使他们勉强维持简陋的乡村生活，他们的唯一娱乐是畜养犬马和打猎，对于这类娱乐如有任何干犯，就会使他们感到不愉快，认为是有损地主尊严的一种罪行，现在在自由劳动下产量有了提高，他们的地租收入也有了增长，他们一年中已经有一部分时间可以在城市里作寓公。他们在城市里受到了戏剧和音乐的陶冶，有了观摩艺术和读书的机会，风度变得温文儒雅起来，同那些艺术家、学者们有了接触以后，也懂得了智慧和才能的可贵。他们原来只是一些喜欢打猎的人，现在却变成了优雅人士。在勤劳的社会中人人在争取改进自己的地位，这种情况激起了他们的进取精神。他们这个时候所追逐的是新知识和新思想，已不是深林密菁中的鹿和兔了。他们回到乡村以后，对于中小农场主起了值得仿效的示范作用，他们所获得的是对方的尊敬，不再是对方的诅咒了。

工业和农业越是向前发展，人类意志就越加不受拘束，就越能使宽容忍让的精神占上风，使真正的道德和宗教势力在内心代替天良的强制。哪里有工业，哪里就会使人们的胸襟宽大，使牧师转变成为人民教师，转变成为学者。民族语言与文学修养，艺术的创造，内政制度的改善，总是与工商业的发展齐头并进的。国家所以能与文化比较落后的国家进行国外贸易，所以能扩大航运业，建立海军，所以能利用剩余人口，在开辟殖民地以后，进一步增进国家的繁荣和力量，都是由于工业的发展。

一个国家，如果具有充分广大、肥沃的土地，工业和农业有全面的、比较均衡的发展，与一个纯农业国家相比，可以养活一倍或两倍于后者的人口，而且生活水平远远高于后者，这是可以由统计证明的。由此可见，国家建立了工业以后，一切精神力量、政府收入、国防事业的物质和精神手段以及国家独立自主的保证这些方面，都会作等比例的增长。

现在这个时代，在战争中工艺与机械科学占着极大势力，战事的进行与国家收入情况有着极密切的关系，国防力量的强弱在极大程度上决定于国内民众的是贫还是富，是智还是愚，是充满活力还是意志消沉，是完全矢忠祖国还是部分意存反侧，能够召集的兵士是多还是少——当处于这样的时代，从政治观点来衡量，工业就比以前任何时期更加值得重视了。

第十八章　工业与国家的自然生产力

人类与人类社会越是向前发展，就越能在力所能及的范围内利用自然力量以达到预定目标，那个力所能及的范围也就越加扩大。

就处于个人周围的那些自然富源来说，一个打猎的所能利用的还不到千分之一，一个牧羊的所能利用的还不到百分之一。海洋，国外的风土和地区，对他来说，或者是全无关系，或者充其量也只能给予极少的享受、帮助或鼓励作用。

就处于原始农业状态的民族来说，对于现存的天然富源，大部分还任其废置，没有加以利用，人们的活动力仍然以最靠近的环境为限。现存的或可以取得的水力和风力大部分没有加以利用；各种矿产应当怎样加以利用，在工业者是知道得极清楚的，却让它们呆在那里，原封不动；各种燃料（例如泥炭）则被浪费，或仅认为是耕作中的障碍；石料、沙土、石灰这类物质极少用作建筑材料；河流本来是应当用作人们的交通工具的，应当用来使附近土地变成良田的，却任其泛滥，成为祸根；温暖的气候和海洋对农业国家所提供的产品只是寥寥无几。

农业国家在生产中所格外倚重的那个自然力量、即自然的地力，当农业没有能得到工业的支持时，实际上在这方面的利用程度也是很低的。

农业国家的每个地区必须生产它所需要使用的那么多的产物，因为它既不能将剩余部分的产物大量销售给别的地区，也不能向别的地区取给它所需要的部分。某一地区也许土质极好，宜于生产油料、染料和饲料植物，然而它还是不得不被用来培植林木，供作燃料，因为经过漫长的崎岖道路向遥远山区取给燃料，代价太大。有些地区也许宜于种植水果和蔬菜，如果将土地作这样利用，就可以多得两三倍的收入，然而仍然不得不用来种植谷物和饲料。有些人如果专门从事于家畜的繁殖，对他们来说就最为有利，但是在繁殖以后不能不兼顾到饲养；相反地，在专门从事饲养最为有利的那些人方面，也不能不兼顾到家畜的繁殖。如果能利用石膏、石灰、灰泥岩等无机肥料，或用泥炭、煤等等来代替木柴，并开辟林地，加以垦殖，那就会滋生多大的利益；但是在这样一个农业国家，缺乏运输设备，这类物产就无法在有利情况下运赴较远地区。如果能建设大规模水利事业，山区原野就不难变成良田，那就可以获得多么丰富的收入；但是在农业国家只能听任河流去冲刷沃土，利源变成了灾害。

农业国家建成了工业以后，就可以改进路政，修筑铁路，开凿运河，使河道得以通航，轮运航线得以成立。有了这样的设施，不但农业剩余产品可以转化为生利的机器，不但被机器工作所吸收的那些人的劳动力有了使用机会，不但使农民从他们所拥有的自然资源中可以获得比前多得无可计量的收入，而且一切矿产、一切金属，以前是呆藏在地下的，现在都有了用途，受到了重视。有许多商品，如盐、煤、石料、石板、大理石、石膏、石灰、木材、树皮等等，以前运销范围不出数里，现在却可以分配到全国各地。因此像这类物品，以前是无价值的，现在在国家产品统计中却占到了重要地位，还远远超过了以前的全部农业产值。就拿瀑布来说，现在即使一立方尺的水流也不放过，也要叫它尽些力量；即使是在一个工业国的最偏僻地区，以前简直没有人能想出办法来加以利用的木材和燃料，现在也成了有价值的商品。

由于工业的建设，对于许多种类的食品和原料有了需要，某些地区从事于生产这些食品或原料时，要比专门从事于生产谷物——那是原始农业国的通常主要产物——有利得多。牛乳、牛油和肉类的需要增长以后，就提高了现有牧场的价值，从而引起了对休耕地的开垦和水利工程的建设；水果和蔬菜的需要增长以后，就会使原来的荒芜农地变成菜圃和果园。

农业国家越是在自然条件上宜于经营工业，它的土地越是适宜于生产和开采工业所格外需要的原料和天然力量，那么，安于现状，不加利用，它所受到的损失就越大；在山岳地带和一般不十分适宜于耕种的多山地区，却富有水力、矿产、木料、石料等工业所需要的资源，那里的农民是可以生产工业所格外需要的那些产品的，对这类地区来说，如果没有工业，则所受到的损失最大。

处于温带的国家，几乎没有例外，总是宜于发展工业的。温和的气候足以促进力量的发挥和发展，远不是热带气候可比。一年中的严寒季节，在短视的观察者看来似乎是在自然条件上的一个不利因素，实际上它对于积极奋斗、事先准备、艰苦节约等习惯的养成，是最有力的促进者。当一个人处于这样的环境，他在未来的六个月内不但不能从地上获得任何果实，而且必须为他自己和他的牲畜的生存准备好充饥与御寒的东西，以防寒冷气候的袭击时，就势必格外克勤克俭；他的情况，与一个处于热带的人，只需注意到不受雨淋，而丰富的果实终年不断，俯拾即是的情况，是不可同日而语的。勤劳、节约、有步骤、有准备，这些最初都是事势的必要所引起的，以后由于习惯，由于不断的锻炼，就成为经常存在的品质。道德与勤奋节约，不道德与怠惰侈靡，两者总是各自并行不悖的；前者是力量的根源，后者是衰弱的起因。

因此处于温带的农业国家自暴自弃，对于最富饶的那部分自然资源没有加以利用。

流行学派谈到气候对财富的生产所发生的影响时，没有把农业和工业分别开来看待，因此在保护制度的优点和缺点这个问题上犯了最严重的错误，关于这一点我们在别处虽已大致提到，但这里仍然不能省略，须加以彻底揭露。

这个学派为了要说明使同一地区的生产色色具备这一办法的

愚蠢，曾提出这样一个问题：假使我们为了要酿制葡萄酒而在苏格兰与英格兰的温室里培养葡萄，试问这样做是否合理？当然，用这样的办法来制酒并不是做不到的，不过这种酒比英格兰和苏格兰用工业品可以换取得到的酒，质量要低得多，代价要高得多。有些人对事物的本质是不愿意或没有能力作深刻钻研的，对这些人来说，这是一个一针见血的论据，这个学派之所以深得人心，大部分原因就在这一点上；无论如何，在法国种葡萄的，制造丝绸的，在美国种棉花的以及棉花商人，对此说总是深表同情的。但是仔细考察一下即可看出，这个说法是根本错误的，因为商业往来的限制，对农业生产力所起的作用是同它对工业生产力所起的作用完全不同的。

让我们先来看一看，商业限制对农业发生的影响是怎样的。

假定法国拒绝德国家畜或谷物进口，这一措施对法国将发生什么影响？首先德国就不能再买法国的酒。法国由于商业关系在这一点上的破坏，酒类出口减少以后，它就不得不按照这个减额比例缩减葡萄的种植，把原来最宜于种植葡萄的一部分土地，用于利益较差的用途。原来专力从事于种植葡萄的人将相应地减少，因此本国农产品的需要也将减少，减少的部分就是原来专门种植葡萄而现在不能继续种植的那部分人原来所消费的。酒类的生产情况如此，油类的情况也势必相类。法国拒绝了德国畜产以后，保护了家畜饲养这个行业，但这并不是自然地发展起来的，而是用人为方法勉强促成的，因此经营这一事业的那些地区对于这一事业或者并不适宜；这一点说明法国在农业的一个方面纵有所得，而在农业的其他各方面所失将远不止此。假使我们单纯认为法国是一个农业国，同它对立的德国是农业国，并且假定德国对法国这一政策不采取相类行为作报复，那么情况的演变就到此为止。但是假使德国由于顾到自己的利益而不得不采取相类的限制措施，假使我们认为法国也并不是一个纯农业国，同时还是一个工业国，那么这一政策的危害性就似乎还不止如上述的那样。德国在报复态度下这时对法国将不仅提高酒类进口税，对法国所有产品，凡是德国能自己生产，或并非必不可少，或能够向别处购得的，也将采取相类措施；而且将更进一步，对于它目前不能在特别有利情况下自己来生产、但是可以向法国以外的别处购得的那些工业品，也将限制由法国输入。这时法国由于实行那些限制办法，使它自己所受到的损失，看来将一倍或两倍于所得。显然，法国在葡萄种植事业、在橄榄种植事业以及在工业中所雇用的人数，只能以由它自己生产或从国外取得的生活资料和原料所能供应的那么多的人数为限。但是我们已经看到，限制输入并没有能使农业生产有所增加，只是使生产从一个场合移转到了另一个场合。假使法国允许自由交换产品，则产品和原料的输入，因此也就是酒类、油类和工业品的外销，将不断增加，结果在葡萄与橄榄的种植事业中、在工业中雇用的人数也将增加；随着贸易的进展，一方面是生活资料和原料的需求，另一方面是工业品的需求，也将增长。工农业方面的人口有了这样的增加以后，对于那些不容易由国外输入，生来只能由本国农民供应的粮食和原料的需求将引起增势；因此本国农民所获得的利益比以前将大大增加。在自由交换下，对那些与法国土质特别适宜的农产品的需求将增长，它的增势将大大超过在限制政策下以人为方法生产产品时的增势。一个农民如有所得时是不会使别一个农民有所失的，这时国内整个农业将有所得，而工业所得的还更多。由此可见，在限制政策下国内农业并不会有所进展而只是受到限制；而且，原来可以由于国内农业的增长以及国外粮食与原料的输入而发展起来的那个工业力量，将被消灭得无影无踪。限制政策所能造成的只是一个地区的价格上涨，别一地区的农民却受到牺牲，但是还有最重要的一点是，国家的整个生产力也受到了牺牲。

对农产品交换作这样的限制是不利的这一点，就英国的情形来说，比法国更为显著。毫无疑问，谷物法的施行，使一部分硗薄土地也获得了开垦机会；但是如果没有这个规定，这些土地是不是就不会被开垦，却是一个问题。英国输入羊毛、木材、家畜和谷物越多，售出的工业品就越多，能够在英国生存的工人也越多，工人阶级的生活也就越加提高。英国的工人数可能会增加一倍。每个工人的生活就会有所改善，就会有可能为自己备一个园子以供娱乐，还可以在园子里种植些菜蔬，他自己以及他的家属的享受将比前丰富得多。显然，工人人数有了这样大规模的增长，生活有了这样的提高，消费量有了相应增加以后，对于生来只有这个岛国自己能够供应的那些产品，将产生莫大需要，这个时候被开垦的土地，比在不自然的限制办法下所开垦的，很可能将超出一倍到两倍。这个说法是否可信，可以任何大城市附近的情况为证。凡是一个大城市，不论从远道运来的产品数量怎样巨大，也不论这个城市附近的土地天赋条件怎样欠缺，但是在这一带附近休想找到一块未经开垦的土地。假使你禁止从辽远地区将谷物输入这样一个城市，结果只会使这个城市的人口、工业和繁荣都趋于萎缩、衰退，只会迫使住在城市附近的农户不得不从事于利益较差的那些农作事业。

大家会感到，到目前为止，我们的分析与流行理论并无二致。流行学派说，在任何情况下，极度的商业自由，不论对个人或对整个国家来说都是最有利的；就原料的交换这一点而论，这个说法是完全正确的。[①] 当然，我们未尝不可用限制办法来增加这方面的生产，但所得的只是表面利益。正如这个学派所说，这样做只是使资本和劳动移转到效用较低的方面。但是工业生产力的情形却相反，这是在另一套法则的支配之下的，不幸这个学派对于这一点完全没有顾到。

我们已经看到，限制原料品输入是有碍于国家自然资源与力量的充分利用的，但是对工业品限制输入时，情形却完全不同。就一个人口众多，在农业和文化上已经有了高度发展的国家来说，限制工业品输入就可以引起生枯起朽的作用，使国家的大部分天然力量活跃起来；实际上毫无疑问，在纯农业国家，大部分天然力量是永远隐伏着没有利用机会的。限制原料品输入，不但妨碍国家工业，而且妨碍国家农业生产的发展；但是因限制国外工业品输入而产生的国内工业生产力却能刺激整个农业生产力，这是高度发展的国外贸易所办不到的。假使说输入原料足以使外国对我们处于依赖地位，足以剥夺它发展本国工业的手段，那么同样，我们输入国外工业品也会使我们自己对外国处于依赖地位，就是自己放弃了发展自己工业的手段。假使说输入农产品和原料是使外国丧失凭这部分原料让它自己的人民获得供应与工作的机会，而把这个机会转让给了我们，那么同样的道理，输入工业品就是使自己放弃了增加人口并让他们获得工作的机会。假使说输入自然产物和原料足以使我们在世界舞台上增加势力，使我们具有与各国发生

① 参阅附录三。——英译本注

商业关系的手段，那么输入工业品却会产生相反的结果，会使我们处于最先进的工业国家的束缚之下，仰人鼻息，就像葡萄牙对英国的关系那样。乔治一世的大臣们曾这样说过，国家输出工业品、输入粮食和原料的数量越大，就越加富强。历史和统计都证明这句话的正确性。有些国家只是由于专门输出粮食和原料、专门输入工业品而一败涂地，这是有事实可以证明的。孟德斯鸠[①]比在他之前或之后的任何人都更懂得怎样吸取历史给与立法者和政治家的那些教训，他已经很清楚地看到了上面所说的一点，不过在那个时候政治经济学还很少有人注意，使他无法彻底说明其中的症结。他同重农学派全无根据的推论相反，认为波兰如果能完全放弃国外贸易，当可获得更大发展，那就是说，它应当自己建立工业，国内原料和粮食应当由它自己进行加工和消费。波兰只有发展本国工业力量，建成自由、人口稠密、各种事业欣欣向荣的城市，才能有巩固的内部组织和本国工业，才能有自由和财富；只有这样，才能争取独立自主，才能对文化比较落后的邻近国家取得政治优势。它所应当输入的不是外国工业品，而是外国工业家和外国工业资本；英国在文化上处于与波兰同样的水平时，就曾一度这样做过。但是波兰的贵族阶级情愿将从农奴劳动中得来的微不足道的产物运销国外市场，换回外国制造的价廉物美的商品。一个国家，当它自己的工业还没有充分巩固，在商品的价格和质量上还没有能与外人相竞争时，是否宜于向国外购入工业品——波兰贵族的后继者现在可以答复一下这个问题。别的国家的贵族阶级，当受到了封

① 参阅《法的精神》，第 20 卷，第 23 章。

建意识的煽动而胸无主宰时，应当把波兰的遭遇记在心里，然后再看一看英国的贵族，就可以明白，强大的工业、自由的内政制度和富足的城市，对大地主来说，究竟具有什么样的价值。

波兰的选任王，处于当时的环境下，是否有可能实行像英国世袭王逐步发展建立起来的那种商业制度，这一层姑且不论，假使他们果然这样做了，那么对波兰将产生怎样惊人的效果，难道我们还理会不到吗？那时靠了勤劳奋发的大城市的助力，王位将成为世袭制，贵族将不得不让人们便于参与上院的立法事宜，将不得不解放农奴；农业将自然获得发展，就同英国的情形一样；波兰的贵族将富裕起来而且受到尊敬；波兰这个国家，即使不能像英国那样在世界上占有现在这样的地位，这样的受人尊重，也早已强盛起来，在文化上有了高度发展，势力也早已扩张到了文化比较落后的东方。它由于没有工业，以致衰亡，并被瓜分；这样的情况即使未曾发生，此后也仍然是势所难免的。在波兰，自发的工业力量从来就未曾有过发展机会；这是不会有的，因为这方面的努力势必要受到先进国家的破坏。它既没有保护制度，只是在自由贸易制度下与先进国家发生着商业关系，即使它直到现在仍能保留独立地位，它所能进行的也只是处于残缺状态下的农业，决不会别有发展；在这样情况下它是决不会达到富强地位，决不会对外占有势力的。

工业可以使无数的自然资源和天然力量转化为生产资本，这一事实正足以说明保护制度对于国家财富的增长会起怎样有力的作用。这种发展并不是虚假的表面现象，像保护政策对纯粹天然产物的贸易所发生的影响那样，而是一种真实的东西。农业国家自己建立了工业以后，就会使原未完全搁呆不动的天然力量有活跃的机会，使原来全无价值的自然资源成为宝贵的财富。

向来有这样一种经验之谈，认为人类也同各种动物一样，通过异种配合，身心两方都可以获得改进，认为彼此通婚的范围如果老是限于少数家族，就会逐渐退化，正同老是用同类种子施种于同一块土地的情形一样。非洲和亚洲有许多未开化或半开化部落，人口无多，那里的男子总是向别的部落物色妻子，这种情况似乎不能不认为就是出于这一自然法则的启示。有些小城邦的寡头政治的执政者总是在他们自己团体范围内互相通婚，结果或逐渐消灭，或显然退化，这是一个经验事实，这一事实也似乎与这一自然法则有关。假使由两个完全不同的种族实行交配，几乎没有例外，子孙总是壮健而漂亮的，这一点是无可否认的，例如白种与黑种杂交以后，第三代到第四代子孙就会出现这样的情况。这个见解应用到整个国家时似乎更加确凿可信，经常进行异种交配并使这种风气扩大到全国的那些民族，他们思想的活泼，精力的充沛，以及在智力、体力、仪表各方面，都胜过别国的民族。①

① 据查尔廷说，属于古代波斯的一个未经异种交配的蛮族格伯利族，丑陋、畸形而且笨拙，就像出于蒙古后裔的一切民族那样；而波斯贵族，那是许多世纪以来与格鲁吉亚及塞加西亚的女子通婚的，却以优美壮健著称。普立查德博士说，居于苏格兰高地未经杂配的居尔特人，在高度、体力、外貌各方面就都远不及居于苏格兰低地与撒克逊人交配的同类人。帕拉斯对俄罗斯人及鞑靼人后裔同与他们有关的未经杂配的各部落作比较时，也有相类见解。阿扎拉断言，西班牙人与巴拉圭土人的后代比两者的前代都要漂亮、强壮得多。人种杂交的好处，不但在不同民族之间，就是在同一民族的不同氏族之间，也显然可见。例如克利奥尔种黑人，在智力和体力上就远胜于直接从非洲来到美洲的那些未经杂配的黑人。唯一属于印第安种的加勒比人是经常向邻近部落挑选对象的，他们在各方面就都优于所有其他的美洲种族。如果说这种演变是一个自然法则的话，那么为什么中世纪各城市在建立以后不久就会勃然兴起，获得进展，为什么美国人民精力旺盛，容仪优雅，就可以获得部分的解释。

有些人在小村落里从事处于残缺状态的农业，那里几千年来，只是有限的若干家族在彼此通婚，那里若干世纪以来没有人想到要使用新式工具，或在耕作中采用新法，或在衣服式样上作任何改变，或吸收任何新思想，那里被认为最上的妙策的并不是怎样来发挥身心力量以取得尽可能多的享受，而是怎样得以尽可能地省免这类享受；但是根据上节的推论，我们认为可以断言，这些人并不是注定要变成这样蠢顽不灵的生物的，这样的演变并不是必不可免的。

建立了工业以后，这种情况就可以完全改变(这是有利于整个国家民族的进步的)。增加的农业人口有一大部分投入工业社会以后，各地区的农业人口与工业人口彼此互相通婚而搀合在一起以后，那种在智力、道德、体格上停滞不前的现象就可以消失。工业以及以工业为依据的与各国各地区之间的商业所引起的交往关系，会使整个国家以及各个社会和家族受到新血液的灌注。

工业的发展对于畜种的改良也有同样重大的影响。不论何处，建立了毛纺织业以后，羊的品种就会迅速得到改皮。工业人口增长以后，对于上品肉类的需求也随之增长，农民就势必要设法提高畜产品种。对于“上乘的马”的需求有了增长以后，跟着发生的必然是马在品种上的改进，这是一定的道理。于是我们就可以不再看到那些恶劣的、属于原始品种的马、牛和羊，那是由于农业处于残缺状态、对于家畜品种的交配和选择全不注意的结果，是它们蠢陋的主人的侧面写照，双方是互相称合的。

许多国家在家畜方面，由于外国品种的输入，本国品种已经有了极大改进，因而国家的生产力也有了极大增长；但是在这方面有待于更进一步努力的，还有多少啊！所有欧洲的蚕种，是君士坦丁一世在位时代，由希腊僧人把它放在空心竿子里从中国带到君士坦丁，然后传入欧洲的，当时中国对于蚕种是严禁出口的。法国的毛织品所以这样优美是由于输入了西藏产的山羊。向来关于动物的饲育和改进，主要目的总是在于适应奢侈享乐方面的需要，而不是在于增进广大群众的福利，这是很可惋惜的。根据旅行家的记述，说在亚洲某些国家曾看到一种牛类，既富有拖重能力，又善于奔驰，使用时几乎与马具有同样的优点。欧洲的小农民如果能备有这样品种的牛，对他将何等有利！劳动阶级在生活资料、生产力和便利方面，由此将获得多大的增进！但是人类生产力从草本和木本植物的改良和输入方面得到的增长远比从动物品种的改良和输入得到的为多。这只要把处于原始状态下的植物同改良品种比一比，就立见分晓了。我们可以看一看，就各种谷物、果树、蔬菜以及橄榄来说，它们的原始品种与改良品种，在形式上，效用上，两者之间有着多大的差异！由此在营养与享受方面，在人力获得有利使用的机会方面，产生了多大的效果！诸如马铃薯、甜菜根、饲料根菜作物的种植，加上改进的施肥方法与改进的农业机器，已使农业收入比亚洲各部族目前所得到的增加了十倍。

对于植物新品种的发现与改良，科学已经作了很多贡献，政府方面对于这一重要问题，为了经济利益，应当予以充分注意，但目前在这方面的注意还不够。最近据说在北美洲草原发现了一种草本植物，这种植物在最贫瘠的土地上所提供的产量，比我们所知的最肥沃的土地上的饲料作物的产量还要高。很有可能，在美洲、亚洲、非洲以及澳洲的原野，还有很多植物听其自生自长，没有加以利用，经过移植与改良以后，也许会使温带居民的福利获得无限的增进。

这是很明显的，大多数动物与植物品种的改良与移殖，这方面大多数的新发现，以及其他方面的一切进步、创造与发现，主要受益的总是温带国家，尤其是其中的工业国家。

第十九章　工业与国家的工具力（物质资本）

国家生产力的来源是个人的身心力量，是个人的社会状况、政治状况和制度，是国家所掌握的自然资源，或者是国家所拥有的作为个人以前身心努力的物质产品的工具（即农业的、工业的与商业的物质资本）。在前两章里已经分析了工业对于前三项国家生产力来源的影响，在这一章和下一章，我们将从事于说明工业对上述末一项生产力来源的影响。

我们在这里所称作“工具力”（instrumental powers）的，在流行学派则称作“资本”。对于一种事物，用什么字眼来表示，并没有多大关系，但是所选择的字眼，表示的必须始终是同一事物，不多也不少，尤其是关于科学研究，这一点更加重要。当讨论到问题的不同方面时，作出这样的区别就有了必要。现在流行学派使用“资本”这一名词时，指的不仅是有助于生产的物质手段，而且还有精神和社会手段。但是当提到资本时，显然应该确切表明，它所指的究竟是物质资本、即生产中的物质工具，还是精神资本、即个人所固有的或个人从社会环境和政治环境得来的精神力量和体力。当应该作出这种区别而没有作出时，就势必会导致错误的推论，或起一种掩盖错误推论的作用。不过我们主要目的是在于暴露这种在不准确、不恰当命名的掩盖下所犯的错误,而不是在于制造新名词,因此我们仍然采用了“资本”这个名词,但是对于精神资本与物质资本之间,对于物质的、农业的、工业的与商业的资本之间,对于私人资本与国家资本之间,将加以区别。

亚当·斯密用了资本这个笼统的名词,提出了下列论点,竭力反对保护贸易政策,他的门人也沿袭了这种论调至今未改。他说:“一个国家采用了这种(保护)办法以后,的确可以使某类特种工业比没有这个办法时成立得快些,这类工业在若干时间以后也的确能够出产与国外同样便宜、甚至更加便宜的产品。但是虽然在这样情况下可以更快地使国家工业走向它以后会自动走向的方向,这绝不是说,用了这样的方法,国家的工业或收入总量就可以有所增长。国家的工业只能随着资本的增长而作相应的增长,国家的资本则只能依照从收入中逐渐得来的储蓄而增长。可是这些方法的直接后果是使国家的收入减少。既足以减少收入,就不能使资本,以及工业,比在任其自由的情况下自然而然地增长时增长得更快,这一点是确切不移的。”①

这个学派的创立者为了证明这一论点,举述了我们已在前一章里所驳斥了的在苏格兰种植葡萄那个著名的例子。

他在著作的同一章里又说,国家的岁入并不是什么别的东西,而只是国民工业每年所生产的那些东西的交换价值。

上述论证,就是这个学派反对保护贸易政策的主要根据。它

① 《国家财富的性质和原因的研究》,第 4 部分,第 2 章。

承认通过保护措施能够把工业建立起来，并且能够出产同国外来的一样便宜或者甚至更加便宜的工业品；但它认为这类措施的直接后果是减低国家收入，即国民工业每年所生产的那些东西的交换价值。它因此就削弱了取得资本的力量，因为资本是从国民每年收入中得来的储蓄形成的；然而，国民工业总量是决定于资本总量的，前者是只能随着后者而相应地增长的。得出的结论是，通过这些措施所导致的一类工业，如果让它循着自由的进程前进，当然就会自然而然地发生，因此这类措施是足以削弱工业的。

我们反驳这种推论时首先要指出，亚当·斯密使用资本这个字眼时，他所持的观念只是那些收租的人或商人在簿记及贷借对照表上对资本所必然要抱有的那种观念，就是把资本作为与由资本产生的收入有所区别的那种交换价值综合量。

他忘记了他自己给资本下定义时，也曾把生产者的身心力量包括在这个名词的涵义之内。

他误认为足以决定国家收入的只是物质资本的总量。但是相反地，在他自己的著作里却有着数不清的证据，说明这些收入主要决定于国民身心力量的总量，决定于这些力量在社会与政治方面的完善程度（尤其是靠了进一步完善的分工与国家生产力联合所实现的完善程度），说明保护政策虽然需要有一个时期的物质牺牲，但是这些牺牲在力量上，在取得交换价值的能力上，却可以得到百倍的补偿，所以实际上只是国家的再生产支出。

他忘记了，使整个国家能增加物质资本总量的能力，主要是在于能够把未经使用的天然力量转变成为物质资本，转变成为有价值的、能产生收入的工具，而就纯农业国家的情况来说，有着许多搁呆的、原封未动的天然力量，只有通过工业才能使之加速地活跃起来。关于工业对国内贸易与国外贸易、对国家的文化和力量、对国家独立自主地位的维持以及对于由此而来的取得物质财富的能力这些方面的影响，他都没有考虑到。

他没有体会到，通过殖民地开拓，英国取得了多大数量的资本(据马丁估计这一项数额在二十五亿英镑以上)。

他在别的场合虽然那样清楚地说明，使用在中间商业中的资本，只要是没有与任何某一国家的土地适当地结合在一起，就不能认为是属于那个国家的，在这里他却没有考虑到，这种资本由于有利于国家的国内工业，是极有效地实现了国家化的。

他没有考虑到，通过促进本国工业的政策，就可以把大量国外的精神资本与物质资本吸引到本国来。

他错误地认为这些工业是在自然趋势下自动发生的；他不晓得不论拿哪一个国家来说，为了它自身的特有利益，它的政治势力对于这种所谓自然趋势，总是要加以干预，使之趋向人为方向的。

他的论据以含糊笼统的说法为依据，因而是根本错误的，他在论述中举了一个例子，要想证明因为在苏格兰用人为方法从事制酒这一措施的不足为训，所以用人为方法建立工业也是愚蠢行为，这个例子也是根本错误的。

他把一个国家资本形成的过程，缩减到了一个收租者私人的动作，收租者私人的收入是取决于他的物质资本价值的，他只有把他的储蓄重新转化成资本才能增加收入，除此以外别无他法。

他没有看到，这种储蓄理论，就商人的地位来说是完全正确的，如果由整个国家来遵行，就必然要使国家陷于贫困、粗鄙、无能和腐化。既然人人竭力从事于储蓄与节约，生产的动机就不再存在。既然人人只是致力于交换价值的累积，生产方面所需要的精神力量就要渐告消失。假使作为一个国家的国民，都是像这样一些头脑不灵的守财奴，那就会为了怕负担战争费用而放弃对国家防卫工作的注意，只是在受到敌国欺凌，牺牲了一切财产以后才会明白，争取国家财富与收租者私人致富之道有所不同，两者是不能相提并论的。

收租者私人，当他作为一户的家长时，他所应当遵行的一套理论方针，与这里所提出的店主的物质交换价值理论就必然完全不同。他对于后代在教育方面，至少必须支出那样多的交换价值，当管理财产的责任一旦落到他们头上时，使他们能够进行管理。

国家物质资本建立时所采取的方式与收租者单纯储蓄的方式完全不同，也就是说，这是与生产力建立时的方式相同的，因为它主要依靠国家的精神资本与物质资本之间以及农工商业资本之间的交互作用。

国家物质资本的增长有赖于国家精神资本的增长，反过来也是这样。

农业物质资本的形成有赖于工业物质资本的形成，反过来也是这样。

商业物质资本处处是作为一个中介者存在着，在工业资本与农业资本两者之间起着协助与补充作用。

未开化国家，在渔猎生活下，一切东西几乎全部是来源于天然力量，资本几等于零。国外贸易使资本有了增长，但是在这样的过程中（通过枪炮、火药和子弹的作用），天然力量的生产力也就被完全破坏。储蓄理论对一个打猎的人并无好处;在这种理论下他势必要改行,改成一个牧羊的,否则就必然要没落。

在畜牧国家,物质资本会很快地增长,但是只有当天然力量对家畜能够自然而然地供应食料时,才能获得在这个限度内的增长。家畜以及生活资料有了增长以后,人口就会紧跟着增加起来。一方面牛羊群和牧场随着人口的增加,分割成越来越小的范围;另一方面,国外贸易对消费在发生着诱导作用。这个时候对他们宣传储蓄理论也是徒劳的;国家势必要从畜牧事业转变到农业,否则将陷于贫困。

就农业国家来说,它可以利用处于潜在状态下的天然力量,从而增加财富,它的活动领域是广大的,但毕竟是有限度的。

就农民自身来说,他可以贮存粮食,改进庄稼,增加牲畜;但是生活资料有了增加以后,人口总是要跟着增加的。生产愈丰饶,人口愈增加,物质资本(即耕地和家畜)也就随着这个增进程度被增进中的人口分割得更零碎。但是靠了勤耕力作是不会使土地面积扩大的,而且由于运输工具的缺乏——那是我们在前一章已经指出的,由于商业往来不发达而必不可免的欠缺情况——对于土地的固有力量是无法充分利用的。还有一层,纯农业国家多半感到缺乏的是,通过工业及由工业而来的商业给予国家的那些手段、智力、进取心、活动力以及社会发展,因此纯农业人口不久就会达到这样一个情况,这时农业物质资本不再能与人口的增加齐头并进,国家的资本总量虽然在不断增长,但个人的贫困却越来越显著。

在这样情况下,国家最主要的产物就是人,他们在自己国家既然不能够丰衣足食,就要向外国迁徙。流行学派把人看做是累积的资本，对这样一个国家来说，这种说法是很难使它感到安慰的；因为人口输出以后是不会引致回程货物的，而且适得其反，将造成大量物质价值如工具、家具、货币等等作非生产性的输出。

处于这样的情况时，国内分工还没有正式发展，要想增加物质资本（个人在物质上的富饶），显然是既非勤恳、也非节约所能奏效的。

当然，作为一个农业国而绝对没有任何国外贸易的情形是很少的；国外贸易，就它所发生的影响来说，关于资本的增长这一点，也未尝不能补国内工业的匮乏，因为它由此使国外工业家与本国农民有了商业关系。但是这种事态的发生，性质毕竟是部分的，而且是缺点极大的。首先，这种商业只限于某些大宗产品，活动地区主要只是在那些沿海岸及通航河流一带；其次，无论如何，这种商业关系总是极端非正规的，遇到战争、商情变化、贸易方面的法制有了改变，或者遇到国外有了特大的丰收或输入方面的变化，这种关系是往往会中断的。

要使农业物质资本作大规模、有节奏、继续不断的增长，只有在农业国建成充分发展的工业，才能实现。

一国的物质资本，绝大部分总是与土地分不开的。不论哪一个国家，地产、乡村和城市住宅、工场、工厂、给水设备、矿山等等的价值大约要占**国家全部资产价值的三分之二到十分之九**。因此，凡是足以使不动产价值有所增减的，也足以使国家物质资本总量有所增减，必须把这一点作为一个通则。这是一个显明事实：具有同样生产力的土地，它的资本价值，邻近小城市的，比在偏僻地区的不知要高出多少，邻近大城市的比邻近小城市的又不知要高出多少;至于工业国家的这种价值同纯农业国家的相比,双方高低悬殊,简直无可比拟。反过来,我们还可以看到,城市住宅与工业建筑物以及它们的地基的价值,总是随着城市与乡村在商业关系上的扩大或收缩,或者是随着农业的盛衰,作等比例升降的。由此可见,农业资本的增长有赖于工业资本的增长,而后者反过来也有赖于前者。①

但是当农业国转变为工业国时,这种交互作用在工业方面比在农业方面要有力得多。当从单纯的游猎形态转变到畜牧形态时,资本的增长主要是由于牲畜头数的迅速增长;当从畜牧形态转变到农业形态时,资本的增长主要是由于耕地与剩余农产品数量的迅速增长;而如果由农业形态再进而转变到工业形态时,国家物质资本的增长却主要是通过专门用于建立工业的那些价值和力量而实现的,因为大量的、以前所未经利用的天然力量与精神力量是

① 可与下列载于1883年《泰晤士报》的一篇短文《工业与农业》对照:

"美国农业部的统计学家在最近报告中指出,田产价值是按照农业对其他事业比重的增进而相应地降低的。这就是说,当一切劳动力都倾注于农业时,田产的价值最低,人民如果只有半数务农,它的价值就会显著提高,如果只有四分之一的人数务农,价值将更高。根据统计,证明事业的多样化对于一个州来说最为有利,田产附近如果有一个工厂,就会使这块地以及地上的农作物价值提高。这里还可以作进一步的说明,假使将美国各州按照农业人口在全部人口中所占的比率的高低分为四类或四级,以农业人口所占比率不足百分之三十的为第一类,在百分之三十以上、不足百分之五十的为第二类,在百分之五十至七十之间的为第三类,在百分之七十以上的为第四类,则田产价值与农业人口是成反比例的;在纯农业地区、即第四类,田产价值每英亩只有5.28美元,次一类13.03元,再次一类22.21元,而在工业地区则达40.91元。这一点说明,有多种事业混在一起的地区,占有极大优势。而且不但土地的价值提高,每亩的产量也会有所增加,农民的收入也比前丰富。因此各种工业不但有利于工业者,对农民也同样有利。农民应当放弃对工厂抱反感的偏见,实际上工业对于他们的财产价值是有提高而不是贬低的作用的。"——英译本注

由此而转变成精神资本和物质资本的。建立工业绝对不会有碍于物质资本的蓄积，恰恰相反，要使国家能够经济使用农业储蓄，建立工业是第一要着，要鼓励国家着重发展农业经济，建立工业是第一个有效手段。

在美国的立法机关里，时常听到这样的话，说谷物由于没有销路不值得收割，只好让它在田里烂掉。在匈牙利则听说农民被过多的产额压得几乎透不过气来，而那里的工业品比在英国却要贵两三倍。这样的情况在德国也许还能记得。由此可见，一切剩余农产品在农业国家并不是物质资本。有了工业时，把这项产品收入仓库，首先就成为商业资本，然后卖给工业者，就转化为工业资本。在农民手里无法利用的存货，到了工业者手里就成了生产资本，反过来也是这样。

有了生产，才有消费的可能，而消费要求又足以刺激生产。纯农业国家在消费方面是靠国外情况决定的，如果情况不利，那些因消费要求而引起的生产就会消失。但是在那把工农业在自己国土上结合起来的国家，那种相互诱导的作用是不断存在的，因此生产将不断提高，工业资本和农业资本也将随着不断地增长。

工农业同时发展的国家，由于在上面我们已经提到的那些原因，在物质资本方面比纯农业国家不知要丰富多少倍，这一点是显而易见的，因此前者的利率总比后者要低得多，使企业家可以有较大的资本，在比较有利的条件下自由分配。由此可见，工业国与农业国新成立的工业相竞争时总是要占上风的，后者对前者总不免要不断地居于负债地位，前者的工农产品价格在市场上的不断波动以及货币价值的不断变动，将使后者在物质财富的累积方面、在道德以及节约习惯方面受到同样大的危害。

流行学派把资本分为固定的与流动的两类，而把许多在流动中的事物出乎情理之外地纳入前一类，关于这种区别却并没有加以任何实际上的应用。作出这样区别时可以引起的唯一有价值的一点，这个学派却置之不顾。物质资本与精神资本大都是与农业、工业、商业或其中的某些部门——不仅如此，实际上还往往与某些地区——结合在一起的。例如一株果树，在砍下以后，对工业者(假使他用它来做木制品)和对农民(假使他是要把它栽培起来生产果品的)来说，价值显然完全不同。又如对所饲养的羊群，不得不加以大量屠宰时，像德国和美国所已经时常发生的情况那样，它们的价值，与用来生产羊毛的羊的价值，也显然完全不同。又如葡萄园自有它的价值，假使改作耕地，原来的价值即将丧失。帆船，如果用作木料或燃料，它的价值比用作交通运输工具时将低得多。如果纺织业受到破坏，完全崩溃，原来的厂房、供水和机器设备还有什么用处？同样的情况，个人所具有的生产力，包括经验、习惯和技术，在失去了本业以后，一般就会大部分不复存在。流行学派对于所有这类事物和资产，都一概笼统地叫作资本，在这一名词的掩盖下，可以随意把它从这一个移置到那一个使用范围。萨伊就曾劝告英国，把它的工业资本转向到农业。这样一种不可思议的事情将如何实现？他没有告诉我们，看来英国政治家对这一点直到现在也还莫名其妙。萨伊在这里显然是把私人资本同国家资本混淆起来了。一个工业家或商人可以把他的厂或船卖掉，然后用所得价款买进田产；而整个国家却不能这样做，除非把大部分物质资本和精神资本付之牺牲。这个学派为什么对这样分明的事实要故意加以曲解，其中的道理是十分明显的。如果对于事物给予了恰当的名词，真相就会显露，就很容易使人理解到，将一个国家的生产力从这一个移转到别一个使用范围时是要发生困难和危险的，而这一点决不会始终有利于"自由贸易"，却往往是有利于国家保护政策的。

第二十章 工业与农业利益

假使说，保护关税有利于国内工业，只能使工业家致富，而不利于工业品的消费者，那么对于这种不利情况感觉得最深切的应当就是地主和农业经营者，因为这是消费者中人数最多、最重要的阶级。但我们可以证明，甚至这个阶级，从建立工业中所获得的利益比工业家本身所获得的更大；因为有了工业以后，对农产品的需求在品种上将增多，在数量上将扩大，农产品的交换价值也将提高，这时农业经营者就能够在更加有利的情况下利用他的土地和劳动力。地租、利润、工资这一切因此就都可以提高；地租和资本有了增长以后，跟着就会使地产售价和劳动工资提高。

地产的售价实际上就是资本化地租；它一方面决定于地租的数额和价值，另一方面却主要地决定于国家现有精神资本与物质资本的量。

一切个人和社会的改革——尤其是国家生产力的增长，其中更重要的是工业力量的增长——都足以使地租的数额增加，同时使地租对总产量的比率降低。在事业很少发展而人口稀少的农业国家，例如波兰，地租可以占到总产量的二分之一或三分之一；在充分发展、人口稠密而富裕的国家，例如英国，则地租比率降低到总产量的四分之一或五分之一。但是比率虽低，以实际价值量，以货币价值，尤其是以所能换得的工业品计算时，却要比高比率所含有的大得多。英国小麦的平均产量是二十五蒲式耳，其中的五分之一就等于五蒲式耳，而波兰小麦的平均产量是九蒲式耳，其中的三分之一却只有三蒲式耳；在英国五蒲式耳的价值平均是二十五先令到三十先令，而在波兰内地三蒲式耳的价值至多不过八先令到九先令。还不止如此，工业品在英国至少要比在波兰便宜一半，因此英国的地主，用三十先令的货币地租可以买到十码布，而波兰的地主用九先令的地租却很难买到两码布。由此可见，同样的地主，在英国的拿到了总产量的五分之一，在波兰的拿到了三分之一，而前者比较后者境况要富裕得多，作为一个收租者时所得的货币要高三倍，作为一个消费者时所得的工业品要高五倍。这是说地主的方面，至于自耕农和雇农，尤其是作为工业品的消费者时，在英国的处境，在波兰的也难与比拟。在英国二十五蒲式耳的产量内，分配于播种、耕耘、工资与利润方面的占二十蒲式耳，其中后两项计占半数，即十蒲式耳，平均价值是六十先令或二十码布（按每码三先令计），而在波兰的九蒲式耳产量内分配于播种等四项的仅仅六蒲式耳，其中分配给工资与利润两项的计占半数，即三蒲式耳，价值十先令到十二先令，只能买布三码半。

地租是有效使用物质资本的一个主要手段。因此它的价格是要看国家的现有资本量和供求比例来决定的。工业国家由于国内外贸易的发达而积累了剩余资本，那里的利率又比较低，在那样一个工商业发达的国家里总有许多有了钱的人要把他们的剩余资本向地产投资；因此就某一数量的地租来说，它的售价在这样的国家里总要比纯农业国家高得多。在波兰的售价约相当于十年或二十年间的收入，在英国则达三十年或四十年间的收入。

地租的售价在工商业国家既比农业国家为高，土地本身的售价情形也相类。具有同等的自然产出力的土地，在英国的价值高于波兰的约十倍到二十倍。

工业对于地租数额，因此也就是对于土地的交换价值，是有影响的，亚当·斯密在他著作的第一部分第九章末尾确曾注意到这一点，不过只是偶然提到的，并没有适当地把工业在这方面非常重大的意义表达出来。他分析了影响地租增长的那些原因，有些他认为是**直接的**，如上地本身的改良和家畜数量及价值的增进，有些则认为是**间接的**，把工业列入了间接原因之一。他就这样把**地租**和土地价值**增长的主要原因**（即**工业**）放在几乎使人难以觉察的次要地位；至于土地改良和牲畜繁殖，两者本身就大部分是出于工业和由工业而来的商业的结果，而他却把这些说成是增长的主要原因，或者至少是同等的原因。

亚当·斯密以及他的门人绝对没有充分认识到工业在这方面的价值。

我们曾经提到，工业及与工业有关的商业的发展，使具有同等地力的土地，在英国的价值高于在波兰的约十倍到二十倍。现在试将英国的工业产值与工业资本总值及农业产值与农业资本总值加以比较，就可以看出，这个国家财富的绝大部分表现在增加了的地产价值项下。

麦克奎恩[1]对于英国的财富和收入曾作如下估计（下列数字单位为百万镑）：

I. 全国的资本总值

项目	分项	合计
1. 农业		
土地、矿山及渔场	2,604	
运转资金——牲畜、农具、储藏品及货币	655	
农业经营者的家具和用具	52	
		3,311
2. 工商业		
工业及工业品国内贸易	178.5	
殖民地商品贸易	11	
工业品国外贸易	16.5	
	206	
1835 年（这一估计在该年作出）以后的增额	12	
		218
城市各种建筑物及工业建筑物	605	
船舶	33.5	
桥梁、运河及铁路	118	
非农业用马匹	20	
		776.5
全国资本总值（殖民地、外债及内债投资除外）		4,305.5

II. 全国的产值

1. 农业、矿山及渔场	539
2. 工业	259.5
	798.5

从以上估计可以看出：

1. 英国在农业方面土地的价值占全国资产总值的四十三分之二十六，超出投放于工商业的资本总值约十一倍。

① 《不列颠帝国的一般统计》，伦敦，1836 年。

2.英国投放于农业的资本占全国资本总值四分之三以上。

3.英国固定资产的总值,即

土地等等	2,604
城市房屋及工业建筑物	605
运河及铁路	118
	3,327

占全国资本总值四分之三以上。

4.英国工商业资本,包括船舶,不过241.5百万镑,占全国财富十八分之一。

5.英国农业资本总值3,311百万镑,所产生的总收入是539百万镑,约合百分之十六;而工商业资本218百万镑的年产总值却达到259.5百万镑,达百分之一百二十。

这里首先必须注意的是,凭了218百万镑的工业资本获得了259.5百万镑的每年产值这一事实,是为什么英国农业资本能够达到3,311百万镑这样大的数额,从而获得每年产值539百万镑的主要原因。农业资本总值内绝大部分是土地和家畜总值。工业使全国人口增加了一倍到两倍,对大规模的国外贸易、大规模的航运事业以及许多殖民地的取得和开发,提供了使之实现的手段,从而使生活资料与原料的需求有了等比例的增长,使农业经营者同时得到了满足这种增长了的需求的手段和动机,使农产品的交换价值有了提高,由此又使地租的数额与售价以及土地本身的售价有了按比例的增长。假使这一项218百万镑的工商业资本一旦被完全毁灭,那时就不难想象,不但259.5百万镑的工业产值将化为乌有,而且那3,311百万镑的农业资本以及539百万镑的农业产值中的绝大部分,也将不复存在。那时英国在生产上所损失的将不仅是工业产值 259.5 百万镑，土地价值也将低落到与波兰相等，即现有价值的十分之一或二十分之一。

由此可见，农业国在有利情况下用之于工业的一切资本，经过相当时间，会使土地价值提高十倍。各处的经验和统计都足以证明这个说法。工业建立以后，土地价值和资本累积就会迅速增进，到处所看到的情况都是这样。如将法国（1789 年及 1840 年）、美国（1820 年及 1830 年）或德国（1830 年及 1840 年）的这类价值量比较一下，看一看这些价值量与工业发展较差或发展比较充分的情况是如何地相符合，就可以明白，我们的见解是到处的事实经验都可以证明的。

造成这种现象的原因是生产力的增长，而这是从有节奏的分工与国家力量的巩固的联合得来的，也是从国外贸易、从处于国家支配下的那些精神力量与自然力量进一步有利的使用得来的。

关于运输工具的改进，我们可以看到的也是同样的因果关系。由此不但使运输事业本身有了收入，从而收回了在这方面所支出的资本，而且有力地促进了工业和农业的发展，使这个地区的地产价值，在相当时间内，可以提高到创建运输事业时所使用的实际物质资本价值的十倍。运输工具的改进使农业经营者获得极大利益，而农业经营者所处的地位与运输事业的承担者对照时却要有利得多，他对于所投资本，可以有充分把握获得那提高了十倍的利得，不必有任何牺牲，而运输事业的承办人则必须把他的全部资本倾注在这个事业上。农业经营者的地位与新工业的建立者相对照时，有利的情况也相类。

工业对于农业生产、对于地租、从而对于地产价值的这种影响既然这样深切，对于一切与农业利益有关的各方既然这样有利，那么有人说保护政策只是有利于工业者而以农业经营者为牺牲的这种说法，又怎样能成立呢？

农业经营者以及所有其他个人的物质幸福主要决定于一点，即他们所生产的价值要超过他们所消费的价值。对于农业经营者有切身利害的，主要是各种农产品是否有广大需求，是否有很高的交换价值，至于工业品价格是否低廉，对他并不是一个怎样重要的问题。假使通过保护措施的作用，市场情况有了改进，使农业经营者出售他自己的产品时可以获得较大利益，他在这方面的所得，超过了他需要的那些工业品价格提高以后的所失，那就不能把他说成是在有利于工业的情势下受到了牺牲。凡是自己能够建立工业的那些国家，这样的情势总是存在的，尤其是在本国工业成立的初期，情况更为明显；因为正是在这个时候，转移到工业的资本，大部分用于住宅和厂房的建造、水力的应用等等方面的支出，主要有利的就是农业经营者。在建立工业的初期，农产品销路扩大，价值提高，抵销了工业品价格上涨的不利情况而有余。但是农业经营者在这个时期所享受的利益无论怎样广泛，他在以后的有利情况必然还要继续进展，因为在工业发展过程中，农产品所能获得的价格必然逐渐趋涨，而工业品价格必然渐渐降低。

还有一层，农业经营者和地主的事业的发展，特别有赖于他们取得收入的那个手段、即土地的价值状况，地产价值至少要能维持原状。这一点不但是他们事业发展的，而且往往是他们整个经济生活的主要条件。例如往往会发生这样的情况，农业经营者一年的生产是超过他的消费的，但是他却感到已沦于破产地位。如果他对地产还负有银钱债务，而一般信用市场情况并不安定，如果一方面货币资本求过于供，而另一方面地产却供过于求，就会发生这样的情况。这个时候就会普遍发生货币贷款要求收回而地产则急于求售的情况，结果地产价值一落千丈，使许多最积极勤俭而富于进取精神的农业经营者陷于破产境地。这并不是由于他们的消费超过了生产，而是由于在他们手里的那个生产手段、即地产，在他们无法控制的原因下，失去了大部分价值，从而使他们的信用受到破坏；地产价值既普遍低落，以地产为抵押的货币负债数额与他们所有财产的货币价值，即不能保持原有比例关系。近五十年来，这样的恐慌在德国和美国曾发生过不止一次，有许多德国贵族就这样丧失了他们的财产或地产；但是他们却没有明白，使他们受到这种遭遇的，实在就是他们所认为居心那样善良的好朋友、英国保守党所采取的政策。但是在工业蓬勃发展的国家，农业经营者和地主所处的情况却完全不同。在那里，土地生产力和农产品价格都有了提高，农民所获得的不仅是生产价值超过消费价值的数额，地主所获得的也不仅是每年地租的增长，还有地租增长所体现的资本额。他的财产价值提高了一两倍，这并不是由于他增加了劳动强度，作了进一步的节约或田地有了更大的改进，而是由于工业建立以后对于他的财产价值发生了影响。这就使他有了进一步发挥身心力量、改良土地、增加牲畜头数的手段和诱因，他虽然在消费方面有所增加，仍有更多的节余。他的地产价值提高以后，信用就有了提高，从而实行改进时取得所需要的物质资本的能力也有了提高。

亚当·斯密对于地产交换价值的这类情况保持沉默，不加闻问。萨伊却不是这样，他表示了意见，他认为土地的交换价值并没有什么重要意义，无论价值是高是低，土地总是同样地适合生产的。这位作家，在他的德文翻译者们的心目中是具有普遍代表性的权威者，而在他作品里对于国家繁荣具有这样深切关系的一个问题，却抱着这样错误的见解，真是一件憾事。我们的主张却相反，认为必须肯定，土地价值的高低是测验国家繁荣程度的最可靠标准，这方面的波动和恐慌，应当认为是能够降临到一个国家的、毁灭性最大的灾害之一。

这个学派所以会陷入这样的错误见解，也是由于对自由贸易理论的一意偏袒，它是希望自由贸易这个名词能够深入人心的。有些纯农业国家同富强的工商业国家有着无拘无束的商业往来，而在地产价值与价格方面波动与恐慌发生得最剧烈的，也就是处于这样地位的一些国家。

固然，国外贸易也能使地租及地产价值增长，但是这种增长情况，同本国工业的建立、工业生产有规律的不断增长以及国内工业品对国内农产品的交换相对照时，前者的那种不确定、不均衡、不能持久的情况是不能与后者同日而语的。

当农业国家还有着大量未经开垦或耕作粗放的土地，它所产的主要农作物在富强的工业国家里有稳定的销路，可以换得工业品，这类农作物在运输方面也没有问题，农作物的需求又能逐年有所增长，增长的程度大致与农业国生产力发展相适应，双方的贸易关系也没有被战争或国外关税制度所阻断——只有处于这样的情况时，国外贸易对地租与地产交换价值的增长才会发生强大影响。但是这一系列的情况的任何一点如果有了变化，或中止发生作用，国外贸易就会成为国家经济停滞的起因，不仅如此，还往往会造成国家经济重大的、长期的退化现象。

国外的需求是变化无常的，这种情况在这方面具有最有害的影响，如果由于战争、农产歉收、来自别的地区的输入的减退，或由于任何其他情况或变故，工业国家对于生活必需品或原料或上述的某些主要农作物的需求有了增长；然后由于和平恢复、农产丰收、从别的地区输入增加，或由于政治措施，这种需求却又大部分不复存在。如果上述需求增进的持续期比较短促，农业国家也许会由此获得一些利益。但是如果持续期长达好多年，则这时国家的一切情况与一切私人组织的消费规模，已经与这个需求相调和配合。生产者对于某种标准的消费已经习惯；关于某些原来认为是奢侈的享受，现在对他说来已成为必不可少的事物。他的农业收益与地产价值已有所增长，他凭了这一点，改善了耕种与房屋设备，添置了许多东西，如果地产价值没有提高他是绝不会这样做的。土地的买卖与租赁以及贷款，都是在地租和地产价值提高了的标准上成立的。再说，个人的收入有了增加以后，国家本身的开支也就必然会增加。但是这种需求一旦突然中止以后，生产与消费之间，降低了的地产价值与并未降低的货币贷款之间，根据租约应付的货币地租与租地上的货币产额之间，以及国家的收入与支出之间都会失去平衡，由于这一系列的不平衡状态，就发生了国家在经济、政治、精神各方面的破产、窘迫、沮丧、退化等等现象。在这样情势下的农业繁荣，它的作用就像鸦片或烈性饮料一样，只能引起一时的兴奋，结果将终生萎靡不振；又如电光的一闪，当时虽使万象格外光明，但过后却坠入了更深一层的黑暗。

在农业上昙花一现的繁荣比持久而平稳的贫困局面还要坏得多。如果要使繁荣真正有利于个人和国家，那么这种繁荣就必须是无间断的。但是只有在逐渐增长的趋势下，只有国家对于这种增长与增长趋势的持久不变具有保证力量时，这样的繁荣才能成为无间断的繁荣。就土地价值来说，处于较低水平，比水平虽高而波动不定的局面，不知要好到多少倍；只有当这种价值处于逐渐而稳定的增势时，才能使国家享受持久繁荣。可是要使已经相当发展的国家，对于土地价值稳定而持久的增长具有保证力量，就只有让它自己有了工业，才能办到。

那些法国葡萄园的业主们，直到现在仍始终认为法国的保护制度有损于他们的利益，要求在对英贸易中享有尽可能广泛的自由，希望由此可以使他们的地租增长；这种情况清楚地表明，一般对于国内工业与国外贸易两者对地租与地产价值的影响大不相同这一点，果能有彻底了解的是多么少。

鲍林博士的关于英法间商业关系的那个报告的基本意向是要表明法国由英国多输入毛织品、对英多输出酒类时所能获致的利益；但是他所提供的资料，却可以用来作为一些事实的极显著的证明，这些事实同他自己的论点恰恰处于对立地位。

鲍林博士指出，法国酒类 1829 年输入荷兰计 2,515,193 加仑，输入英国只 431,509 加仑，由此证明，如果英法之间存在着比较自由的商业关系，则法国酒类对英销售量将会有如何大规模的增长。

英国人对于酒类是习惯于那些由葡萄牙、西班牙、西西里、特纳里夫岛、马德拉群岛、好望角等处输入的蒸馏酒、烈性啤酒以及性烈而价廉的各种刺激饮料的，法国酒要大量运销英国，在这方面未必没有阻碍；这些都姑且不论，假定英国对于法国酒的消费确能增进到与荷兰同样的比率，那么按照英国人口计算，它的消耗量将增进到五百万或六百万加仑，等于现在对法国酒类消费量的十倍到十五倍；这一点从表面上看来，对于法国，对于法国的葡萄园业主，的确显得是有很大利益的。

但是，假使我们对这个问题加以彻底研究，所获得的结论将完全不同。按照所宣扬的原则和鲍林的论点，所主张的当然是彻底的自由贸易。我们且不提这一点，只是假定在尽可能获得的贸易自由限度下，这时毫无疑问，英国人将使他们的工业品，特别是毛、棉、麻织品以及铁器、陶器，占有法国市场的一个很大部分。即使按照最稳健的估计也必须假定，由于法国工业生产的下降，法国城市居民将减少一百万人，以原料与粮食供应城市居民的农民也将减少一百万人。按照鲍林博士自己的估计，法国人民对于酒类的消耗，在乡村的是每人 16.5 加仑，在城市的加一倍，即每人 33 加仑。据此，法国工业力量由于自由贸易而减退后，它的酒类在国内的消耗量将减少五千万加仑；而对外输出量不过增加了五百万或六百万加仑；这样的结果对法国葡萄园业主显然是有害无利的，因为对酒类的需求，在国内的所失，比在国外的所得超过了十倍以上。

总之，就酒类生产，或者就肉类、谷类以及一般原料与粮食的生产来说，这一点是显而易见的，凡是宜于由自己建立工业的大国，国内工业生产对这类温带农产品所引起的需求，比之即使在最旺盛的出口贸易下对这类产品所能引起的需求，也将高出十倍到二十倍，因此对于地租与地产的交换价值的提高也将发生十倍到二十倍的有效作用。有些地区距离城市较远，虽然由于路政完善及商业往来上的便利，与城市有着联系，但是就地租数额与地产交换价值来说，与邻近大城市的地区比较，仍然瞠乎其后；这一点也是上说的一个最有力证明。

地租问题可以从价值观点或从生产力观点来加以研究；但是还可以从单纯的个人关系，即地主、农业经营者和劳动者之间的关系，或从社会与国家的关系与情况这方面来加以研究。流行学派对于这一问题主要只是从私人经济的观点来考虑的。例如，一国的地租被消费时，实行这种消费行为的地区离开产生地租的地区愈接近就愈有利，而有些国家的则与这个原则相反，消费行为大都发生在一国元首所驻在的地区，以专制君主国来说，大都发生在一国的首都，与地租产生的地区离开得很远，因此对农业、对最有效用的工业、对国家精神力量的发展所能发生的利益只是限于最低度——就我们所知，流行学派谈到地租时，对于这一点却一字不提，无所阐述。当地租消费集中在首善之区时，贵族地主除非在宫廷中求生活或在政府据有官职，否则就不能享有权利或政治势力，这时一切公众权力和势力都集中在首都，地主们都被吸引到这个中心点，他们要满足欲望，要找到畅畅快快地花费地产收入的机会，这里几乎是唯一的理想地区；而且大多数地主越是习惯于首都生活，在别的地区居住时，对于他们在社交方面、在高等的精神与物质享受方面所能提供的机会越少，他们就越来越感到首都生活的富有魅力，别的地方生活的可厌。结果使各地方失去了、使首都获得了几乎所有的那些由地租消费而产生的精神改进手段，尤其是原来可以由地租来维持的那些工业和精神生产者。在这样的情况下，首都的确是显得极度富有吸引力，因为它把精神劳动者的一切才能，把生产奢侈品各行业的绝大部分，都集中在它的本身。但是各地方却丧失了主要使农业经营者能改进农业、能鼓励他们实行改进的那些精神力量、物质手段和那些工业。

我们看到法国的首都，特别是在专制政权下，一切文物的辉煌灿烂，超过了欧洲大陆的任何城市，而这个国家在农业方面却很少进步，各省区在精神文化以及有实用的工业方面都感到缺乏。为什么会这样？大部分原因就是由于上述那些情况。贵族地主越是能与宫廷生活相脱离，越是能在立法与行政管理上占有势力，通过代议制与行政制度，给予各省区、各城市管理它们自己地方事务和参与国家立法行政的权利越是广泛，结果使人们居留在省区时越是能够受到尊重，获得势力，则产生地租的地区的吸引力就越大，就越加能够多多吸引贵族地主和有教育有财力的公民到那里去居住，这个时候地租的消费对地方上精神力量与社会制度的发展、对农业的改进以及对人民群众有用的工业的促进所发生的影响作用也就越大。

英国的经济情况就为这个见解提供了证明。英国地主一年中绝大部分时间是住在他自己的田庄上的。这一事实在多方面促进了英国农业，直接的方面是由于驻在地主为他自己打算，会把地租收入的一部分用于农业改进，或用来支持佃户方面所承担的这类改进工作；间接的方面是由于他自己的消费行为，对于附近一带的工业和文化教育组织会发生支持作用。再就德国和瑞士来说，与法国对照时，虽然缺少大城市，在交通运输设备与国家制度方面也相形见绌，但在农业方面，在一般文化方面，却高出很多，其中原因也部分地可以用这里所说的一些情况来加以说明。

亚当·斯密和他的学派在这一问题上所犯的绝大错误，我们在前面已经指出，这里还可以作进一步清晰的说明。他的错误在于没有能清楚地认识到工业对地租增长、对地产自身的市场价值以及对农业资本所发生的影响，在于对这一点没有能加以充分说明，却相反地将农业和工业作了对照，在他那样对照的情况下，显得农业比工业对国家要有价值得多，要重要得多，显得由此所造成的繁荣，要比后者所造成的巩固、持久得多。亚当·斯密在这里只是重复了重农学派的错误见解，不过在方式上略有些改进而已。他显然被一些现象所迷惑，那就是我们已经借助于一些英国情况的统计数字加以论证的，表明即使在最富足的工业国，在重要性上农业物质资本也超过工业物质资本十倍到二十倍；实际上，就是每年的农业生产，在价值上也是大大超过工业资本总额的。重农学派以农业与工业对照时，所以会过高估计前者的价值，或者也是由于受了这种现象的迷惑。表面上看起来，农业足以使国家富足起来的力量，当然显得要比工业高过十倍，因此对国家的重要意义比起工业来要高出十倍，也就值得给以多于十倍的考虑。但这只是在表面上看起来是这样的。如果我们研究一下农业繁荣的根本原因，就会发现主要只是由于工业的存在。英国所以会具有3,311百万镑的农业资本，主要只是由于218百万镑工业资本的存在。关于运输工具，情况也是这样；靠近运河一带的土地，价值所以会提高，只是在建造运输工具方面所花费的资金所促进的。如果运河上的运输工具受到了破坏，我们也可以把原来供作交通运输用的水流用来灌溉河边的土地，这样也显然能使农业资本、地租等等有所增长；但是即使假定由此使这一带土地价值有了大大的提高，这一点对农业也显然是有利的，然而以运河周围地产的总计价值计算，较之运输工具存在时的情况，低落将何止十倍。

从这一观点来考虑，根据一国的工业资本总额与农业资本总额对比下为数如此细小这一情况而得出的结论，势必与现在及以前那些学派所得出的结论，在性质上完全不同。现在看起来似乎是，工业本身所需要吸收并加以运用的资本与农业对比下为数越是小，工业力量的维持与扩大，即使对农业经营者来说，也就越加值得重视。的确，农业经营者，尤其是收租的人和地主们，现在应当看到，维持与发展国内工业是对他们有利的，即使所必须筹集的资本，对他们来说，没有获得直接报酬的希望，情况也是如此；这就同建筑运河、铁路和公路的情形一样，即使这些事业没有实际净利，然而享受利益的仍然是他们。有些工业是与农业最接近，在农业上最必要的，如面粉厂就是一个例子，将这一工业与上述论点结合起来看，就可以充分证明，这种见解的正确性是没有怀疑余地的。试将离开面粉厂较远的同处于厂址周围的地产价值与地租相比较，就可以发现这一工业对地产价值与地租是有重大影响的，就可以发现，在具有同样天然生产力的情况下，土地的总值与建设面粉厂的成本对比时，所增长的不只是一倍而是十倍到二十倍，即使在建厂时地主们须共同有所负担，一切设备则归之厂主，而地主方面所获得的利益仍然是巨大的。这样的情况，在美国远离城市的半开垦地区简直是司空见惯的，在那里当个人没有足够的资力完全由他自己来建设这类工厂时，地主们就会高高兴兴地从旁协助，共同合作，或以劳力支援，或捐赠木材等等。事实上这类情况在文化比较古老的国家也曾发生，不过在形式上有所不同而已，很多古代封建的“公共工场”权利，其起源必然也可在这里找到。

面粉厂的情况是这样，此外以锯木厂、炼油厂、灰泥厂以及制铁厂等等的情况来说，也无一不是这样；处处的情况都足以证明，地租和地产价值的增长程度，是按照这些地产距离工业的远近程度、特别是按照这些工业与农业间商业往来的密切程度为转移的。

面粉厂的情况既是如此，毛纺织、制麻、造纸、纺纱等等的厂的情况怎能不是这样呢？一切工业的情况又怎能不是这样呢？至少我们可以看到，任何处的地租和地产价值，总是随着地产距离城市的远近程度作完全等比例的增长的，总是随着城市人口稠密与工业活跃的程度作完全等比例的增长的。如果我们计算一下那些范围比较小的地区的地产价值和在那上面所花费的资本，再计算一下用在各种工业上的资本价值，把它们双方的总值比较一下，就会到处发现，前者超过后者至少十倍。但是如果由此得出结论，认为将物质资本投放于农业比投放于工业为有利，认为扩大农业资本对农业本身最为有利，那就要陷入错误。农业物质资本的增进，主要有赖于工业物质资本的增进；凡是不能认识到这一事实的国家，不管它在农业上的自然条件如何有利，不但不能获得进展，而且在财富、人口、文化和权力方面都将逐渐退化。

虽然如此，我们却看到地租和地产所有人往往会发出怨言，认为那些目的在于建立国内工业的财政和政治措施只是一种特权，使工业家获得致富机会，而一切义务则由他们（地主）来负担。这些人在开始经营农业时，看到在他们的邻近地区建立一个面粉厂、锯木厂或制铁厂，对于由此会使他们获得极大利益这一点是看得很清楚的，他们也愿意忍受最大牺牲，从旁支援，使这些事业得以建成；但是当他们作为农业经营者的利益已经有了些进展时，关于本国工业有了充分发展以后，对国家整个农业将由此形成如何巨大的利益，以及基于他们自己的利害关系，也必须忍受些牺牲，否则就不能达到这个目标，在这些方面他们就不再能有清楚的理解。因此除了少数的、教育程度非常高的国家以外，一般的情况总是这样的，各个地主对于眼前利益大都高度地敏感，但是对于在比较广阔的视野下才能见到的那些远一层的利益，却没有足够的智力来加以领会。

还有一层也未可忽视，那就是流行学派的理论对于地主们思想的混乱，起了很大的推波助澜作用。斯密和萨伊力图处处把工业家争取保护制度的努力说成是出于单纯自私心的驱使，对于地主的看法则相反，认为他们从来没有为自己提出这类要求，因而加以赞扬，把他们说成是慷慨为怀的，大公无私的。但是照实际情况看起来，好像是地主们只是为了无意于保有这种大公无私的美德，才会被拉扯上这种美德而备受赞扬；因为在绝大多数的、最重要的工业国家，这些地主们早已提出了要求并已获得了保护措施，虽然这一措施，我们在别的场合已经提过，对他们自己是极度有害的。如果说这些地主为了建立本国工业，以前曾有过牺牲，他们的做法同乡村中的农业经营者为了使一个面粉厂或制铁厂在他附近地带得以建成而作出的牺牲，也不会有什么两样。如果这些地主现在为了他们的农业也要求保护，他们所要求的，同以前那些乡村地主们当工厂在他们的帮助下建成后要求厂主在农耕方面帮助他们时所会提出的要求，也不会有什么两样。无疑这是一种荒谬的要求。农业的进展，地租与地产价值的增长，是只能随着工商业的发展而相应地前进的；而原料与粮食的输入受到限制以后，工业就不能获得发展。工业家对于这一点是完全清楚的。然而在多数大国中，地主仍然争取到了保护措施，其中有一个带几分奥妙的理由。在实行代议制的国家，地主在立法方面的势力是凌驾一切的，工业家因此有所顾忌，对地主所提出的愚昧要求未敢坚决反对，恐怕由此横生枝节，会促使后者倾向于自由贸易原则；工业家是宁可与地主妥协的。

于是流行学派向地主进了种种说词，告诉他们，用人为方法建立工业是愚不可及的举动，就像在寒冷地带用温室培养葡萄从而酿造酒类那种荒谬行为一样；工业应当在自发自愿的情况下，听任它自生自长；以资本增长这一点来说，农业所提供的机会不知要超过工业多少倍；一国的资本是不能用人为方法要求增长的；法律和政府的规章制度只能使事态比较地不利于财富的增进。最后，关于工业对农业确有影响这一点终于无法否认时，就尽量把这种影响缩小到最低度，并竭力把它说成是在性质上不可靠的。据说不管怎样，即使工业对农业确有影响，至少任何对工业有害的因素，对农业也同样有害，因此工业对地租的增长虽也有所影响，但影响只是**间接的**。但是另一方面，据说人口与牲畜的增加、农业的改进、运输工具的改善等等，则对地租增长有着直接影响。这里所说关于**直接**影响与**间接**影响区别的情况，就同这个学派在许多别的方面（例如关于精神修养方面的效果）所作出的区别一样；上面我们曾提到的一个例子这里也可以应用——以树上的果实为例，照这个学派的说法，这显然是一个间接结果，因为果子是生长在小枝上的，小枝是大枝的产物，大枝是主干的产物，而主干又是根部的产物，只有根才是土壤的直接产物。人们一眼可以看到，在任何大工业国，工业本身总是人口、牲畜、运输工具等等增长的主要原因；现在要把人口、牲畜、运输工具等等说成是直接原因，把工业却相反地说成是地租增长的间接原因，这种颠倒的说法，跟上面所举的例子不是同样的强词夺理吗？他们要把工业的效果和这些效果的起因置于同等地位，还不止是这样，要把由工业而来的这些成就置于首位，说成是主要原因，而把工业本身放在后面，说成是间接的、因此也几乎是次要的原因，这难道是公平合理的吗？像亚当·斯密这样一个具有深刻观察力的天才，所持的论点却这样颠倒是非，与实际事理离开得这样远，这除了是出于一种企图，要故意掩盖工业及其对国家繁荣和国家力量、对地租和地价的增长所起的作用以外，还会有什么别的诱因呢？这除了是出于一种愿望，要避免作出解释，从而造成对保护制度有利的这个十分明显的结果，还会有什么别的动机呢？关于地租的本质，自从亚当·斯密作了研究以来，这个学派在这方面特别令人遗憾。李嘉图以及后来的穆勒、麦克洛克等等，都抱着一种见解，认为地租是由土地本身所固有的自然生产力而来的。李嘉图的整个理论体系即以此为依据。他假使到过加拿大，在那里的山区和平壤作过漫游，就会相信他的理论是完全站不住脚的。他所考虑到的只是英国的情况，因而他陷入了错误观点，以为这些英国的田地和草原所产生的这样丰富的地租，是由他所假定的自然生产力而来的，而这些田地和草原的情况是一向如此的。实际上土地原有的自然生产力显然是极其微薄的，它对于使用者所能提供的剩余产量是极小的，因此单单由这一点而产生的地租简直少得不值一提。整个加拿大在原始状态下，即单由猎人居住时，所产生的肉类和皮革，看来还不够供作一位牛津大学经济学教授的薪水。又如马耳他遍地都是岩石，以那个地方的土地自然生产力来说，简直不能在任何时候产生地租。如果我们把一切国家的文化发展过程，从古到今地想象一下，这些国家的生活情况由打猎而进入游牧，然后又进展到农业，等等，我们就不难使自己深信，不论哪一个地方的地租原来总是绝对没有的，总是随着文化的发展、人口的增加与精神资本及物质资本的累进而逐步增长的。把纯农业国家同农工商业都发达的国家比较一下就可以看出，后者靠地租生活的人比前者要多二十倍。例如，根据马歇尔关于英国的统计，1831 年英格兰和苏格兰的人口是 16,537,398 人，其中收取地租的有 1,116,398 人。在波兰同样大的土地上，我们决不能找到这个数目的二十分之一的收租者。如果我们把探讨的对象，从一般的退到各个的，研究一下各个地产的地租来源和起因，也到处可以发现这是一种生产力的结果，但是这种生产力并不是自然地、无意识地发生出来的，并不是造物主的恩惠，主要是直接或间接由于在这里所使用的精神的与物质的劳动和资本，是由于社会的发展。我们可以看到有许多地段的土地，如采石场、沙坑、牧场等等，也产生地租，但从来没有由人力施以耕种，这种地租只是附近一带文化、资本和人口有所增进的结果。另一方面我们也可以看到，有些地段的土地产生数额极大的地租，而它们的自然生产力却已被完全破坏，它们没有别的用途，只是用来供人们在上面行走坐卧，吃喝享乐，工作学习——即建筑用的基地。

地租产生的根据是土地对土地占有者所提供的专有利益；这种利益的大小，主要决定于占有者所在的社会所具有的精神资本和物质资本的量，同时也决定于地产的特有地位和性质以及对以前所投资本加以利用时，对占有人所提供的取得物质价值或满足身心要求与享乐的机会。

地租是一种资本的利息，这种资本是同自然蕴藏结合在一起的，也可以说是资本化的自然蕴藏。有些国家只是将农业方面的自然蕴藏加以资本化，由于它们只有农业，因此在资本化方式上也是有缺点的，在这样情况下的土地所产生的地租，与工农业都发达的国家的土地所产生的地租对照之下是差得极远的。享受丰富地租的收租者所属的国家，大都是能够供应工业品的国家。当一个国家在农业和人口方面已经有了高度发展，从而建立了自己的工业时，正如我们在前一章里所已经指出的那样，它就得以不但把格外适用于工业而以前没有使用的那些自然力量加以资本化，而且把有助于农业的工业力量的绝大部分也加以资本化。因此像这样一个国家的地租的增长，将无可限量地超过发展工业时所必需的物质资本的利息。

第二十一章　工业与商业

到此为止，我们所谈的只是工业与农业间的关系，这是因为这两者是国家生产的基本要素，对于这两者的相互关系没有能获得一个清楚的概念以前，对于商业的真正职能和地位是无法获得正确理解的。商业当然也是生产性的，流行学派也是这样说的，但与工农业的生产性，情况完全不同。后两者实际生产着商品，而商业只是在工业与农业之间，在生产者与消费者之间，促成商品的交换。由此可见，商业必须按照工业和农业的利益与要求而被调整，而不是相反。

但是流行学派的见解与这个说法恰恰相反，它所喜欢引用的是古尔耐老人所说的那句话，叫作“一切不管，听任自由”，这句话商人听得进，盗贼和骗子也同样听得进，可见作为一个准则是有些疑问的。流行学派的理论所考虑的处处只是现有价值，绝不估量到产生这种价值的力量，把整个世界看成只是一个商人的不可分割的天下，因此这种毫无顾忌地把工农业利益屈从于商业要求的颠倒说法是势所必然的结果。这个学派没有看到，商人在达到他的目的（那就是争取交换价值）时，可能使工农业或国家的生产力受到牺牲，甚至可能损害到国家的独立自主。商人按照他职业的性质来说，当他输入或输出商品时，这一行动对国家在道德、繁荣或力量等方面会引起什么作用，在他正不必操心太过；对他反正都是一样的。他可以输入药品，也可以同样欣然地输入毒品，他可以用鸦片或火酒损害任何国家的元气。他凭了进口贸易或走私活动，可以使千百万人获得工作与生计，也可以使他们沦落到赤贫地位，不论结果如何，对他作为一个商人来说，并没有多大出入，只要他自己的钱袋因此得以更加充实。假使由于他的活动，有些人无法在祖国生存，不得不向国外逃亡，这个时候他还可以为这批移居者作出安排，从中博取利润。在战争时期，他可以向敌人供应军火。假使可能的话，他未尝不可以把祖国的田地出卖给外国，当他卖到最后一块地时，他还可以溜到船上，把他自己输出国外。

这就很明显，各个商人的利益与整个国家的商业利益两者是相差得很远的。任这一点上孟德斯鸠说得好，他说，“假使国家对各个商人的活动加以限制，这是为了商业的利益，在自由富强国家，他的业务所受到的限制最严，在专制国家他却最自由放纵”。[①]商业是由工业和农业而来的，假使国家没有能使这两个主要生产部门在它自己的领土上获得高度发展，它的国内和国外贸易在我们这个时代就不能达到巨大规模。以前的情况不同，那时的确曾经有个别城市或城市联盟，靠了国外工业和国外农业，得以进行大规模的交换业务；但是自从伟大的农工商业都发达的国家兴起以后，我们就不再能想象还有可能实现像汉撒同盟所进行的那样的单纯交换业务。无论如何，那种业务的性质是极不可靠的，与那种以本国生产为依据的商业比较起来，几乎是不值得考虑的。

国内贸易的主要内容是食物、盐、燃料、建筑材料、衣着材料，然后就是工农业用具和工具以及工业所需要的农产和矿产原料。这类商品的国内交换在工业高度发展的国家所达到的规模，比纯农业国家所能达到的，不知要超过多少倍，双方是无法比拟的。纯农业国的农业经营者，往往主要靠他自己的产品维持生活。由于各种不同产品缺乏需求，由于缺乏运输工具，他不得不为自己生产一切所需要的东西，不能顾到他的土地最宜于生产的是些什么；由于缺乏交换手段，他还不得不为自己制造他所需要的工业品的大部分。燃料、建筑材料、粮食和矿产，由于缺乏改进的运输工具，市场极端狭隘，因此不能作为远距离贸易物品。

① 《法的精神》，第20编，第12章。

这类产品，由于市场有限，需求有限，就不存在在这方面加以贮藏或蓄积资本的动机。因此就纯农业国家的情况来说，在国内贸易方面的资本几乎等于零；因此主要要靠天时的好坏来决定产量的那类产品，价格波动非常剧烈；因此任何国家越是把自己局限在农业一个方面，发生饥荒的危险性就越大。

一个国家的国内贸易，主要是靠国内工业以及由此而来的改进的运输工具和人口的增加发展起来的，是按照这些方面的发展程度而相应地增长的；这样的国内贸易所具的重要性，比之纯农业国家的国内贸易要超过十倍到二十倍，比之最发达的国外贸易要超过五倍到十倍。如果将英国的同波兰或西班牙的国内贸易比较一下，就可以明白，这个说法是千真万确的。

居于温带的农业国家的国外贸易，假使老是局限在粮食和原料这两者，就永远不会占有重要地位，这是有种种理由的。

第一，农业国的出口对象总是限于少数工业国家，这些国家自己也经营农业，实际上由于既有工业，又有广泛的商业活动，它们的农业组织要比纯农业国的完善得多，因此纯农业国的这种出口贸易是既不规则，也不稳定的。纯农产品贸易总是一种带有高度投机性的活动，大部分利益会落到投机商人的手里，对于农业经营者或农业国家的生产力则好处很少。

第二，以农产品交换国外工业品时，这种交换活动极容易受到外国商业限制政策与战事的影响而陷于停顿或大部分停顿状态。

第三，由于纯农产品的输出，能够获得利益的主要是沿海或通航河道沿岸一带地区，内地就不能分享这种利益，而构成农业国领土的较大部分的却是内部腹地。

第四，也是最后一点，工业国所需的粮食与原料不一定要纯农业国来供应，它有时会感到向别的国家或新成立的殖民地输入这类物资对它比较有利。

于是在国际贸易活动中我们看到了这样的情况，英国由澳洲输入羊毛以后，德国运赴英国的羊毛就减少了；英国由西班牙、葡萄牙、西西里、西属与葡属各岛以及好望角殖民地输入酒类以后，法国和德国运往英国的酒类就减少了；英国所需木材有了加拿大方面的供应以后，普鲁士木材对英输出就显著减少。英国所需的棉花主要将取给于东印度群岛，事实上在这方面已经作好了安排。如果英国能顺利恢复旧有的商业路线，如果得克萨斯州日益得到发展，如果叙利亚和埃及、墨西哥和南美各国的文化有了提高，到那时美国的植棉者也就会感到，对他们的产品能够提供最安全可靠、最持久不变的出路的，还是他们自己的国内市场。

处在温带的国家，绝大部分的国外贸易是起源于国内工业的，只有靠它们自己的工业，才能使贸易得以维持和发展。

有些国家是能以最低代价生产一切种类的工业品的，只有这样的国家，才能同处于一切不同气温下的、一切不同文化程度的人民发生商业关系，才能供应一切不同的需求；如果原来的需求不复存在时，才能创造新的需求，才能吸收一切不同种类的原料和粮食，用来交换工业品。只有这样的国家，才能用船装运各种不同商品到遥远的市场，以适应那些没有本国工业品的国家的需要。只有出口运费本身足以抵偿航运的开支时，才有可能于回航时载运价值较低的商品。

温带国家最主要的输入品是热带地区产品，如茶、棉、糖、烟叶、染料、咖啡、可可、香料等等，也就是一般所谓殖民地产品。这些产品的绝大部分是用工业品来偿还的。促使温带工业国家工业的进步和热带地区文化与生产的进步的因素，就主要体现在这个互通有无的过程中。这就是最高度的分工与生产力的结合，这是古代所没有的，是荷兰人与英国人所首创的。

在绕行好望角这条航线发现以前，东方在工业上还远远胜过欧洲。欧洲的物品，除贵金属和少量的毛织物、麻织物、军火、铁器以及一些奢侈品外，在东方还很少使用。陆路运输，使货物输出输入的代价都非常高昂。普通的工农业产品，即使生产过剩，也没有希望可以用来交换东方的丝织品、棉织品、糖和香料。所以我们尽管看到了关于对东方贸易曾经达到如何重大发展的记载，也必须始终在历史情况的对照下来理解；那样的商业关系，只是在那个时候是重大的，但是与现在情况相比，就微不足道了。

由于在内地和美洲获得了比较大量的贵金属，由于发现了经由好望角通往东方的捷径，热带产品贸易在欧洲才占有了比较重要的地位。但是只要东方所生产的工业品供过于求时，这种贸易就不会达到十分重要程度的。

这种贸易所以会达到像现在这样的重要地位，是由于欧洲人在东印度群岛和西印度群岛开拓殖民地，由于甘蔗、咖啡树、棉、稻、靛青等等在北美和南美的移植，由于把黑人作为奴隶，贩运到美洲和西印度群岛，由于欧洲工业对东印度群岛工业竞争的胜利，尤其是由于荷兰和英国政权扩张到国外各地，这两个国家的作风跟西班牙和葡萄牙不同，它们不偏重巧取豪夺手段，却主要用以工业品换取殖民地产品的方法来从中取利。

欧洲的巨大航运设备和用于国外贸易的工商业资本，其中的主要部分，目前是使用在上述这类贸易方面的；通过这类贸易由热带地区运到温带地区各国的产品，每年价值何止千万，其中除少数例外，都是用工业品来偿付的。

用工业品交换殖民地产品这种举动，对于温带国家的生产力有许多良好作用。这类产品，如茶、糖、咖啡、烟叶，既可以供实际食用，还可以刺激工农业生产；要取得这类殖民地产品，必须生产工业品来供作交换，这就会使更多的工业者获得工作；工业和工业品贸易的规模因此可以积极扩大，结果可以获得更多利润；贸易扩大以后，使用的船舶、海员和商人，为数也将跟着增加；还有，由此引起了人口增加以后，对于本国农产品的需求，也将跟着大大增加。

由于工业生产与热带产品生产两者之间的交互促进作用，结果使英国人对于热带产品的平均消费量超过法国人约一倍到两倍，超过德国人约两倍到三倍，超过波兰人约四倍到九倍。

还有一层，殖民地生产此后仍有作进一步扩大的可能，就投入目前贸易的这些殖民地产品在生产时所需的土地面积加以约略计算，对这一点就可以有所认识。

假定现在棉花的消费量为一千万生丁纳[①]，每亩（合四万平方呎）的平均产量只有八生丁纳，那么这项生产所需土地不过一百二十五万亩。假定投入贸易的糖为一千四百万生丁纳，每亩产量十生丁纳，则这一项生产所需土地不过一百五十万亩。

① 德国重量单位名称，合五十公斤。——译者

关于其余各项产品（咖啡、米、靛青、香料等等）的综合数量，假定与上述两项主要产品的总量相等，那么所有现在投入贸易的殖民地产品在生产时所需的土地当不超过七百万到八百万亩；像这样范围的一个面积，就地球上宜于种植这类产品的地面来说，大概还不到这样地面总面积的五十分之一。

英国人在东印度群岛，法国人在安的列斯群岛，荷兰人在爪哇和苏门答腊近来的活动，都足以确切证明，要使这类产品的生产剧烈增进是完全有可能的。

英国的情况尤其突出，它从东印度群岛输入棉花增长了三倍，英国报纸舆论信心很强，认为在几年之内，英国对殖民地产品的全部需求，不难从印度获得满足，如果能据有对东印度群岛的原有通商航路，这一愿望就更易实现。如果我们考虑到英属东印度地区的辽阔，土壤的肥沃，那一带工资的低廉，就可以相信这个说法并不算夸大。

一方面英国在东印度群岛有了进展，一方面荷兰人在这些岛上的垦殖事业也将更进一步；由于土耳其帝国的瓦解，非洲和亚洲西部、中部的一个很大部分在生产上将有所提高；得克萨斯人将以在北美的耕作方法扩展到全部墨西哥；南美各国有了有组织的政治制度以后，那里热带地区的巨大生产力将显示作用，农作物产量将大大提高。

假使热带各地的殖民地产品比以前有了显著增长，它们就将为自己增添力量，取得从温带各地输入数量要大得多的工业品的手段；一方面工业品销路扩大以后，工业家对于殖民地产品的消费量也就能够跟着扩大。生产和交换有了这样的增长以后，热带农业与温带工业之间的贸易关系，也就是世界上最大范围的商业关系，此后将积极扩大，扩大的规模将远远超出上世纪。

这种世界范围的大商业，现在已经有了增长，此后还有在意料中更大的增长，其所以会造成这样的局势，部分是由于工业生产力的巨大进步，部分是由于水陆运输工具的改进，部分也是由于政治上的演变和发展。

东方简陋的工业，由于机器的产生与种种发明创造，已经被欧洲的工业所摧毁，后者能以最低价格向热带地区供应大量工业品，这就促使这些地区有了发展自己的劳动力与生产力的动机。

由于运输工具的显著改进，热带各地与温带各地之间的距离比以前不知缩短了多少；而且热带各地相互之间的商业关系，由于风险减少、时间缩短、运费降低、比较趋于正规化等种种原因，也比前有了无限进展；在亚洲、非洲及南美洲的腹地，一旦轮运普遍流行、铁路系统建成以后，这种商业关系还有无限的发展前途。

自从南美洲脱离了西班牙和葡萄牙、土耳其帝国瓦解以后，世界上有大量的膏腴之地获得了自由，这些地区现在所迫切盼望的是由世界上的文明国家，在和平亲善的原则下，引导它们走向享有法律与秩序、文化与繁荣的光明道路；这里所要求的没有别的，只是把工业品带给它们，让它们用自己的产品来交换。

由此可见，一切欧美国家，凡是有条件发展自己的工业的，都大有可为，有充分的发展余地，它们可以使自己的工业生产充分地活跃起来，可以积极增进对热带地区产品的消费，可以按同样比例扩大对热带地区的直接商业关系。

第二十二章　工业与海运事业、海军力及殖民地开拓

工业是大规模国内贸易和国外贸易的基础，也是大量商运船舶得以存在的基本条件。因为内河运输的最大职能是为工业供应燃料与建筑材料、原料与生活资料，所以沿海与内河航运在纯农业国家是不会有很大发展的；同时海员、船长以及造船技术要通过海运事业才能获得锻炼，因此就纯农业国的情况来说，是缺乏任何大规模海运事业的主要基础的。

在上一章里我们已经指出，国际贸易的主要内容是工业品对原料与自然产品的交换，尤其是对热带地区产品的交换。但是温带的农业国家对热带地区所能供应的，只有它们自己所生产的或是它们自用以外还有剩余的那些东西，那就是原料和食品；因此与热带地区的直接商业关系以及由此发生的海上运输，在这些国家是无法实现的。这些农业国家对于殖民地产品的消费，势必以它们对工商业国家能够以出售农产品和原料来偿付的那个数量为限，就是说，它们只有在间接转手之下，才能获得殖民地产品。还有一层，在农业国与工商业国的商业交往中，绝大部分的海上运输必然掌握在后者手里，即使后者并没有借助于航海条例获得任何特权来争取海运的主要部分，这样的现象也无可避免。

除了国内贸易与国际贸易以外，海上渔业也需要使用大宗船只；但是农业国家对于这一事业往往也是没有份的，或者即使有份也是极有限的。农业国家对于海产品既不会有多大需求，而工商

业国家则由于要顾到保持它们的海军力量，它们是惯于专门为了自己的海洋渔业而保护它们的国内市场的。

海军舰队的海员和驾驶员是从私营商船业中招募得来的。经验一贯证明，干练的船员不能像陆军那样的速成培养，必须在沿海与国际航运以及海洋渔业的服务中经过锻炼。因此国家的海军力与这类海上事业总是齐头并进的，以纯农业国家来说，在这些方面就几乎完全没有基础。

要使工业以及由此而来的国内贸易和国外贸易获得发展，要使广大的沿海与海外航运事业和海洋渔业，从而海军力得到较大的发展，最不可缺的工具就是**殖民地**。

母国一方面向殖民地供应工业品，一方面向它们换回剩余农产品和原料；这样的交易过程使祖国的工业获得了活动力，从而使人口得以增加，国内农业品的需求得以增长，海运事业和海军力也得以扩大。母国在人口、资本与企业精神上的优势力量，由于殖民地的开拓而获得了有利的出路，这一点反过来又造成了更加有利的形势，许多已在殖民地发财的人们，其中的很大部分，一定会把他们的资本带回母国兴办事业，或把他们的收入带回母国尽情花费，使母国更加欣欣向荣。

农业国家既缺乏开拓殖民地的手段，也没有保持或利用殖民地的力量。殖民地所需要的，它们无法供应，它们所能供应的，殖民地本身已经具备。

工业品与自然产品的相互交换是现在使殖民地地位继续保持的基本条件。就是由于这个原因，所以美国一旦感到它自己有必要、有力量来举办工业，发展海运事业，与热带地区直接通商，就立即脱离了英国；同样的道理，将来加拿大达到同样地位以后，也会跟美国学样的，时机成熟时，在澳洲的温带地区也会兴起一批农工商业都发达的独立国家的。

但是这种热带地区与温带地区之间的交换是出于自然之理，这一点是永不会变的。因此印度对英国放弃了工业以后，跟着也就放弃了它的独立地位；因此亚洲热带各国势将逐渐演变，而沦于温带工商业国家的统治之下；因此处于热带的那些岛屿，现在已经成为失去独立地位的殖民地，将来也很难使它们自己获得解放，摆脱现在的地位；而南美各国对工商业各国将处于在一定程度上的从属地位，这种局势也是很难摆脱的。

英国所以会占有这样广大的殖民领土，完全是由于它的卓越的工业力量。如果别的欧洲国家也想学样，对于开垦荒芜地区、教化未开化民族或教化以前曾经一度开化现又退化的那些民族这类有利事业，也想加入一份，那么它们首先就必须从事于发展自己的工业，发展自己的商船和海军力。假使它们在这方面的努力，受到了英国工业、商业和海军优势的阻挠，那么使这种不合理的权利主张化为合理的权利主张的唯一方法就是把它们的力量联合起来。

第二十三章　工业与流通工具

流行学派对于贵金属流通、与贸易均衡等问题建立了一套与所谓“重商主义”学说的见解背驰的理论原则；根据近二十五年来的经验，这些理论原则如果经证明有一部分是正确的话，在另一方面却暴露了重大弱点。

经验，尤其是俄国和美国的经验，一再证明，农业国的工业品市场是处于优势工业国的自由竞争势力之下的，工业品的输入价值，往往会大大超过农业品的输出价值，因此有时会突然发生贵金属大量外流现象，从而使农业国经济，尤其是当国内交易以纸币为主时，陷入混乱状态，造成全国性的灾害。

流行学派的理论认为，我们对于贵金属的准备如果与准备任何别的物品的情形一样，那么贵金属的流通量是大还是小，大体上是没有什么出入的，因为流通量的大小只决定于在交换中任何物品的价格比率，决定于物品是贵还是贱；外汇率有了失调，往往会有利于国家的输出，它的作用就像是对出口业务的一种奖励，足以使输出量增加；因此得出的结论是，金属货币存量与进出口之间的平衡以及国家的一切其他经济情况，都会在事物的自然演变下，以最妥善的方式，自动获得调节。

就一国的国内交易来说，这个论点是完全正确的；就城市与城市之间、城市与乡村之间、省区与省区之间以及属于同一联邦政府的州与州之间的商业关系来说，这个论点是可以得到证实的。任何经济学家，如果认为北美合众国各州之间、或德国关税同盟各邦之间、或英格兰、苏格兰与爱尔兰之间的进出口差额，可以用国家的命令与法律来调整，由此会比自由交换得出更好的结果，这样的说法必然会使人感到遗憾。假定在世界各个国家之间也存在着与上述同样的联盟关系，那么这种把一切交托给事物的自然演变的理论将是颇能自圆其说的。但是在世界的现在情势下，如果认为在国际交换中，一切事情会获得与国内交换中同样的结果，那就再也没有比这个更加与经验相违反的了。

现在支配和控制着独立国家进出口贸易的，并不是像流行学派所说的那种自然趋势，而主要是国家的商业政策和力量，是这些因素对世界局势、对外国与外国人所发生的影响，是殖民地的占有与国内信用的建立，或者是战争与和平。因此在这里，一切情势演变的情况，与那些在政治、法律与行政上团结在一起、利害关系完全一致、处于恒久和平下的社会之间的情况，是完全不同的。

试将英国与美国之间的情况作为一个例子来考虑一下。假使英国不时地以大量工业品在美国市场抛售，假使英格兰银行运用提高或降低贴现率的手段，对于对美输出或对美信贷极度地加以鼓励或限制，假使由于工业品充斥美国市场，结果使英国工业品在美国的价格比在英国本国还要低廉，或者甚至低于生产成本，假使因此使美国对英处于长期负债状态，对英汇率处于不利状态——即使是这样，在假定两国之间毫无约束的交换过程中，这种混乱情况也会不费力地自动获得纠正。美国所生产的烟叶、木材、谷物以及各种生活资料，比英国要便宜得多。英国对美运销的工业品越多，促使美国种植者生产足以换取工业品的有价值商品的手段和动机也就越大；给予种植者的信贷数量越大，驱使种植者为自己争取偿清债务的手段的推动力量也越大；英国的外汇率越是对美不利，驱使美国农产品出口的推动力量也就越大，因此美国农业经营者在英国产品市场竞争中也就越能居于有利地位。

这样的输出活动，结果会使逆势的汇兑率很快地自行获得纠正；这种汇兑率实际上也并不会达到十分不利的程度，因为美国在看到了本年度有大量工业品输入而积下了债务以后，势必通过下一年的超额生产和出口的增进，使这种收支上的逆势自然获得平衡，金融市况和信用关系也就会跟着趋于缓和。

如果英国工业家与美国农业经营者之间的交换关系，就像英格兰工业家与爱尔兰农业经营者之间的交换关系一样的无拘无束，情势就会作这样的演变。但是两者的情况是不同的，并且必然是不同的。假使英国对美国烟叶进口征税由百分之五百增加到百分之一千，假使它利用关税限制使美国木材无法输入，假使它只有在饥荒时才容许美国粮食进口，情况就不同了。因为这样就使美国的农业生产与美国对英国工业品的消费，双方不能自相平衡，也不能用农产品来清偿这些由工业品构成的情务，这样就使美国对英输出只限制在狭小范围内，而英国对美输出则在实际上漫无限制，结果两国之间的汇兑关系就不能自动地趋于平衡，美国对英债务就不得不用对英输出金银块的办法来清偿。

但是金银块在这样情况下的输出，会破坏美国的纸币流通体系，势必引起美国银行信用的破产，从而使地产与流通中商品的价格发生普遍的波动，使物价与信用陷于普遍混乱状态，而使国家经济处于不可收拾境地；我们可以说，当美国的自由州不能倚靠国家关税制度使进出口保持平衡时，就会发生这样的情况。

当发生了这样的破坏现象，消费也有了减退以后，说是过了一个时期，英美两国间的进出口关系就会自动恢复到相当平衡状态，这样的说法是不能使美国人得到多大安慰的。因为商业和信用受到了这样的扰乱、破坏，消费也有了缩减以后，个人生活与福利以及公共秩序所受到的损害不是很快就可以恢复的，这样的变故如果屡次发生，就必然会留下长期存在的不幸后果。

流行学派的理论认为贵金属流通量不论是大是小并没有多大

关系，认为我们只是用物品在交换着物品，认为在交换中所使用的贵金属的流通量不论是大是小，对个人来说并没有什么出入；这样的说法，就更加不能使处于上述情况下的美国人感到安慰。对一个生产者或企业主说来，他所生产的或保有的某一物品的价值是一百生丁[①]还是一百法郎，只要他用一百生丁所能换到的适应需要或享受的物品，同用一百法郎所换到的在数量上相等，当然不会有什么出入。但是价格的是高是低，只有当这个价格长期地、无间断地处于同一水准时，才能说是一个无甚出入的问题。

如果价格发生着频繁的、剧烈的变动，就会发生危害，使每个人的以及整个社会的经济陷入混乱状态。任何人按高价购入原料，经过加工，以制成品按低价出售，就不再能收回他在原料上所支出的那个贵金属的量。任何人按高价购入了一块地产，购入时将地产作了抵押，将押款作为买价的一部分，在价格低落以后，他就要丧失偿债能力，甚至失去他的地产；因为这个时候全部的地产价值或者还不能与押款的数额相抵。任何人在高价时租入地产，价格低落后就会使他陷于破产地位，或者至少使他无力履行租约。价格涨落的幅度越大，变动越频繁，对于国家的经济状态，尤其是对于信用关系所发生的破坏影响就越大。有些国家在工业品的需要和本国产品的销售上是完全依赖外国的，有些国家的商业活动是主要以纸币为依据的，当贵金属在这类国家有了突出的内流或外流现象时，它的有害影响就表现得格外显著。

大家承认，一国所能投入或保持流通的纸币数量，决定于它所

① 法郎的百分之一。——译者

保有的金属货币量的多少。不论哪一个银行，总是力图按照它库里所存贵金属量的多少，来扩充或限制它的纸币流通量和业务的。如果它自己的货币资本或存款有了很大增长，它就要扩大信贷，通过这种信用关系，又使它的债务人放出的信贷增加，这样就会使消费量和价格提高，而且格外会使地产的价格提高。如果情况相反，贵金属有了显著外流现象，这个时候银行将限制它的信贷，从而使它的债务人在放出信贷与消费方面也将有所收缩，从而使债务人的债务人也将处于同一局面，这样类推下去，将一直影响到那些依靠信用关系消费输入工业品的人们。因此在这样的国家，一旦金属货币有了非常的外流现象，就会使整个信用体系、商品市场、尤其是地产的货币价值陷入混乱状态。

在美国最近以及以前发生的商业恐慌，据说原因是在于美国的银行制度和纸币制度。实际上银行的确是像上面所说的那种情况，助成了这类恐慌的，但发生恐慌的主要原因是由于实行了“折衷”方案以后，英国工业品输入价值远远超过了美国农产品的输出价值，结果使美国对英负债数额越来越大，无法用农产品来抵偿。我们说这类恐慌的起因是失去均衡比例的进口数额，这是有事实可以证明的。由于恢复了和平，或由于美国关税率的降低，结果使美国输入工业品的数量非常巨大，每逢工业品大量输入时，恐慌就跟着发生；当关税足以阻止工业品输入，使它不能超过农产品的输出价值时，这种现象就从来不会发生。

还有人把恐慌的起因说是由于美国在建筑运河和铁路方面所花的巨额资本，这项资本大都是用贷款方式从英国得来的。实际情况是通过这些贷款的作用，只是把恐慌的发生推迟了几年，而一旦暴发时却增加了剧烈程度；而且所以会产生这种贷款，这一事件本身就是从进出口不平衡而来的，假使没有这种不平衡现象，根本就不会借债，也不可能借债。

美国输入大量工业品以后，对英欠下了巨额债务，不能用农产品、只能用贵金属来偿还，这时由于不平衡的汇兑率和利率对英有利，使英国乐于接受美国的铁路、运河和银行股票以及美国政府债券来抵付这种差额。

美国输入工业品超过输出农产品的数字越大，英国对于这类证券的需求越大，美国在举办建设事业及企业方面所受到的鼓励也就越大；美国在这类事业上所投放的资本越多，对英国工业品的需求就越加殷切，同时也就更加扩大了美国进出口之间的差额。

英国工业品的输入美国，一方面由于美国银行的扩大信用关系而得到了推进，另一方面英格兰银行在信用关系上所提供的便利及其贴现率的降低，也在这一点上起了同样的作用。英国工商业委员会的公开报告说明，英格兰银行由于扩大贴现数额，结果使现金库存从八百万镑减到二百万镑。这一措施一方面削弱了美国保护制度的效果，有利于英国对美国工业的竞争，另一方面为英国对美国股票与政府债券的投资提供了便利，发生了推进作用。在英国可以按三厘的利率获得资金，而美国的立约人和借方所提供的利息却是六厘，只要这个情况不变，后者的证券在英国就不怕没有买主。

这种交易的条件表面上显示了繁荣气象，虽然美国的工业正在这种条件下逐渐受到摧残。美国农业经营者的剩余产品，原来在自由贸易下是可以卖给英国的，在适度的工业保护制度下是可以卖给自己工厂里的工人的，现在却卖给了在英国资本支持下的公共事业所雇用的工人。由于英美双方国家利益的分歧与冲突，这样的不自然状态是不能持久的，勉强抑制的经过期间越长久，一旦爆发时对美国造成的危害就越大。债权人可以一再延长贷款期限，使债务人不至于倒下来；但是债务人经营的事业如果没有可靠基础，险象环生，只是靠了债权人不断的增加贷款来拖延时日，那么拖延的日子越久，一旦不得不宣告破产时所遭受的损害就越大，这是一定的；上面所叙述的情况也是这样。

美国发生破产情况的原因是由于英国有了非常的举动，对外输出了大量金银块，这是由农产歉收和欧洲大陆的保护制度引起的。我们说这是由于大陆保护制度的结果，因为如果欧洲大陆市场对英国继续开放，英国从大陆大量输入谷物，就可以主要用向大陆大量输出工业品的方式来求得抵补，英国的金银块即使暂时大量外流到大陆，也可以由于工业品输出的增加，使它在短时期内重行内流。当然，在这样情况下，大陆工业将成为英美间商业活动的牺牲者。

处于这样的局面，英格兰银行要企图挽救，并没有别的办法只有从事于限制信用，提高贴现率。采取了这一步骤以后，英国不但不再需要美国更多的股票和公债，而且已经流通的部分也将泛滥于市场。因此美国不但失去了用继续推销证券的办法来弥补当前亏欠的那种手段，而且它由于多年来在英国出售股票和公债而对英所负的全部债务，现在也面临着用货币偿付的要求。现在看来，在美国流通的现金实际上是属于英国的。还不止这样，美国整个银行和纸币制度所依据的是对现金的保有，现在看来，英国人简直是可以随心所欲地支配美国的现金了。假使英国人对于这项现金加以处理，美国的银行和纸币制度就会像纸糊的屋子一样，顷刻垮台，从而地产价格，因此也就是多数私人生活的经济手段所依据的基础，也将崩溃。

美国银行方面为了避免瓦解，对于现金支付采取了延宕办法，实际上为了至少能使形势趋于缓和，也只有采取这个办法。它们一方面想借此办法争取时间，等待新棉收获，用它来抵偿，从而减轻美国的债务；另一方面希望在延付期间，靠了缩减信贷办法，能减少英国工业品输入，使本国的输出将来能与输入求得平衡。

但是靠了棉花输出能与工业品输入相抵到什么程度，是很有疑问的。二十多年来棉花的生产经常超过消费，由于产量增加，价格越来越低。这时在棉纺织业方面遭到了麻纺织业的剧烈竞争，后者由于机器设备的改进获得了巨大发展；而在植棉者方面，同他们相竞争的则有得克萨斯州、埃及、巴西以及东印度群岛的植棉者。

这里还必须注意到一点，从美国棉花输出得到好处最少的，是消费英国工业品最多的各州。

这些州获取工业品的主要手段是从谷物种植业与畜牧业得来的，在这里出现了另一种形态的恐慌。由于英国工业品大量输入，美国工业受到了抑制。因此一切增加的人口和资本都被迫流到了西部的新村落。每个新村落在开始时对农产品的需求都是有所增进的，但经过数年以后，它们本身就有了大量农产品余额。这种现象在那些村落已经发生。因此人口和资本流入西部各州数年以后，由于新建运河与铁路的便利，就会有大量剩余农产品从那里流到东部各州；而东部各州，由于它们的工业受到了国外竞争力量的抑制，消费者人数越来越少，而且势必继续减少。由此必然要造成农产价值与地产价值同时降低的结果，如果国家不及时采取措施，铲除上述货币恐慌发生的根源，则生产谷物各州农民的普遍破产，其势即难以避免。

根据我们在上面所说明的一些英美之间的商业情况，它所给我们的教训是：

(1)如果一个国家，在资本方面，工业方面，远远落后于英国，它就不能容许英国在它的工业市场上取得竞争优势；否则对英将永久处于负债地位，对英国的货币制度将处于从属地位，将卷入英国农工商业恐慌的旋涡而不能自拔。

(2)英国国家银行凭着它的力量，是能够压低在它势力下的美国市场的英国工业品价格的，从而造成对英国工业有利、对美国工业不利的局面。

(3)英国国家银行凭着它的力量，还能对美国人的消费发生影响作用，使美国累年所消费的输入工业品的价值，大大超过它用输出农产品所能偿还的价值，使美国一连好几年不得不用输出股票与公债的办法来弥补亏欠。

(4)处于这样情况下，美国经营国内交换业务所使用的以及美国银行与纸币制度所依据的那些现金，是在英国银行势力之下的，英国银行基本上可以凭着自己的动作和意向把这项现金吸收过来。

(5)金融市场在任何情况下的变动，对于各国的经济总是极端不利的；有些国家的范围广大的银行制度与纸币制度是以保有一定数量的贵金属为基础的，对这类国家说来，就更加不利。

(6)只有能使出口与进口保持平衡的那些国家，才能防止金融市场的波动，才能防止由此而起的恐慌，才能树立和保持稳固的银行制度。

(7)**国外工业品在国内工业市场越是占有竞争优势，本国农产品输出时受到国外商业的限制越是严格，这种进出口的平衡就越难保持；反过来说，国家关于工业品的供应与自己农产品的销售越是不依靠外国，这种平衡就越不容易被破坏。**

这些原则是也可以用俄国的经验来证实的。我们也许还记得，当俄罗斯帝国市场对具有压倒优势的英国工业品敞开着大门时，那里的公众信用关系曾经发生过多大的动乱，自从实行了1821年税制以后，那里就没有发生过类似变动。

流行学派显然是落入了所谓重商主义所犯错误的另一极端。假使我们说，只有贵金属才是国家的财富，只有出口货值超过进口货值，其间的差额用输入贵金属办法来清偿，才能使国家富裕起来，这样的说法当然是错误的。流行学派的理论与这个说法不同，它认为在世界现状下，一国以内所流通的贵金属量是多是少。并没有多大关系，那种对贵金属唯恐存量过低的忧虑是庸人自扰，认为我们对于贵金属应当宁可促使它输出，不必希望输入，等等；但是这样的说法也是错误的。假使我们可以这样设想：世界上所有国家都是团结在同一法律系统之下的；当我们输入了工业品只能用输出农产品的办法来抵偿时，我们的输出行动绝对不会受到那些供应工业品国家任何样的商业限制；由战争与和平所引起的变化，对生产与消费、对价格、对金融市场都不会引起波动；那些庞大的信用机构也不会兴风作浪，不会专门为了本国利益而企图把它的势力伸展到别的国家——只有在这样的假定下，这样的推论才有可能是正确的。但是实际上各个国家各有它自己的利害关系，只要这样的情势不变，在每一个大国的立场上看来是英明的政策，就是要设法保护自己，就是要施行一种商业制度，从而防止发生足以破坏整个国内经济的那种金融恐慌与物价变动，它要完成这样的使命，只有使国内工业生产与国内农业生产以及进口与出口能保持适当的平衡，目的才能实现。

贵金属单纯的保有是一个问题，贵金属在国际交换中的支配权力是另一个问题；流行学派理论对于这两者显然没有作出充分区别。即使在私人交换中，作出这样的区别也显然是必要的。没有人愿意把现款死藏在自己身边，谁都想把它拿出去，离开自己的屋里越快越好，他所要保留的只是支配权，使他对任何时候需要的数目能够加以支配。现款的实际保有量是无足重轻的，到处所表现的情况都是这样，拥有财富越多，这种实际保有量的比率就越低。个人越是富足，只要对于他所有的、藏在别人铁箱里的现款他能够随时支配，对于现款的实际保有他就越不关心；但是个人越是贫困，对于存在别人手里的现款的支配权越是有限，则对随时需要准备着的现款就越加关切。各个国家工业的盛衰不同，贫富不同，就现款这一点来说，情况也是这样。英国对于一时流出的现金或现银数量的多少，通常是不大注意的，这是由于它有充分把握，它深知贵金属作一度特大的输出以后，一方面会引起货币价值与贴现率的上涨，另一方面会使工业品价格低落，因此由于这类商品输出量的扩大或由于国外股票与公债的变卖，必然会使流出的、它在商业中需要的那宗现款，很快地流回本国，仍然由它保有。英国就像一个有钱的银行家一样，他袋里即使不名一文，也随时可以向左近的或比较辽远的往来户任意支取。但是以纯农业国家来说，情况就不同，在那里现金有了过度的出口时，就不能处于同样有利的地位，这不但是由于它们的产品的交换价值和农业价值量不大，而且国外的法令对于它们的出口事业也造成很大障碍，因此它们向国外取得所需的现金的手段是很有限的。这就像一个穷人一样，他没有商业往来，没有支票可以签发，但是富人有了什么困难时他却要偿还债款，因此即使实际掌握在他手里的钱时，也不能算是他自己的。

一个国家所以能获得国内贸易方面所始终需要的那部分现金的支配权，主要是由于它能够保有或生产以交换的便利而言与贵金属的交换便利程度最相接近的那些商品和价值。

流行学派的经济学家在关于国际贸易讨论中，对于贵金属支配权这一点固然很少注意，对于不同的商品和财产具有不同的交换便利程度这一特点也极少考虑。我们如果从这一点来考虑私人交易中存在的各种价值物，就可以看到，其中有许多是定置着的，它们的价值之可以交换，只限于在它们的所在处，而且即使在那里，交换时也要费很大代价，经过很多困难。一国的财产中四分之三以上就属于这一类，这就是不动产和固定着的器械及设备。个人所有的地产不论怎样范围广大，他总不能把他的田地和牧场送到城市来换取现款或商品。他固然可以利用这些财产来押借款项，但是首先他必须找到一个贷出者；这样一个人的住处距离他的财产所在地越远，使他得以如愿的希望看来就越少。

除了这种固着在地上的财产以外，次于这一项的，是极大部分的农产品（殖民地产品与少数价值较低的产品除外），在国际贸易中，这是在交换便利程度上最低的。这些产物中的绝大部分，如建筑材料、劈柴、制面包原料、果品、牲畜等等，只能在距离产区相当近的范围内出售，如果余额过大，就只能堆在仓库里等候买主。这类产品固然未尝不可运销国外，但运销对象也只能以某些工商业国家为限，在这里一般是要受到进口税的束缚的，交易能否实现，还要看对方自己农产收获的丰歉而定。在美国内地，牲畜和农作物产量过多的情况也许极为显著，但是那里的农民却没有办法把这些大量的剩余产品运销南美洲、英国或欧洲大陆，从而易取贵金属。但是供一般使用的有价值工业品的情况却不同，它们在交换的便利程度上比农产品不知要高出多少倍。这些商品平时在世界上一切公开市场总是可以找到出路的；当非常的恐慌时期，以较低价格，也可以在那些关税制度只能在平时发生不利作用的市场找到出路。这些商品的交换能力显然与贵金属的交换能力最相接近；英国的经验证明，如果由于农产歉收，发生了金融恐慌时，提高工业品输出量，鼓励外国股票与公债外流，就可以很快地恢复平衡局面。英国人手里所存的外国股票和公债，显然是由于以前工业品输出时造成有利的交换差额而来的，这就成为掌握在这个工业发达的国家手里的票据，必要时就可以向农业国家要求兑付，当对贵金属的需求特别殷切时，这一行动对证券持有者个人说来，诚然不免要有所损失，就像金融恐慌时工业品所处的情况一样，但是尽管如此，对于维持一个工业发达国家的经济地位这一点说来，是极端有利的。

贸易平衡这个原则曾经受尽流行学派的讥嘲，但是不管它怎样说，根据上面的一些观察，我们仍然要提出这样的意见，即，在独立自主的各大国之间，必须保持某种性质的贸易平衡，作为一个大国而长期在贸易上居于显著逆差地位是危险的，贵金属作大量的、长期的外流以后，国内的信用系统和物价情况必然会发生重大变动。我们这样说，绝对不是要使在所谓“重商主义”下坚持的那种贸易平衡的主张复活，我们绝对不认为国家对贵金属输出应当横加阻挠，或者说各个国家对于贵金属应当记清细账，斤斤较量，或者说各大国之间的进出口贸易偶然有个几百万的差额，就要大惊小怪，当作一件大事。亚当·斯密在他书里专门讨论这一问题的一章[①]的末尾曾这样说：一个独立自主的大国“每年输入的农产品和工业品价值也许一直是远远地超过输出的；这样一个国家的贵金属存量也许逐年地大大减少，在国内是用纸币来代替流通的；还有，这样一个国家对另一国家的负债也许是听任它不断地增加和扩大的；但是，尽管这样，它在繁荣程度上仍然可以逐年有所进展”。我们所否认的只是这一点。[②]

我们在这里要特别表明反对的只是这一见解，这是亚当·斯密发表的，是他的学派此后所一直支持的，但是被无数次经验所驳倒了的，是在实质上与常识相对立的，总之，用亚当·斯密自己生动有力的措辞来说，是“荒乎其唐的”。

有些国家以贵金属的生产作为一种有利事业，因此它们的贵金属输出与工业品输出在性质上极相类似，这一情况与我们这里

① 《国家财富的性质和原因的研究》，第 4 部分，第 3 章。

② 参阅附录四。——英译本注

所说的没有关系，这一点必须弄清楚。有些国家按照它们自己口岸的价格来计算进口品与出口品价额，在贸易差额方面势必由此产生的差异，也与我们这里所说的情况无关。在这种情况下，任何国家的进口总额，必然会按照本国商业利润总额超过出口总额，这一现象表明对国家是有利的，不是不利的，这一点是显而易见的。至于那些意外变故，例如船只中途失事，造成财产损失，因此较大的输出所表示的不是利得而是亏损；像这样的情况，当然更不是我们所要否认的了。流行学派对于由进出口而来的交换价值，就像一个店老板那样的加以核算、比较，对于由此形成的虚妄现象则加以巧妙利用，目的在于把我们引入歧途，使我们对于任何独立自主的大国由进出口之间真正巨大差额所造成的损失，也误认为没有什么不利影响，例如法国在 1786 年及 1789 年、俄国在 1820 年及 1821 年、美国在“折衷方案”施行以后所发生的现象虽然并不恒久存在，但涉及的数额却那样庞大，而根据流行学派的说法，则我们仍将认为是没有什么实际利害关系的现象。

最后，还有一点须特别表明，我们所要讨论的对象并不是那些殖民地和附属国，也不是那些小国和孤单的独立城市，而是那些有着自己的商业系统、工农业系统和货币、信用系统的完整的、独立自主的大国。

作为一个殖民地，它的输出可以不断地大大超过输入，而不必牵涉到繁荣程度盛衰的问题，这一点显然是与**殖民地**的特征相一致的。它的输出与输入**总额**，如果能年年增长，它就能随着这个增长比例而繁荣起来。如果它的殖民地产品输出经常地、大量地超过工业品输入，这一现象的主要原因也许是由于那里的地主是居住在他们的祖国的，他们的收入，即殖民地产品、农产品或由此变换成的现款，就必然要流入母国。如果情况相反，母国对殖民地输出工业品大大超过输入的殖民地产品，那么这一点也许主要是由于逐年进行移民或贷款，使大量资本经常流向殖民地的缘故。这一现象对于殖民地的繁荣，当然是极度有利的。这样的情况可以延续几个世纪，而因此发生的商业恐慌却很少见，或简直不可能发生；这是因为作为一个殖民地，它既不受战争威胁，也不会受到敌对的商业措施或母国国家银行措施的压迫，殖民地是没有它自己特有的、独立的工商业与信用系统的，正相反，它是经常受到母国的信用机构和政治措施的支持的，这就避免了一切在这方面可能受到的危害。

像这样的情况，在英美之间曾经很有利地持续到一个世纪以上，目前在英国与加拿大之间的情况也是如此，在英国与澳洲之间，这样的情况或者还将继续存在几个世纪。

但是殖民地一旦成为独立国家，具备了作为一个独立自主的大国的一切条件，可以发挥自己的力量、贯彻自己的政策、组织自己特有的商业和信用系统时，情势就会在顷刻之间发生根本变化。假使这样一个由殖民地地位过渡到独立自主地位的新兴国家，由于它具备了在精神、物质和经济上的自然条件，自己感到可以发展成为一个工商业国家，它就会制定特别有利于它自己航运事业和海军力的一套法律，就会树立有利于它自己国内工业的关税制度，建立自己的国家银行，等等。另一方面，以前居于母国地位的那个国家，对于这个新兴国家的航运业、商业和农业生产将企图加以限制，它的信用机构此后将专门致力于维护它自己的国家经济状况。

上面曾提到亚当·斯密那种极端不合理的见解，认为一个国家可以不断地增加金银的输出，减少贵金属流通，扩大纸币流通，增加对别国的负债，而同时仍然能稳步地走向繁荣道路；他企图证明这一见解时所举示的例子，恰恰就是在美国独立战争以前存在的美洲殖民地。他的用心是很周到的，譬如有这样的情况，有两个国家，彼此已经有一个时期不发生依存关系，而它们两者的航运事业和工农商业利益却与别的敌对国家处于竞争地位，像这样的例子他是要故意避免的，他所引证的，只是一个殖民地同它母国之间的关系。假使他活到现在，他的书是现在写出的，他就一定会谨慎小心地避免以美国为例，因为这个例子在今天所证明的，是同他所企图证明的论点恰恰相反的。

谈到这里或者会引起一种反驳，认为照我们这样说法，假使让美国仍然回到英国殖民地地位，对美国说来，岂不是要有利得多。我们的答复是，假使美国不懂得怎样来利用它的国家独立地位，始终不想建立并发展自己的工业以及对外独立的商业和信用系统，那么这个反驳意见是可以成立的。对方也许会进一步指出，认为假使美国继续处于英国殖民地地位，英国就不会实行谷物法，对美国烟叶进口就不会征收那样高的关税，美国的木材就可以继续大量运销英国，那时英国不但绝不会想到在别的地区促进棉花生产，而且将使美国享有这一生产事业的专利，从旁尽力支持，结果美国近几十年来发生的商业恐慌就可以完全避免；这些岂不都是十分明显的吗？对的；假使美国不要工业，不要为自己建成一个持久的信用系统，不愿意或没有能力发展海军，这样的推论就完全是正确的。既然是这样，波士顿人把茶叶抛在海里，真是多此一举，那些关于独立自主和国家远大前途的高谈阔论也是多余的，那就不如重新投入英国怀抱，作为它的殖民地，而且行动越快越好。到那个时候，英国对于美国的商业活动不但不会设法限制，而且还将加以协助；对于美国的植棉业、谷物生产等等，不但不会想尽方法养成敌对势力来进行竞争，而且对于向美国进行竞争的方面还要加以抑制。那时英格兰银行在美国将设立分行，英国政府对美将提倡移民并将输出资本，当美国工业彻底消灭的时候，将竭力促使美国原料与农产品运英，然后就像关怀自己的儿女一样，将尽力防止商业恐慌在美国发生，使这个殖民地的进出口额一直保持着适当的平衡关系。总之，到那个时候，美国的奴隶主和植棉业的经营者最美妙的梦想将成为现实。实际上过去一个时期，从这类事业经营者的爱国观念、利益和要求来说，显得更加值得想望的倒不是北美合众国的独立自主和远大前途，却是如上述的这种局面。只是当他们开始有了自由与独立的情绪时，他们才抱有工业独立的想望。但是这些人的热情不久就渐趋低落，中部及东部各州近二十余年来的工业发展经过，在他们看来是一种可厌的现象，他们告诉国会，说美国的繁荣全仗英国在美国的工业统治。说美国如果再度投向英国，作为英国的殖民地，就会更加富足，更加繁荣，这句话的含意，除了作这样的解释，还能有什么别的呢？

一般说来，我们认为主张自由贸易者不妨公开劝告一切国家干脆服从英国，作为英国的属国，从而要求换取作为英国殖民地时所能获得的利益，它们原来虽不能为自己组成一个独立的工商业系统与信用系统，对英国却不能不装出一种独立的姿态，处于从属地位以后，它们在经济方面比原来所处的半独立地位就会有利得多。假使主张自由贸易者提出这样的论调，他们关于金融恐慌、贸易平衡以及工业这些问题的论点将显得更加贯串，更加明朗。葡萄牙在麦修恩条约成立以后，假使由一个英国总督来管辖，假使英国把它的法律和民族精神移植到葡萄牙，把这个国家就像印度一样，置于它的卵翼之下，在这样情况下对葡萄牙将如何有利，不是显而易见的吗？这样的情况对德国、对整个欧洲大陆将造成如何有利的形势，岂不也是一目了然的吗？

的确，印度的工业力量被英国夺去了，但是它在国内农业生产和农产品输出方面不是大有所获吗？以前在印度首领统治下的战争不是停止了吗？印度各邦的王侯不是非常富裕吗？他们不是依然保有大量的私人收入吗？他们不是从此不必再为政务操心，放下了那副沉重的担子了吗？

还有一层值得注意的是——虽然我们这样提出问题，是模仿着像亚当·斯密一类人的强词夺理的作风的——这位鼎鼎大名的作家亚当·斯密虽然竭力否认贸易平衡的存在，却认为另有一种现象是存在的，这种现象他叫作一国的消费与生产之间的平衡，但是经分析以后说明这一点所指的并不是别的，实在就是我们所说的贸易平衡。一个国家的输出与输入，如果彼此大致相平衡，就国内交换方面来说，就可以确信，这个国家所消费的在价值上并没有十分超过它所生产的；如果一个国家累年输入的国外工业品，在价值上远远超过它自己农产品的输出，像近年来美国所发生的现象那样，那就可以确信，就国际交换方面来说，它对于国外工业品的消费，在价值上远远超过了它本国的产品。法国在 1786 到 1789 年、俄国在 1820 到 1821 年以及美国从 1833 年起发生的恐慌，所证明的不是这一点是什么？

有些人把贸易平衡的整个理论看成是已经被驳倒了的无稽之谈，在结束这一章时，对这些人我们要提出几点疑问。

如果发生了确凿而持久的不利的贸易差额，存在这种现象的国家（殖民地除外），不论在公共信用机构方面或是在各个商人、工业家或农业经营者方面，就必然地、毫无例外地要遭到国内商业恐慌、价格剧烈变动、财政困难和普遍破产的损害；这是什么缘故？

在那些在贸易差额上保持着明确优势的国家所看到的情况，就与上述的完全相反，如果同它们有着商业关系的国家发生了商业恐慌而使它们受到不利影响时，这种现象也很快就会过去；这是什么缘故？

俄国自从对所需要的工业品绝大部分能够自己生产以来，就能明确地、持久地保持有利的贸易差额，从此以后，就没有听到在那里发生过经济动乱现象，从此以后，那里的繁荣程度就年年有所提高；这是什么缘故？

在美国也是这样，同样的前因总是发生了同样的后果；这是什么缘故？

美国自从实施了"折衷方案"以后，工业品输入激增，接连好几年发生了极度不利的贸易差额，跟着就在国内经济上发生了那样大规模的、连绵不断的动乱；这是什么缘故？

我们看到美国现在是充满了各种农产品如棉花、谷物、烟叶、牲畜、谷物等等，价格到处低落了大约一半，然而它却无法使它的出口与进口相平衡，从而偿还对英国的负债，把它的信用关系重新建立在稳固的基础上；这是什么缘故？

既然贸易平衡这个说法是不成立的，贸易差额不论是顺是逆是无所谓的，贵金属流出国外是多是少是无关重要的，那么英国遇到农产歉收的时候（只有遇到这个情况，才会使它发生不利的贸易差额），为什么要战战兢兢，想尽方法促使进出口相平，输出或输入每一盎司现金或现银时都要小心估量，它的国家银行对于贵金属的输出要那样关切地加以防止，对输入要那样地加以鼓励；贸易平衡既然是“被驳倒了的无稽之谈”，为什么这个时候却没有一家英国报纸不是在热烈讨论着这个“被驳倒了的无稽之谈”，把它当做对国家具有极重大关系的问题；我们要问，这是什么缘故？

在美国，同样的人们，在折衷方案实施以前把贸易平衡说成是无稽之谈，而在这个方案实施以后就不得不把这个无稽之谈说成是对国家最关重要的问题；这是什么缘故？

既然自然趋势总会使每个国家获得恰好是它所需要的那个数量的贵金属，那么英格兰银行又何必还要用限制信用与提高贴现率的办法来试图转变这个所谓自然趋势，使这个趋势对它自己有利，以致美国银行在输入还没有能减少到大致与输出相等的时候，不得不时时采取停止付现措施；这是什么缘故？

第二十四章　工业与事业的稳定及存续原则

我们假使考察一下工业各个部门的起源与发展过程，就会发现，它们那些改进的操作方法、生产的有利条件、机器建筑、经验技术以及使它们能够有利地购入原料、有利地销售产品的知识和交往关系，都是逐渐累积起来的。我们可以大胆地说，在通常情况下，改进和扩充已成的事业要比创立新事业容易得多。到处看到的情况是，经过了好几代的老商店赚的钱总比新铺子的多。凡是在国内已经成立的性质相类的工业部门为数越是少，要创办一个新企业就越困难；因为在这样情况下，所有管理人、监工和工人必须在国内先行训练，否则就得向国外招请，而事业兴办以后是否有利可图，既然没有经过充分考验，资本家就不免缺乏信心。如果将任何国家各类工业在不同期间的情况比较一下，我们就会随处发现，这些工业如果没有意外原因使它们受到损害，让它们一代一代地传下去，那么不但在价格的低廉方面，而且在数量与质量方面，都会表现显著的进步。相反地，如果由于外在的有害原因，如战争、地方上的劫掠等等，或者如专制政府的虐政或狂妄措施（例如南特敕令的撤销），也可以使整个国家的全部工业或工业的某些部门后退几个世纪，因此反而落在以前在工业上赶不上它的那些国家的后面。

这是任何人一想就可以明白的，就一切人类制度来说是这样，就工业来说也是这样，其间有一个自然法则，同劳动分工及生产力联合的自然法则很相类似，是所以能在这些方面获得重大成就的根本因素；这就是这样一个原则，为了达到同一个目标，一连几个世代的力量会适当地结合在一起，共同地、同样地参加为达到这个目标所需要的努力。

正是由于这一原则，所以在世袭王位的情况下，对国家力量的存续与发展，比在选举王位经常更换统治皇族的情况下，不知要有利多少倍。

凡是长期处于适当组织的立宪政体下的国家，在工商业和海运事业方面就会获得那样巨大的成就，部分原因也是由于这一自然法则的作用。

只有借助于这个自然法则，印刷术发明对人类进步的影响才能获得部分的解释。印刷术首先使人类在知识和经验上的所得有可能比较用口传方法进一步妥善、完整地传给后代。

有的古代国家有不同种姓的阶级区别，古埃及还有过这样的法律，子孙必须继承上代的衣钵，从事于同样的行业或职业；所以会有这类制度，无疑地一部分是由于对这一自然法则的认识。在印刷术没有发明与推广以前，为了使技术与行业得以存续与发展，这样的规定看来似乎是不可少的。

行会和同业公会部分也是由于这样的考虑而来的。技术与科学之所以得以存续并取得进步，所以能代代相传，在很大程度上应当归功于古代国家的僧侣阶极，归功于寺院和大学。

过去的教团、骑士团以及教皇职位所以会获得那样大的权力和声势，正是由于它们所向往的总是同一个目标，后一代总是在继续努力于前一代未竟的事业。

从物质成就的方面来看，这一原则的重要就更加明显。

各个城市、寺院和社团在建立各种事业方面所支出的费用总计，也许比它们当时所有全部财产的价值还要大。只有世代相传，把积蓄专门用在同一伟大目标上，才能汇成这样大的财力。

我们可以看一看荷兰的运河和堤防系统，这是好几代的劳力和积蓄的结晶。一个国家的运输系统或防御工事系统是要经过好几代不断的努力才能完成的。

国家公债制度是近代政治最巧妙的一种创造，对国家来说是一种福利，因为可以用它来作为一种手段，使这一代的成就和努力所费去的代价得以分摊到以后几代；这里所说的成就和努力为国家产生的利益，指的当然并不是一时的，是长远存在的，由此使国家的存续、发展、伟大、权力与生产力的增长获得了保证。但是如果把公债作了不适当的利用，用于对国家无益的消耗，因此对后代的进步不但不起推进作用，而且事先剥夺了后代从事于国家伟大事业的手段，或者把支付公债利息的负担，不是加在资本的方面，而是加在劳动阶级消费的方面；只有这样做，这个制度才会成为祸胎。

国家公债是现在一代对后代开出的支票。采取这一行动的原因，可能是专为这一代的利益，可能是专为后代的利益，也可能是为了两者的共同利益。这个制度只是在上述第一个情况下是应当反对的。但是如果目的是在于维持与促进国家的富强，而在这方面所需要的资力不是这一代的力量所能胜任，因此借助于发行公债这一手段时，这一类情况都属于上述末一范畴。

就现在一代的支出来说，再没有比改进交通运输工具方面的支出更加绝对地特别有利于后代的，这是因为这类事业，除了一般总是能使后代的生产力有所提高以外，随着时间的进展，还能够不但为所费的成本按照不断增长的比率滋生利息，而且产生红利。由此可见，现在一代不但有理由把这类事业的主要经费和它的适度利息（当事业还不能产生足够的收入时）推给后代负担，而且如果把负担、甚至负担的相当部分加在自己肩上，那就是对自己、对国家经济的真正基本原则有欠公道。

当考虑到国家生产事业的存续这个问题时，如果仍然回到构成生产事业的主要部门、工业和农业的方面，就可以看出，虽然对农业来说，存续问题也很关重要，然而这个生产部门如果发生了中断状态，比较工业处于同样情况时，受到的损害要轻得多，损害的性质也没有那样明确，而且对于不幸的后果进行补救时，也要容易得多，迅速得多。

农业受到的损害或发生的中断情况不论怎样严重，农业经营者个人实际的需要与消费，从事于农业时所需技巧与知识的普及以及操作方法与所需工具的简单，都足以使农业不至于完全停顿。

即使受到了战争的蹂躏，它也会很快地重整旗鼓。不论是敌人或国外竞争者，总不能把农业的主要手段土地拿走；要使良田变成荒地，或使乡村人民失去经营农业的能力，也得经过一连好几代的不断迫害才会落到这样地步。

工业的情况就不同，即使是极轻微的、为时极短暂的间断，也会发生严重影响，如果间断的时间稍久，就会成为致命伤。任何工业部门，进行时所需要的技术与才能越多，所需的资本数量越大，办理这一工业时所投资本陷入的程度越深，一旦发生停顿，所受到的损害就越大。这个时候机器和工具的价值等于废铁和木柴，厂房成为废墟，工人和技工不得不流徙到别的地区或靠农业工作维持生活。于是只有经过几代的辛苦经营才能建成的生产力与财产的一个复杂组合，顷刻之间就会化为乌有。

工业的每一部门总是靠了整个工业的确立与存续而诞生的、反过来它又对许多别的部门起了促进与支持作用，使它们欣欣向荣；同样的道理，一个工业部门的倾覆总是别的许多部门不能继续存在的先声，最后就会动摇国家工业力量的主要基础。

整个工业稳定的存续这一现象是会发生巨大效果的，工业发生了间断状态，受到的损失是无可挽回的；正是由于坚信这两点而不是由于工业家和商人的叫嚣或他们对特种权益的自私要求，才引起了为本国工业采行保护关税的打算。

当保护关税也无济于事，或由于缺少出口贸易使工业不免遭到损失，或工业发生了停滞现象，政府方面也没有任何补救方法——当遇到这类情况时，我们往往看到工业仍然会勉强挣扎，在实际亏损的情况下继续生产。它们宁可忍受牺牲，静待时机好转，它们要避免的是事业一旦中断以后就不免要遭受到的无可挽回的损失。

在自由竞争中往往会使用手段，想迫使对方工业家或商人往往在实际亏本的情况下以合法价格出售产品，从而使他难以支持，使他的事业不得不半途而废。这里的目的不仅是在于免使自己的事业发生停顿危险，而且是要迫使别人放弃他的事业，希望自己将来能按更高的价格出售产品，使已有的损失获得补偿。

总之，追求垄断地位这一观念，构成了工业本质的一个部分。这就使保护政策不是不足取，而是有了必要。因为这样的竞争活动如果只是限于国内市场，是足以促使价格降低，促使生产技术改进，从而提高国家繁荣程度的；如果压力是来自国外的雄厚势力，受到排挤的是本国工业，那么同样性质的竞争活动，就会使本国工业发生停顿状态而趋于崩溃。

工业生产除了资本上的限制与销售手段上的限制以外，它的发展是没有限制的，自从有了机器，由此受到了极大的支持与促进以后，情况就更加是如此。世界上有那么一个国家，它的工业已经继续发展了一个世纪，累积了庞大的资本，商业势力扩展到了全世界，它的大规模信用机构发挥力量时能够压低工业品价格，从而鼓励商人扩大输出，靠了这样的机构，它控制了金融市场；工业生产既可以作无限度的发展，这就使这个国家可以向其他一切国家的工业家宣战，从事于工业的毁灭性战争。在这样情况下，别的国家就不可能仅仅由于在农业上的进步，“在自然趋势下”（那是亚当·斯密说的）建设大规模的工业和工厂；就是由于战争所造成的商业停滞而建立起来的那些工业，也不可能“在自然趋势下”使自己得以长期保持。为什么一个孩子同一个壮汉角力时没有获胜希望，甚至无法试图作有效抵抗，同这里的道理是一样的。构成英国工商业优势地位的工业，与别的国家那些新生的或半成长的工业相比，具有数不清的有利条件。英国工业能够获得人数最多、工资最低而又有技巧、有经验的工人，能够获得头等的技术人员和监工、最完美而代价又最低的机器，买进卖出时能获得最大的利益，当购入原料或售出成品时能利用代价最低的运输工具；它的工业家与银行及其他金融机构往来时，能够按最低利率获得比较扩大的信用关系；它有高人一等的商业经验、商业关系、策略、计划，有高人一等的工具和建筑物，这些都是只有经过好几代的经营，才能累积起来，建立起来的；它有广大的国内市场，还有同这一点可以媲美的是，它有同样广大的殖民地市场。因此，英国工业家在任何情况下要大力推销大量工业品时，在这一点上总觉得是有把握的，他们事业的继续存在是有保障的，他们如果对某一国外市场要加以控制时，尽可以用赊销办法，期限可以长至数年，他们在这方面所拥有的手段是丰富的，神通是广大的。我们如果把这些优点，一个一个地屈指算一算，再想一想，就很容易明白，要在自由贸易下，把我们的希望寄托在“自然趋势”的作用，同这样一个伟大的力量从事竞争，简直是愚不可及。拿我们这方面的情形来说，首先工人和技术人员还有待训练，机器工业和适当的运输工具还在建设中；这里的工业家即使在国内市场也还没有站稳脚步，更不用说什么出口市场；这里的工业家所能获得的信贷，即使在最幸运的情况下，数额也是极小的；这里的人对于市场将发生怎样的变化，即使一天也没有把握，由于英国的商业恐慌或银行措施，随时可能有大量的国外商品会涌入国内市场，这些商品的价格可能还在所用原料的价值之下，因此也许会使我们自己的工业一连好几年不能获得进展。

像这样的国家，如果听任自己对英国的工业优势处于永久屈从地位，更没有别的奢望，只是想对于也许英国自己不能生产的或不能向别处取得的东西能有所供应，就心满意足，这样的想法是无济于事的。就是甘心处于这样的屈从地位，也不能使这些国家获得永久利益。试问，美国牺牲了最富饶的、文化最高的那些自由劳动州的幸福，也许还牺牲了整个国家的伟大前途，只是为了便于向英国供应原棉，这对美国人民究竟有什么好处？是不是由此就可以制止英国不再企图向世界别的地区取得这项原料？德国人用最上等羊毛向英国换取所需要的工业品，如果认为这样就万事大吉，那是痴心妄想，这样的政策是绝对不能阻止澳洲的精美羊毛在以后二十年间泛滥整个欧洲市场的。

一旦发生战争，这样的国家就要失去向国外售出农产品、从而失去向国外购入工业品的一切手段，考虑到这一点时，这种仰人鼻息的情况，就更加可悲可叹。在这样的时候，一切经济考虑和经济制度就无从谈起。这时促使这些国家由自己来进行农产品加工、放弃敌人的工业品的，是自给、自卫的原则。处于这样的局势下，采取这样的战时禁止制度，不论要遭受多大损失是在所不计的。但是农业国家在战争期间，为了建立工业，无论尽了多大力量，作了多大牺牲，到了和平恢复以后，国外的工业优势竞争力量又将咄咄逼人，这类在逼不得已时的辛苦经营又将归于毁灭。总之，这是一个建设与破坏、幸福与灾害的无穷无尽的交替过程；有些国家，由于没有实行劳动上的分工，没有把自己的生产力联合起来，因此它们的工业是否能世代相传，永久存在，就没有保障，像这样的国家就得忍受这种痛苦经验。

第二十五章　工业与生产及消费诱因

在社会中，人是能生产的，这不仅是由于他能直接生产产品或创造生产力，而且是由于他能创造生产诱因、消费诱因或生产力形成的诱因。

艺术家通过他的作品，首先是对人类精神意志的趋于高尚纯洁、对社会的生产力发生作用；但是要享受艺术，事先必须具有购得它的物质手段，因此艺术家对于物质生产、对于节约行为也是具有提供诱因的作用的。

书籍和报刊由于能传播知识，就对精神与物质生产发生了作用，但要获得这些东西是需要代价的，因此就它们所提供的享受来说，也是对物质生产的一种诱因。

对下一代进行教育是在精神上提高社会；试看做父母的为了

能有足够资力使他们的子女获得优良教育，花费着多大的气力！

试看在精神与物质生产这两个方面，有多么广大的活动是出于一种动机，要想置身于上流社会！

我们可以住在一所别墅里，也可以同样地住在一个木板搭的小屋里，我们花几个弗罗林（florins）[1]买一件衣服，同最考究的衣服一样的可以蔽体御寒。用金银制成的装饰品和器皿，同用铁与锡制成的比起来，在使用上并没有什么高下之别，但与对前者的占有有关的那种荣誉感，对于身心的努力，对于节约，却形成一种诱因；社会大部分的生产力就是因这种诱因而产生的。即使是单靠私产生活的人，他的活动无非是对他的收入进行保存、增进和消费，但是他对精神与物质生产也会在多方面发生作用：首先，由于他的消费行为，对于艺术与科学以及各种技术行业作了支持；其次，可以说，他是在发挥着作为社会物质资本的保存者和增加者的职能；最后，由于他在生活上的表现，足以激起社会一切其他阶级的竞胜情绪。当学校实行奖学金办法时，虽然得到奖励的只是限于少数，但是全校都会因此受到鼓励而努力学习；同样的道理，巨大财富的占有，以及与这一点结合在一起的体面外表与生活作风，对文明社会也会发生鼓励作用。当然，如果大宗财产是由侵占、勒索或诈欺而来，或者关于财产的占有与享受不能公开显示，那就情况不同，就不能发生这里所说的鼓励作用了。

工业所生产的，倘不是生产工具，就是满足生活需要的资料与供作夸耀用的资料。后两者往往是结合在一起，无从辨别的。社

① 英国银币，价值两先令。——译者

会上的等级不同，生活作风也各不相同，在饮食与衣着方面，在一切装配的奢华程度方面，在所雇仆役的人数、质量与外表方面，也各有特色。在商业性生产水平较低的地区，这种差别是很细微的，就是说，大家的生活情况都很差，穿得都很简陋，看不到什么争强斗胜的现象。这种差别是随着工业的发展程度而日益显著的。在工业发达的国家，虽然所消费的工业品质量高低有着千差万别，但几乎每个人都生活得很好，穿得很体面。凡是觉得自己有一些工作能力的人，没有一个愿意在外表上露出寒酸模样。所以工业由于它所提供的诱因，起了促进社会生产的作用，而农业所有的只是简陋的家庭工业与原料及粮食生产，是不能提供这样的诱因的。

社会上形形色色的生活方式，彼此之间当然是大有差别的，人人总是想吃得好些，但进餐时并不一定是当着大众的，德国有一句俗语，“人们看见的是我的衬衫领子，不是我的肚皮”。如果我们从小就习惯于粗糙简单的饮食，就不大会想到要吃得好些。所消耗的食品如果只是限于周围极近地区所生产的那一些，范围就非常狭窄。温带国家消耗食品的范围，首先是由于能够取得热带产品而扩大的。但是在食品的数量与质量方面要想积极扩大与提高，要想使全国人民能普遍享受，那就像我们在前一章所提到的那样，只有靠了工业品的国外贸易才能实现。

殖民地产品，除供工业用原料外，供食用的显然以刺激品为主而不是生活必需品。没有人会否认不带糖的大麦咖啡与带糖的摩加(mocha)咖啡同样有营养价值，但即使也认为两者都具有一些营养价值，它们在这方面的价值还是很不重要的，不能认为可以代替本国的粮食。至于调味香料与烟草，当然纯粹是刺激品，主要只是由于在大众的生活愉快方面能有所增益，从而对身心劳动能发生刺激作用，因此产生了对社会有用的效果。

在许多国家里那些靠薪金或地租收入生活的人，对于他们所惯常称为下层社会奢靡习惯的那类现象，有着极错误的想法。这些人看到以前只喝些麦片粥就心满意足的工人，现在却喝着加上糖的咖啡了，就感到震惊；他们看到那些庄稼汉脱下了手织的粗毛衣服，换上了用精细呢绒制的衣服而不胜叹惜；他们说将来一个女佣的打扮同她的主妇也许要分不清了；古时在各个阶级的服装上是有限制的，他们对于这一点赞美不置。但是我们可以看到，有些国家的工人，由于劳动的结果，吃得好、穿得好，就同有钱的阔佬一样，而有些国家的工人，也是由于劳动的结果，却不能不自安于粗衣淡饭；如果我们把两方面劳动的成果比较一下，就可以发现，前者的享受并不是由牺牲公众的福利而来的，而是由于对社会生产力所作出的贡献。在前一情况下工人一天的工作成果，比后一情况下的要超出一倍到两倍。假使在服装上要规定等级，在奢华享乐方面要加以限制，那就会破坏社会大众健康的竞胜心情，徒然使社会上身心怠惰的现象获得滋长。

无论如何，必须先有产品，然后才能加以消费，因此生产一般地必然在消费之前。但是就通常的国家的实际情况来说，消费却往往先于生产。工业国家有着大量资本的支持，而在生产上所受到的限制比纯农业国家为少，因此往往以未来的收获为依据而对后者预作支付，这样就使后者的消费先于生产，后者只是由于事前进行了消费，才随后从事生产。在城市与乡村之间的关系上也有着同样情况，而范围更加扩大，工业家与农业经营者越是接近，则在消费刺激与消费手段方面，前者对后者所提供的就越大，后者在扩大生产方面所受到的鼓励也就越大。

对生产与消费能给以最有力鼓励的，是国家的法律与行政制度。有些地区的情况是这样的，个人不可能通过正当的努力和成就从社会的一个阶级上升到另一个阶级，从社会的最低阶级上升到最高阶级；有钱的人怕露富，也不敢公开享受，唯恐他的财产受到危险或引起指责，说他自尊自大，或被人嫉视；做生意的人在社会上得不到荣誉，毫无光彩，国家行政、立法或司法方面也没有他的份；在工业、农业或商业方面有了卓越成就，也得不到社会的尊敬，不能由此博得任何荣誉——在这样的情况下，我们说，不论在生产或消费方面，最有力的动机并不存在。

每一条法律，每一种公共规章，对生产、消费或生产力，总是起加强或削弱的影响的。

专利权的授与是对于发明创造的鼓励。由于希望获得这样的奖励，就激发了精神力量，使这种力量走向工业改进的方向。这种奖励制度使创造能力在社会上能获得荣誉，根绝了在落后国家为害那样大的坚持旧习惯、旧方式方法的偏见。这种制度为除了发明天才别无所有的那些人提供了所需要的物质手段，因为资本家既已有了把握，晓得同这样的人合作可以分享预期利益，就会受到鼓励，去支持发明家。

有些工业品在本国也能生产，但在国外生产时比在本国处于比较有利的地位，保护关税对于生产这类工业品的本国工业起了鼓励作用。在保护关税制度下，企业家和工人于学习新知识、新技术能够获得报酬这一点有了保证，对国内与国外资本家如何于投资后在确定时期内能享有特别利得这一点指出了一个途径。

第二十六章　关税是建立与保护国内工业的主要手段

促进国内工业的手段、方法是种种不一的，凡是在效力上、应用上没有疑问的那些手段、方法，都不在我们的讨论范围之内。举几个例子，比如教育设施（特别是技术学校）、工业展览、优良成就奖励、交通运输改进、专利法等等，总之，凡是目的在于促进工业、促进与调节国内外贸易的那些法律与制度，都不是我们所要讨论的。我们在这里所要谈的，只是作为发展工业手段的关税制度。

根据我们的理论，对输出加以禁止或征税只能看做是例外情况，对于自然产物的输入只应当课以以增加岁入为目的的关税，决不应当课以以保护本国农业生产为目的的关税。在工业国家征收收入关税的对象主要是由热带来的奢侈品，不是谷物、牲畜等普通的生活必需品。至于在热带地区，或者是人口较少、疆土较小的地区，或者是人口还不十分稠密的地区，或者是在文化上、在社会与政治制度上还十分落后的地区，对于工业品的输入只应征收收入关税。

但任何种收入关税都应当有相当节制，不可使输入和消费因此受到限制；否则不但将削弱国内生产力，而且也将使增加税收的目的受到挫折。

只有以促进和保护国内工业力量为目的时，才有理由采取保护措施。有些国家有着广阔完整的疆域，人口繁庶，天然资源丰富，在农业上有很大成就，在文化与政治方面也有高度发展，因此有资格与第一流农工商业国家、最大的海陆军强国分庭抗礼；只有在这样情况下的国家，才有理由实行保护制度。

要达到保护目的，对某些工业品可以实行禁止输入，或规定的税率事实上等于全部、或至少部分地禁止输入，或税率较前者略低，从而对输入发生限制作用。所有这些保护方式，没有一个是绝对有利或绝对有害的；究竟采取哪一个方式最为适当，要看国家特有环境和它的工业情况来决定。

战争对于保护制度的选择有很大影响，因为战争往往使国家处于被迫的禁止制度之下。在战争期间，交战国之间的交易停顿了，每个有关国家，不论它的经济状况如何，都不得不争取自给自足。因此，一方面是在工业上比较落后国家的商业，另一方面是最先进工业国家的农业生产，两者在这个时候都会受到极大鼓励。在工业落后的国家方面，尤其是当战争延长到数年之久时，在工业上就会获得相当进展；有些工业品的生产是无法与最先进工业国家从事自由竞争的，只是由于战争所引起的隔离状态而使这类工业获得了发展，这就会引起一种形势，在和平恢复以后，这种隔离状态如果能仍然继续一个时期，对这类工业将有很大好处。

在这次普遍和平恢复以后，德国与法国就处于这样的情况。假使在1815年，法国同德国、俄国和美国一样，听任英国竞争势力为所欲为，它也将遭到与这些国家同样的命运；在战争时期发展起来的工业绝大部分将一败涂地；它从那时起在一切工业部门、国外贸易、内河及海外航运、国内运输工具改进、地产价值提高（按法国这时的地产价值约提高了一倍）、人口增长与国家岁入增加这些方面的进展，就不可能有实现的希望。这个时候，法国的工业还在幼稚时代，国内只有少数的运河，矿山还很少开发；由于政治动荡与战争，还不能大量累积资本，充分培养技术人才，还没有足够数量的真正合格的工人，或者说，工业与企业精神还没有产生；全国意向所注还比较的偏于战争局势，不是和平事业；在战时勉强累积起来的少量资本，还是主要用在农业方面，而这时的农业也已经极度衰落。于是法国初次看到了英国在战时已经获得了多大的进步；它第一次有了可能从英国输入机器、技工、工人、资本和企业精神；它了解到为了使本国工业能独占本国市场，需要发挥最大力量，需要利用全国所有的天然资源。这种保护政策的效果是非常明显的；再没有别人，只有盲目的世界主义者，对这些效果才会视若无睹，才会说，法国在与别国进行自由竞争时能获得巨大发展。德国、美国与俄国的经验，不是已经极端明确地提供相反的证明了吗？

我们认为法国从1815年以来所施行的禁止制度对它是有利的；但是它在保护政策的推行上是过火的，有缺点的，继续保持这种过火的保护政策又有什么效用和必要；我们并不想从上述禁止制度是有利的这一论点出发，为它在这方面所犯的错误作辩护。法国用进口税限制原料与农产品（如生铁、煤、羊毛、谷物、牲畜）输入，这是一个错误；如果它在工业力量充分强大、有了稳固基础以后，不愿意回复到比较缓和的保护制度，从而允许有限度竞争，激发国内工业家的竞胜情绪，这将进一步铸成大错。

各国在工业发展过程中所处地位不同，有的打算从自由竞争过渡到保护制度，有的认为应当从禁止政策转变到温和的保护制度，谈到保护关税时，特别重要的是对于这两种情况应有所区别；在前者的情况下，开始时税率必须比较低平，然后逐渐提高，在后者的情况下则相反，必须由高额税率逐渐降低。

假使一个国家，原来在关税方面没有充分保护，现在感到有进一步发展工业的必要，就应当首先努力发展生产一般消费用品的那些工业。主要是因为这类工业品总值比代价较高的奢侈品总值要大得多。这类工业能够使大量天然的、精神的及个人的生产力活跃起来；而且由于在创办时需要大量资本，这就会对于资本的大量蓄积发生鼓励作用，会促使外国资本以及种种力量共同来加入协作。由于在文化上比较落后的国家主要所需的是供大众使用的工业品，温带国家所以能与热带地区进行直接交换，主要原因也是在于能够生产这类工业品，因此这类工业的发展，必然会有力地促进人口增加、国内农业繁荣、尤其是对外贸易的进展。假使一个国家，它自己还要输入棉纱与棉织品，就不能与埃及、路易斯安那或巴西发生直接贸易关系，因为它无法供应它们所需要的棉制品，也无法吸收它们的原棉。还有一层，这类工业品由于总值巨大，因此特别有利于促成一国输出与输入在大体上趋于均衡，从而使国家能始终保有它所需要的通货量，或者说，能以此作为一个手段，使国家获得通货供应。国家所以能赢得并保持在工业上的独立地位，只是由于这类工业能获得长期发展；一旦发生了战争，原来的国际商业关系被破坏，如果受到阻碍的仅仅是高贵奢侈品的购入，就不会发生重大困难，否则如果一般使用的工业品供不应求，价格上涨，以前大量农产品的销售业务突然中断，就必然会引起严重灾害。还有，那些走私或虚报货值的偷漏关税行为，就这类一般使用的工业品来说，可虑的程度要比高贵奢侈品轻得多，要容易防止得多。

施行保护关税的目的总是在于为国家谋福利，但是工业就像树木一样，不能顷刻涌现，是要逐渐成长起来的，因此任何保护制度，如果仓猝之间，雷厉风行，突然割断了原来存在的商业关系，就必然对国家不利。这类关税只应当随着国内或从国外吸引来的资本、技术才能和企业精神的增长比例而提高，只应当随着国家对于原来专供输出用的那些剩余原料与天然产物能够改由自己利用的进展比例而提高。但是这里有一点特别重要的是，进口税提高的尺度应当事先决定，使国内的或由国外吸引来的资本家、技术人员和工人的报酬可以获得可靠保证。这种关税尺度一朝确定以后即不容反复，在未到期以前不能降低原来规定的标准，因为只要对这类毁约行为稍存顾虑，就足以大大破坏报酬的保证效力。

从自由竞争转变到保护制度时进口税应当提高到什么程度，从禁止制度转变到缓和的保护制度时又应当降低到什么程度，这些是不能从理论上来决定的，这是要看比较落后国家在它对比较先进国家所处关系中的特有情况以及相对情况来决定的。试以美国的情况为例，它所必须特别加以考虑的因素是原棉对英国的输出，农产品及海产品对英国殖民地的输出以及国内的高度工资水平；它还有一个有利因素值得考虑的是，它有可能把英国的资本、企业家、技术人员和工人吸引过来，关于这一点它比任何别的国家更有把握。

在一般情况下不妨作这样的假定，如果任何技术工业不能用原来的百分之四十至六十的保护税率建立起来，不能靠了在百分之二十至三十的税率的不断保护下持久存在，那就缺少工业力量的基本条件。

在工业建设的方面所以会缺乏基本条件，原因是种种不一的，要改正这些情况，有些比较容易，有些则比较困难。比较容易改正的一类是，国内交通运输工具的缺乏，技术知识、有经验工人与企业精神的缺乏；比较难于改正的一类是，在人民方面刻苦耐劳精神、重视公道精神以及文化、教育与道德的缺乏，健全有力的农业系统、因此也就是物质资本的缺乏，政治制度的不良，公民自由与法律保障的缺乏，还有一点是领土地形散漫，无法制止走私买卖。

那些仅生产高贵奢侈品的工业，只需要最低度的照顾与保护；这首先是因为这类生产需要技术上的高度造诣与熟练；其次，这类生产的总值与全国总产值对比是不会大的，输入以后，很容易用农产品与原料或供一般使用的工业品来抵偿；再次，如果在战争时期输入中断，不致因此引起太大的不便；最后，如果对这类产品征税过高，极容易通过走私来逃避这种高率关税。

凡是在专门技术与机器制造方面还没有获得高度发展的国家，对于一切复杂机器的输入应当允许免税，或只征收极轻的进口税，直到在机器生产上能与最先进国家并驾齐驱时为止。在某种意义上说来，机器工业是工业的工业，对国外机器输入征收关税，实际上就是限制国内工业的发展。机器工业对整个工业的发展既有这样重大的意义，因此一个国家在机器供应上下应当受战争所造成的机会与变动的支配，这一特种工业如果在温和的进口税下不能与竞争势力相抗，就有权向政府要求给以直接支持。如果这一工业获得了维持与发展，在战争开始时，对需要最迫切的一些工业用机器就可以进行供应，如果由于战争关系，使国际商业活动受到了较长期的间断，已存在的机器工业对新成立的同业就可以起示范作用。由此可见，从应付可能由战争引起的变局来看，国家对于这一工业至少应予以鼓励并予以直接支持。

至于退税办法，按照我们的理论观点，只应在这样的情况下适用：有些仍然要从国外输入的半制品，例如棉纱，为了使本国逐渐能自己生产，必须课以很重的保护关税，只有对于这类产品，才应考虑退税。

为了使本国工业品于输出后能够与先进国家的工业品在局外的中立市场相竞争，而用奖励金作为经常办法，这是应当反对的；如果以此为手段，使本国工业品得以占有在工业上已经有了进展的那些国家的国内市场，这样的行动就更加应当反对。但是在有些场合，以此作为一个暂时的鼓励手段还是可以的。例如国家的企业精神萎靡不振，当精神恢复的初期，只需从旁加以鼓励与帮助，就可以使生产获得加强与持久的力量，从而对那些自己工业还没有获得发展的国家推进出口贸易，在这样情况下暂时施行奖励办法，就并不是没有理由的。但即使在这类情况下，政府对下列问题仍须郑重考虑：对企业家个人给以无息贷款及其他特别权益这种办法是否值得采取；或者对在冒险精神下创立新事业的这类公司，从国库拨支款项作为公司所需资本的一部分，从而使参与公司经营的个人所投资本获得特惠利益，这种办法是否更符合于促使公司及时成立的目的。关于上述冒险事业我们可以举几个例子，如从事于对商业关系上个人还没有获得联系的那些遥远地区发展商务与航运的试探性企业，如从事于对遥远地区建立新航线或开辟新殖民地等等。

第二十七章　关税制度与流行学派

流行学派在保护关税的作用这一点上，对天然或原始产物与工业品这两者是不加区别的。它从这种关税对原始或天然产物的生产总是有害的这一点出发，得出了错误结论，认为这种关税对工业品生产也具有同样有害的影响。

有些国家是不宜于发展工业的，有些国家则由于国家领土的性质、农业的充分发展与文化的提高，由于在它们前途的发展以及持久与强盛方面有充分的保证，因此显然有条件建立自己的工业；这两类国家的情况不同，而流行学派对于这两类国家建立工业的问题则不作任何区别。

在与先进工业国家进行完全自由竞争的制度下，一个在工业上落后的国家，即使极端有资格发展工业，如果没有保护关税，就决不能使自己的工业力量获得充分发展，也不能挣得圆满无缺的独立自主地位，流行学派没有能看到这一点。

它没有考虑到战争对保护制度必要性所发生的影响；它尤其没有能看到的是，战争造成了强迫的禁止制度，而海关的禁止制度不过是在战争下引起的那种禁止制度的延续。

它企图用自由的国内贸易所产生的利益作为证据，以此来证明，只有在绝对自由的国际贸易制度下，国家才能达到最高度强盛地位；但历史经验处处所证明的却与这一点恰恰相反。

它认为保护制度足以造成国内工业家的垄断地位，从而引起怠惰情绪;它不懂得一直存在着的国内竞争,对工商业者的竞胜心情有着极大的刺激作用。

它要使我们相信,对工业品征收了保护关税以后,工业家由此所得到的好处是牺牲了农业经营者的利益而来的;但是事实证明,有了国内工业,国内农业经营者就由此获得了莫大利益,至于他们在保护制度下所不能避免的一些牺牲,比起所得的利益来,简直是极其微小的。

流行学派又把海关费用与非法买卖活动所造成的弊害作为反对保护关税的主要理由。这些缺点的存在是不能否认的;但是保护制度对国家的生存、权力与繁荣这些方面既有着那样的巨大影响,相形之下,这些缺点果然是值得严重考虑的吗?假使说常备军和战争都是有害的,难道由此就可以构成国家不再重视国防的理由吗?假使说保护关税远远超过了走私者平时所能获得的利润限度,因此认为在这个制度下实际沾得利益的是非法买卖,不是本国工业家;这样的说法只能适用于腐败的海关机构,或领土窄小、国境有欠完整的国家,或在边疆地区的消费,或对体积不大的奢侈品所征收的高额关税。

到处的经验都足以证明,只要是在领土广大而完整的国家,有着管理严密的海关组织,有着设计完善的税制,非法买卖是妨碍不了保护关税的目的的,是起不了什么重大的破坏作用的。

至于谈到海关组织的费用问题,那么即使把这个保护制度取消,于征收收入关税时,也必然还是要负担这项费用的大部分;假使说大国可以取消收入关税,那就是这个学派自身也不是这样主张的。

况且这个学派自身也并不是反对一切的保护关税的。

亚当·斯密认为在以下三种情况下对国内工业可施以特种保护：第一、如果外国对于我们运往的商品进口时有所限制，而我们采取相类措施就有希望促使它撤销限制，可以以此作为一种报复手段；第二、如果有关国防需要的那些工业品在公开竞争下国内无法生产，可以此作为适应国防需要的手段；第三、如果外国产品所负担的税低于本国产品，可以此作为一种平衡的手段。萨伊对于在这些情况下采取的保护措施一概反对，他又举出了一个第四种情况，那就是有把握在若干年后可以获得巨大利润、因此到那时就可以不再需要保护的某些工业部门，他认为像这样的工业才值得保护。

这样看来，主张将报复原则纳入商业政策的是亚当·斯密。这一原则将导致最荒谬的措施，造成最有害的后果；特别是如果这种报复关税像斯密所主张的那样，一旦外国同意撤销限制，就应立刻取消，那么它所造成的灾害更将不堪设想。假定由于英国对德国的谷物和木材征了税，后者就采取报复手段，排斥英国工业品，通过这样行动，靠了人为的方法，它建立了自己的工业；到了这个时候，如果英国对报复措施有了反应，对德国谷物与木材的进口重新开放，难道德国对于它以巨大牺牲辛苦经营起来的工业，就必须听任它付之流水吗？多么荒唐的设想啊！这样说，在德国方面倒不如对英国的一切限制措施安心忍受，不加计较，对于即使在英国限制进口的情况下也会成长起来的任何本国工业，不但不必鼓励，而且还可以加以阻止，这样做比上述行动反要高明十倍。

报复原则应当与国家工业发展的原则相一致，应当在这一目的上起协助作用，只有在这样的假定下，这才能是一个合理的、能够应用的原则。

这是不错的，如果英国对别国农产品的输入加以限制，因此后者采取报复行动，对英国工业品输入也加限制，这样的行动是合理的，而且对后者也是有益的；但是这里有一个条件，即，只有这些国家有资格建立自己的工业，建成以后能够长期保持，只有在这样的情况下，这个报复行动才能是合理的，才能对它们是有益的。

就亚当·斯密所举的第二个情况来说，根据他提出这一论点的精神，实在不仅应当保护供应战争直接需要的那些工业，如武器与火药制造业，而且应当施行像我们所了解的那样的整个保护制度；因为通过对本国工业的保护，使国家建成了自己的工业以后，可以增长国家的人口、物质财富、机械力量、独立自主以及一切精神力量，因此就国防手段这一点来说，由此所获得的增长程度，比单是发展武器与火药制造业所能达到的，不知要大多少倍。

亚当·斯密所举的第三个情况也是这样。如果我们的产品的税负担较重，外国产品的税负担较轻，就可以把这一点作为对后者征收保护关税的正当理由，那么我们的工业与外国工业比较起来，还有许多别的弱点，为什么这些别的弱点就不能作为对我们本国工业进行保护以反抗具有压倒优势的外国工业的正当理由呢？

萨伊显然看到了亚当·斯密所举的几个情况在内容上的矛盾，但是他所举的用以代替的那第四个情况，也未见得高明。一个国家如果在天然条件上、文化发展程度上有资格建立自己的工业，那么有了持续的、有力的保护制度以后，工业的每一部门就必然会欣欣向荣，有利可图；如果对一国的某一重大部门工业或整个工业的完整发展，只许给它短短的几年时间，就像对付一个鞋匠的学徒，应当限他在几年内学成制鞋手艺一样，这样的设想未免可笑。

流行学派为了要说明绝对自由贸易的尽善尽美，保护制度的有害无利，为了要把这一点说成是颠扑不破之理，惯于援引几个国家的情况作为例证。它曾以瑞士的经验为例，证明没有保护制度，工业也可以获得发展，绝对自由的国际贸易是国家繁荣的最可靠基础。它又把西班牙的遭遇作为一个惊心动魄的例子，告诉大家，想求助于保护制度的国家，会落到怎样惨痛的下场。我们曾在前面一章里说明，英国的事例是一个绝好的榜样，一切有资格发展工业的国家，可以由此获得教训，向它仿效；但是流行学派的理论家却别有用心，竟然利用这个国家的事例未支持他们的论点，认为工业生产这种能力是某些国家所特有的天赋才能，就像制造勃艮第酒的能力一样，认为英国在这一点上的禀赋特厚，高出于世界上任何别的国家，它应当专力从事于发展工业和大规模商业，这种能力是天赐的，这样的任务是生来注定的。

现在让我们对这些例子作一比较仔细的考察。

谈到瑞士，首先必须说明，它并不具备国家的本质，至少就领土的大小来说，并不能算是一个大国，只是几个自治区的集合。它被禁闭在三个大国之间，没有海岸线，缺乏努力从事于建立本国海运业或与热带地区直接通商的一切诱因，也无需注意到建立海军或开拓殖民地。瑞士现在所享有的极有限的繁荣，它的基础还是在附属于德意志帝国的时代打下的。从那个时候起，它几乎一直没有发生过内讧，资本就一代一代地累积起来，而在各自治区政府的开支方面，则对这项资本并没有什么需要。近几百年来，欧洲由于战争、革命、专制虐政以及种种痴迷狂妄的举动，祸乱不绝，而瑞士则置身事外，因此那些不能在本国安居的人，想把他们的资本和才能迁移到别一国家时，瑞士就成了他们的避难所。这个国家就这样从国外获得了大量财富。德国对瑞士从来没有采取严格的商业限制，这就使后者大部分的工业品在德国找到了市场。况且瑞士的工业向来不是属于全国性的，所生产的又大都不是普通用品，而是以奢侈品为主，因此很容易私运到邻近各国或比较遥远的地区。它所据地势又最适宜于经营中间贸易，在这一点可以说它是居于特别有利地位的。还有一层，瑞士人对于他们三个邻国的语言、法律、制度与一切情况的娴习与精通，有着极好的机会，这一点对于他们经营中间贸易方面以及任何别的方面，应该是一个极大的有利条件。公民自由、宗教自由与教育的普及，唤起了瑞士人的活动力与企业精神；他们因为供应本国人民的国内农业和国内资源范围狭窄，就不得不向国外求发展，在那里通过兵役、商业以及各种各式的工业活动，累积了财富，然后把这些财富带回祖国。他们就在这样的特殊情况下获得了精神资源与物质资源，从而发展了生产奢侈品的少数工业部门，这些工业只是靠了向国外运销产品，并没有借保护关税之力，就获得了自立。但这样的情况是不能援以为例的，大国所处的环境完全不同，决不能由此得出结论，说这样的政策大国也可以仿行。瑞士作为一个小型国家，开支不大，有它独具的方便之处，大国要想达到这样的地位，除非把自己分解成若干自治区，可是这样就要使国家受到国外侵袭的危险。

西班牙百般的防止贵金属出口，它自己对于这类商品已经有了丰富的生产，已经有了那样大的剩余量，而还要这样做，这实在是一个愚蠢行动，是任何懂得些道理的人都要这样说的。但是如果把西班牙工业的衰落，国家繁荣的减退，归咎于它对工业品输入的限制，那是错误的。假使西班牙没有把摩尔人和犹太人驱逐出境，从来没有发生过所谓异教裁判那回事；假使查理五世在西班牙准许宗教自由；假使能把教士和僧侣转变成人民的教师，把他们所有的巨大资产改作俗用，或者至少减少到足以维持他们实际生活需要的限度；假使由于这类措施能使公民自由获得稳固基础，使封建贵族获得改造，使君主政权有所限制——总之，假使西班牙也能像英国那样，在宗教改革以后取得政治上的发展，再把这种精神扩展到它的殖民地，那么施行禁止与保护政策以后，就能产生与英国相类的效果。而且情形还不止是这样，当查理五世时代，西班牙在任何方面都超过英国和法国，当时在一切国家中只有荷兰比西班牙居于较先进的地位，假使就当时西班牙的制度和一般情况来说，其势足以把外国的人材和资本吸引到它那里，而不是把它自己的人材和资本驱逐到国外，那么靠了保护政策，荷兰经营工商业的精神就有可能转移到西班牙，根据这一点，西班牙将大有可为。

英国的工商业优势是由什么原因造成的，是从何处得来的，关于这方面在第五章里已经有所叙述。

英国的商业政策对于国家天然富源所以能作最高度利用，所以能充分发展国家的生产力，特别是由于它所享有的公民自由、精神自由和宗教自由，由于它的政治制度的特点和优越性。但是谁能否认别的国家也能够使自己提高到同样的自由程度？谁又敢断言，别的国家要求获得发展工业所必需具备的手段时，就一定会被造化所拒绝呢？

就天然富源这一点来说，英国煤和铁的藏量极为丰富，往往有人把这一点说成是英国为什么注定是工业国的一个理由。诚然，在这一点上英国受到上天的恩惠是很大的；但是反过来也可以这样说，即使就这些天然资源而言，上天也并没有单纯像一个晚娘那样对待别的国家；因为别的国家对于这类天然资源所以未能充分利用，主要障碍是在于缺乏良好的运输设备；它们有着巨大的未经利用的水力，利用时代价比汽力低；它们在必要时可以利用其他燃料来弥补煤量不足的缺陷；有许多别的国家对于铁的生产具有无穷潜力，而且它们还可以通过对外贸易来取得这类原料。

最后我们不能不谈一谈以关税互惠为依据的商业条约。流行学派对于这类协约抱有反感，认为是不必要的，有害的；然而在我们看来，这是逐渐消除各国在贸易上的限制、从而导使世界各国逐渐走向国际往来自由的最有效方法。当然，就世上已经看到的这类条约的实例来说，是不大值得仿效的。我们在前几章里已经指出麦修恩条约对葡萄牙、伊甸条约对法国产生了怎样的有害后果。这个学派所以反对商业条约，看来主要是以在条约关系下相互减低关税所发生的不利后果为依据。按照这个学派的商业绝对自由原则，执行结果应该是对缔约双方都有利的，并不是使一方受到破坏，另一方获得莫大利益；但是就上述两个例子来说，实际经验所显示的情况显然与这个原则相反。如果研究一下发生这样后果的原因，当可看出，葡萄牙和法国在结约以后，就把它们在工业上已有的成就以及在将来可望获得的成就一并放弃，造成了英国的有利地位，它们只是把希望寄托在条约的作用上，一心一意地要想由此增进它们自然产物的对英输出，结果它们的工业就日益衰落，由工业的较高水准降落到较低水准。但是由此只能得出这样的结论，一个国家，如果在订立商业条约以后，为了国外的竞争利益而牺牲自己的工业，从而永远把自己束缚在纯农业经济的低水准上，实在是一个愚不可及的行动；可是决不能由此就推定一切商约都有害无利；如果通过商约的订立，对双方农产品与原料的交换或双方工业品的交换都能有所促进，这样的商约就不能说是有害无利的。

我们在前面已经说明，农产品与原料的自由贸易，对一切国家在一切工业发展阶段总是有利的。从这一点可以推定，任何足以减轻或消除对这类商品自由贸易所加禁止和限制的商业条约，对缔约双方必然会发生有利影响；例如由法国与英国订立协约，使葡萄酒和白兰地对生铁和煤的交换得以推进，由法国与德国订立协约，使酒类、油类和干果对谷物、羊毛和牲畜的交换得以推进，这类条约对缔约双方都应当是有利无弊的。

根据我们在上面的推论，保护制度必须与国家工业的发展程度相适应，只有这样，这个制度才会有利于国家的繁荣。对于保护制度的任何夸张都是有害的；工业的充分发展是只能逐步实现的。由于这个缘故，在工业上处于不同发展阶段的两个国家，为了使各种不同的工业品得以进行交换而订立互惠商约是彼此有利的。这时比较落后的国家，虽然自己还不能比较有利地从事于生产较精细的工业品，例如高级棉织品和丝织品，但是先进国家对粗制工业品的部分需要，却可以在商约的促进下由比较落后国家来供应。

如果各个国家在工业发展程度上大致相等，彼此订立这类商约时也许更加切合需要，更加有利；因为在这样的一些国家之间，不致发生一方占压倒优势的、破坏性或抑制性的竞争，也不致发生使任何一方独占一切的形势，只是像国内贸易方面的竞争那样，对彼此竞胜心情，对生产改进与成本降低，起着刺激作用。大多数欧洲大陆国家的情况就是这样的。法国、奥国和德国关税同盟相互之间实行征收相当低平的保护关税以后，产生的效果也许是有利而无弊的。这些国家也未尝不可与俄国订立互惠条约，这一措施也许对有关各方都有利。这个时候它们所应当共同戒惧的只是具有压倒优势的英国竞争力量。

从这一点看来，英国在工业、商业、航运业以及殖民事业各方面所占有的优势地位，对彼此关系日益密切的各个国家说来，似乎是它们当前的最大障碍；虽然同时也必须承认，英国当努力于争取这种优势地位时，大大地增进了、而且还在每天不断地增进着全人类的生产力。

第三编 学派

第二十八章 意大利的国家经济学派

在政治经济学的理论与实践方面，意大利是一切近代国家中的先驱者。贝奇奥伯爵就意大利这一部分的文献，辛苦地写成了一个概略，不过人们对于他的著作不免存有这样的意见，认为他死守着流行理论，过于拘泥。意大利的周围都是在世袭君主下统一起来的大国，而它所缺乏的却是国家的统一，各共和邦和城市都在教会统治之下，城市自治自由完全丧失，这些都是意大利工业衰落的基本原因，他却没有充分加以探讨。假使他对于这些起因能够进一步深入研究，他就不会不理解到马基雅弗利《君主论》的别有用心，对这位作者就不会只是偶然一提，轻轻略过。①

贝奇奥曾有一段记录，说马基雅弗利在1525年给他朋友基察第尼的一封信里，主张所有意大利各邦联合起来一致对外，这封信曾传到教皇克力门七世的手里，由此可以推想，关于在1526年成立的"神圣同盟"，他是从中很起了些作用的。我们看到了这段记

① 这位作家，当他的著作付印时正在德国游历，这时他初次听到兰克(Ranke)和格非诺斯(Gervinus)两位博士根据和他同样的观点批评了马基雅弗利的《君主论》。

录以后就想到，《君主论》那部书一定也含有同样的旨趣。随后我们翻阅了那部书，一见之下果然我们的猜想没有错。这部书是1513年写的，它的目的显然是要打动梅迪奇一族，说他们负有在一个君权下统一全意大利的使命，并且向他们指出，应当用什么方法来达到这个目的。从这部书的命名和形式来看，一般意向好像是在于讨论专制政体的性质，这一点显然是经过审慎考虑以后故意使出的一个手法。它对于各个世袭君主和政府，只是在不经意的态度下附带提到的。但作者念念不忘的是，应当在意大利看到一位独一无二的霸主。那些诸侯统治的小邦必须推翻，必须使不同的朝代不复存在，使封建贵族屈服，将各共和邦的自由连根拔除。那位霸主为了建成一个意大利帝国，应当不择手段，不论是美德或恶行、忠勇或谲诈、聪明干练或大胆无耻、幸运或机遇，必须尽量施展和利用。为了达到这个目的他还有一个秘诀，这个秘诀发挥作用时的力量在三百年后才充分揭露，这就是必须建立一支国家的军队，要施以新式训练，拥有新发明武器和战术，从而保证胜利。①

就这位作家在《君主论》中一般论证的内容来说，如果认为他别有意图这一点还有斟酌余地的话，那么读到最后一章，对这一点的怀疑就可以释然。他在那一章里明白指出，造成意大利一切祸

① 马基雅弗利不论在《君主论》出版以前或以后所写的一切，都足以表明，他所念念不忘的就是这样一种计划。他是一个非战斗人员，一位著作家，一位大使或政府官吏，从来没有从过军，他为什么对于战术的研究要这样孜孜不倦，他关于这类问题的著作简直使当时最杰出的军人也为之惊叹不已；这除了上面所指出的一点，还有什么别的理由可以解释呢？

害的基本原因是外国的侵略与国内的分裂；认为统治着托斯卡那和教会各邦（这是它们的幸运）的梅迪奇王族是受命于天，来完成统一全国的伟大任务的；认为要成立一个新政权，目前是最好时机，一位新的摩西现在必须勃然兴起，把人民从埃及的奴役中拯救出来，这是作为一位君主的无上光荣、无上伟大的事业。①

任何人也可以从《君主论》其他各章的字里行间看出它的旨趣所在，但能使人看得最明显的是作者在第九章谈到教会各邦时的态度。他说，“教士拥有土地，但没有加以治理，他们对土地有支配权，但没有加以防卫；这些人间无上乐土是直接在上帝保佑之下的。如果对它们说一句批评的话，就不免会亵渎神明”。他这番话只是一种反语。他实际的意旨，说得明白些，显然是这样：要征服这个国家，对一个勇敢的人来说并没有什么特殊困难，尤其是梅迪奇一族，他们的亲属据有教皇职位，在前进的道路上更加没有阻碍。

马基雅弗利自己对于共和政体是有热情的，但他对他心目中的一位霸主提出的关于对付这些共和邦的劝告却是这样，这一点又如何解释呢？他是一个热情的共和主义者，是一个大思想家，卓越的学者，又是一个爱国的烈士，而他却劝告未来的霸主完全摧毁意大利各共和邦的自由，把他的《君主论》题献给君主，这除了出于

① 腓特烈大王在他的《反对马基雅弗利主义》一书中，对于《君主论》只是作为关于一般君主权利和义务的科学论著来讨论的。他对马基雅弗利的著作逐章加以反驳，但是对于标题为“关于把意大利人从外人势力下解放出来的呼吁”的最后一章或第26章，却一定不提，而是插进了原作所没有的另外一章，标题是“关于不同性质的谈判和关于宣战的正当理由”，这一点是使人难解的。

为自己打算的一种计划，想借此向君主献媚，从而博取个人利益，还能有什么别的动机呢？这一点是无可否认的，当他写《君主论》的时候，他还受着贫困的折磨，为自己前途感到惶惶不安，他热切盼望梅迪奇政府能给以工作和支持。他曾于 1513 年 10 月 10 日从他所住的乡村破屋里写了一封信给他住在佛罗伦萨的朋友贝托里，这封信使我们对上述情况再没有怀疑的余地。[①]

话尽管这样说，但是仍然有很有力的理由足以使我们相信，他写这部书也并不是专为迎合梅迪奇一族从而猎取私人利益，而是要促使实现一种霸业计划；这种计划，虽然按照我们现在的道德观念来说是不道德的，是应当受到谴责的，但是跟当时在共和邦下的爱国观念并不抵触。从马基雅弗利的著作以及他在政府供职时的举动可以证明，他对于过去所有各个时期的历史以及所有各个国家的政治情况都是了了于胸的。一个人的眼光既能看到那样久远的过去，又能那样清楚地看到周围的一切，对未来就必然也能看得很远。既然在 16 世纪初叶就已经能认识到在意大利进行组织全国武装的利益，这样一个人物也就必然能看到小型共和邦的时代已成过去，大君主国的时代已经到来，必然能看到，在当时环境下，政权只能用强力取得，用独裁政治维持，而当时意大利各邦的寡头政治已成为国家统一的最大障碍，因此必须铲除，国家的独立自主是总有一天会在国家统一的局面下成长起来的。马基雅弗利显然是要把已经褪了色的几个城市的自由扔掉，让它作为专制政体下

① 这封信最初发表在《马基雅弗里〈君主论〉思想的表里》(米兰，1810 年)那本书里。

的牺牲，希望借此赢得国家的统一，从而使后代获得更加伟大、更加高尚的自由的保证。

意大利关于专论政治经济学的最早著作是 1613 年那不勒斯的安东尼·舍拉写的，内容主要是论述使各“王国”获得金和银的丰富供应的方法的。

萨伊和麦克洛克似乎都只是随便看了一看这本书的标题就马虎过去，说它只是讨论货币问题的；从书的标题来看，的确可以表明，作者是在以贵金属为财富唯一要素这种谬见的指导下进行写作的。但是如果他们能读一读这本书，把内容仔细领会一下，也许可以从这里吸取一些有益的教训。安东尼·舍拉虽然陷入了以金银充裕为财富表征的错误观点，但是对于财富的起因却叙述得相当清楚。

他当然是把采矿放在贵金属直接来源的第一位的；但是关于取得贵金属的间接手段却说得很有理。依他看来，农工商业和海运事业是国家财富的主要来源。土壤的肥沃是繁荣的可靠来源；但更加有利的来源是工业，其间的原因不一，主要在于工业是广大商业的基础。这些来源的丰富程度决定于人民的性格特征，例如是否勤恳耐劳、节俭、有活动力、有进取精神等等；也决定于地区的性质和环境，例如城市的位置是否宜于经营海外贸易等等。除了这些因素以外，舍拉认为还有比这些更重要的是政体、公共秩序、城市自治自由、政治保障与法律的稳定性。他说，“如果每一个统治者接位以后就要颁行一套新法令，处于这样情况下的国家决没有发展希望，所以在教皇统治下的国家与那些政权和法制比较稳定的国家对照时，在繁荣程度上就相形见绌。试看威尼斯就与上述前一类国家的情况相反，在那里可以看到相沿数世纪不变的法律制度对公共福利的影响"。这就是这一经济学说的精粹，它的目的虽然显得只是在于贵金属的取得，但在大体上竟这样的见解正确而自然，这是值得注意的。就萨伊的著作来说，虽然其中有些关于政治经济学的概念与内容是舍拉在他的时代所无法预知的，但在几个主要论点上却远不及舍拉，尤其是关于正确估计政治环境对国家财富的影响这一点，比之舍拉，相差更远。假使萨伊对舍拉的著作作了研究，而不是把它丢在一边，他就不至于说这样的话："在政治经济学里是不能考虑国家政体问题的；不论在哪一种政体下，人们都会发财致富，也会陷入贫困；唯一重要的是行政管理应当力求完善"（见萨伊的《政治经济学》第 1 页）。

我们一点也不想拥护任何一种政体，说它与别的政体比较时具有绝对优越性。人们只要看一看美国南部各州的情况就可以了然，以民主政体而言，如果在广大人民中时机还没有成熟，就会成为使社会繁荣显著趋于退化的原因；只要看一看俄国就可以深信，当人民还处于较低文化程度时，在君主专制政体下会使国家福利事业获得极显著的进展。但这并不是说人民在任何政体下都会富裕起来，都能够在经济生活发展上达到最高度。实际上历史所告诉我们的是，国家的政体，不论是叫作民主共和或贵族共和或君主立宪，只有当它能使人民获得高度的个人自由与财产安全，在管理制度上使他们获得保证，当他们从事于向共同目标作奋斗时能高度发挥活动力，并且能持久地、稳定地进行——只有处于这样情况下的国家，公众福利才会获得高度进展，工商业才会达到高度繁荣状态。因为在高度发展的文化状态下，主要问题不是在于行政在某一时期应当如何完善，而是在于应当如何求其继续不断的、始终一致的尽善尽美；后任的执政者不应当破坏前人的良好成就；在科尔伯特的三十年政绩以后，不应当来一个南特敕令的撤销；一个世纪接着一个世纪，遵守的应当是同一个制度，努力奋斗的应当是同一个目标。安东尼·舍拉说得对，只有能体现国家利益的那种政体——而不是专制政体，在那种政体下，国家行政制度势必随着统治者个人的意志而不时变更——才能使行政制度的稳定与一致获得保证。但是另一方面，也确有处于某些文化等级的国家与专制政体更相适应的情况，在这样的治理下，对国家经济与精神方面的进展，比在君主立宪制度下要有利得多。这里我们指的是，还存在着奴隶与农奴、野蛮与迷信、国家分裂、阶级特权这类现象的国家。因为在这样情况下，政体不仅会保持国家利益，而且也会使当时的一些弊政继续存在下去，而就专制政府的利益与本质来说，则目的总是在于消灭后一类现象；此外还有一个可能，有时会出现具有雄才大略的专制君主，使国家一下子作几个世纪的跃进，为国家恒久的生存与进步打下基础。

由此可见，萨伊要从他的学说中把政治这个因素除去，他所依据的也只是一个有局限性的平凡的信条。在任何场合，政治修明总是一个不可缺少的主要因素；但行政管理的效能决定于政体，凡是最能促进任何一个国家的精神与物质福利以及前途发展的政体，对那个国家说来显然也就是最好的政体。不同的国家在不同政体下都曾获得些进步。但是有些国家的政体足以使国家获得高度自由和力量，使它们的法律和政策长期稳定，使它们拥有效能很高的制度；只有这样的国家，才能达到高度的经济发展。

安东尼·舍拉是从实际存在的事物本质来看问题的；不是以已有学说的一些推论为依据，或以事前已经决定要宣传与实行的某些原则为依据，然后在这样的角度上来看问题的。他将意大利各邦的情况作了比较，由此看到，有了广大的商业，才会在财富上有最大的累积，而大规模商业是从充分发展的工业而来的，工业又是以公民自由为出发点，然后由此获得发展的。

柏卡里亚的见解充满了重农学派的荒谬论点。这位作家谈分工原则或在亚当·斯密之前，或与他同时，这一论点也许是他发现的，也许是从亚里士多德那里得来的；他比亚当·斯密更进一步，不但把这个原则应用到各个工厂工作的划分，而且指出，由于社会成员之间职业的划分，公共福利有了进展。同时他也与重农学派一样，毫不犹豫，认为工业是不直接从事生产的。

那位法理学大家菲兰哲里的见解可以说是最狭窄的。他也受到了荒谬的世界主义的影响，认为英国实行保护政策，只是使非法贸易沾了光，削弱了它自己的商业。

威利是一个有实地经验的政治家，因此不会错误到那样大的程度。他认为有保护国内贸易、抵制国外竞争的必要；但是对于这样一个政策只有强大、统一的国家才能采用这一点他却并没有或没有能看到。

第二十九章　工业主义
（流行学派误称“重商主义”）

在世袭君主政体以及国民力量集中的情况下导致了各民族的

团结，由此大国蔚起；当这个时期，商业与航运，从而财富与海军力，像我们以前所已经指出的那样，大部分集中在由城市组成的共和邦或这些共和邦的联盟。这些大国的制度越是发展，就越加清楚地感到，必须把这些力量和财富的主要根源在自己的领土上建立起来。

大国的君主们深信，要使这些力量和财富的根源得以发荣滋长，只有在城市自治自由下才能实现，他们就按照这个方针进行，给城市以自由行动权，鼓励建立行会，认为这类设施都足以与封建贵族的势力相对抗，而这些贵族是一直在企图独立，一直与国家统一的宗旨不相容的。但是靠了这样的权宜手段要使政策方针得以贯彻执行，看来还是不够的，其间有种种原因。首先，个人在自由城市与共和邦所享受的全部利益，比君主政府在它们自己的自治城市所能提供或愿意提供的全部利益要大得多；其次，要使一个一向以农业为主的国家，在自由竞争中，安然地排除在工商业及航运业方面占有优势已历数世纪之久的那些国家，这件事不但非常困难，简直不可能；最后，在这些大君主国内的封建制度，对国内农业的发展，从而对国内工业的发展，起着阻挠作用。因此这些大君主国，出于势所必然，就采取了这样的政策方针，对外国工业品输入及外国的商业与航运，竭力主张加以限制，对本国的工商业及航运业的发展则加以赞助。

这些国家的岁入原来以对输出的原料课税为主，此时则以对输入的工业品课税为主。这一政策所提供的利益，使文化比较高度发展的城市与地区的工商业者及海员受到了鼓励，就带着他们的资本迁居到这些大君主国，从而也激起了后者原有居民的企业精神。于是随着国民工业的增长，国民自由也获得了增长。这时封建贵族为了他们自己的利益，感到对从事于工商业及农业的人们有表示让步的必要；由此更加推进了本国的农业与工商业，这些国家财富的要素彼此之间又互相发生着有利影响。我们已经指出，由于实行这样的制度，加上宗教改革的有利影响，英国在生产力、自由和权力方面有了怎样的累世不绝的长足进步。我们曾经谈到，这样的制度曾使法国在一个时期获得相当成就，但未能有始有终，只是由于封建制度以及教会与专制君主制度还没有获得改革。我们也已说明，波兰终于一蹶不振，只是由于选举君主的制度没有充分的势力与稳定性，足以促成强有力的城市自治制度，使封建贵族获得改进。施行了这样的政策以后，原来的工商业城市以及大都处于城市政治势力以外的农业地区改变了面貌，代之而兴的是一个农工商业都发达的国家；这是一个在本质上完全无缺的国家，是一个协调的、紧凑的整体，这里一方面把原来存在的君主、封建贵族与民众之间的分歧转化为和谐一致，另一方面在工业、农业与商业之间发生了极其密切的联系与相互有利作用。这样一个国家比原来存在的组织不知要完善到多少倍。这是因为城市自治共和邦的工业原仅局促于狭小范围内，而现在却可以把范围扩大到全国；因为全国的现有资源，现在都可以供工业支配；因为在工业的不同部门以及在农业中的分工与生产力联合的有效性比以前提高了无数倍；因为从事于农业的各个等级的人在政治上、商业上都与工商业者结合在一起，他们之间保持了永久的协调；因为工业与商业之间的交互作用得以牢固存在，永久不变；最后，还因为由工商业而来的在文化方面的一切利益，农民也可以共享，并不例外。一个农工商业都发达的国家就像是一个势力扩展到全国的城市,或者像一个提高到城市地位的乡区。在这样的一个统一国家范围内,随着物质生产的发展,势所必然的是,在同等比例上,精神力量将日益发展,政治制度将更加完善,在国家的岁入方面、军事力量以及人口方面,将不断增长。所以我们在今天可以看到,首先使农工商业获得充分发展的那个国家,在这些方面,在世界各国中已居于首屈一指的地位。

所谓工业主义,原来并没有书面上的明确定义,也不是作家们设想出来的一套理论,只是在事实上执行着的,这种情况直到斯图尔特的时候为止;斯图尔特的学说大部分是从英国的实际情况推演而来的,正同舍拉的学说是从威尼斯的情况推演而来的一样。但斯图尔特的论著并不能算是科学作品。这本书大部分是专论货币、银行、纸币流通、商业恐慌、贸易平衡以及人口问题的,直到现在还可以使我们从中学到许多东西;但是写得十分无条理、欠明朗,同一概念往往反复说上十遍。关于经济学中的其他问题,有些只是极浮泛地提了一提,有一些简直完全略而不谈。例如关于生产力问题和价格原理问题,都没有彻底讨论。在作者心目中的,处处只是英国的经验和情况。总之,在这本书里所始终注意的,只是英国实况与科尔伯特政略的是非得失。工业主义与后来的一些学说体系相比,其长处是:

1. 它清楚地认识到国内工业的价值,认识到工业对本国农业、商业、海运以及对国家文化与力量的影响;而且毫不含糊地表明它在这方面的认识。

2. 它指出了一个有条件建立工业的国家要达到建成工业的目

的时在大体上应采取哪些正确的方法。①

3. 它是以“国家”这个概念为基础的，把国家看做各个实体，处处所考虑的是国家利益与国家情况。

另一方面，工业主义也存在着以下几个缺点：

1. 它对于国家工业发展的基本原则以及使这个原则能够付诸实施的一些情况，一般缺乏认识。

2. 由此将使处于不适宜于发展工业的那些地带的人民以及小型的与未开化的国家和民族发生误解，以为也可以采行保护制度。

3. 它总是企图把保护制度应用到农业、尤其是原料生产的方面，它不懂得对原料生产采取保护措施是对农业有害的，而农业本身是天然有充分保护的，是不怕国外竞争的。②

4. 它企图用限制原料输出的办法来过甚地爱护工业，这样做是有损于农业的。

5. 它并不向已经占有工商业优势地位的国家指出，像这样的国家应当容许在本国市场范围以内的自由竞争，从而防止它自己的工业家和商人流于怠惰。

6. 当它一味地追求政治目标时，忽视了一切国家之间的国际关系，忽视了全人类的目标；因此会导使国家趋入歧途，以致使它们当实行保护办法已经足够应付时会采取禁止制度，或者当征收

① 斯图尔特说(第 1 编，第 29 章)：“一个国家为了振兴工业，不但要有所许可，要进行保护，而且必须采取行动。假使法国鉴于英国经营毛纺织业极端有利，自己也想动手建立这一工业，而国王对于创办者不作大力支持，不给以种种优惠待遇，对一切国外毛织品输入也不加以严格限制，那么这一工业怎能建成？试问，任何国家要建立新工业时，除了采取这类措施，还有什么别的方法？”

② 参阅附录三。——英译本注

温和的保护性进口税比较适合目的时会征收实际上带有禁止性的进口税。

7. 最后，主要由于它完全忽视了世界主义原则，因此就没有能认识到，作为一切国家的努力方向，应当争取逐步接近的是世界上一切国家的共同联合，是持久和平的树立与普遍的贸易自由。

但是后来的一些学派对于工业主义作了错误的责难，认为它只是把贵金属作为财富的唯一要素，其实贵金属也不过是一种商品，与其他一切有价值商品并没有什么两样；因此认为这个主义所要求的只是对别的国家应尽可能地多卖出，尽可能地少买进。

关于上述指责，并不能获得事实上的印证；不论就科尔伯特或就英国从乔治一世以来政府的施政方针来说，都不能说它们对于贵金属输入这一点的重视是超出了合理程度的。

它们商业政策的宗旨是要建立自己的工业、自己的海运事业与国外贸易；其间不免发生许多错误，但整个说来是有重大成就的。我们还可以看到，英国自从1703年订立麦修恩条约以后，每年曾以大量贵金属运往东印度群岛，并没有认为这样的输出是有害的。

乔治一世的朝臣，当1721年禁止印度棉织品与丝织品输入时，并没有把一个国家应当尽量向国外多卖出少买进作为采取这一步骤的一个理由。这种荒谬说法是随后的学派硬加在工业主义头上的。当时那些朝臣们所主张的只是这样，认为一个国家显然只有靠了输出自己的工业品，一方面从国外输入原料与生活必需品，才能达到富强。英国在国家政策上就遵守了这个准则，一直到今天，由此达到了富强地位；作为一个有悠久文化、在农业上达到高度发展的国家，这实在是一个唯一正确的准则。

第三十章　重农主义或农业主义

假使科尔伯特的伟大事业能够让它一帆风顺地进行下去；假使南特敕令的撤销，路易十四的酷慕虚荣，好大喜功，及其后代的骄奢淫逸，没有把科尔伯特所播下的种子在萌芽时就加以摧残，结果在法国竟出现了欣欣向荣的工商事业；假使侥幸得很，法国教会的巨大财产竟转让给了大众；假使由于这样的演变，产生了强有力的议会下院，靠了它的势力使封建贵族获得了改进——假使处于这样的情况，就绝对不会出现所谓重农主义。这一学派显然是起源于法国的当时情况，也只能与那时的情况相适应。

当这一学派创始的时候，法国的地产大部分掌握在教会和贵族的手里。耕地农民则呻吟憔悴在农奴境地与人身压迫之下，他们陷入了迷信、愚昧、怠惰与贫困的深渊中。那些掌握着生产手段的地主们，只是镇日游手好闲，度着逍遥佚宕的生活，他们对农民生活既漠不关心，对农业也毫无兴趣。真正的耕地农民，对于农业改进，既没有精神手段，也没有物质手段。专制君主对农业生产者的无餍之求，封建势力在这方面的压迫变本加厉，使农民对教士与贵族享有的免税权益，感到越来越难以忍受。在这样情况下，那些主要行业，即所依靠的是本国农业生产力与广大群众消费力的那些行业，就无法支持；只有从事于生产供特权阶级使用的奢侈品的那些行业，还能努力争取发展。物质生产者对于热带地区产品既没有大量消费能力，又无法用自己的剩余产品来偿付，因此国外贸易的发展有了限制；而国内贸易也在省际关税的压迫下奄奄不振。

在这样情况下，这就难怪当时一些有思虑的人对当前普遍存在的困苦艰难的原因作了研究以后，会得出这样的信念，认为只要农业没有能从束缚中获得解放，有土地有资本的人对农业全无兴趣，农民依然陷于人身依附的境地，陷于迷信、怠惰与愚昧状态，租税依然不能减轻，不能由各阶级公平负担，国内关税限制依然存在，国外贸易不能发展，只要这样的情势不变，就谈不到国家福利。

但是我们必须注意，这些所谓有思虑的人，有些是国王或宫廷的御医，朝内的宠幸，有些是贵族和教士的心腹或知交，他们对于专制势力或贵族和教士是不能、也不会公开反抗的。他们要传布自己的见解只有一个方法，这就是把他们的改革计划隐藏在一种奥妙的学理之下，表面上不露痕迹，这正同早期以及晚期都曾试行过的、把政治与宗教改革思想潜伏在哲学理论内容中的做法一样。与他们处于同一时代、同一国家的哲学家，眼见法国陷入了完全混乱状态，就想在博爱主义与世界主义的广泛范围内求得安慰，这种情形，就像一户的家长，当他看到家庭四分五裂，无可奈何时，只好从酒乡中寻求一时的享乐一样；现在重农主义者也是学的这个样，他们抓住了普遍自由贸易的世界主义思想，作为可医百病的万应灵丹。他们抓住了这一点真理以后，就把他们的思想提高到这样的标准，然后又从中发现了土地的"净收入"这一论点，作为他们早已胸有成竹的那些思想的基础。由此就产生了他们的学说体系的基本准则："只有土地能产生净收入，因此农业是财富的唯一根源。"从这一点出发，可以得出无限奇妙的结论——首先封建制度必须铲除，必要时土地占有也不例外；然后，土地既为一切财富的根源，一切租税就应当从这里征收；然后贵族与教会享有的免税特权必须取消；最后必须把工业者看成是不生产的阶级，它不应当负担纳税义务，可是也不应当受到国家保护，因此关税就必须取消。

总之，他们事前已经有了绝大真理横梗在心头，决定要加以证明，因此就不惜用最荒谬的论点来设法证明他们的那些绝大真理。

关于国家，以及与其他各国相处关系中国家的特殊环境与情况这类问题，可以不必再加考虑，因为这在百科全书里就已经说清楚，它说，“个人福利是以全人类福利为转移的”。因此这里关于国家、战争以及国外商业政策这些问题，就一概不必再加考虑，历史和经验尽可置之度外，或任意加以曲解。

然而这一学说体系有一绝大长处，它在表面上为地主打算，攻击科尔伯特的政策与工业者的享有特权，而在实际上彼它一拳打中的却是地主的特有权益。法国农民遭到了苦难，在这一点上可怜的科尔伯特不得不代人受过——尽管人人都晓得，自从科尔伯特执政以后，法国才第一次有了大工业，而且就是头脑最迟钝的也懂得，工业是促进农业和商业的主要手段。这些思想家对于南特敕令的废除、路易十四无目的、无理由的战争、路易十五的胡乱花费等等因素，都一概置之不问。

魁奈对于人们反驳他的各点，在他的书里逐条叙入，并逐条作了答复。在他书里出现的、假定为反对者嘴里说出来的那些道理，都是那样的健全正确，而他反驳时提出来的论点却是那样的荒谬绝伦，使人看了简直惊奇之至。尽管如此，由于他的理论的趋向与法国当时的情况相符合，是同那一个世纪流行的博爱主义与世界主义思想沆瀣一气的，因此得到了与这位改革家同时代人们的赞许，认为是智慧的化身。

第三十一章　交换价值理论（流行学派误称“工业主义”）——亚当·斯密

亚当·斯密的学说，关于国家及国际情况的方面，只是重农主义的延续。这一学说与重农学派一样，并不顾到国家的本质，几乎要把政治和国家力量这些因素完全丢开；它事先假定了一个持久和平与世界联合的局面，它低估了国家工业力量以及如何取得这种力量的手段的价值，主张贸易绝对自由。

他陷入了这样的根本错误，在这一点上同在他以前的重农主义者情形完全一样，就是说，他将国际贸易的绝对自由作为一个准则，对于这一准则的赞许是从常识的要求出发的，并不是彻底研究了历史对这一观念支持到如何程度以后形成的。

那位为亚当·斯密作传记的能手杜加尔德·斯图尔特告诉我们，斯密在他的著作1776年出版的二十一年以前，即1755年，就已首先有了贸易普遍自由的想法，他在那一年参加的一次学术讨论会上作了如下的发言：

“人往往会被一些政治家和阴谋家利用作政治活动的材料。这些阴谋家在对人事的处理中，搅乱了自然状态，其实人们对于造化只应当听其自然，让它自由行动，从而完成它的目标。要使一个国家从野蛮阶段的深渊中上升到最高度富裕，所需要的只是和平、适度的税收与完善的司法制度，其他的一切就会在自然趋势下按照它们自己的意向循序而进。任何政府行动时违反了这种自然趋势，要想把资本引向别的途径，或者是要限制社会按自然程序进展，就是逆天行事，这时政府为了维持自己的地位，就会成为专制暴虐的政府。”

亚当·斯密从这个基本概念出发，他后来的一切著作就以对这一点的证明与解释为唯一目标。他1765年游历法国时结识了魁奈、杜阁和重农学派另一些健将，他们对于他上述观点都表示赞同，因此使他的信念更加坚定。

斯密显然认为贸易自由这个概念是一种聪明的发现，足以构成使他在学术上成名的基础。因此凡是与这个概念相左的任何事物，他总要在他的著作中把它抛开或加以驳斥，他自居为贸易绝对自由这一主张的公开拥护者，他就在这样的心情下进行思考，进行写作；他既已成竹在胸，抱着这样的态度原是极其自然的。

他既已有了这样的先入之见，当他对人对事、对历史和统计、对政治措施与措施的主持者作出评价时，要他不以与他的基本原则是否有抵触这一点为依据而以任何别的一点为依据，这又怎么办得到呢？

从上面所引证的斯图尔特告诉我们的一段话里可以看出，斯密的全部理论是局限在一个极小范围之内的。政府的权力，除了可以执行法律、征收尽可能少的一些税收以外，就不能也不应别有所为。政治家如果企图建立工业，促进海运，扩大国外贸易，用海军力量保护贸易或开拓殖民地，在他看来，这位政治家就是阴谋家，是要阻碍社会进步的。对他说来，并不存在什么国家，只是一个集体，一个由许多个人居住在一道的集体。这些个人关于哪一类工作对他们最有利这一点，他们自己知道得最清楚，应当使用什么方法来促进他们的福利，也是他们自己最善于选择。

像这样将国家与政权一笔抹杀、将个人利己性格抬高到一切效力的创造者地位的论调,只有当研究的主要对象不是影响事物的力量而是已经实际存在的事物,即物质财富,或不如说是实际事物所具有的交换价值时,这种论调才能在表面上似乎可以言之成理。个人主义必须获得唯物主义的支持,这样才能把个人从国家、从国家的统一、从生产力在全国范围内的联合这些方面而来的力量有多么巨大这一点隐蔽起来。既然价值只是由个人生产的,既然国家不能创造价值,它的动作只应以唤起、保护与促进个人生产力为限,那么就必然要设法使人们相信一个光头秃脑的价值理论就是国家经济学。在这样的设想下,政治经济学的实质可以概括如次:财富就是对于具有交换价值的物品的占有;具有交换价值的物品是由个人劳动与天然力量及资本相结合时产生的。通过分工,劳动的生产力有了增长;资本是由于储蓄、由于生产超过消费而累积起来的。资本的总量愈大,分工、从而生产的能力也愈大。个人利益是对劳动与节约的最有效的刺激。因此最高明的治国方针是对私人工业不加干扰,所需要当心的只是司法制度的完善。因此要想凭着国家的法律措施,诱使人民自己来生产在国外可以用较低代价买到的任何商品,是一种愚蠢行动。像这样一个完整的学说体系,说明了财富的要素,把生产程序说得那样清楚,把原有各学派的错误揭露得那样透彻,在没有产生其他学说体系时,是不会不受到欢迎的。这一学说的缺点在于,它在实际上只是一种私人经济学说,所涉及的只是一国中或全人类中的个人,这种私人经济将在某种局势下自然形成,自然发展;这里所假定的某种局势是这样的,其间并没有各自界限分明的国家民族或国家利益,没有彼此分得清清楚楚的政治组织或文化阶段，也没有战争或国与国之间的仇恨。说来说去，这个学说不过是一个价值理论，不过是一个店老板或商人个人的理论；它并不是一种科学的学说，并没有说明，为了国家的文化、福利、权力、存续与独立自主的特殊利益，怎样使一个完整国家的生产力得以产生、增长并得以继续保持。

这个学说是以店老板的观点来考虑一切问题的。根据这个学说，任何事物的价值就是财富，因此，唯一目的是价值的取得。至于生产力的建立，那是要听任机会、听任自然趋势或天命的（随便你喜欢怎么说），政府决不可从中有任何作为，关于交换价值的累积这件事，政治力量是不可从中干预的。根据这个学说，哪里的货物最便宜，就应当到哪里去买，如果本国工业由于外货输入而一败涂地，在它看来无关重要。如果外国对工业品输出实行补助办法，那就更妙了，买进时就可以更加便宜些。在它看来，除了实际生产有交换价值的物品的人们以外，没有一个阶级是生产性的。关于分工如何有助于某一具体事业的成功，它是充分认识的，至于分工对整个国家的影响怎样，它就一无所知了。它知道只有通过个人经济才能使资本增加，也只有在资本有了增加以后，个人业务才能随着这个增加比例而扩大；但是它对于由建立本国工业而来的生产力的增长，或由这种增长而来的国外贸易或国家力量，却不懂得重视。只要个人能获得财富，整个国家的前途如何，在它看来是完全无关重要的。它所注意的只是土地所产生的地租，至于地产的价值则置之度外；它并没有理解到国家财富的绝大部分是它的土地和不动产的价值。关于国外贸易对地产价值和价格的影响，以及由此引起的变动和灾害，它简直毫不介意。总之，这个学说是道道地地的“重商主义”;而科尔伯特的唯一目标是在于建立国家工业、国家商业,对于交换价值一时的得失并不措意,他是主要倾向于“工业主义”的,结果何以会把“重商主义”这个名称加在他的头上,实在有些费解。

尽管如此,我们对于亚当·斯密的伟大功绩并不否认。他是第一个成功地将分析法应用到政治经济学的。他凭了这个方法和惊人的智慧,阐明了科学的一些最重要部门,这些部门原来几乎完全是不清楚的。在亚当·斯密以前,存在的只是例有的成法;通过他的著述,才使政治经济学成为一门科学有了可能,他对这门科学所贡献的材料,在数量上超过了他以前或以后的任何人。

但正是他在智力上的这种特性,一方面使他从事于分析政治经济学的各种因素时作了这样重要的贡献,另一方面也使他的学说存在了许多缺点;为什么他没有就社会全体作完整的观察,没有能把个人利益合并成一个和谐的整体,没有把国家放在个人的前面来考虑,当他急于要顾到各个生产者行动自由这一点时就忘记了整个国家的利益,原因就在这里。他对于单是在一个工厂里进行分工的好处看得那样清楚,却没有理解到,同样的原则在整个省区、整个国家应用时也是同样有效的。

杜加尔德·斯图尔特对于他的批评与这里的意见正相符合。斯密对于人的个别特征能够作出异常尖锐的判断,但是当他有必要对一个人或一本书的全般性质提出意见时,他所表示的见解竟那样的孤陋、偏执,简直使人惊讶万分。不但如此,他对于同他亲密相处了多年的那些人的性格,也没有作出正确评价的能力。他的传记作者这样说:“这个写照,如果从某一观点出发,与本人相对照时，总是神情毕露、栩栩如生、惟妙惟肖的；但是从这个人的一切角度与整个体态来看时，写照决不能具有逼真的、全面的再现力。”

第三十二章　交换价值理论(续)
——萨伊和他的学派

尚·巴普蒂斯特·萨伊这位作家，总的说来，只是把亚当·斯密在一种不够完整的方式下搜集起来的材料加以阐述，加以系统化、通俗化而已。他对于事理的阐明与加以组织化这些方面具有高度天才，因此在这一点上他是完全成功的。在他的著作里，除了确认亚当·斯密所否认的精神劳动的生产力这一点以外，并没有什么新的或独创的见解。上述这一点，根据生产力理论来说固然十分正确，不过与交换价值理论是对立的，因此就这一点来说，斯密的理论显然要比萨伊的完整些。精神劳动者并不直接生产交换价值；不仅如此，由于他们的消费行为，还减少了物质生产与蓄积的总量，也就是减少了物质财富的总量。还有，萨伊在他的观点上所以把精神劳动者列入生产阶级的理由是他们所得的报酬是交换价值，这个理由实在全无根据，因为那些交换价值在没有流到精神劳动者的手里以前就已经被生产了；所变更的只是价值的占有者，价值的量并没有增加。只有当我们把国家的生产力而不只是交换价值的占有看成是国家财富时，我们方才能把精神劳动者称作是生产的。萨伊在这一点上感到他自己是与斯密对立的，这正同斯密感到他自己是与重农主义者对立的情形一样。

斯密为了要把从事于工业者列入生产阶级，不得不扩大财富所由构成的事物的概念；萨伊，在他这方面，并没有别的路可走，要么接受亚当·斯密传给他的衣钵，那就是采取那种荒谬见解，认为精神劳动者是不生产的，否则就得像亚当·斯密反对重农主义者的做法那样，也来一个扩大财富概念，再把生产力也包括在内；这时就得说明，国家财富并不在于交换价值的占有，而是在于生产力的占有，正同一个渔夫的财富不在于占有了多少条鱼，而是在于不断地捕鱼以满足他的需要的那种能力和手段。

有一点值得注意的是——就我们所知，这并不是一般所周知的——萨伊有一位兄弟，凭着他简单朴质的常识，清楚地看到了价值理论的根本错误，萨伊对于他自己理论的是否健全、正确，在这位怀着疑问的兄弟的面前也表示了怀疑。

路易·萨伊在南特时曾这样写道，有一个学术名词，在政治经济学里已经流行，但是引起了许多错误的推论，就是他的兄弟尚·巴普蒂斯特·萨伊也不能免。[①] 按照路易·萨伊的说法，国家的财富并不在于物质商品和它们的交换价值，而是在于不断生产这些商品的能力。斯密和尚·巴普蒂斯特·萨伊的交换价值理论是从商人个人的狭隘观点来看财富的，这种理论是要想纠正所谓重商主义的，但是它自身依然是有限制的重商主义。[②] 关于这类疑

① 路易·萨伊：《国家财富的研究》，序文，第 4 页。

② 以下是路易·萨伊的原文(第 10 页)："组成财富的并不是使我们的需要或享乐获得满足的那些事物，而是使我们能经常享用这些事物的能力。"又说(第 14—15 页)："重商主义学说的错误观点在于以贵金属为财富，而代之而兴的另一学说的错误观点在于以买卖或交换价值为财富，它就像一个商人一样，对于构成财富的是什么这一点并不重视。"他还说(注释，第 14 页)："反驳重商主义的近代学派自己建立了一种理论，这种理论本身就应当称作重商主义理论。"

问和反驳，尚·巴普蒂斯特·萨伊答复他的兄弟时这样说，“他的(就是尚·巴普蒂斯特·萨伊的)方法(方法?)(即交换价值理论)当然不是最好的，但困难之点是在于找不到更好的方法”。①

什么话！当真找不到更好的方法吗？他的兄弟路易不是已经找到了一个吗？不是这么说的；真正的困难是有些人没有足够的机智果断，去把这位兄弟所说的(当然只是概括地说的)概念抓住，并追究到底；或者不如说是，要把已经确定的学派推翻，要把与已经借此成了名的学说恰恰相对立的一面来加以推演，这样的做法也许是非常不愉快的。在尚·巴普蒂斯特·萨伊著作中唯一独创性的东西是关于学理的形式方面，就是说，他替政治经济学所下的定义是表明物质财富怎样生产、分配与消费的科学。尚·巴普蒂斯特·萨伊以及他的学派之所以能获得成功，正是由于这样的分类和他在这方面所作出的解释，这是并不足怪的，因为他这样做时一切都是现成在他手边的；他懂得对生产的特有程序和所涉及的个人力量怎样进行通达晓畅的解释，(在他自己设定的狭小范围内)关于分工原则、个人行业这些方面，他也能胜任愉快地作出细致详尽的分析。他的话不论哪一个制陶器的、不论哪一个小商小贩都能理解；他所说的内容，其中新的或为一般所不知道的越少，这些人就越容易领会。因为就一个陶工的工作来说，必须把他的双乎和他的技巧(劳动)与陶土(原料)结合在一起，然后靠了镟盘、炉子和燃料(资本)，才能制出陶器(有价值产品或交换价值)，这是

① 载《国家财富的研究》，第 36 页(这是著者引证尚·巴普蒂斯特·萨伊的一句话)。

每一个有相当地位的陶器作坊里的陶工都早已知道了的,不过他们不懂得怎样用科学的语言来叙述这些事情,不懂得把这些事情借此来进行归纳而已。小商小贩的情形也是这样,他们通过了交换,买卖双方都能获得交换价值,如果任何人输出了价值一千泰勒的货物,然后从国外换得了价值一千五百泰勒的别种货物,他就从中赚得了五百泰勒,在尚·巴普蒂斯特·萨伊以前不懂得这点道理的小商小贩大概是很少的。

这也是大家在以前都早已懂得的,勤俭可以致富,游惰必致贫穷;个人的利己心是勤奋工作的最有力刺激;而谁要想获得鸡雏就不可先吃掉鸡蛋。当然,人们在以前并不晓得这些就是政治经济学;但是他们都乐于轻易地登上这门奥妙的科学的殿堂,从而摆脱使心爱的奢侈品价格提得那样高的可恨的关税,而共享持久和平、四海之内皆兄弟的友好关系和太平盛世的至福。许多有学问的人和政府官吏都成了斯密和萨伊的崇拜者,这也是不足为奇的;因为“一切不管,任其自由”的原则的遵行,对于任何人并不需要大才大智,倒是首先倡议和解释这个原则的人需要有些聪明;他们两位的继起作家也不必多费思考,只需就他们的论点来加以阐述、润饰,加以反复申言;假使把两手拱在胸前就可以治理国家,谁还不愿意、谁还不会感到有能力做一个大政治家呢?这些理论有一个奇异的特点,人们假使接受了他们著作中最初的论点,然后诚心诚意地跟着他们所指引的那条路走下去,经过几章以后,就迷失了方向。我们必须在一开头就告诉尚·巴普蒂斯特·萨伊先生,照我们的看法,政治经济学这门科学所教导的,并不只是交换价值怎样由个人来生产,怎样在个人之间进行分配,怎样被个人所消费。我们要告诉他，作为一个政治家，此外还首先应当并且必须懂得，怎样才能激发、增长并保护整个国家的生产力；另一方面，他还须懂得这种生产力在怎样的情况下就会趋于衰退，处于睡眠状态或被完全摧毁；怎样依靠了国家的生产力，就可在完美的方式下来利用国家资源，从而争取国家的生存、独立、繁荣、权力、文化与远大前途。

这种理论（萨伊的）冒冒失失地从一个极端，即政府样样都能管并应当管，冲向另一个极端，即政府什么也不能管并不应当管；认为个人是最重要的，政府是无足重轻的。萨伊先生关于个人万能与政府一无所能的见解，已经进展到近于可笑的程度。当他看到科尔伯特的政策在法国工业教育方面所收到的效果不禁要有所赞扬时，他这样说，“这样的高度智慧是很难归功于个人的”。

如果我们把注意力从理论转向到理论的创造者方面，就可以看到，这个人并没有广泛的历史知识，对于国家政策或行政并没有深刻的观察力，也没有政治与哲学眼光，心头只是存着一种从别人那里取来的见解，然后从历史、政治、统计以及工商业关系中到处搜索，想从中发现足以支持他见解的那些孤立的例证和事实。任何人只要看一看他对于航海条例、麦修恩条约、科尔伯特政策、伊甸条约等等所提出的意见，这里对他提出的评语就不难获得证实。对各国工商业历史作有条理的研究，这种做法是不适合他的意图的。有些国家在保护关税下达到了富强地位，这一点他也并不否认，不过他别有高见，认为这些国家所以获得富强与保护政策无关，并不是实行这个政策的结果；他还要求我们应当相信他所作出的结论。他说，荷兰人所以会想到与东印度群岛直接通商是由于腓力二世禁止他们进入葡萄牙港口;好像保护制度就证明那种禁止是有理由的,好像没有这一点,荷兰人就不会到东印度群岛去了。萨伊先生不喜欢统计和政治,就同他不喜欢历史一样;因为毫无疑问,前者会引起许多不对劲的事实,这些事实,他说,“所证明的往往与他的理论相反”,至于对于后者,他是简直一无所知的。他总是忍不住要向我们作忠告,唯恐我们跌入陷坑,说统计事实是要引我们趋入歧途的,政治是同政治经济学没有关系的;这种说法的“合情合理”,听起来就像是有人这样告诉我们,假使你所考察的是一只锡蜡制的盘子,你就不应当想到锡蜡这件东西。

萨伊起先是个商人,后来是个工业家,然后又成了一个失败的政客,最后才抓住了政治经济学;当旧行业不能再继续时就换上一个新的,这就是他的经历。我们在记录上可以看到他的自白,提倡(所谓)重商主义好呢还是自由贸易主义好,他最初在这一点上是踌躇过一番的。他仇恨(拿破仑的)大陆制度,因为这个制度毁灭了他的工厂,他也仇恨那个制度的创行者,因为他革去了他的官职,因此他决定拥护绝对自由贸易主义。

“自由”这个字眼,不论在什么地方使用时,五十年来在法国总是有着绝大魔力的。萨伊不论在帝国时代或复辟时代,碰巧都是居于反对党地位,所以他不断地提倡经济学。由此可见,他的著作之所以受人欢迎,并不是由于著作的内容,其中是别有原因的。否则在拿破仑败亡以后的一个时期,如果采用萨伊的学说,法国工业就必然毁灭,而他的著作那时依然受到欢迎,岂不是要使人难以索解了吗?在那样环境下他还是坚持世界主义原则,说明这个人的政治眼光是多么短浅。他是坚决信从坎宁和赫斯启森的世界主义旨趣的，由此也可以看出他对于世界局势了解得多么少。他声望上的唯一欠缺是，不论路易十八或查理十世，都没有让他当上商务和财政大臣；假使他有了那样职位的话，他的大名在历史上就要同科尔伯特并列，一个是国家工业的创建者，一个是破坏者。

从来也没有一个作家曾经像萨伊那样，所具有的真材实料那样少，而在学术上的威胁势力却那样大；那时对于他的学说内容如果稍有怀疑，就要蒙上恶名，被看成是离经叛道，甚至像沙普塔尔那样的一些人也害怕这位政治经济学方面的教皇的咒诅。沙普塔尔关于法国工业的那部书没有什么别的，自始至终只是在于说明法国保护制度的功效，他在这一点上是表示得明明白白的，他说，处于目前世界形势，法国只有在保护制度下才有希望获得繁荣。同时他又写了一篇文章，对自由贸易加以颂扬，跟他论法国工业那部书的整个意向直接相反，这是他违反了萨伊学派的主张而乞求宽恕的表示。萨伊的作风的确很像一个罗马教皇，教皇颁布了“禁书目录”，他甚至连这个样也学会了。他当然没有把“异端”著作逐一指名地加以禁止，可是比这个办法还厉害，他对于异端和非异端的书是一概加以禁止的；他警告学政治经济学的青年学生，读书不可太泛，那是容易使人走入歧途的；他们读的书不宜过多，但是要读好书，这就等于是说，“你们不可读别的书，只应当读我的和亚当·斯密的书”。但是这位斯密学说的后继者和阐述者又深恐后人对于这个学派不朽的开山祖师在崇敬中寄予过大同情，为此也曾费了一番苦心；他这样说，他认为亚当·斯密著述的内容极其混乱，缺点很多，而且充满着矛盾，这就显然是要我们懂得，所谓“应当读亚当·斯密的书”是只有从他那里来学习的。

虽然如此，当萨伊正在声名鼎盛的时候，却出现了某些年青的异端者，他们对他学说的基础展开了攻势，他们的进攻竟那样的大胆有力，因此他态度很谦恭，宁愿对他们在私下答复，避免任何公开讨论。反对派中最激烈最有才能的要推沙忒尔，这人曾不止一次地当过国务大臣。

萨伊给沙忒尔的一封私信里有这样一段话："亲爱的批评者，按照您的意见，我的政治经济学除了一些无目的的推论与无意义的事例以外，简直一无所有，只是一系列既无首尾而最重要环节又破碎支离的报道。因此我也分担了亚当·斯密的不幸，像有一位批评者所说的那样，使政治经济学有了退步。"[①]他在这封信的后面又很天真地加了一句："从您所发表的第二篇文章看来，这个论战再继续下去是无益的，很可能会使我们大家感到困恼。"

现在斯密和萨伊学派在法国已经被推翻，交换价值理论那种僵硬的、无生气的影响已经过去，接着发生的是种种变革与无政府状态，这种气氛就是罗西和布朗基两位先生也无法驱除的。圣西门和傅立叶的空想社会主义派，虽有卓越天才，但是他们对于旧有的学说不是加以改进而是完全丢弃，却自己另想出了一套乌托邦制度。最近有一些天分极高的人，企图找出他们的学说与以前学说理论之间的相关之处，并且使他们的见解与现在情况相适应。他们在这方面的努力或者可以获得重大成就，其中格外有希望的是多才的密歇尔·歇伐利埃。他们学说中所含的一些真理，可以同现在实际情况相适应的，主要在于他们对生产力的联合与协调

① 萨伊:《实用政治经济学大全》,第 7 章,第 378 页。

这一原则的解释。他们的缺点在于完全抹杀了个人自由与独立；按照他们的想法，个人与社会已完全合为一体，与交换价值理论认为最重要的是个人而国家则并不足道的想法恰恰相反。

也许世界潮流正趋向于实现这类学派所想像或预见的局势，但是依我的看法，这种局势无论如何总要经过许多世纪以后才有实现的可能。至于遥远将来的新发现和社会状况的进步，这些都不是世人所能预测的。即使像柏拉图那样的智慧，也不能预见到数千年之后社会在工作中会使用钢铁和铜制的工具；即使像西塞罗那样的头脑，也想不到由于印刷术的发明，代议制有可能扩展到一切文明国家，甚至全世界、全人类。即使少数奇才天赋极高，会预见到未来数千年以后人类进步方面的个别事例，然而每一个时代总有它自己的特有任务的。就我们这个时代的任务来说，似乎并不是在于将人类组织拆散成像傅立叶所提倡的许多“小型共产制社会”（法郎吉），从而使每个人获得尽可能均等的身心享受，而是在于改进或提高一切国家的生产力、文化水准、政治状况与权力，并使各国在这些方面尽可能趋于均等，为世界联合事前做好准备。因为即使我们承认，在当前世界形势下，那些在傅立叶派心目中的直接目的可以通过每个“小型共产制社会”实现，由此对于国家权力与独立自主又将发生什么影响？这时已被分割成若干“小型共产制社会”的国家，就有可能被一些比较落后、依然保持着旧制度的国家所征服，使这些未成熟组织连同整个国家一并遭到毁灭；这个先进国家所处的地位不是非常危险吗？现在交换价值理论已经完全失去势力到这样地步，以致它所从事研究的几乎仅在地租的性质这方面，因此李嘉图在他的《政治经济学原理》里会这样说,“政治经济学的主要目的是确定土地生产物在地主、农场主和劳动者之间应如何分配的法则”。

有些人深信政治经济学这门科学已经达到了圆满境地,再也没有什么重要的东西可以增添;但是另一方面,那些用哲学的或实事求是的眼光来读这些著作的人却认为这门科学根本还没有存在,还有待于建立,认为在没有建成以前,使用着这样一个名称的所谓科学,只能算是一种“占星学”;不过由“占星学”发展成为“天文学”是既有可能而且是大家所希望的。

最后,为了避免误解,我们必须声明,我们对于尚·巴普蒂斯特·萨伊以及他的前辈与后继者的著作所提出的一些批评,所涉及的只是著述内容有关国家的和国际的方面,至于有关一些次要问题的学理解释,它们的价值我们并不否认。这是很明显的,一个作家,他的理论基础也许始终是完全错误的,但是对科学的个别部分仍然有可能提出极有价值的见解和推论。

第四编　政策

第三十三章　英国优势地位与大陆国家——法国和美国

在任何时代，总有一些城市或国家在工业、商业与海运方面处于超群绝伦的地位，但是像当前存在的这样的一个优势国家，世界上以前却从未见过。在任何时代，总有一些强国力求达到支配全世界的地位，但是迄今为止，其中并没有一个国家能像我们今天所看到的这个优势国家，把它的力量建立在这样广大的基础之上的。那些国家也曾试图凭着武装力量建立世界统治权，但是它们的力量同英国今天的企图对照之下，显得何等渺小。英国简直使它的全部领域转化成了一个工商业与海运业发达的庞大城市，使它与世界各国相处时，就像是一个大城市与它周围地区相处时的关系一样。在它本国范围以内可以说是色色俱全，它有一切的工业、技术和科学，有一切的大商业和财富，有海运业也有海军力量；它是一个世界的首都，它的工业品供应着一切国家，同时它又向一切国家吸收对它有用或它所合意的原料和农产品，而这些国家好像生来是应当为它效力的；它又是一切巨大资本的一个宝库，是一切国家的银行，控制着全世界的通货，它向世界上一切民族发放贷款，收取利息，从而使他们对它处于从属地位。但是我们对于这个强大国家和它的努力也应当说句公道话。世界进步并没有受到英国的阻碍，而是大大地得到了它的帮助。它已经成为一切国家的榜样；在国内政策和外交政策以及各种重大发明与大规模企业方面，在工业操作以及运输工具的改进方面，在关于未开垦地区的发现与垦殖方面，尤其是关于热带地区天然富源的取得以及对未开化民族与退化到未开化状态的那些民族的进行教化这些方面，它都起了示范作用。假使从来未曾有过像英国这样一个国家，那么谁知道世界将依然停留在怎样落后的状态？假使现在没有了英国，谁能估计人类将退化到什么地步？因此我们对于这个国家的巨大进步，应当深自庆幸，并祝它天长地久，国运昌隆。但是，是不是由于这一点，我们就也应当希望它以别的国家作牺牲，从而建立它对世界的统治地位呢？这只有莫测高深的世界主义或店老板的狭窄胸襟，对这个问题才会作出同意的答复。这种违反民族精神的做法会得到什么结果，我们在前几章里已经指出，并说明只有使许多国家在文化、财富、权力各方面处于彼此相仿地位，才能使全人类文化获得发展；英国已经把它自己从未开化状态提高到目前的强盛地位，别的国家也应当像它一样，跟着它走上同样的道路；目前有条件在文化、财富、权力各方面争取达到最高标准的，正不止一个国家。现在让我们简单扼要地说一说，英国凭以达到今天强大地位的国家政策的准则是些什么。这些准则大致说明如次：

一贯鼓励生产力的输入，[①]商品输入考虑在后，而这一点考虑

① 甚至英国的羊毛生产，部分也是由于对这一原则的遵守。西班牙是禁止羊类

在先。

小心谨慎地抚育并保护生产力的发展。

输入的只限于原料和农产品,输出的只限于工业品。

把生产力的剩余部分,尽量用于殖民地的开拓与未开化国家的征服方面。

关于对殖民地与附属国所需工业品的供应,完全由母国独揽,一方面关于那里的原料,尤其是殖民地产品,由母国享有优先接受权利。

特别注意海外航运、母国与殖民地之间的贸易,用补助办法鼓励海上渔业,尽量积极参加国际航运事业。

靠了这些方法来建立海军优势,然后再靠了这些优势来进一步扩大国外贸易,扩大殖民地占领。

承认殖民地贸易自由与海运事业的自由,但只以它从这方面的所得能超过所失为限。

承认海运事业上的相互权益,但只以英国居于有利的一方时为限,或以在外国因此就可以不再采取有利于它们自己的那些海运限制措施时为限。

关于农产品进口,对独立国家可以给予特权,但只是在因此使它自己的工业品出口也可以获得特权时为限。

如果像这类的特权不能通过条约关系向国外取得,就使用非

出口的,爱德华四世获得了特惠待遇,从那里输入羊三千头,分配给各教区居民,命令在七年以内不得屠宰或阉割。(载《论英国商业》,第 1 卷,第 379 页。)一等到采取这些措施的目的达到了以后,英国就禁止输入西班牙羊毛,用以酬谢西班牙政府给予特惠待遇的一番好意。尽管可以认为这一行动是多么有欠公道,但这一禁令的功效与查理二世禁止羊毛输入(1672 与 1674 年)的功率,是同样地不可否认的。

法买卖的办法未达到目的。

可以单单为了工商业、海运事业或殖民地利益而进行战争，或订立盟约；在这一点上要有决心。通过这类手段，无论对敌对友同样可以从中取利；对前者可以在海上断绝它们的商业活动，对后者可以通过用英国工业品支付的津贴的办法，使它们的工业陷于破产。[①]

这些准则都是过去英国的大臣和议会发言人所直认不讳的。1721 年，乔治一世的大臣们当禁止印度工业品输入的时候，曾公开宣称，情况很明显，只有输入原料、输出工业品，才能使国家富强。甚至到了查坦勋爵和诺思勋爵的时候，他们还毫不迟疑地在议会公开声明，在北美洲就是一只马蹄钉也不应当允许制造。到了亚当·斯密的时候，除了我们在上面所举的一些准则以外，又初次添上了一条新的准则，这就是把英国的实际政策隐蔽在亚当·斯密所发现的世界主义的措辞与论据之下，目的是在于防止外国仿效这个政策。

这本来是一个极寻常的巧妙手法，一个人当他已攀上了高峰以后，就会把他逐步攀高时所使用的那个梯子一脚踢开，免得别人跟着他上来。亚当·斯密的世界主义学说的秘密就在这里。他伟大的同代者威廉·庇特的以及所有在他以后在英国执政的人的世界主义意向的秘密，也就在这里。

任何国家，如果靠了保护关税与海运限制政策，在工业与海运事业上达到了这样的高度发展，因此在自由竞争下已经再没有别

① 参阅附录一。——英译本注

的国家能同它相抗，当这个时候，代它设想，最聪明的办法莫过于把它爬上高枝时所用的梯子扔掉，然后向别的国家苦口宣传自由贸易的好处，用着那种过来人后悔莫及的语气告诉它们，它过去走了许多弯路，犯了许多错误，到现在才终于发现了自由贸易这个真理。

威廉·庇特是第一个清楚地看到对亚当·斯密的世界主义理论可以如何加以适当利用的英国政治家，他常常随身带着一本《国家财富的性质和原因的研究》，这并不是装装门面的。1786 年他发表了一篇演说，实际上他这番话既不是讲给议会听，也不是讲给他本国人民听的，他显然是要引起法国政治家们的注意，那个时候那些政治家缺乏一切经验和政治眼光，他说话的意向所在只是要诱使他们赞成伊甸条约，这番话是斯密的推论方式的一个绝妙雏形。他说法国生来是宜于农业和酒类生产的，就像英国生来是宜于工业生产一样。这两个国家应当互相发生作用，就像两个大商家，彼此行业不同，但是可以互相进行交换商品，使双方都富裕起来。① 英国向

① 庇特说，法国在气候和天然条件上都优于英国，因此它的原料生产超过英国；另一方面英国在工业品生产的条件上则优于法国。法国的葡萄酒、白兰地、油类和醋尤其是前两种生产，占有这样的重要地位，具有这样的价值，是我们的自然产物在价值上绝对无法比拟的。但是另一方面同样肯定的是，关于某些工业品的生产英国也居于绝对优越地位，毫无疑问，在这一点上法国是无法同它竞争的。这是一个彼此相辅相成的情况，两国之间应当在这个基础上订立一个互受其利的商业条约。两方各有它所特有的主要商品各有对方所缺少的东西，因此两方都应当像经营着不同行业的两个大商家一样，彼此进行商品交换，这样的交换是对双方都有利的。我们还可以注意到一点，法国是我们的邻邦，它拥有巨大财富和繁庶人口，与我们相距极近，因此极便于进行迅捷而经常的交易活动。大家一定会同意这样的自由贸易，在这一点上谁还会有一刻的踌躇，谁还会不热烈地、迫不及待地希望这件事能尽快实现呢？我们有了这样一个广大的、确定的市场以后，必然能使我们在商务上有极大推进，必然能打击走私者，增加国家税收，有利于我们的财政，从而使英国的财富与政权两大动力更加充沛。

来有一个牢不可破的准则，认为一个国家只有用工业品来交换农产品与原料，只有进行这样的国外贸易，才能达到最高度富强，这一点在这里却一字不提。这一准则在当时、而且直到现在依然是英国国家的一个秘密，以后从未见公开提起，不过实际上却是越来越认真地在坚决执行。但是英国在威廉·庇特的时代以后，若果将保护制度看作是一件废物一样弃而不顾，那么它所据有的地位比现在当还要高得多，距离它垄断全世界工业的那个目的，当还要接近得多。达到这个目标的有利时机，显然就是在普遍和平刚刚恢复之后。那个时候对拿破仑的大陆制度正在深恶痛绝，大陆上的一切国家对世界主义理论都是欣然接受的。不论是俄国、德国、整个欧洲北部、西班牙半岛以及美国，如果有机会能把它们的农产品和原料向英国交换工业品，都将感到欢欣鼓舞。就是法国，在酒类与丝织品贸易方面获得一些确切权益以后，放弃禁止制度也未尝没有可能。

普里斯特利谈到英国航海条例时曾这样说，**取消英国保护制度将与当初采用这个制度同样的适合机宜**；这句话在这个时候正可以实行。

实行这样一个政策的结果，将使东西两半球的剩余原料和农产品一齐流向英国，英国的纺织品将“衣被天下群生”。一切的趋向都将有助于英国的进一步富强。在这样的情况下，不论是俄国和美国，在本世纪就都不会要想到实行保护制度，德国也再不会想到要建立关税同盟。要使人们下定决心牺牲眼前利益而把希望寄托在遥远的将来，显然是很困难的。

但是天意所在，总不会使树木高了再高，一直耸入云霄的。卡斯尔累勋爵把英国的商业政策交托在贵族地主们的手里，这些人就杀掉了产金蛋的母鸡。假使这些贵族地主能容许英国工业家垄断一切国家的市场，那么英国与世界各国所处的关系，将同一个工业城市与周围旷野地区所处的关系一样；英国全境将布满屋宇和工厂，将布满寻欢逐乐的花园、菜园和果园；农村土地将专门用来生产牛乳、肉类、菜蔬，将专门从事于一般只能在大城市附近经营的种植事业。对英国农业说来，从事于这类产品的生产时，将比生产谷物有利得多；因此在相当时期以后，英国贵族地主所获得的地租，将比将外产谷物逐出本国市场的办法下所获得的高得多。不过贵族地主所关心的只是他们的眼前利益；由于战争，外国的原料和谷物自然而然地退出了英国市场，从而使地租有所提高，他们宁可借助于谷物法，使他们的地租得以保持较高水准。这样他们就迫使大陆各国放弃了用农产品自由交换英国工业品的办法而别寻途径，以促进自己的福利，他们另辟的途径就是由自己来建立工业。由此可见，英国的限制法令与拿破仑的大陆制度作用是一样的，不过前者的影响发生时在时间上比较慢一些而已。

到了坎宁和赫斯启森主政的时候，贵族地主们已经尝够了禁果的甜头，这时要凭常识上的推论来说服他们放弃原有利益已不可能。这些政治家感到所面临着的是一个无法解决的问题，使他们处于困难地位；一直到现在英国执政者还是处于这样的窘境。他们要使大陆各国相信自由贸易的好处，同时为了本国贵族地主的利益，对外国农产进口却不得不加以限制。因此要使他们政策的推行情况，不辜负英国和欧洲大陆两方的自由贸易拥护者的期望，简直是不可能的。他们对本国与其他国家的商业政策作一般性讨论时，总是满口的博爱主义与世界主义，但是一等到问题牵涉到本国任何一种关税的变更时，他们就以保护原则为推论依据，并不以为其间存在着任何矛盾。

赫斯启森的确曾降低某些商品的关税，但是他从来没有忘记注意到，在较低的税率下国内工业仍然是受到充分保护的。他的做法与荷兰人管理水利工程的办法极为类似。什么地方外面的水涨得高，这些聪明的当局就筑高堤，什么地方水低些，就把堤也筑得低些。英国公布改革商业政策时，对外宣传得天花乱坠，而实际上作风不过如此，玩的只是在政治上和经济上的一套戏法。有些人把英国降低丝织品关税作为一个例子，说明英国政策的公正宽大，他们没有好好地想一想，英国只是企图借此打击这类商品的非法买卖，增加它的财政收入，而并不损害到它自己的丝织业，就保护本国丝织业而言，这一措施也完全使它达到了目的。假使高达百分之五十到七十的保护关税（这是国外丝织品输入英国时现在要负担的税率，其中包括附加税①）可以算是公正宽大的证明的

① 在李斯特写下了这些以后，外国丝织品输入英国时须缴纳的关税已经完全取消。取消以后的情况，可以从沃德耳先生关于英国丝织业的报告中看到，报告内容摘录如次：1825 年在伦敦，有织机二万四千架，织绸工人六万名；现在织机减少到一千二百架，工人减少到不足四千名。在科芬德里，1861 年，丝带业据说可以维持四万零六百人的生活，而现在靠此为生的大致不过一万人，那里开工的机器织机由一千八百架减到六百架。在德贝，从事于丝织业的工人，从 1850 年的六千六百五十名减少到现在的二千四百名。在康格尔顿地区，这一行业的工人从 1860 年的五千一百八十六名减到 1884 年的一千五百三十名；1859 年那里有缫丝工厂四十家，现在存留的只二十家，“其中只有四分之三的机器开工”。在曼彻斯特，这一行业实际上已经绝迹。在弥得尔敦也已“完全崩溃”。这些现象，据沃德耳先生说，足以证明，为什么英国的生丝输入，从 1871 年的八百万磅减少到现在的不足三百万磅。

另一方面，在李斯特著述发表以后，美国对于国外丝织品进口时所征收的保护关税

话，那么大多数国家可以说，在这一点上它们是走在英国前面，并不是落在它后面的。

我们懂得，坎宁和赫斯启森的那些高谈阔论，特别是要想在法国和美国引起一些作用，因此在这里回想一下他们所表演的一些手法怎样地在两个国家都碰了壁，是不无意味的。这一次英国也同以前1786年那一次一样，获得了理论家方面极大的帮助。这个时候法国的自由党正热中于普遍贸易自由的伟大理想，正在被萨伊浮夸的理论所激动，对于受人嫌恶的政府则抱有反感，又有沿海城市以及酿酒业与丝织业经营者的支持，因此态度嚣张，要求援照1786年的成例扩大对英贸易，认为这是促进国家福利唯一的正确途径。

不论人们对于复辟王朝怎样不满，怎样加以责难，但它对法国曾有过无可否认的贡献，在这一点上后代是不会有争执的；这就是关于商业政策它没有被英国人的诡计和自由党的叫嚣所迷惑，没有被它们引入歧途。坎宁先生对于应付法国这件事这样重视，这样地耿耿在心，他亲自特为到巴黎，为的是要使维莱耳先生相信他政策的高明，跟着他走。但维莱耳先生是一个久经世故的人，他完

却在日益增进，稳固地保持着高额关税制度。美国关税委员会成员波特尔先生在1883年一次演说中，曾公开说明这一政策的结果，内容摘录如次：

美国在1861年实行摩立尔关税议案以前，从事于丝织业的共有五千人。1880年增加到三万人。丝织品产值从1860年的一百二十万镑增加到1880年的八百万镑。“但是达到消费者手里的制成品的成本，以金币计，在稳步降低，超过了原料成本的降低程度。”波特尔先生接着又谈了关于陶器与玻璃板工业的一些情况，然后说：“根据关税委员会所取得的证据，我们无疑地看到，由于美国国内竞争，对消费者说来，费用已经有了降低。因此，各位先生，我认为，而且可以用统计证明，就美国的情形来说，保护制度终于在各种情形下都使消费者得到了好处；根据这个理由，我赞成并且拥护这个制度。”——英译本注

全看穿了这一手花招。据说他是这样回答坎宁先生的,“如果英国在工业上处于高度的先进地位,可以容许比以前更进一步的国外竞争,那是符合英国自己已经看得很清楚的国家利益的。但是法国的工业还没有达到充分发展地步,因此它自己也是看得很清楚的利益是在于使工业获得保障,为了达到这个目的,保护制度目前对它说来是不可少的。等到将来时机成熟,法国工业有了进一步发展,可以容许国外竞争而不必借助于限制措施时,他(维莱耳先生)将毫不迟疑,学习坎宁先生的榜样,使法国可以从中获得利益。”

坎宁被这个决绝的回复触恼了,他回国后在议会里大言不惭地说,他利用了干涉西班牙事件,把一副重担子放到了法国政府的肩上。由此可见,坎宁先生的世界主义与欧洲自由主义情绪,并不是像大陆上那些好心肠的自由主义者所设想的那样真挚。坎宁先生对于大陆上的自由主义,若果有丝毫在念,他又怎能仅仅为了要想加重法国政府的负担,而使西班牙的自由政体在法国干涉下受到牺牲呢?问题的真相是这样的,坎宁先生彻头彻尾是一个英国人,在他嘴里的那些博爱主义和世界主义,只有当这些主义有助于英国工商业优势的加强与更进一步扩展,或有助于蒙蔽英国工商业的竞争对方的意识时,他才会津津乐道,才会让他自己怀有这样的情绪。

事实上,在维莱耳先生方面也并不需要有多大的聪明智慧,才能看穿坎宁先生为他设下的圈套。德国在大陆制度取消以后,工业不断的衰退,维莱耳先生根据邻国的经验,对英国的所谓自由贸易原则的真正意义,早已心中有数。况且法国在1815年以来施行的制度下，进行极为顺利，它绝不肯学寓言里那只狗的样，放下嘴里现有的东西而向影子里去扑空。像沙普塔尔与查理·杜平这类人，对法国工业现状是具有极深刻的观察力的，他们都曾以最坚定的语气说明这个制度的成就。

沙普塔尔关于法国工业的著作，内容没有别的，只是表示对法国商业政策的拥护，只是从全体、从每个细节上来说明这方面的成就。从以下所引的一段，可以看出这一著作的旨趣所在。"我们不可让自己陷入抽象哲学的迷途而不能自拔，我们首先要抓住现实，首先要就已有的事物加以改进。妥善的关税制度是工业的堡垒。在这样的制度下进口税可以根据不同情况随时增减，可以使过高工资与过高燃料价格这方面的损失获得补偿，可以保护尚在萌芽时期的技术与工业，直到它们充分壮大足以抵抗国外竞争时为止，可以助成法国工业的独立并通过劳动使国家富裕起来；我在上面已经屡次指出，劳动是财富的主要泉源。"①

查理·杜平在他的《论法国生产力与 1814 至 1847 年间法国工业的进步》那本书里，对于法国从复辟以来所遵行的商业政策的成就，作了详尽叙述。从这里可以看出，法国经过了半个世纪的努力，作了那样大的牺牲，获得了那样丰富的成果，前途又那样充满着希望，作为一个法国的执政者，在这些方面既已看得这样清楚，是绝不可能受到麦修恩条约的诱惑而忍使前功尽弃的。

美国 1828 年的税则是英国商业政策造成的必然结果。这个政策把美国的木材、谷物、豆粉及其他农产品一概关在英国的门

① 沙普塔尔：《法国的工业》，第 2 卷，第 147 页。

外，至于原棉也只有用来交换英国工业品时可以允许进口。在这样情况下对英国进行贸易时，只有美洲黑奴的农业劳动是受到鼓励的，而美国比较最自由、最进步、最强大的那些州的经济发展则受到了极大阻挠，它们每年的剩余人口和资本不得不向西部的荒地移殖。赫斯启森先生完全了解这种情况；英国驻华盛顿大使曾不止一次地将英国政策所造成的这种不可避免的后果正确地告诉他，这一点是众所周知的。假使赫斯启森先生果真是像别国人民所想像的那样一个人，他将利用美国公布税则这一事实作为一个宝贵机会，乘此使英国贵族领会到谷物法的失策，告诉他们及时把它废除的必要。但是赫斯启森先生怎样呢？他对美国人大发脾气（或者至少是装成这样），在盛怒之下说了许多强词夺理的话，这些话的不符事实，美国农场主们都是一目了然的，他还使用威胁手段，造成了笑柄。他说英国对美输出大致只占英国输出总额的六分之一，而美国对英输出却要占美国总输出的半数以上。他企图从这一点证明美国的受制于英远胜于英国的受制于美；他还说，如果由于战争、绝交等等原因以致贸易中断时，美国所感受到的恐慌也将远过于英国。如果单从进出口总值来看，赫斯启森的话似乎也有些理由；但是如果从双方进出口的性质来考虑一下，就会使人感到诧异，他怎么会利用这样一个论点，这一点所证明的同他所希望证明的是恰恰相反的。美国运往英国的商品，全部或绝大部分是原料，这些原料经过英国人之手价值至少可以提高十倍，这些原料英国人既绝对少不了，而且一下子也不容易改从别处购得，至少无法全部从别处购得；而美国从英国输入的则全部是工业品，这些东西它既可以自己制造，也可同样便利地从别的国家输入。再说两国之间发生了商业中断时的影响情况，如果根据价值理论观点来看，似乎发生不利影响的一定是在美国一方；然而如果以生产力理论为依据，则足以招致无限损害的必然是在英国一方。因为三分之二的英国棉纺织厂将因此停工、倒闭。到那个时候，英国的富源就像发生了魔术作用一样，将一泻千里，每年的损耗将远远超过它的全部出口价值，由此在和平、财富、信用、商务与权力各方面所发生的不利影响将无可计量。但在美国方面这样的情形将造成怎样的结果呢？它原来由英国得来的工业品现在不得不自己制造，数年以后，英国所失的就是它的所得。毫无疑问，这样的政策必然要引起你死我活的斗争，就像以前航海条例曾引起英国与荷兰之间的斗争一样；斗争的结果或者也会同往时在英吉利海峡的战役结果相类。照现象的趋势看来，似乎迟早总不免决裂，但结局如何，这里正不必深究。总之，上面所说的一些，已经足够证明赫斯启森先生论调的无益与危险；英国由于它的谷物法迫使美国自行制造工业品，这一行动显得多么愚蠢；假使赫斯启森先生不说那些轻率的话，对问题不抱玩弄态度，而尽力设法消除足以导使美国采用 1828 年税则的那些原因，这样的做法将显得多么明智。

赫斯启森先生为了要向美国人证明他们与英国进行交易的有利，向他们指出了英国输入原棉数量的突飞猛进这一事实；但美国人是懂得怎样来估量这一说法的真正意义的。由于美国十多年来棉花产量大大超过了消费，超过了需求，因此这一商品的价格逐年降落，跌价的程度几乎同出口量增加的程度相等；这一点可以从下列统计看出，1816 年美国售出棉花八千万磅，获得的代价是二千四百万美元，1826 年售出量达二亿零四百万磅，所得的代价只二千五百万美元。

最后赫斯启森先生还向美国进行威胁，说是要通过加拿大作有组织的大规模走私活动。在当时情况下足以危及美国保护制度的各种手段，的确再没有比这个更严重的了。但是要想一想，采取了这样的措施以后，情况又会怎样呢？是不是美国人就甘心听任他们的制度由英国议会来摆布；关于他们的工业前途，议会喜欢怎样决定就怎样决定，是不是他们就会这样年复一年地忍耐过去而绝无反抗呢？这是多么荒唐的设想啊！事实上将由此引起的唯一结果是美国将强占加拿大，把它并入合众国，否则就是一等到走私贸易发展到忍无可忍的情况时，即行协助加拿大实行独立。假使一个已经在工商业方面占了优势的国家，对待在种族、语言与利害关系各方面同它都是极度密切的一个农业国的办法是，起先迫使这个农业国成为一个工业国，然后为了阻遏它在这样情况下所必然要引起的冲动，却迫使它去帮助这个优势国家自己的殖民地实行独立，这样的举动在我们看来，岂不是愚蠢得有些过分了吗？

赫斯启森死后，由波利特·汤普森先生担任英国商务指导事宜。这位政治家不但继承了他的大名鼎鼎的前任者的职位，也继承了前任的政策。这时就有关美国的方面来说，无需他有什么作为；因为美国由于植棉者与进口商的势力影响，加以民主党的支持，特别是由于所谓 1832 年的折衷方案，不必英国费力，已经将以前的税则作了修改；这次的修改对原有税则的过甚之处以及一些缺点当然有所纠正，但是对美国粗棉毛织物工业仍有相当程度的保护；尽管如此，已经使英国获得了它对美国所期望的一切让步，而英国则并没有被迫作出相对的让步。

自从折衷方案通过以后，英国对美输出积极增加。从此英国对美输出大大超过了美国对英输出，使英国可以随时吸取在美国流通的贵金属，数量多少可以随心所欲，因此每逢英国自身感到货币流通量不足时，就会在美国引起商业恐慌。这里有一点最使人惊讶的是这个方案的倡议者就是亨利·克莱，而这位先生却是对美国工业利益最杰出、最有远见的拥护者。谈到这里我们一定记得，美国工业由于1828年的税则而获得的发展，引起了植棉者方面极大的猜忌，这时南部各州气势汹汹，说1828年税则如果不加以修改，将不惜使联邦陷于瓦解。这时在联邦政府执政的是民主党，它只是由于党派利益与竞选动机，对南部各州的农场主表示了左袒，而且向属于这个党派的中部和西部各州的农业经营者进行疏通，要他们也采取同样的态度。

这些中部和西部各州的农业经营者因为商品价格普遍高涨，也失去了原来对工业势力的同情心，却不晓得物价的这种涨势主要是国内工业与无数运河及铁路建设事业发达的结果。他们看到南部各州的反抗态度这样激烈，势将引起整个联邦的真正决裂，甚至可能引起内战，在这方面或者也的确存有戒心。因此保持与南部各州民主党的同情关系，就成为中部和东部各州民主党的党派利益。由于这样的政治环境，舆论也有了转变，倾向于赞同对英进行自由贸易，照这个时候的大势看来，很有可能，国家的整个工业利益将在赞同对英自由贸易的论调下受到牺牲。处于这样的情况下，亨利·克莱的折衷方案似乎成了至少足以部分保持保护制度的唯一手段。在这一方案下，为了保全美国工业的一部分（即从事于制造比较粗劣、代价较低的那些商品的工业），另一部分工业（即制造比较精致贵重商品的工业)将成为对外竞争下的牺牲。一方面一切现象似乎都表明,美国的保护制度再过几年将重新抬头,再度获得新的发展。在英国方面,不论怎样诚意地希望减轻美国商业恐慌,通过购买股票、贷款或移民方式从英国流入美国的资本量不论怎样巨大,但美国进出口价值不能平衡的现象依然存在,而且在日益扩大,在这样情况下是决不能长期依靠上述方法来保持收支均衡的。规模越来越大的惊心动魄的商业恐慌,此后势将继续发生,美国人总有一天会认识到祸害的根源,总有一天会下决心来铲除祸根的。

此后赞成保护制度的人一定又会一天天增加起来,赞成自由贸易的人又会一天天减少下去,这是势所必然的。迄今为止,由于工业在前一时期的发展、大规模公共事业的建设、棉花产量激增以后对生活日用品需求的高涨,部分也由于农产品的歉收,一般农产品的价格得以保持在非常高度的水平上。但是人们可以十拿九稳地说,这样的价格数年以后势必回跌,将跌到通常标准以下,低于标准的程度就像原来高于标准的情形一样。自从折衷方案成立以后,美国资本的增额大部分用在农业方面,目前对这方面的生产仅仅在开始发生作用。由此农业生产将获得非常的增长,但是另一方面,需求必然将大大降低。第一,公共建设此后不会再有同样程度的扩展;其次,由于国外竞争,工业人口不会再有大规模的增长;第三,棉花生产已经大大超过消费,植棉者由于棉花价格低落,将不得不另谋发展,他们原来向中部和西部各州购入的生活必需品,将由他们自己来生产。假使再加上农产大丰收,中部和西部各州那时就将再度面临像实行 1828 年税则以前那样的情况,受到农产过剩的危害。但是同样的前因必然会产生同样的后果；就是说，到那时中部和西部各州的农业经营者必然会看到，只有在国内工业人口有了增长以后，农产品的需求才能有所增长，而要使国内工业人口增长，只有扩大保护制度才能实现。在这样情势下，拥护保护制度者的人数和势力将日益增长，而反对派将相对地减弱，这时环境已经有了变化，植棉者如果对他们自己的利益有正确的认识，就必然会看到，国内工业人口的增长与原料及农产品需求的增长，都是同他们自己的利益相一致的。

由此可见，美国植棉者和民主党的意向所在，他们以极大热情、在出自本愿的心情下所共同努力奋斗的目标，都是有助于英国的商业利益的，这就使汤普森先生的商业外交天才，在这方面暂时失去了表现的机会。

但是法国的情况却完全不同。这里人们所念念不忘的还是禁止制度。诚然，这里有许多政府官吏是价值理论的信徒，也有许多议员主张扩大英法之间的商业关系，由于当时两国处于同盟地位，这样的见解相当流行。但是怎样来达到这一目的，却没有一致意见，也没有十分清楚的具体表示。不过有一点似乎是明显的，而且无可争辩的，那就是对国外生产的生活必需品和原料征收高额关税，不容许那种以对法国的工业极为不利的方式输入英国产的煤和生铁，一方面如能促进葡萄酒、白兰地和丝织品的输出，则将使法国获得极大利益。

当时一般的情况是，人们对于禁止制度的有欠完善只是在口头上普遍加以责难；但就制度的某些具体方面进行攻击，看来还是不合时宜的。因为七月革命以后的政府获得了资产阶级的有力支持，而这个阶级的绝大部分是与大工业企业有关系的。

汤普森先生针对着这样的情况拟出了一个行动计划，从这一点上充分显示了他的广有智谋与外交手腕的老练圆滑。他特为选派了鲍林博士到法国去，这位先生对法国的工商业情况与商业政策是彻底精通的，向来以抱有磊落、阔大的胸襟见称于世，是一位学者，一位有成就的作家，他走遍了整个法国，随后又到了瑞士，去搜集现场的最新资料，用来攻击禁止制度，宣传自由贸易。鲍林博士凭了他向有的机智与干练，完成了政府交给他的任务。他特别着重指出的是，上面所提到的两国间就煤、生铁、葡萄酒与白兰地等项进行进一步自由贸易的有利情况。在他的公开报告里，他的论点主要只是限于这几项商品；关于工业的其他部门他只举了些统计数字，至于这类工业通过对英自由贸易可以获得怎样的推进，他没有提出具体意见或详细论证。

鲍林博士的行动是严格遵守汤普森先生所给他的指示的，那些指示是在深思熟虑下用高度的技巧构成的，出现在他报告的开头部分。汤普森先生使用了十分冠冕堂皇的语调。他表示极端关怀法国的工业利益，并表示对于拟议中的对法谈判，绝不能期望获得任何重大结果。这时法国的棉毛纺织事业已经有了很大发展，英国对这一点的看法如何，法国方面未免惴惴不安，而汤普森先生这样的表示正与安定人心的作用完全相配合。按照汤普森先生的意见，在这些方面对法国要求重大让步是愚不可及的。

另一方面，关于“重要性较次的商品”怎样可以比较容易达到目的这一点，他作了一些暗示。这类所谓重要性较次的商品指的是哪些，在他的指示中当然没有举出，但是根据后来法国的经验来看，却完全可以懂得汤普森先生的意思，因为当他草拟这个指示时，英国运销法国的麻纱和麻织品是列入“重要性较次”的项下的。

法国政府被英国政府及其代表们的那些花言巧语所感动，就打算对英作一些不重要的让步，由此它自己也许还可以终于获得些便宜，于是降低了麻纱与麻织品的进口税。这时法国工业面对着英国在这类工业上的巨大改进已没有任何保护，就在紧接着的以后几年，英国这类商品对法国输出有了大量增进，1838 年的输出总额即达三千二百万法郎。法国整个麻纺织业的价值极为庞大，达好几百万法郎，对农业和整个农业人口福利的关系极为重大，这时由于英国占了先着，这一工业有全部垮台的危险；除非设法提高关税，制止英国的竞争攻势，否则危险的发生就势难避免。

法国受了汤普森先生的愚弄，这一事实已经极其明显。他在 1834 年已清楚地看到，英国由于在制麻布的技术上有了新发明，这一工业在数年以后将有重大发展，所以他在这次谈判中是指望着利用法国政府对于这类发明及将由此引起的必然后果还一无所知的情况的。在法国主张降低税率的人们现在竭力要使大家相信，他们不过是要想借此对比利时的麻纺织业作某种让步。但是这能掩饰得了他们对英国在这方面进展情况缺乏知识，对由此所将引起的必然后果缺乏远见吗？

不管怎么说，这一点总是肯定的：法国为了英国方面的利益而失去它的麻纺织业的大部分，因此必须进一步设法保护它自己；这次英法间的增进贸易自由，是一个最近的、崭新的经验，使人永远想起前者的老奸巨猾与后者的不够练达，可以把它看作一个新的麦修恩条约，第二个伊甸条约。这时法国麻纺织业者怨声载道，法国政府也有意纠正已经铸成的大错。但是汤普森先生看到了这样的情况怎样呢？他完全模仿了赫斯启森先生的老调，他大肆威吓，说是要将法国的酒和丝织品摒之门外。这就是英国的世界主义。法国的麻纺织业已经有了一千年的历史，同它下层社会的整个经济，尤其是同它的农业，已经极度密切地结合在一起，这一工业的产品是一切阶级主要的生活必需品，全部价额达三亿到四亿法郎；而为了换取特权，得以将额外数百万法郎的酒和丝织品输赴英国，法国就得放弃这样一个工业。麻纺织业与酒类及丝织品出口双方在价值上的悬殊是一个问题，还有一点必须考虑到的是，法国失去了麻纺织业以后，如果由于战争而两国的商业关系中断，它将处于什么地位；这时法国酒类和丝织品的过剩部分将不再能运往英国，而同时如麻织物这样一类重要的必需品，它将感到缺乏。

任何人对这一点仔细想一想就会明白，麻织物问题不只是一个经济福利问题，而要比这一点重要得多，它同有关国家工业力量的一切事物一样，是一个涉及国家独立自主与国家权力的问题。

看起来情形的确是这样，创造发明精神好像是替它自己安排了一个任务，这一精神通过对麻纺织业的改进，使各国理解到工业的本质、工业与农业的关系以及工业对国家独立自主与权力的影响，从而暴露了流行理论的错误论点。如所周知，流行学派认为各个国家对生产的不同部门各有它的特长，这种特长或者是来源于自然条件，或者部分是从它的经验过程中得来的，通过自由贸易，可以互相取长补短。我们在前面的一章里曾经举出证据，说明这种说法只有就农业而言是对的，农业所主要依靠的是气候和地力，但是工业的情形不同，凡是处于温带的国家，如果它具有必要的物质、精神、社会和政治条件，在这方面就具有同等的能力。目前在这一点上提供了最显明例证的就是英国。我们晓得，德国、比利时、荷兰以及法国北部的人民在一千年以前就从事于麻的纺织；如果要问，以过去的经验与努力以及所具有的自然条件来说，哪些国家最适宜于发展麻纺织业，那么应当说就是这些国家。而英国的情形却不同，它直到上一世纪中叶，关于这一工业显然还很少进展，它所需要的麻布，那时候大部分是从国外输入的。如果不是靠了关税对这一工业的不断保护，它甚至还不能用自制的麻织品来供应自己的市场与殖民地。人们都知道，卡斯尔累和利物浦两位勋爵曾在议会中引证说明爱尔兰的麻纺织业如果不是靠了保护制度，就无法与德国竞争。一百年来，英国的麻织品在全欧洲是最低劣的，但是由于有了新的发明，我们现在却看到它咄咄逼人，企图垄断全欧洲的麻纺织业；这正同棉纺织业的情形一样，近五十年来，英国垄断了东印度群岛的棉业市场，然而在一百年前，它的棉织品甚至在自己市场上也还不能与印度产品竞争。虽然拿破仑是第一个对棉纺机的发明出了那样大的赏格，虽然法国的机器工人和工业家早在英国人之先就从事于麻纺织业，而英国近来在这一工业上何以会有这样的巨大进步，这一点目前在法国已成了一个争论不决的问题。人们要问，在机械方面具有较大天才的到底是英国人还是法国人。于是提出了形形色色的解释，但是没有一种解释是正确的和合情合理的。要说英国人在机械方面的才能得天独厚，或者说在工业方面的技巧与耐劳精神胜过德国或法国人民，这样的说法当然是荒谬的。在爱德华三世的时代以前，英国人在全欧洲要算是最粗野、最无能的，那时他们当然绝不会想到在机械方面的天才上或工业的技术上可以同意大利人、比利时人或德国人媲美;但自此以后他们的政府就开始着重教育事业,因而逐步前进,终于在工业技术上青出于蓝,可以同他们的师傅争一日之短长。如果说近二十年来英国人在麻纺织机器制作方面的进步超过了别的国家,特别是法国,那么其中原因不外是以下几点:第一,他们在机械技术上有了进一步的卓越成就;第二,他们在棉纺织机器方面有了进一步发展,这类机器与麻纺织业用的机器在性能上是极相近的;第三,由于以前的商业政策,他们比法国人积累了较多的资本;第四,由于他们的商业政策,他们麻织品的国内市场比法国的要大得多;最后,他们的保护关税,加上上述种种情况,使国内在机械方面的才能获得了较大的鼓励和方便,得以专心一志地从事于改进这一工业部门。

以下几点是我们在上面曾经提到的:一切的工业部门彼此之间有着极密切的交互作用;一个部门有了改进时,就为其他一切部门的改进作好了准备,起了推进作用;忽视了任何一个部门时,其他一切部门必然要感受到由此发生的影响;总之国家的全部工业力量构成了一个不可分割的整体。关于上述一些意见,英国人给我们提供了一个显著的确证。他们最近在麻纺织业方面的成就,对于上述意见提供了一个更加显著的确证。

第三十四章　英国优势地位与德国商业同盟

德国在最近二十年来方始看清楚,它自己现在是何等样的一个大国，却没有一个有力的商业政策；假使它有了这样一个政策的话，将居于怎样的地位。德国的情况，就像富兰克林曾一度形容新泽西州的那句话一样，“是一只被邻居们四面八方都凿了孔的酒桶，桶里的酒都被他们吸光了”。英国已经破坏了德国大部分的工业，以大量的棉毛织物向德国运销，可是还不满足，它不允许德国的谷物和木材进口，甚至有时还要排斥德国的羊毛。曾有一个时期，英国运销德国的工业品比运到它所竭力称道的印度帝国去的，还要多十倍。然而这个垄断着一切的岛国对待可怜的德国人比对被征服的印度人还不如，它输出德国人所需要的工业品以后，甚至不允许他们用农产品来偿付。德国人低首下心，使自己成了替英国人劈柴挑水的苦工；但是没有用。英国人对待他们比受统治的人民还要糟。国家就同个人一样，如果让自己被某人欺侮了，其他一切的人就都会看他不起，最后甚至会成为孩子们嘲笑的目标。法国以大量的酒、油、丝绸和女帽运销德国，但是对于德国牲畜、谷物和麻布的出口还非常猜忌。不仅如此，有一个小小的沿海省区，原来属于德国，是德国人的聚居之处，它靠了德国达到了富强地位，一向是靠了德国才能维持的，却用了一套口头上的无聊的诡辩，阻塞了德国的最大河流达十五年之久。作为这种侮辱的补充曾举办无数的职业讲座来宣传一种学说，说是只有靠了普遍的自由贸易，国家才能达到富强。过去的情况如此，那么现在呢？德国在繁荣方面、工业方面、国家的尊严与国家的权力方面，都在突飞猛进，十年的过程相等于一个世纪。怎么会取得这样成就的呢？使德国人彼此之间互相隔绝的国内关税废除了，这当然是好的，是有益的；但是德国的国内工业，从那时起如果依然要毫无限制地受到国外竞争,它就不能单单靠了这一点而高枕无忧。怎么会避免国外竞争,怎么会产生这种奇迹的呢?主要是由于在关税同盟下的税则对普通日用品制造工业的保护。关于这一点我们不妨公开说明。鲍林博士已经将这一点明白指出,[①]他说在关税同盟下的税则,并不只是像以前所说的那样以增加岁入为目的的收入关税,税率并不只是像赫斯启森所想的那样以百分之十到十五为限。对的,我们不妨坦率承认,关于日常使用的工业品,德国关税同盟所征收的保护关税从百分之二十到六十不等。

但是实行这样的保护关税有了些什么结果呢?是不是消费者对德国工业品所支付的代价比他们以前付给国外输入工业品时提高了百分之二十到六十(假使流行学派的理论是正确的话,情形就必然是这样),或者说这些产品全然不及外来的产品呢?根本没有这么一回事。鲍林博士自己也引证说明,这类在高额关税下生产的工业品比外国制造的质量好,代价也低。[②] 由于国内的竞争,由于防止了有害的国外竞争,就产生了这样的奇迹;这是流行学派所不了解的,也是它下定决心所不愿意了解的。由此可见,流行学派认为保护关税将使国内产品价格按所收税额提高的说法是不正确的。实行保护制度,在短时期内也许会使产品价格增长,但以任何有条件建立工业的国家的情形来说,国内的竞争不久就会使价格回到容许国外工业品自由输入时的价格标准以下。

在高额关税下,农业有没有受到损害呢?一点也没有。农业

① 约翰·鲍林:《关于德国关税同盟向巴麦斯顿子爵的报告》,1840 年。

② 参看波特尔的报告,见本书第 310 页附注。——英译本注

是大有所得的；近十年来它获得了十倍于前的利市。农产品的需求有了增长。农产品价格到处有了提高。众所周知，只是由于国内工业的发展，各处地产价值上涨了百分之五十到一百不等，各处在支付着较高的工资，交通运输设备正在各方面改进，有的已经实现，有的正在计划中。

我们的保护制度既已获得了这样的辉煌成就，势必鼓励我们循着这一路线继续前进。商业同盟中有些邦也主张采取相类步骤，但是还没有见诸实施。然而也还有些别的邦，看来它们只是把希望寄托在英国取消谷物与木材的进口税，想由此获得繁荣；据说也还有些有势力人物依然信从着世界主义，不相信自己的经验。鲍林博士的报告对于这些方面，对于德国商业同盟的情况以及英国政府的策略，都有极重要的说明。现在让我们对这个报告来作一番大致的观察。

首先我们要考察一下写这个报告时的观点。鲍林博士的来到德国，是墨尔本内阁下商务大臣拉布谢尔先生派遣的，与 1834 年汤普森先生的派他前往法国属于同样目的。到法国去的使命是要借了在葡萄酒与白兰地贸易方面的让步，诱使法国对英国工业品开放它的国内市场；同样的情况，对德国的目的是要借助于谷物与木材贸易方面的让步以取得相类的效果。不过就这两次使命来说，其间也有一个重大区别；英国对法国所提出的让步是不会引起它自己国内的反感的，而对德国提出交换条件时，却首先不能不在它自己国内经过一番斗争。

因此对法与对德这两个报告的旨趣，彼此在性质上势必大不相同。关于英法间商业关系的那个报告是专为法国人写的，在报告里必须说明科尔伯特的保护制度并没有获得什么美满成就，必须使人们相信伊甸条约是对法有利的，拿破仑的大陆制度以及现行的法国禁止制度是对法极端有害的。总之，这里与亚当·斯密的理论必须密切一致，对于保护制度的一切良好成就必须切实地全盘加以否认。但是另外一个报告的任务却没有这样简单，这是同时向英国地主和德国政府两方面进言的。对前者必须这样说：你们看，现在有这么一个国家，由于实行了保护制度，在工业上已经有了巨大发展，它具有循此前进的一切必要手段，正在加快步伐从事于独占它自己的国内市场，进一步在国外市场与英国相竞争。上院的保守党员们，下院的乡村地主们，你们看看，事体就是你们搞糟了的。这就是你们那个不合时宜的谷物法所造成的；由此使德国的食粮与原料价格以及劳动工资得以保持于较低水平。德国工业家，与英国工业家对照下就居于比较有利的地位。因此，你们这些傻子，赶快废除谷物法吧。这样一来，你们就可以使德国工业家受到双重或三重的损害。这是因为：第一，粮食与原料价格以及劳动工资在德国将提高，在英国将抑低；第二，德国谷物对英输出增加以后，英国工业品对德输出即将增加；第三，德国商业同盟已经声明，如果英国对德国谷物与木材的进口给以便利，它也打算相应地降低一般棉毛织物的关税。这样我们就万无一失，可以再度粉碎德国的工业。但是时不可失。工业家在德国商业同盟中的势力年年在增长，如果你们对于谷物法的废除稍有迁延，就要为时太晚了。局势的变化是不会过迟的。不久德国工业有了进一步发展以后，对于它本国农产品的需求将积极提高，以致使德国将不再有剩余谷物可以运销国外。为了要诱使德国政府对它自己的工业采取行动，不让工业家为他们本国人民来纺纱织布，不让他们侵占你们的国外市场，那么你们对德国政府到底愿意作出哪些让步呢？

所有这些，都是写报告的人不得不向议会中的地主们谈清楚的。英国的行政体制不容许作秘密的政府报告。鲍林博士的报告是一定要公布的，报告的译文或节略是一定要给德国人看到的。因此在措辞中不可稍露痕迹，使德国人觉察到他们自己真正利益的所在；因此在说服议会时所使用的一切说词，不能不兼顾到有以解除德国政府方面的顾虑，防止在这方面发生不良影响。这个报告必须竭力说明，由于实行保护制度，德国的很多资本已转向到不适当的用途；在这个制度下德国农业将受到损害。就农业方面来说，它所应当注意的只是国外市场；而农业是德国绝对最重要的生产事业，因为德国四分之三的人口以此为业。那种保护工业的说法简直是胡扯，工业本身只能在外国竞争下发展，德国舆论是拥护自由贸易的。德国社会的一般智力非常之高，因此不会抱有实行高额关税的愿望。**如果英国降低谷物与木材的关税**，德国最开明的人士是赞成降低普通棉毛织物的关税的。

总之，在这个报告里我们听到了两种完全不同的语调，就像是对立的两方彼此在辩难。哪一方应当认为是代表报告者的真意的——是向英国议会说话的一方呢，还是向德国政府说话的一方？要确定这一点并不困难；因为鲍林博士所说的一切，凡是要想劝告议会降低谷物和木材进口税的，都有统计资料和根据数字的推算作证，凡是要想劝德国政府不采行保护制度的，都只是一些空洞的说辞。

鲍林博士向议会证明，对于他所指出的德国在保护制度下着着进展的情况如果不加以制止，英国势将无可挽回地丧失德国这一工业品市场。现在让我们仔细分析一下他在这方面的论点。

他说德国人民是以克己、耐劳、俭约、聪明见称于世的；全国人民普遍受到教育，优良的工艺学校使技术知识的传播遍及全国。

德国在设计技术上的造诣远非英国所能企及。德国的人口，它所畜养的牛羊，尤其是羊，逐年有巨大增长，说明它在农业上已经有了多大的成就。（报告里却不提到地产价值的高涨，虽然这是很重要的一个特点，也没有提到产品价值的增长。）在工业地区，劳动工资提高了百分之三十。德国有大量的水力现在还没有利用，这是在一切动力中成本最低的。它的矿业，在国内各地都比以前有了更大发展。它的原棉的每年输入量，在 1832 到 1837 年间，从十一万八千生丁纳增加到二十四万生丁纳，棉纱输入从十七万二千增加到三十二万二千生丁纳，棉织品输出从二万六千增加到七万五千生丁纳，普鲁士的织布机从 1825 年的二万二千架增加到 1834 年的三万二千架，生羊毛输入从九万九千增加到十九万五千生丁纳，这一商品的输出从十万增加到十二万二千生丁纳，毛织品输入从一万五千增加到一万八千生丁纳，这一商品的输出从四万九千增加到六万九千生丁纳。

麻布的生产，因为在艰难的情况下同英国、法国和意大利的高额关税作斗争，所以没有增长。但麻纱的输入则从 1832 年的三万增加到 1835 年的八万六千生丁纳，大部分是由英国输入的，输入量还在继续增进中。靛青的消费从 1831 年的一万二千增加到 1837 年的二万四千生丁纳，这是德国工业进展的一个显著证明。陶器的输出，在 1832 到 1836 年期间增加了一倍以上。石器的输入从五千减少到二千生丁纳，输出则从四千增加到一万八千生丁纳。瓷器的输入从四千减少到一千生丁纳，而输出则从七百增加到四千生丁纳。煤的产量从1832年的六百万增加到1836年的九百万普鲁士吨。普鲁士1816年有羊八百万头，1837年增加到一千五百万头。

在萨克森1831年有织袜机一万四千架，1836年增加到二万架。从1881到1837年间，这个地方的毛线厂厂数和锭数都增加了一倍以上。到处都兴起了机器制造厂，其中多数情况都极为发达。

总之，德国工业的一切部门，按照所受到的保护程度，都有了巨大发展，特别显著的是一般使用的棉毛织品，这类商品由英输入已经完全停止。鲍林博士根据他所听到的可靠意见，承认"普鲁士毛织品价格的确比英国的低廉，有些染色比英国最上等的颜色固然要差些，但是其他的颜色简直完美到无以复加，在纺织以及一切操作过程方面，德国已经完全可以与英国媲美，只是在最后一道修整工序上显有缺点，但这种缺点不久也会消除的"。

英国议会听到了这样的说辞以后，会终于接受劝告，废除作为针对德国的一种保护措施的谷物法；这一行动是很容易理解的。但是在德国同盟方面，眼看到实行保护制度以后已经获得了这样大的进展，怎样就会听受这个报告的劝诱而放弃那产生了这样良好效果的制度，这却是我们所完全不能理解的了。

鲍林博士告诉我们，德国工业是在牺牲农业利益下受到保护的，他要这样说也好，这是他的说法。但是我们看到的情形却完全相反，农产品的需求、产品的价格、劳动工资、地租以及地产价值处处都在高度增长，而农民对于他所需要的工业品无须付出较高代价，我们根据这样的情况，对于他的说辞怎么能信以为真呢？

鲍林博士给我们一个估计，说德国从事于农业与工业的人数是三与一之比，这件事做得很好；但那个说法使我们相信，在德国从事于工业的人数与从事于农业的还没有取得适当比例。现在英国有些工业经营者所消费的是英国的而不是德国的农产品，他们的出品所供应的却是德国市场，德国对于本国的这类工业应当加强保护，使它们逐渐发展；要纠正上述的不平衡现象就得从这一点着手，除此以外，我们看不出还有什么别的纠正方法。鲍林博士又说，德国如果希望扩充农产品销路，必须全力注意向国外发展，这也说得很好。但是要使农产品的需求有巨大增长，只有使本国的工业有了充分发展，这个愿望才能实现，不但英国的以往经验这样教导我们，而且鲍林博士自己对这一点也是默认的，因为他在报告里说，英国对于谷物法的废除如果再迟延下去，德国将不再有剩余谷物或木材可以运销国外，他对这一点表示忧虑。

鲍林博士说，在德国占主要地位的依然是农业，这句话当然说得很对；但正是由于农业还占着主要地位这个原因（像我们在前几章里所提到的），所以必须发展工业，使工农两者处于适当比例关系，因为农业发展这一事实本身所依靠的就是与工业取得等比关系，而不是它自己对工业保持优势。

报告的作者还有一种错误论调，他说，就德国工业本身而言，在德国市场上的外国竞争是必要的，因为德国工业等到能够供应德国市场以后，为了出售剩余产品，就必然要与别的国家的工业相竞争，这时只有产品价格低廉才能经得起这种竞争；但是低价产品的生产是与保护制度不相容的，因为这种制度的目的就是在于使工业家能维持较高价格。

这种论调是荒谬透顶的。鲍林博士不能否认这一点，一个工业家越是有机会多生产，就越能按较低价格供应他的产品；因此能够独占本国市场的工业，就能够在国外贸易中供应价格较低的产品。在他所发表的关于表示德国工业发展的数字里就可以找到这方面的证据；因为这类数字表明，随着德国工业对它本国市场的占有程度，它的产品输出量也同时增进。由此可见，德国最近的经验与英国过去的经验一样，说明工业品价格高涨并不是保护制度的必然结果。

事实上现在德国工业离开能完全供应国内市场的情况还很远。要做到这一点，关于目前由英国输入的棉织品一万三千生丁纳，毛织品一万八千生丁纳，棉纱、棉线、麻纱五十万生丁纳，就首先必须要能由自己来制造。但是要完成这样一个任务，原棉的输入就须比以前增加五十万生丁纳，就须与热带地区进行更多的直接贸易，对于输入的原料，即使不是全部也至少大部分，要能够用自己的工业品来偿付。

鲍林博士认为德国人民自从商业同盟成立以后，对于英国人一般所理解的所谓"自由贸易"这个名词获得了比较清楚的认识，他曾这样说，"自从那时起，德国人民的情绪已经由侧重虚无缥缈的希望与幻想的领域脱离了出来，转向于实际的、物质的利益"，因而断言德国舆论赞成自由贸易。我们对于这样的见解必须加以纠正。他说德国的教育非常普及，一般人民都有知识，这句话说得很对；但正是由于这个原因，德国人民现在已不再沉溺于世界主义的幻想中。这里的人民现在由自己来进行独立思考了；他们相信的是自己作出的结论，是自己的经验，是自己的健全常识，而不是与一切经验相违反的一面之词。当初伯克曾私下向亚当·斯密说，“治理国家的政策方针决不能以世界主义为依据，所依据的应当是从深思熟虑中了解了的关于他们国家特有利益的知识”；伯克为什么这样说，这个道理他们现在明白了。那些说客的话往往进一句出一句，反复无常；德国人民现在不相信这一套了。有些人在地位上是德国工业的竞争者，当这些人对德国人民表示关怀，提出忠告时，其间究竟有多少真正价值，他们也已懂得怎样来作正确估计了。总之，每逢在谈论中的是英国方面所提出的建议，德国人就会提高警惕，就会把希腊人赠送木马那件人人知道的故事记在心里。

由于这些原因，说是德国有影响的政治家们果真要迎合这个报告的作者的愿望，就是说，为了能够把少许的谷物和木材运销英国，为了取得对方这样一点渺小得可怜的让步，就甘愿放弃它的保护政策，我们对于这一点是有些怀疑的。无论如何，德国舆论总不会把这样的政治家看成是有深谋远虑的。在今天作为一个德国政治家，要当得起这样一个尊称，单单精通世界主义学派那些肤浅的措辞和论点是不够的。人民对于一个政治家所期望的是，他不必把心机枉费在学说理论方面，他要彻底懂得什么是国家的权力和要求，要能够发展前者，满足后者。假使一个政治家不懂得使一国的工业提高到像德国工业现已达到的阶段，其间需要多大的努力；不能够在内心里预见到国家前途的伟大；只是使德国工业阶级对政府所抱的期望和信心受到严重打击，使国家的企业精神深受摧残；对于一个第一流工业国家所据有的崇高地位与只从事于输出谷物和木材这样一个国家的劣势地位，看不到这两者之间的差别；就谷物与木材的国外市场来说，即使在平时也是极度不稳定的，关于对方在这方面所作出的让步是极容易被推翻的，一旦发生了战争或敌对性的商业政策使贸易中断时是会引起极大动乱的，在这些方面都没有足够才智来加以估量；最后，别的强大国家是怎样依靠了自己的在一切部门都得到发展的工业，使国家获得了生存、独立与权力，对于这些已有的例子也没有能吸取教训——假使是这样一个政治家，那他就表明了关于什么叫作国家的权力和要求这一点，他是完全无知的。

这个报告的作者在他报告的第二十六页里说，他认为德国商业同盟的政策所追求的只是普鲁士的单独的利益，因为同盟中人口的三分之二是普鲁士人；如果人们相信这样的意见，那么毫无疑问，他们一定是大大低估了1830年以来在德国兴起的民族精神与团结力量。但普鲁士的利益要求对英输出谷物与木材，普鲁士在工业上所投资本很少，因此它对于足以阻碍国外工业品输入的任何制度将坚决反对，它的各部门领导人都抱有这样的意见。然而这位报告者在他报告的开端却这样说："德国关税同盟是弥漫全国的国家统一观念的化身。这个同盟如果能好好地领导，必然能把德国各方面的势力融合在一个共同组织中。这方面的好处已经由经验证明，为大家所熟知。这是德意志人民走向国家统一的第一步。它依靠商业问题上的共同利害关系，已经打开了在政治上趋于统一的道路，原来那种器量狭小的看法、偏见和固陋的风俗习惯已经消失，代之而兴的是德国国家生活的一个更广泛、更坚强的因素。"他在报告的开头一段里既然作了这样完全正确的评述，而又说普鲁士为了自己方面假定存在的(无论如何只是一时的)私利，就愿意牺牲国家的独立自主和远大前途，就不会看到德国的商业政策必然关系到整个国家的盛衰，就不会看到普鲁士自身必然与整个德国共存共亡；这两个方面的互相矛盾，又怎样能够统一起来呢？他又硬说普鲁士各部门领导人都反对保护制度，但是对普通棉毛织品的征收高额关税就是从普鲁士本身方面发生的；前一说法又怎么能与后一事实相一致呢？基于说理上的这些矛盾，再看到报告者把萨克森的工业发展情况描绘得那样如火如荼这一事实，不是要使我们不得不作这样的揣测，认为要激起普鲁士猜忌之心的正是报告者他自己吗？

但不论怎样说，鲍林博士对各部门领导人的私人意见这样重视，却是很使人感到诧异的。他，作为一个英国作家，应当知道舆论的力量，应当晓得，在我们这个时代里，即使在非立宪国家，各部门领导人的私人意见如果与舆论、尤其是与整个国家的物质利益相违背，如果赞成危及整个国家的倒行逆施的办法，那些意见就无足重轻，是不值得谈起的。他自己对这一点也看得很清楚，他在报告的第九十八页里说，普鲁士政府，同英国政府关于废除英国谷物法这件事所获得的经验一样，也充分体会到，官吏们的见解并不都是能付诸实施的，因此即使没有德国同盟方面事先的让步，是否应当允许德国谷物与木材进入英国市场，似乎也有加以考虑的必要，因为这样一来，也可能会打开英国工业品进入德国市场的道路的。这个意见无论如何不能说不正确。鲍林博士清楚地看到，假使不是由于谷物法的存在，德国工业是绝不会获得这样进展的；因此把它废除以后，倘若德国的关税依然不变，那么它的工业不但继续进展会受到限制，而且必不能免于大大的衰退。可惜的只是英国人没有能在二十年前看到这一论点的恰当。现在的情况可是不同了，英国的法制本身使德国农业脱离了英国工业，从而使德国走向发展工业的道路已经有了二十年的历史，在这一目的上已经付出了重大代价，现在德国如果由于英国废除了谷物法，就在任何程度上放松了对自己国家远大前途的争取，那就只能说明德国人在政治上的愚昧，以致这样地轻举妄动。的确，我们坚决认为，在这种情况下，德国有必要随着英国工业由于取消谷物法与德国工业对照下所获得的利益程度，按照这个程度的同等比例，来提高它的保护关税。德国在一个很长时期以内，对待英国不能有别的政策，只是一个工业落后国家当它全力争取要使它自己与工业最先进国家处于同等地位时所必须采取的那种政策。任何别的政策或措施，总是会危及德国国家的安全的。如果英国人需要外国产的谷物或木材，它尽可以向德国或它所喜欢的任何别处去购买。德国对于它迄今为止在工业上所获得的进展将继续加以保护，保护的程度绝不因谷物法的废除而稍减，对于前途发展的继续努力，也绝不因此稍懈。如果英国对于德国的谷物与木材不瞅不睬，那就更好了。这样就可以使德国的工业、海运与国外贸易更快地抬头，可以使德国的国内运输设备更快地建成，从而使德国国家得以进一步可靠地建立在自然基础之上。这时普鲁士出售波罗的海地区的谷物和木材所获得的价格，或者不能提高得那样快，像英国市场一旦对它开放时那样的高昂。但是，国内运输工具的建成，工业方面对农产品的国内需求，将使这些地区的产品在德国内地的销路迅速增长，这时这些地区所获得的一切利益是以国内对农产品的需求为基础的，在这样情况下，这种有利地位就可以永久保持。这些地区从此以后再也不必担心，时而发生灾害，时而转入繁荣，每十个年头就要来一次变化，使它们的贸易在这个局面下摇摆不定。还不止这样，普鲁士沿海地区在产品的物质价值上眼前固然不免有所牺牲，但这种牺牲实在是一种投资性质，将来会得到补偿；将来德国内地力量大大加强以后，普鲁士的政治地位将积极提高，它由此所获得的利益将百倍于它以前在产品物质价值上的牺牲。

这个报告说明，英国当局的目的显然是要使普通使用的英国棉毛织品得以进入德国市场；达到这个目的的方法，部分是取消或至少修改按重量课税的办法，部分是降低关税，部分是容许德国谷物与木材进入英国市场。通过这些方法，对德国的保护制度就能够初步打开一个缺口。这类供普通使用的商品，我们在前面有一章里已经提到，是极关重要的，是一国工业中的基本要素。英国方面所希望的显然是从价征税百分之十，假使是这样，再加上低报价值这种惯行的伎俩，就可以使德国工业的大部分牺牲在英国竞争势力之下，尤其是如果发生了商业恐慌，英国工业家有时就会不计较价格，尽量把存货抛入市场。因此如果我们说英国建议的用意所在，简直是要推翻德国的整个保护制度，从而使德国沦于英国农业殖民地的地位，这也不算是说得过分。它既存着这样的目的，所以要促使普鲁士注意的是，在英国降低谷物与本材的关税以后将何等有利于它的农业，至于它的工业是并不重要的。它在同样目的下对普鲁士又许下了愿心，说是将降低白兰地的关税。同时对别的邦也不宜过于偏枯，让它们空手而去，于是也周旋了一下，说是对纽伦堡的产品、儿童玩具、科隆产的花露水以及别的一些琐碎物品也将减税百分之五。这样就使德国的一些小邦也获得了满足，在它究竟也所费不多。

第二步就是要通过这个报告使德国各邦政府深信，如果让英国代它们来担任纺棉纱、麻纱的工作，对它们将如何地有利。商业同盟迄今为止所采取的政策是先从鼓励与保护棉布的印染工作着手，然后推广到织布工作，至于中等与上等的纱、线则取自国外；这样的做法无疑是正确的。但这绝不是说这个政策在任何时期就永远是正确的。随着国家工业的进展，如果要正确地达到建立工业的目的，税率就必须提高。我们曾经指出，纺纱工业的重要不只是限于它自身，它是可以使国家进一步获得无数利益的根源，可以使我们由此与热带地区发生直接的商业关系，因此对于我们的海运与工业品出口方面有着极大影响，它对工业的任何部门固然都有好处，但尤其有利于我们机器工业的发展。德国在发展这一伟大而收益丰富的工业时所需要的水力与干练技工、或物质资本、或智力都是充裕的，决不会由于这些方面的欠缺而在发展前途上受到阻碍；因此如果说关于纺纱这一工作不能在渐进的保护下获得发展，从纺粗纱进而到纺细纱，经过五年到十年以后，使我们在这方面所需要的能够大部分由自己来供应——如果说不能办到这一点，这种说法是令人难以理解的。我们对于谷物与木材输出的利益，不论把它估计得怎样高，决不能与纺纱业所给我们的好处相提并论。我们如果计算一下将由纺纱业引起的对农产品与木材的消费，就可以看到，单单这一工业部门使德国地主所获得的利益，就必然远胜于国外市场将向他们或可能向他们提供的任何利益；的确，我们对于这一信心的表示毫无犹豫，这是可以用更无争辩余地的证据来证明的。

鲍林博士说，如果德国商业同盟不愿将进口税大大降低，则哈诺威、布劳恩施魏克、两处梅格棱堡、奥尔登堡以及汉撒城市是否会加入同盟，他表示怀疑。但是我们对于这样的建议不能认真考虑，因为所提出的补救办法的危害性，比所要挽救的那个损害，却还要大得无可计量。

我们对于德国前途发展的信心，并不是像报告者那样的微弱的。已经证明，七月革命对德国商业同盟是有利的，同样地，如果再来一次大规模的变动，那些小邦对适应国家远大要求的踌躇不决的态度，就会获得转变。商业上的团结一致，对整个国家有什么价值，对各邦政府有什么价值，除了单是物质利益这一点以外还有什么重大意义，当法国这次公然发出要夺取莱茵河边境的叫嚣时，已经第一次获得了有力证明。

国家的统一，是全国幸福、光荣、权力、目前安全存在与前途伟大发展所由争取的坚稳基础，德国各邦政府和人民对于这一点，应当一天一天地明确起来。因此这些沿海小邦与国家整体利益背道而驰的态度，不但在同盟中各邦看来，就是在它们自己看来，也越来越觉得这是可耻的，应当以任何代价来加以去除。而且用理智的态度来考虑一下就可以看到，这些小邦加入同盟后在物质利益方面的所得，将远过于它们所须付出的牺牲。德国的工业、国内运输设备、海运事业与国外贸易，在贤明的商业政策下，是能够而且必然要随着它所具备的资源作相应发展的；这些方面的成就越大，那些小邦要从中直接分享利益的愿望就越加殷切，它们指望仰仗外国获得幸福与繁荣的那种恶习惯也就越加会早日放弃。

至于汉撒城市，这里也可以特别提一下，我们对于汉堡教区的市民精神并没有感到气沮。根据这位报告者自己提出的证言就说明，在这些城市里有许多人有着这样的认识，认为汉堡、不来梅与律贝克对德国国家的关系，应当而且必然同伦敦与利物浦对英国，同纽约、波士顿与费拉德尔非亚对美国的关系是一样的；他们清楚地看到商业同盟对他们在世界贸易方面所提供的利益，远远超过了他们必须服从同盟规章这一缺点，他们懂得，要想获得繁荣而没有使繁荣可以长期继续下去的保证，这样的想法根本是荒谬的。

沿海各邦的居民，他若是一个明白事理的，当他看到本国船只的吨位在不断增进，各口岸的商业关系在不断扩大，而联想到如果没有海军力量的保障，只需从赫耳果兰开来两只战舰驻在威悉河与易北河口，就能在二十四小时内把需要二十几年才能建成的事业毁掉，当他想到这一点时，怎能衷心地为他自己庆幸呢？可是商业同盟将保证这些口岸永远能够获得繁荣与进展，保证方法部分是在于创建自己的舰队，部分是在于缔结联盟关系。它凭了有效能的领事机构和条约关系，将使这些口岸的渔业获得进一步发展，为它们的航运业争取特殊权益，并将从事于保护与促进它们的国外商业关系。它将部分借助于它们的资源，从事于建立新殖民地，经营自己的殖民地贸易。商业同盟的组织充分完成以后，以各邦合计，至少可以有三千五百万人口，每年人口的增长率约为百分之一点五，这样每年就很容易多出二三十万人来；我们各地区有知识、有教养的人民很多，他们的性格都特别乐于到遥远的地区去找出路，能够在任何地方安家落户，不论哪里的无主地区需要加以开垦时，他们都可以在那里愉快地生活，像这样的人民是生来要与第一流国家的人民一样,从事于开拓殖民地,从事于传播文化的。

德国人民感到有建立这样一个完善的商业同盟的必要,这种意向已经这样普遍,因此写报告的人也不得不这样说:"拥护商业同盟者一般希望有更多的海岸和港口,进一步发展海运事业,在同盟下有统一的国旗,有强大的海军和商船;但就目前情形来说,这个同盟要同势力在增长中的俄国舰队与荷兰及汉撒城市的商船迎面抵抗,却很少希望。"我们当然无意于与这些国家为敌,而是要多多地靠拢它们,得到它们的帮助。我们说每一个强国的特性总是这样的,为了便于统治,总是要想分化别的国家。这位写报告的人,当他说明了为什么沿海各邦加入同盟是愚昧行动这一点以后,还希望使那些主要口岸永远与德国国家团体相脱离,他谈到了在亚尔多纳的仓库,说是一定对汉堡的仓库有害,好像这样大的一个商业帝国就没有办法使亚尔多纳仓库如何来适应国家目的似的。我们对于他这种别有用心的推断不欲深究;我们要指出的只是,如果把这样的说法应用到英国方面,那就等于是说伦敦和利物浦假使与英国国家机构脱离,它们在商业上将获得非常发展。英国驻鹿特丹领事曾有一个报告,这个报告所说的却清楚地表达了上述论点的用意所在。亚历山大·费里尔先生在他报告的末一段里这样说:"为了英国的商业利益,要用尽一切方法阻挠上述各邦以及比利时加入德国关税同盟,这一点看来是极关重要的,其中理由已经极为明显,不必再加解释。"费里尔先生是这样说了,假使鲍林博士也这样说,假使英国的执政者们就照着这样的话行事,谁能怪他们呢?通过他们的言语和行动所表现的只是英国国家的本性。但是德国如果妄想从出于这样一种动机的建议里获得繁荣和幸福,那就未免超出了国家善良本质的适当程度了。费里尔先生说了上面所引的一段话以后还加上这么一句："情势不论有了怎样的变化，必须始终把荷兰当做别的国家与德国南部通商的主要途径。"费里尔先生说的所谓"别的国家"指的显然只是英国；很明显，他的意思是说，如果英国的工业优势失去了通往德国或北海与波罗的海的进路，还有荷兰作为一个主要过道，由此来控制德国南部的工业品和殖民地产品的市场。

但是如果站在国家与民族的立场来看问题，那么我们认为不论从地理位置、或工商业环境、或民族的血统与语言这些方面来说，都应当把荷兰算是德国的一个省份。它是在德国分裂的时期脱离的。如果不把它重新并入同盟组织，德国就好比是一间屋子，它的门户却把持在陌生人手里。荷兰的属于德国，就像布里塔尼与诺曼底属于法国一样；如果荷兰决意要自成一个独立国家，只要这样的情况不变，德国就难以达到强盛与独立自主的地位，正同法国上述几个省份假使在英国人手里时，它就难以达到今日这样的地位一样。荷兰的商业势力已经趋于低落，这是由于国家范围不大的缘故。尽管它的殖民地很发达，但是它的地位仍将继续下降，这是势所必然的，因为这个国家过于弱小，不能担负这样浩大的海陆军费。由于要勉力维持它的国家地位，它在负债方面就必然越陷越深。它虽然有很发达的殖民地，但无济于事，它对英国仍然处于依赖地位，表面上虽然独立自主，事实上只是加强了英国的优势。英国在维也纳会议为什么要主张恢复荷兰这种表面上的独立地位，上述一点也是一个隐藏的原因。汉撒诸城市的情况同这里也完全一样。荷兰若是倒向英国一边，它的地位只是英国舰队的一个扈从；如果与德国合并，它就能成为德国海军力的领导。就它目前地位来说，从它殖民地方面所能获得的利益是有限的，如果把这些殖民地转变成为德国联盟的组成部分，那时它从中所得的利益必然将大大提高；这特别是因为它在开拓殖民地事业方面所需的一些要素，如人口，如精神力量，都过于薄弱。还有一层，迄今为止它在殖民地方面所以能获得一些有利发展，大部分是有赖于德国人的温厚纯良，或者不如说是由于德国人对自己的商业利益的认识不够；因为一切别的国家总是把它们的殖民地产品市场留给它们自己的殖民地或属国的，只有德国市场对荷兰殖民地产品剩余量的销售仍然开放。一旦德国人清楚地了解到了这一点，认为向他们供应殖民地产品的那些国家要明白，它们也必须在特定的优惠条件下向德国购买工业品，方才能享受这种权益；到了那个时候，德国人也就会清楚地看到，他们是有力量迫使荷兰加入关税同盟的。这样的结合，对德国与荷兰两方面来说都是极度有利的。德国对于荷兰，不但将使它从它的殖民地获得比现在更多的利益，而且将使它建立并取得新殖民地。德国对荷兰与汉撒的航运业、对荷兰殖民地产品的运销德国市场，都将予以特别优惠的权益。反过来，荷兰与汉撒城市将优先输出德国工业品，并将优先使用它们的剩余资本于德国内地的工业和农业。

荷兰只是国家的一个部分，却要把自己当作是一个完整的国家；它想从压制与削弱德国的生产力着手，来从中取利，而不去想法把它的伟大前途寄托在处于它背后的那些地区的繁荣上面，因为任何海国总是要同这些内陆地区共存亡的；它要想谋前途发展，而走的道路却是与德国脱离，不是与德国结合——由于这些原因，它终于从作为一个商业强国的崇高地位跌了下来。荷兰要想重新达到它以前的繁荣地位，只有一条路，只有通过德国同盟，跟它密切地结合在一起。只有依靠了这样的结合，才能使它成为一个第一流的农工商业国家。

鲍林博士在他的统计中把德国关税同盟与汉撒城市、荷兰及比利时的进出口额集合在一起；从这样的归类，清楚地表明了所有这些国家是怎样极度地依赖着英国的工业；但也同样清楚地表明了，如果这些国家结合在一起，则它们的整个生产力将增长到怎样的无可计量的程度。他估计这些国家由英输入按官价计19 842 121镑，按申报价值计 8 550 347 镑，但另一方面这些国家的对英输出只 4 804 491 镑，英国从荷兰输入的大量的爪哇咖啡、干酪、奶油等等也包括在内。这些数字是意味深长的。我们感谢这位博士作出这样的统计组合，也许这就是不久将实现的政治组合的先声。

第三十五章　欧洲大陆的商业政策

我们在本书第二编已经指出，合理政治最高的终极目的是一切国家都联合起来，处于共同的权利法律之下；只有在世界上最强大国家之间目前存在着的猜忌与冲突转化为同情与和谐以后，它们在文化、繁荣、权力、工业各方面达到了尽可能的均等，只有这样，这个目的才能实现。但这个问题的解决是需要极悠久时间的一种工作。现在各国之间由于多种原因，彼此分裂、排斥，最主要的原因是领土方面的纠纷。到目前止，欧洲各国领土的划分并不符合自然事理。的确,关于领土划分的公平而自然的基本条件,人们即使在理论上也还未能取得一致。有些人认为国家领土应当按照首都的需要来决定,不必顾到语言、商业、种族等等因素,使首都得以处于中心地位,得以尽量避免国外侵略的危险。他们希望有广阔的江河作为边界。还有一些人,他们的理由显然更为充足,认为构成更好国界的是海岸、山脉、语言和种族,而不是广阔河流。现在也还有些国家,缺乏发展世界贸易与建立海军时所不可缺少的港口与海岸。

无论哪一个国家,如果已经有了内部发展与保持政治及工商业独立所必要的领土,还要向外扩张,略取土地,那就违反了合理政策;因为这种不自然的领土扩张,必然激起被侵略国家的仇恨,并将使之耿耿在心,矢志不忘,结果使得胜的一方因保有这一地区而需付出的牺牲,将远远超过它由此所得的利益。现在大家是不考虑国家领域应当如何公平合理地划分这个问题的,因为其中还牵涉到属于另一性质的许多利害关系。同时还有未可忽视的一点是,关于疆土的修正,现在要算是对各国极关重要的问题,在这方面的奋斗是认为理所当然的,实际上这一点在许多情况下是诉诸战争的正当理由。

还有一些足以使各国之间引起争执的原因是,目前在工商业、航运业、海军与殖民地占有这些方面利害关系上的冲突,以及在文化程度、宗教与政治状态这些方面的差异与分歧。再加上各个王朝与政权各有它的利害观点,就使这些情况在多方面更加复杂。

但是另一方面,出于某些国家彼此之间的同感,也可以造成对另一些国家仇视的原因。比较衰弱的国家会共同反对强大的国家，独立自主受到危害的国家会共同反对侵略者，在海上缺少出路的国家会共同反对海军强国，在工商业方面有缺陷的国家会共同反对企图垄断工商业的国家，半开化国家会共同反对文明国家，君主国家会共同反对实行民主或部分民主政体的国家。

国家为了追求自己的利益，在某一时期可以与意向及利害关系相同的那些国家结为同盟，以反抗在这些方面同它们相冲突的国家。但是意向与利害关系彼此之间的冲突是错综复杂、变化不定的，因此同盟关系也随时会发生变化。国与国之间今天是朋友，明天就可以变成敌人，反过来也是这样；只要牵连到了某些重大的利害关系或原则，它们彼此之间不论原来是友是敌，就会互相抵拒，或互相靠拢。

各国之间的势力均等这一点应当是一个终极目的，这是政治家们所久已认识到的。但是我们时常听到的所谓维持欧洲均势这种说法，实际上的含意并没有别的，只是弱国对于强国的侵略，企图加以限制而已。然而人们往往把它们的眼前目的与最终目的相混淆，反过来也是这样。

国家政策的当前任务总是在于要看清楚，当牵涉到种种不同的利害关系，因而要进行缔结同盟与谋求均势的活动时，在哪一点上是眼前最迫切的；为了达到在这一点上活动的目的，所有别的问题都可以暂时搁开，不加考虑。

当欧洲各王朝、君主与贵族的力量结合起来，共同对抗 1789 年的革命潮流时，关于权力与商业方面的一切问题都置之度外，它们的这种政策是正确的。

法兰西帝国所采取的方针不是革命而是征服，这种政策也是同样正确的。

拿破仑企图通过大陆制度成立大陆联盟，来反抗英国海军与商业的优势力量；但是他在这方面要想获得成就，必须首先设法解除欧洲大陆各国在被法国征服这一点上所存的疑惧心理。他失败了；因为各国对于他在大陆上所占优势的恐怖、畏惧，大大超过了海军优势使它们受到的损害。

法兰西帝国瓦解以后，大陆联盟的目标也就不复存在。从此以后，大陆各国就不再受到革命潮流与法国征服欲这两方面的威胁。但是当抵抗革命、抵抗法国征服的期间，英国在工商业、海运事业、殖民地经营与海军力量这些方面的优势却有了大大提高。从这时起，大陆各国所注意的，又一变而为联合法国，共同向那个商业与海军的优势力量作斗争。但只是由于对过去来自法国方面的恐怖印象过深，因此对于一向同它们并肩作战的那个战友，没有能充分提高警惕，这就造成了前门拒虎、后门进狼的局面。神圣同盟是一个政治上的错误。

这个错误，通过意大利革命，也给它自己带来了惩罚。神圣同盟不必要地引起了一个已不存在的或者至少在长时期内不会再起的反对力量。对大陆各国说来很侥幸的是，七月王朝竭力设法平息了法国的革命潮流。法国为了七月王朝的利益，为了巩固君主立宪政体，与英国订立了同盟关系。英国订立这个同盟是为了保持它的商业优势。

当法国觉得它的七月王朝和君主立宪政体基础已经充分稳固的时候，英法联盟就不复存在；一方面法国对于海运、海军力、工商业与国外殖民地，则又成为当前注意的问题。显然，法国在这些问题上与大陆其他国家有着共同的利害关系。这时七月王朝如果能使国家行政各部门的意见趋于一致，把那些由革命运动激起的领土问题搁开，竭力安定人心，消除大陆各国对于法国的革命与侵略意向的恐怖心理，那么怎样建立大陆联盟，共同抵御英国的海军优势，就会成为当时的主要问题。

但是当时居于欧洲中心地位的这个国家，从来就没有能负起天然宜于由它担当的任务，这就成为欧洲大陆进一步团结的莫大障碍。这个欧洲的中心部分，凭着它的地理位置，凭着可以消除邻国恐惧侵略心理的中央宪法，凭着宗教自由和世界主义精神，最后，凭着它所具有的文化与权能，关于各国领土的划分、政体的原则、国家的独立自主与权力这一切问题，原来是可以成为欧洲大陆东部与西部之间的调解人的；但是它当时却成为东部与西部各国争攘的根源，各方都想把它拉到自己这一边，而它自己则由于国内缺少团结而奄奄不振，它的意向所在，倏而偏于这方，倏而偏于那方，也始终举棋不定。

这时德国如果能把它自己与它所属的沿海地区，以及与荷兰、比利时、瑞士联合起来，构成一个强大的商业与政治的统一体，如果这个强大的国家机构，能够使彼此可以相容的代议政体与当时的君主及贵族利益融合一致，那么德国就可以使欧洲保持长期和平，并可以使自己成为可靠的大陆联盟中心。

英国的海军，即使不以船只数目论，也在战斗力上远远地超过所有其他国家，因此海上势力较弱的各国，只有把它们的海军力量互相联合起来，才能在海上敌得过英国，这一点是极其明显的。由此可见，每一个在海军力量上较弱的国家，对于所有其他情况相类国家海军的维持与发展，有着共同的利害关系；而且其他国家的各个部分过去一直是分裂的，它们或者根本没有海军，或者即使有也极其微弱，所以应当把自己组织起来，构成一个联合的海军力量。谈到对付英国的问题，假如俄国的海军力量有所削弱，在法国与美国方面就要遭受损失，反过来说也是一样。假使德国、荷兰与比利时构成一个共同的海军力量，对它们来说就都有好处；因为这些国家如果彼此分离，在英国优势力量之前只能算是一个随从，如果能够联合起来，就能加强对这个海军优势国家的抵抗力量。

这些力量较差的国家所有的商船，只能适应自己国际贸易上的需要，没有一个是有余力的，也没有一个在工业上的力量能够大大超过其余国家。因此它们之间没有任何理由要害怕其余国家的竞争。但是它们对于英国力量足以压倒一切的竞争，却有着自卫的共同利害关系。英国的优势工业力量向来是通过荷兰、比利时与汉撒城市进而控制大陆市场的；因此怎样使英国失去这些通道是它们所必须共同注意的一个问题。

由于输入热带产品时主要是用温带的工业品来偿付的，就是说前者的消费所依靠的是后者的销售，因此每个工业国家都应当努力建立与热带地区的直接贸易关系。如果次一流的工业国家都能够认识到自己的利害关系，并且依照这一点所指的方向进行，那么就没有一个国家在热带地区会占有范围特别广大的殖民地，会在这些方面居于特殊有利地位。拿英国来说，如果它现在所努力以赴的目的能够实现，就是说它能够使印度生产它所需要的殖民地产品，在这样情况下它与西印度群岛之间进行的贸易也仍然是有限度的，那就是它用工业品从西印度群岛换取到的殖民地产品，以能够转售给别的国家的数额为限。假使它不能把这些产品转售给别的国家,那么西印度群岛的占领对它就毫无用处。这时它要么任其自由,要么把这部分的贸易让给别的工业国家,除此以外,它别无办法。由此可以推定,所有海上势力较弱的国家遵行着这样的政策并互相进行支援时,是出于共同的利害关系;并且还可以进一步推定,假使荷兰参加德国商业同盟,假使荷兰的殖民地与德国有了进一步密切的联系,这两个国家并没有一个会受到损失。

自从南美洲和西印度群岛的西班牙及葡萄牙殖民地得到自由以后,工业国家企图以工业品直接交换殖民地产品时,就不必一定要在热带地区保有自己的殖民地。这些得到自由的热带地区市场是自由的,任何工业国家只要具有在这些自由市场从事竞争的能力,就可以同它们进行直接贸易。但是必须使这些热带地区普遍享有繁荣与道德、和平与安宁、法律秩序与宗教自由,才能生产大量殖民地产品,消费大量工业品。因此,凡是海上势力较差的、尤其是没有殖民地或即使有也极有限的那些国家,应当联合一致,使上述情况成为现实,这是它们共同的利益所在。对英国说来,它在商业上已经居于优势地位,这些地区的情况如何,对它的关系不大;因为在它自己独占的东印度群岛与西印度群岛的市场上,它已经获得或者至少可以希望获得充分的殖民地产品的供应。关于极端重要的奴隶制问题,也必须部分地在这个观点下来加以判断。英国对于解放黑奴这件事抱有很大热情,其间含有很大成分的博爱与善良动机,这种热情使英国国民性格增添了很大的光彩,我们绝不抹煞这一点。但是我们对于英国关于这一事件所采取的措施,如果从它所产生的直接结果来考虑一下,就不能没有这样的想法，认为其间还不免混杂着政治动机与商业利益关系。这些结果是：(1)黑人原来的情况是杂乱、散漫，与野兽生活相去不远的。突然获得自由以后，就迅速地转变到高度的个人独立自主生活，结果将使南美洲与西印度群岛热带产品的产量极度降低，最后甚至会减至于零。圣多明谷就是一个榜样，那里的千真万确的情况是，自从法国人和西班牙人被逐出以后，生产年年大量减低，而且还在继续减退中。(2)自由的黑人不断地想多得工资，但是只愿为了供应生活上最不可少的需要而劳动，因此自由的结果只是促使他们走向怠惰。(3)另一方面，英国在东印度群岛拥有以殖民地产品供应全世界需要的丰富资源。我们都知道，印度人的性格既勤恳耐劳，而且在饮食与其他欲望方面力求节制，尤其是由于宗教戒律禁止肉食，一般生活极为俭约；此外在那里存在的一般现象是：当地人民缺乏资本，土地对于蔬菜种植极度适宜，种姓的限制很严，寻求工作的竞争很激烈。

这一切情况所产生的结果是，印度的工资同西印度群岛与南美洲的相比，不论在后列两处种植园工作的是自由黑人还是奴隶，前者比后者要低得多；结果印度在开放了贸易并采取了比较开明的施政方针以后，它的生产势必有高度增长，从而使英国不但能从印度取得一切它自己对殖民地产品的需求，而且可以有大量余额运销别国，这样情况的实现为时当已不远。由此可见，西印度群岛与南美洲的生产降低以后，英国不会受到损失，因为其他国家的工业品对那些地区也是有所输出的；不仅如此，印度市场是英国独占的，它所需的工业品是全部由英国供应的，假使印度的殖民地生产事业因此居于压倒的优势地位，英国还能大有所得。(4)最后，我们可以说英国还有一种用意，它是要想借了解放奴隶这一事件对实行奴隶制的美国各州造成一种威胁，这种解放运动蔓延得越广，美国黑奴企图获得自由的愿望就越加受到激发，美国受到的威胁就越大。如果我们凭着公正的立场来看一看这个问题，当可看出，这是在笼统的博爱主义动机下为了某些方面的利益而提出的，但是这种博爱主义的尝试对于它们究竟是否有利却值得怀疑，至少可以说，对于有赖于同南美洲与西印度群岛进行贸易的那些国家是不利的。这些国家可以很有理由地提出一系列问题。由原来的奴隶状态突然转变到自由身份，对黑人本身来说，比维持现状是否会更加有害？黑人现在已经习惯地处于几乎同牲畜一样的服从状态，要教育他们养成自愿劳动与节约的习惯，这是不是需要几个世代才能完成的任务？如果从奴隶状态到自由身份的过渡期间采行一种温和的农奴制形式，开始时就对农奴所耕种的土地给予一定的利益，使他对于他的劳动成果能享有应得的份额，一方面让地主保有充分权利，从而迫使他保持着勤恳工作与遵守秩序的习惯；这样做是不是可以更好地达到目的？如果从被奴役突然转变到自由，势必造成大群游民，陷于贫困、烂醉、懒惰、邪恶、形同乞丐的状态，这就叫做自由的黑人，拿这样的情况与爱尔兰的悲惨境遇相比，就是那里最落后的状态也要算是繁荣与文明了；上述办法是不是比这样一种演变要值得想望些？但是如果我们不得不相信英国人的确具有诚意，要想使世界上一切的人都能享有同他们自己同样的自由，他们在这方面的热情竟这样高涨，因此即使对于事物的自然进展是不能越级冒进的这一点没有能顾到，也必须加以原谅；如果情况是这样，那么我们就不得不冒昧地提出几个问题。印度人四种姓中的最低阶级与美国黑奴比较，情况是不是更加悲惨，更加难以忍受？对于这种最悲惨的人，英国人的博爱精神却从来未曾有所激动，这是怎么回事？英国人的立法也从来没有过问到这部分人的利益，这是怎么回事？英国人利用这种悲惨状态想尽了一切方法使自己的生活富裕起来，却从没有想到怎样来直接改善这部分人的生活，这是怎么回事？

英国对待印度的政策使我们想到了东方问题。即使我们对于当前最关切的一切政治上的问题，例如关于领土纠纷，关于各王朝、贵族、宗教的利益，关于各国的情势等等，能暂时搁开，也不能不注意到，欧洲大陆各国在东方问题上共同有着重大的国家经济利害关系。各国现在虽然能暂时把这个问题尽量放在后面，但是这个问题必然会不断地以新的力量再度抬头。这是一切有思虑的人久已得出的一个结论，认为像土耳其那样的一个国家，它的宗教、道德、社会和政治基础已经彻底破坏，就像一具僵尸，虽然由活人从旁扶持着没有倒下去，终究还是要腐烂的。土耳其人的情形是这样，波斯人、中国人、印度人以及亚洲其他民族的情形也都是这样。亚洲腐朽的文化只要与欧洲的新鲜空气一接触，就化为齑粉；现在印度已经在英国的保护之下，将来欧洲迟早会感到对整个亚洲也有负责保护的必要。在这样一些地区与民族的极度混乱中，没有一个国家是值得或能够加以维持或革新的。因此，亚洲各国的全部瓦解看来是无可避免的；要使亚洲获得革新，唯一办法是注入欧洲的有生力量，普遍推行基督教，推行欧洲的道德律与秩序，实行从欧洲移民并采用欧洲的政治制度，只有这样，革新才有可能。

如果我们仔细想一想从事于这样的革新时可能遵循的途径，那么我们首先会想到的就是东方物产的富饶，那里的大部分有着丰富的天然资源，有大量的原料与形形色色的必需品，尤其是热带产品，足以供应欧洲工业国家，为了取得这些物资而进行交换时，就为欧洲工业开辟了无限广泛的市场。从这种情形看来，似乎是出于天意的指示，当从事于这样的革新时，同一般对未开化民族进行教化一样，所必须走的道路是工业品对农产品的自由交换。由于这个原因，欧洲各国首先必须牢牢遵守的一个原则是，不能容许任何欧洲国家在亚洲任何地区享有独占的商业利益，任何国家在那里所享受的待遇，不能容许丝毫高出其他国家。如果东方的主要商业中心能够辟为自由城市，欧洲移民对当地统治者按年缴纳税款以后能够享有自治权利，那就特别有利于这种商务的发展。但是我们还应当仿照英国在印度的政策，由欧洲委派事务官留驻当地统治者的所在地，他们关于促进治安、秩序与文化这些方面的意见，当地统治者必须听从。

还有一点与所有欧洲大陆国家有着共同利害关系的是，由地中海到达红海和到达波斯湾的两条航线，既不应为英国所独占，也不应由于亚洲方面的蛮横而被阻塞。把保护这些重要据点的责任交托给奥国，对一切欧洲国家来说是最好的保证。

还有，欧洲大陆各国一般说来对于这样一个原则的维持与美国有着共同的利害关系，这个原则就是“自由船舶装运自由商品”；作为中立国家，它们所应尊重的，只是个别口岸的实际封锁，而不是封锁整个海岸线的片面声明。最后，为了欧洲大陆各国的共同利益，关于荒野的、无人的地区的占领原则，似乎应当加以修正。

从前教皇可以把一些岛屿或地球上的某些部分作为礼物，随意赠送，甚至用笔一挥，就可以把世界分成两个部分，把这一部分派给某人，把那一部分派给另一个人；这种现象现在看起来已经成为笑柄。但是现在的情形是，某人在地球上某处竖了一个杆子，上面缚了一块绸子，这个人对于整个这一地带的权利就能获得认可，这难道可以认为比上述现象更合情合理些吗？假使岛屿的面积并不怎样大，因此发现者的权利应当受到尊重，像这样的情况或者还可以认为是合乎常情的；但是当问题牵涉到面积不亚于欧洲一个大国那样大的群岛（如新西兰），或者牵涉到比整个欧洲还要大的大陆（如澳洲）时，情况就不同了。在这类情形下，无非是通过了开拓殖民地方式而进行实际占领，然后由于地区的实际殖民地化，就可以享有独占权利，这难道是合于常情的吗？德国和法国为什么对于这些距离英国遥远的地区就没有权利建立殖民地，这我们就不明白了。

如果我们想到面对着英国在海上的优势，欧洲大陆各国之间共同的利害关系有多么大，我们就会深信，对这些国家说来，就没有比团结更重要的了，也再没有比大陆战争破坏性更大的了。近一世纪的历史还告诉我们，大陆各国彼此之间每有一次战争，结果就必然使那个岛国在权力、财富、工业、海运与殖民地占有各方面的优势有所增长。

因此，我们不能否认，拿破仑的大陆制度关涉到欧洲大陆需求和利益这些方面的观点是正确的，虽然我们也不能忽视，拿破仑企图实施这一计划（它本身是正确的）时的方式却违反了其他大陆各国的独立自主和利益。拿破仑的大陆制度有三个重大缺点，因此受到了打击。首先,它企图建立法国的大陆优势来替代英国的海上优势;它并不以其他大陆国家地位的共同提高与势力的彼此均衡为依据,而只是要使这些国家陷于屈辱地位,陷于土崩瓦解,使法国从中享受利益。其次,法国自己实行排斥其他大陆国家的商业政策,一方面却要求在这些国家里进行自由竞争。最后,这个制度几乎完全破坏了大陆各工业国家与热带地区之间的贸易,因此不得不使用代用品,作为这种国际贸易被破坏以后的补救办法。[①]

这种大陆制度概念将重新抬头,随着英国在工业、财富与权力这些方面优势的继续增长,大陆各国对这一制度的怀念将越来越深切,这一点现在已经很明显,此后将越来越显著。但同样肯定的是,只有法国具有充分远见,从而避免再蹈拿破仑的覆辙,只有这样,大陆各国联盟才能获得良好成就。如果法国倒行逆施,与一切公道及实际形势相违反,企图以德国为牺牲,扩张自己的疆域,从而迫使其他大陆国家同英国携手,这在法国方面将是一个愚不可及的行动。

如果法国要想把地中海看作是它自己的一个湖泊,要想在地中海东部沿岸各国和南美洲取得独占势力,这种想法也同样是愚不可及的。

只有大陆国家彼此之间的自由结合,才能产生有效的大陆制度,由此发生的利益应当由参与者均等享有,只有以此为目的(也就是只有能产生这样的效果),这个制度才能顺利进行;要使第二

① 这一事实,在儒诺夫人的《达布兰得斯公爵夫人传记》中已经证实。——英译本注

流海军国家能获得英国海上优势的重视，从而不必借助于武力，就可以使后者对力量较差国家的合理要求有所让步，要达到这样的目的，只有走这一条路，再没有别的办法。大陆工业国家只有靠了这样的联盟，才能与热带地区保持关系，才能在东方和西方主张权利，才能确保这些权利。

英国是处心积虑要保持它的优势地位的；当它看到大陆国家通过彼此之间的协定与条约关系，在工业力量上将相互提高，在海运事业与海军力方面将相互加强，关于对未开化与未垦殖地区的教化与开拓以及与热带地区的通商，它们也将竭力主张它们生来应有的那一份权利，当它看到了这类情况时，无论如何是要感到不痛快的。然而，展望一下未来的形势，英国关于这些方面种种不利情况的顾虑，就应当可以完全消释。

使英国上升到现在的崇高地位的同样一些原因，将使美国（也许在下一世纪）在工业、财富、权力方面增长的程度，胜过英国目前所处的地位，就像英国现在胜过小小的荷兰的情况一样。出于自然的趋势，美国人口在上述期间将积极增加，它的人口、制度、文化以及精神意志将传布到整个中美和南美，就像现在传布到邻近的墨西哥地区一样。所有这些辽阔地区都将包括在这个联邦以内，数以若干亿计的人民将从事于开发这样一片大陆的资源，这一片大陆，在区域范围方面，在自然财富方面，都远远超过了整个欧洲大陆。西方世界海岸线之长，河流之多，都大大超过了英国，在海军力方面也将在同样程度上大大超过英国。

自然的趋势迫使法国和德国现在不得不从事于建立一个欧洲大陆联盟以对抗英国的优势地位，在不久的将来，也将迫使英国不得不建立一个欧洲联盟以对抗美国的优势地位。到那个时候，英国在对抗美国的优势力量时，将不得不靠了它处于欧洲联合力量的领导地位来寻求保护和安全，并以此作为它失去了的优势地位的补偿。

因此我们代英国设想，它应当见机在先，应当预知利害，早作准备，及时确立与欧洲大陆国家的友好关系，使它对自己只是在同辈中的一个老大哥这样一个身份的观念早早树立起来，这样是对它有好处的。

第三十六章　德国关税同盟的商业政策

德国在科学与技术、文学与教育、国家行政与公用事业制度各方面都有高度成就，人口繁庶而且富有活力，幅员广阔，土质肥沃，在物质、社会与精神方面资源丰富，在农业方面有高度发展，德国人民有良好的德性与宗教心，勤劳俭朴，进行工作时有毅力、有耐心、而且富有创造精神；如果有任何国家可以认为有建立工业资格的话，那就是德国。

在与国家环境相配合的情况下采用保护制度，就可以使国内工业获得发展，国外贸易与海运事业获得增长，国内交通运输设备获得改进，农业获得繁荣，并且可以巩固国家的独立自主，扩张国家的对外权力；如果有任何国家实行了这样的制度以后，可以认为有权利预期获得这样的效果，那个国家就是德国。

的确，我们敢断言，德国国家的生存、独立和它的前途所依靠的，就是它的保护制度的发展。只有在普遍繁荣的基础上，民族精神才能生根，才能开出美丽的花朵，结出丰富的果实；只有在物质利益调和一致的基础上，精神力量才会涌现；也只有在这两者的共同基础上，国家力量才能产生。如果我们没有国家，没有使我们国家得以恒久存在的保证，那么我们这些人，不论是统治者或臣民，贵族或平民，也不论是学者、军人、市民、工业家、农业家或商人，我们的一切努力又有什么意义呢？

但是我们要晓得，德国自己还不能纺制棉纱和麻纱以适应它自己的需要，还没有能从热带地区直接输入它所需要的殖民地产品，用它自己制造的工业品来偿付，还没有能用它自己的船只来经营这类贸易，还没有方法来保护它自己的国旗，还没有完善的内河、运河和铁路运输系统，德国关税同盟还没有能把所有德国滨海地区以及荷兰与比利时包括在内；只要这样的情况没有改变，德国保护制度就不能说是充分达到了它的目的，只能算是在极其欠缺的情况下完成了一部分任务。关于上面列举的各项，前已在本书各章分别论及，这里只需扼要地再提一提。

如果我们从埃及、巴西和美国输入原棉，在那样情况下，就能用自制的工业品来偿付；如果我们不这样做，而从英国输入棉纱，就得用原料与食物来偿付(这些东西我们是可以在更有利的情况下由自己来加工，自己来消费的)，否则就不得不用现金来偿付；现金是我们在别的方式下得来的，可以在更有利的情况下用它来采购国外原料，由我们自己来加工，或购买殖民地产品，由我们自己来消费。

同样的情况，如果我们自己能用机器纺制麻纱，那就不但能使国内的麻布消费增加，使农业获得改进，而且还可以大大促进我们对热带地区的贸易。

就上述棉与麻两种工业以及毛纺织业来说，我们所处情况的有利，并不亚于任何别的国家，我们有的是未经利用的水力、便宜的生活必需品与低平的工资。我们所缺少的只是一件，我们的资本家投资以后是否会受到亏损，我们的技术工人学得了本领以后是否会没有工作，还缺乏保障。假定在此后五年内实行有节制的百分之二十五左右的保护税率，然后再酌量情形，降低到百分之十五到二十，这样就应当可以完全达到这个目的。一切反对这样的措施、支持价值理论的论点，都已经被我们驳倒。另一方面，我们还可以加上一个有利于这个措施的论点，即上述这些工业的重要部门，特别有利于促使我们建成广大的机器工业，培养出大批有能力的技术教师和有实际经验的技工。

关于殖民地产品贸易，德国应当效法英国和法国的先例，遵守这样一个原则，即，当我们购入所需的殖民地产品时，对于向我们购买工业品的那些热带地区，应当优先考虑；或者，说得简单些，就是**我们应当在向我们购买的那些地区购买**。我们对西印度群岛与南北美洲的贸易就属于这种情况。

但是就我们对荷兰的贸易来说，现在还不是属于这样的情况，这个国家对我们供应了大量殖民地产品，而向我们购入的工业品数量，却少得不成比例。

然而在荷兰方面，它将殖民地产品的大部分向德国市场运销是合于自然情势的；英国和法国在它们自己的殖民地和属国既保有独占的工业品市场，因此它们所需殖民地产品大部分势必向那里取给，对于荷兰的殖民地产品只能作少量的输入。

荷兰本身并没有大工业，可是它的殖民地却有着很大的工业上的生产力，近来这方面的力量已经大大增长，此后也许还要作规模更大得多的增长。但是荷兰一方面希望将它的殖民地产品大部分销售给德国，另一方面关于它所需要的工业品却希望向它所最喜欢的任何地方去采购；如果它能正确地认识到它自己的利益所在，它就应当看到这样做法不但对德国有欠公道，而且对它自己也是不利的。这样的做法只是一个表面上看来有利的、目光短浅的政策；因为如果荷兰本国和它的殖民地对德国工业品都能给以特惠待遇，德国对于荷兰殖民地产品的需求，将随着德国工业品在荷兰及其殖民地销售的增长而作同等程度的增长，或者，也就是说，德国对荷兰售出的工业品数额增长以后，向荷兰购入的殖民地产品数额也将作同等程度的增长，荷兰向德国购入工业品能增加多少，它对德国售出殖民地产品也就能增加多少。如果荷兰将它的殖民地产品售予德国，而关于它所需要的工业品却向英国购买，那么上述的相互交换行为就无法实现，因为英国不论销售给荷兰的工业品是多少，它自己所需要的殖民地产品，大部分是必然要取给于它自己的殖民地或属国的。

因此为德国的利益着想，它有必要向荷兰要求实行有利于德国工业生产的特定差别关税，从而使德国在荷兰及其殖民地能保有独占的工业品市场；否则，当这样的要求被拒绝的时候，德国对荷兰殖民地产品的输入，就应当征收差别关税，使中美、南美以及西印度群岛自由市场的产品获得优惠待遇。

上述办法是诱使荷兰参加德国关税同盟的最有效手段。

按照现在的情况，德国并没有理由为了对荷兰贸易关系而牺牲自己的制糖（甜菜糖）工业；因为只有当德国对这一商品的需求能够用自己的工业品来偿付时，让热带地区通过交换贸易来供应，才会比它自己在国内生产更为有利。

为德国设想，当前首先应该注意的是如何扩大对北美、中美、南美和西印度群岛自由市场的贸易关系。关于这一点，除以上谈到的以外，似乎还应当考虑以下几项措施：在德国口岸与上述各地区主要口岸之间建立经常的航运业务，鼓励向这些地区移民，巩固与扩大这些地区与德国关税同盟之间的友好关系，尤其应当注意的是促进这些地区的文化发展。

近来的经验一再告诉我们，经常航运关系的建立是多么有助于大规模商业的促进。法国和比利时在这一点上已经在模仿着英国人的先例，它们深晓得，任何国家关于这种比较完善的交通运输工具如果落后于别国，它的国外贸易就必然要衰退。德国的一些口岸已经认识到这一点，在不来梅已经组成了一个公司，准备造轮船二、三艘，用于对美国的通商。但这样一点设备显然是不够的。德国的商业利益所要求建立的经常航运路线，不只是限于美国，尤其不只是限于美国的纽约、波士顿、却尔斯登和新奥尔良，而且要扩展到古巴、圣多明各、中美和南美。德国关于上述末了几处的航运事业不应当落后于任何国家。这里我们不应忽视的是，建设这类事业所需要的资金过于巨大，不是单靠了民间的企业精神所能胜任的，恐怕也不是一些德国口岸本身的力量所能胜任的，在我们看来，要使目的得以实现，还得仰仗关税同盟各邦的慷慨资助。这类资助办法以及有利于德国航运业的差别关税所形成的大好远景，应当成为一个有力的动因，促使这些口岸及时加入商业同盟。我们试想一想，通过这样的措施，关税同盟各邦在工业品输出、殖民地产品输入、因此也在关税收入方面，将有如何高度的增长；当我们想到这一点时就会深切体会到，为了实行这一措施，即使花了巨大费用，实际上也只是一种资本的再生产投资，丰富的收益是可以预期的。

由于德国与上述各地区交往关系的进一步密切，有些德国人就会大大地获得鼓励移居到这些地区，并安居下来，做当地的公民；那时靠了航线的确立，就已经为他们在商业方面的发展前途打下了基础。为了这一目的，关税同盟各邦应当在各处多设领事馆或外交机构，使各地德国公民的移民工作和所经营的事业便于推进，尤其要尽力用种种切实可行的办法帮助各邦，使它们的政局稳定，文化程度得以逐步提高。

有些人认为对德国殖民事业来说，美洲的热带地区不及北美的温带地区为有利；我们绝对不能赞同这样的意见。我们对于北美洲这个地方是非常爱慕的，我们并不讳言，作为一个德国移民，就他个人来说，他带着微薄的资本，到北美洲西部去创业时，的确有较大的成功希望，我们对于这一点很难否认，也不愿否认；但是尽管如此，这里仍然不能不说明我们的意见，我们认为向中美和南美移民时，如果领导得好，并且大规模进行，那么站在国家的立场上看来，比向北美移民对德国的利益要大得多。如果在北美的移民发了大财，这对德国又有什么好处？就他们个人来说，他们同德国国家的关系就此永远脱离；就他们的物质生产方面来说，德国也只能希望从中得到一点细微的收入。如果有人认为德国人在美国内地久居以后，可以保持德国语言，或者说是过了一个时期以后，也许可以在那里建成纯粹的德意志联邦；这完全是梦想。我们曾经有过这样的幻影，但是经过在这个国家作了十年的就地观察以后，已经完全放弃了这种想法。不论哪一个国家，在语言、文学、行政与立法这些方面总会发生同化作用的，尤其是美国；能有这种情况是好的。不论现在生活在美国的德国人有多少，可以肯定地说，其中没有一个人的孙子、曾孙将来会喜欢德语而不喜欢英语的；这只是由于一个极其自然的原因，在一切有教养人士的口中，在文学、行政、立法、司法以及各行各业中所使用的都是英语啊。过去法国的新教徒雨格诺派在德国，以及法国人在路易斯安那所发生的情形都是这样，德国人在美国能够而且势将发生的情形也是这样。他们出于自然趋势，是一定要同人口中的主流混合在一起的；他们有的与同国人相处得亲密些，有的疏远些，但是迟早总是要与当地人口中的主流合而为一的。

就北美西部的情形来说，要想那里的德国移民与德国保持积极的交往关系，那就更不可靠。最初定居下来的移民，关于他所需的一切衣着和用具，大部分总不得不靠他自己来制作；这只是出于不得已而形成的风气，大都在第二代、第三代里将继续下去。因此美国本身生来就是要努力于工业的一个国家，它将越来越积极地努力使自己的工业、自己的工业品据有本国市场。

但我们并不因此就认为，特别是对德国来说，关于工业品美国就不是一个很重要的、值得注意的市场。正相反，我们认为就许多奢侈品和运输上便利的、劳动工资构成价格中主要因素的那些工业品来说，美国是头等重要的市场之一，对德国来说，这样一个能吸收上述工业品的市场的重要性将逐年增长。这里我们所要说明的只是这一点，移殖到北美西部的那些德国人，对于德国工业品在北美销路的扩大，并不会有多大帮助；如果进行移民为的是这一目的，那么我们对于向中美和南美移民就应当更加注意，予以进一步积极的直接鼓励。

上述各地区，包括得克萨斯，大部分是适宜于生产殖民地产品的。这些地区在工业方面不可能有巨大发展。这里是可以争取的一个崭新的、宏大的工业品市场；谁要是在这里树立了牢固的商业关系，这种关系就可以长久地保持下去。这些地区自己并没有足够的精神力量，可以把自己提升到较高文化阶段，实行秩序井然的政治制度，并使之持久稳定；它们将越来越感到有借助于外力的必要，实现这一点的方式就是移民。这里所憎嫌的是英国人和法国人，这是由于他们的妄自尊大，也是由于关涉到国家独立自主这一点的猜忌；而德国人的情况正相反，他们是受到欢迎的。因此德国关税同盟各邦对于这些地区应当全力地予以最密切的注意。

德国在这些地区应当建立有力的领事与外交系统，系统中的各分支机构应当互相通信联络。应当鼓励青年探险家到这些地方去游历，把他们的所见所闻作出不存偏见的报告。应当鼓励青年商人到这一带去考察，鼓励青年医务人员到这一带去行医。应当在德国各口岸创立经营各种业务的公司，通过实际股份的认购来支援它们，并特别加以保护；这些公司有的可以在上述这些地区收买大片土地供德国移民安居，有的可以经营商业和海运事业，为德国工业在这些地区开辟新市场，建立输运航线，有的可以经营采矿事业，从而利用德国的科学知识与工业力量以开发这些地区的大量矿产资源。德国关税同盟应当利用一切可能的办法来博得这些地区人民和政府的好感，尤其要以此为出发点，从事于改进这些地区的交通运输设备、公共治安与秩序；的确，如果靠了这样的活动，能够使这些地区的政府受到我们的照顾，我们就应当毫不迟疑地把有力的辅助军团派去帮助它们。

我们对于东部一带——欧洲部分的土耳其与多瑙河下游地区——也应当执行相类政策。这一带治安与秩序的稳固维持对德国来说是极关重要的，德国人民移殖到这些地区，在个人方面既最易于实行，在国家方面获得的利益也最大。居于多瑙河上游的个人，当他迁移到摩尔达维亚、瓦拉几亚、塞尔维亚或黑海西南沿岸一带时，在金钱和时间方面的消耗，比较迁居伊利湖沿岸地区时所消耗的，只占五分之一；而对居民个人来说，后者却有较大的吸引力，这只是由于后者在自由、治安和秩序各方面的情况都超过了前者。但是在土耳其目前情况下，如果由德国各邦与奥地利联合一致来努力改进上述那些地区的社会情况，从而使德国移民对那些地区不致再感到难以定居，那么这一点应当不是不可能办到的；如果各邦政府自己能参加活动，创办殖民事业公司，并不断加以支援，那么进行时就更加顺利了。

同时，这一点也是很明显的，德国工业品与移民们的农产品进行交换时不可有任何阻碍，并且要享有便宜而迅捷的交通运输设备；只有这样，这种类型的移民对关税同盟各邦的工业才会发生特殊有利的影响。因此为关税同盟各邦的利益起见，奥地利应当竭力促进多瑙河上的直达运输，使这条河上的轮运业务大大活跃起来，当然，兴办这类事业，在开头时各邦政府应予以资力上的支援。

等到关税同盟各邦的工业有了相当发展，所处地位与奥地利已大致相等时，关税同盟与奥地利双方对于它们的工业产品就应通过订约方式取得进一步协作，这样的发展形势是最值得想望的。

这样的条约订立以后，在如何利用土耳其地区，使之有利于关税同盟各邦与奥地利的工业及国外贸易的发展上，双方就会发生同等的利害关系。

在德国各口岸与荷兰尚未加入关税同盟以前，最好是普鲁士现在就开始行动，采用统一的德国商业旗帜，为将来建立德国舰队打下基础，关于在澳洲、新西兰或大洋洲其他岛屿是否可以以及如何建立德国殖民地，普鲁士在这方面应当着手试探。

关于这类试探与开发工作以及我们在上面所推荐的、认为值得进行的各种事业与补助办法是需要资金的，取得这项资金的办法必须仿照英法的先例，它们支援国外贸易与殖民事业以及维持强大舰队所需要的资金是怎样取得的，我们也应采取同样步骤，那就是对殖民地产品征收进口税。在上述各种措施的进行中，关税同盟各邦如果把其中有关北方与海外方面的指导事务的权柄交托给普鲁士，把有关多瑙河与东方的指导事务的权柄交托给巴伐利亚，这样的安排必然能有利于工作的进行，使行动能趋于一致，有条不紊，而且有充沛力量。如果就现在对工业品与殖民地产品所征的进口税提高百分之十，每年就可以有一百五十万的资金供关税同盟支配。而且我们可以有把握地说，此后由于工业品输出的不断增长，在相当时期内，关税同盟各邦对于殖民地产品的消费，将比现在数量提高一倍到两倍，它们的关税收入也将有同样的增长；在这样情况下，关税同盟各邦如果能立下一个原则，即将来所有超过增加百分之十的进口税余额中也应当留出一部分，供普鲁士政府进行上述各项措施时支配，则上述各项措施所需的资金就可以有充分的准备。

关于建立德国交通运输系统，特别是德国铁路系统，我们另有专著讨论这个问题，请参考。总之，这个伟大事业在进行过程中就可以靠它本身的力量来支付一切费用，我们对各邦政府所要求的，说到底只是一点——活力。

英译本附录

附　录　一

李斯特的关于英国对欧洲大陆盟国的金钱补助发生了这样一些影响的说法，看来也未尝没有一些事实依据。任何资本从一个国家移转到另一国家时（除非是富裕国家之间现有证券的单纯移转），归根到底，总是要以商品为主要形式来完成的。英国产品在国外的需求，有一个时期曾有非常大的增进，从而使我们的繁荣有了“飞跃”进展，这种现象很可能是由于英国资本家对外国政府给予了巨额贷款（尤其是在 1850 年到 1870 年间）。这样说来，英国支出的那些补助金，根据所发生的作用而言，或者也可以认为是对英国生产者发给的一种“奖励金”，就像李斯特所说的那样。但这种补助金完全是给予从军者的赠品，而随后给予那些不履行偿债义务的或破产的国家的贷款，其性质也是如此（虽然不是出于自愿的），这类赠品以后是没有利息收入的。受到李斯特埋怨的那类“奖励金”，即使能使英国工业家获得一时的利益，却使英国国家付出了很大的代价（表现在国债的累增上）。由于上述贷款关系，英国工业近来有了一时的“飞跃”进展，但是英国的国外证券持有人所付的代价也是同样沉重的。

附录二

关于国家在公众同意下对个人在各个行动中的自由的干预，已故法官拜尔斯先生曾就中举出了一些例子，现转录如次：

国家为防御外来侵略，预作准备。

它办理与外国订立条约事宜。

它维持国内和平与秩序。

它规定并贯彻执行婚姻制度，因此是家庭关系、家庭责任、家庭感情和家庭教育的基础。

它制定并保护财产所有权。

它管理关于财产所有权的移转。

它规定由公路经过或使用公路的那些地区承担修理公路责任。

它责成各州各县建造并修理当地桥梁。

它维持各口岸和港湾。

它办理国家海岸线的测量与照明工作。

它铸造货币并禁止对这一专利权的干犯。

它管理凭票付款期票的签发。

它规定统一的计量制度，并禁止任何其他计量制度的使用。

它担任通过邮政传递消息的工作。

它凭了专利法与版权法，采用在一定期限内享有专利的形式，对创造才能的努力给予奖励。

它对不论哪一种取得专利权的发现或发明，要求作出公开的详细说明，从而防止秘诀不肯公开或随着发明人的死亡而泯没的流弊。

它对于法人团体取得财产时加以约束。

它为了保护公众的健康，禁止无数种有害于公众的事物，并随时设法去除。

它通过检疫规章，防止传染病流入。

它负责管理城市清洁工作。

它规定出租车辆的车费并管理驾驶员。

它防止天花传染并推行预防注射。

它管理破产者财产的分配事宜。

它设法维持贫困者的生活。

它宣布冻结财产到身后二十一年以上的一切企图均属无效，从而禁止永久占有行为。

它虽然承认宗教自由，但国内应当有确定的信仰和崇拜，使大众的德性和幸福可以有所支持与指导，它对于这一点也并非完全不顾。

以上是政府为了公众的利益而进行的干预。但还有一类干预，为的是对无能的或无经验的个人进行保护，举例如次：

它规定未成年人不受契约拘束，从而保护他们的身体和财产；它保护已婚妇人；保护身心不健全的人；多方面保护残废的贫困劳动者。

它禁止实物工资制度。

它限制矿井及工厂雇用妇女和儿童。

它对典当业进行管制，压制高利贷，并对赎取手续给予方便。

它禁止使用不正当的计量制，像在前面所已经说到的，对违反者并加以惩罚；并禁止贩卖有碍健康的食品；禁止在咖啡、烟草、鼻烟、啤酒、茶叶、可可、巧克力与胡椒中掺假。

它为防止欺诈，规定关于执行遗嘱的程式。

如果金钱契约附有处罚条款而立约的一方无力如期偿还欠款，国家禁止实行此项罚则。

一个买主，当他购买金银制品时，对制品所含金银是真是伪以及成色是否准确，他是无法识别的；这时国家就对他起了帮助作用，规定这类制品须附有公务人员的检验标记。

某人买进酒花一袋。他未必能打开来亲自检查质量是否均一，是否与所说的相符。这时国家就出来干预，规定在标志或包装方面如有诈伪，应受处分。

律师送来一张账单，但收费是否符合常规，是否公道，当事人是无法辨别的；这时国家就出来干预，设立专员管理，他对于浮收滥报等情况不但有权可以纠正，而且可以处罚。

国家规定医务人员与律师必须受过专门教育。

以上不过是就国家对个人自由进行干预的方式方法举几个例子；为了社会的利益，这些几乎是一切政府都认为应当干预的。

所谓政府干预，它的意义究竟是什么？

这只是整个社会智力与权力对于某一点的集中行动；为了全体的利益，出于共同的愿望，确定某些是应当做的，某些是不应当做的。——一位律师（已故法官拜尔斯先生）：《关于自由贸易诡辩的探讨》，1870 年。

附　录　三

李斯特竭力反对对谷物与其他农产品征收保护关税的意见，认为这类措施对于像德国这样的一个国家并没有任何利益；他的这种态度是很容易理解的。当他写作的时候(1841 年)，德国农产不但足以充分供应它本国人民的需要，而且长时期以来就经常有很大余额可以输出到别的国家。当时欧洲并没有一个别的国家能够将这类产品有利地运销德国；至于距离较远的国家，由于当时运费高昂，海洋轮运事业尚未建立，要将这类产品运销德国就更加谈不到了。

关于农产品的自由输入，作为一个纯粹政策问题，是否应予赞同姑且不论，不过李斯特把他的这一论点说成是一种普遍原则，而他所依据的显然只是他本国当时的情况，这一点跟他的国家经济学一般理论所依据的其他一些论点却很难认为是一致的。这个论点，就它本身来说，作为对英国当前问题的一种解决办法，也不能认为是确切无疑的。英国在当前情况下如果实行衣产品无限制输入政策，势必使国内很大部分的土地陷于荒芜，使这部分土地耕作者失去他们的原有工作，使国家在食物方面将大部分有赖于国外的供应；至于对本国农产加以适当保护的政策，则可使国内土地的耕种得以继续维持，并大大减低国家在食物方面对国外输入的依赖程度；那么究竟是自由输入政策还是保护政策能最有效地促进国家利益，就大有商讨余地了。从他的论点不如说是可以得出这样的结论，即某一政策对某一国家可能是有利的，对处于完全不同情况的另一国家则可能有害，尤其是对处于国家历史某一阶段的人民可能有利，在另一时期就可能是不利的；现在德国政府似乎就抱有这样的见解，关于农产品输入，它近来已经恢复了保护政策。

有些人似乎赞成适度的保护政策，把它当作一种相互之间的保证，使本国勤劳的生产者，在自己市场上可以同不属于那个国家的生产者的竞争势力相对抗。还有些人赞成这个政策，是把所征收的保护关税，看成是要求外国生产竞争者对征税国家岁入所提供的一种捐献，以此作为允许他在这个国家的国内市场同它本国生产者相竞争的条件，它的本国生产者在税务上是有许多负担的，而作为一个外商，除上述捐献外，是没有这类负担的。值得注意的是亚当·斯密本人对于在后一目的下征收保护关税也表示赞同。认为国外输入产品在税务上的负担如果的确较轻于同类的国内产品，就应当实行这样的政策。(《国家财富的性质和原因的研究》，第 4 部分，第 2 章。)

如果本书作者上述的那些见解施之于工业可以认为是正确的话，那么他似乎并没有清楚地举出理由，说明为什么他所承认的那种最主要的生产事业(所使用的资本，参加的人数，比任何别的生产事业还要大，还要多)，为了事业的顺利经营需要保护时，就不应当受到与工业同样的适当保护。

但是关于保护关税原则，全面的或单独施之于工业的，不论是否赞同，我们根据亚当·斯密的学理似乎可以得出两点推论，而这两点似乎李斯特也并不否认。第一，如果为了国家利益，认为本国农业在本国市场对国外农业有处于自由竞争地位的必要，那么，那些特殊地或过分地压迫着本国农业的种种税收，不论是全国性的或地方性的，就应当一概蠲免。第二，我们由各国输入商品时，这些国家有的对于我们运往的商品加以限制，有的则不加限制；如果处于这样的情况，我们就有理由对前一类国家输入的商品征收差别关税。

附　录　四

许多人认为，近几年来英国的实际情况足以驳倒李斯特在这一点上的理论。根据记录，英国输入超过输出的价额，由 1869 年的 5800 万镑增加到 1883 年的 1.21 亿镑。

这种情况对国家福利所发生的影响究竟是有利还是有害，因此也就是说，李斯特的论断在大体上究竟是对还是不对，要得出准确结论，主要由于两种需要考虑的事实而感到困难。第一，英国直到几年以前，甚至在现在，仍然保有投放在国外的大量资本，由此滋生的股利或利息，如果不重新在国外投入作为资本，就势必要使英国输入记录增长。第二，我们关于英国工业品在国内的生产或消费没有统计数字，关于农业生产也只有不完全的统计。因此关于英国目前的巨额入超，它所体现的，究竟在多大程度上只是原有资本项下每年所得的利息，在多大程度上是国外劳动产品在自己市场上代替了本国劳动产品，简直无法加以严格确定。

上述两个因素中前一因素如果可以证明是存在的，那么就这一点而言，经过这样解释的入超是特殊的，是不正常的，同时也证明与李斯特的主张的一般真实性并没有什么抵触。

但即使这一点是确实的（虽然事实上很难相信是这样），即认为我们的利润较少的入超部分，全部是出于国外投资的收益，这项收益是用输入商品方式到达我们这里的，那么这样输入的这类收益的直接影响，如果是侵夺或降低了本国生产的话，将使国家受到损失，任何说成是由于入超而使国家获得的利益，也将由此大大抵消。

假定全国在国外各种各式的投资总计达十亿镑，每年可以有五千万镑收入，这项利润如果不在国外重新投作资本，无疑即将以输入商品方式到达我们这里，渗入整个社会，这种商品如果主要是各种货物或产品，就势必侵夺本国生产事业，我们将在很大程度上是受害者。

如果流到我们这里的这类利润，在形式上只是我们不能生产的一些产品或工业上需要的原料，或者还可以认为是国家的利益；但是如果在形式上是食品或其他在本国可以生产的物品，结果只是把本国生产者的主顾转移给国外生产者，那么即使就眼前来说，是否有利也有疑问，若从前途着想，看来对社会是绝对有害的。

译名对照表

〔三　画〕

凡·标伦　Van Buren
马丁　Martin
马扎蓝　Mazarin
马基雅弗利　Macchiavelli
马萨诸塞　Massachusetts
马歇尔　Marshall
马德拉群岛　Madeira

〔四　画〕

夫拉维欧·基欧　Flavio Guio
不来梅　Bremen
厄勒塞拉　Ereceira
戈塔　Gotha
比吉洛　Bigelow
比萨　Pisa
比斯开湾　Bay of Biscay
牙买加　Jamaica
瓦伦西亚　Valencia
瓦拉几亚　Wallachia
瓦根海姆　Wangenheim
贝托里　Bettori
贝奇奥　Pechio
乌耳姆　Ulm
乌洛阿　Ulloa
乌斯塔里兹　Ustaritz
巴麦斯顿　Palmerston
巴拉圭　Paraguay
巴拉登　Palatine
巴登　Baden

〔五　画〕

艾希利　Ashley
古尔耐　Gourney
布什尔　Bushire
布列塔尼　Brittany
布劳比仑　Blaubeeren
布劳恩施魏克　Brunswick
布拉奔　Brabant
布朗基　Blanqui
布累撒丁诺，马科　Brasadino, Marco
布鲁日　Bruges
布鲁姆　Brougham
卡拉克　Karrack
卡斯尔累　Castlereagh
卡斯特罗绰·卡斯特拉卡尼　Castruccio Castracani
卡斯提尔　Castile
卡塞耳　Cassel
卢加　Lucca
尼科尔森，希尔德　Nicholson, Shield
弗吉尼亚　Virginia
加勒比人　Caribeans
加第斯　Cadiz
皮埃尔，圣　Pierre, St
圣西门　Saint Simon
圣多明各　San Domingo

〔六　画〕

吉耳平　Gilpin
亚丁　Aden
亚尔多纳　Altona
西季威克，亨利　Sidgwick, Henry
西斯蒙第　Sismondi
西塞罗　Cicero
百慕大群岛　Bermudas
达夫南特　Davenent
达姆斯塔特　Darmstadt
达律　Daru
迈宁根　Meiningen
托伦斯　Torrens
托利多　Toledo
托斯卡那　Tuscany
伊凡·瓦西里哲维奇　Evan Wassilije-witsch
伊甸　Eden
合恩角　Cape Horn
汤普森，波利特　Thompson, Poulett
安的列斯群岛　Antilles
安娜　Anne

〔七　画〕

麦克弗森　Macpherson
麦克奎恩　Mc Queen
麦克洛克　McCulloch
麦迪逊，詹姆斯　Madison, James
麦修恩，保罗　Methuen, Paul
坎贝尔　Campbell
坎宁　Canning
克力门　Clement
克宁汉　Cunningham
克利奥尔人　Creole
杜平根　Tübingen
杜阁　Tuygot
杜潘　Dupin
李斯特，弗里德里希　List, Friedrich
里夫斯　Rives
里加　Riga
里舍留　Richelieu
利文斯通，爱德华　Livingstone, Edward
伯克　Burke
佛罗伦萨　Florence
库夫斯泰因　Kufstein
库柏，托马斯　Cooper, Thomas
庇特，威廉　Pitt, William
沙忒尔　Chatel
沙普塔尔　Chaptal
沃德耳　Wardle
阿卜都拉曼　Abdulrahman
阿马斐　Amalfi
阿扎拉　Azara
阿尔及尔　Algiers
阿司堡　Asberg
阿西安托　Assiento
阿伯丁　Aberdeen
阿姆斯特丹　Amsterdam
纳克　Necker
纽伦堡　Nürnberg

〔八　画〕

耶纳　Jena
英格索尔　Ingersoll
松德(海峡)　Sound
杰克逊　Jackson
杰斐逊　Jefferson
雨格诺派　Huguenots
拉布谢尔　Labouchere
拉法夷脱　Lafayette
罗西　Rossi
罗伊特林根　Reutlingen

罗威尔　Lowell
罗得岛　Rhode Island
帕拉斯　Pallas
卑尔根　Bergen
舍拉,安东尼　Serra, Antonio
庞巴尔　Pombal
刻普勒　Kepler
法兰克福　Frankfort
法兰德斯　Flanders
波士顿　Boston
波托贝洛　Portobello
波特尔　Porter
波旁王室　Bourbons
居尔特人　Celts
居诺　Junot

〔九　画〕

南卡罗来纳　South Carolina
柯苏士　Kossuth
查尔廷　Chardin
查坦　Chatham
查默斯　Chalmers
柏卡里亚　Beccaria
勃兰登堡　Brandenburg
勃艮第　Burgundy
威利　Verri
威悉(河)　Weser
威斯特摩兰　Westmoreland
哈勒　Halle
拜尔斯　Byles
科布　Kolb
科布登　Cobden
科尔伯特　Colbert
科隆　Cologne
律贝克　Lübeck
美因兹　Mayence
费里尔,亚历山大　Ferrier, Alexander
费拉德尔非亚　Philadelphia
泰特　Tait

〔十　画〕

埃尔富特　Erfurt
埃弗雷特　Everett
埃克斯毛思　Exmouth
莫塞尔,贾斯特斯　Möser, Justus
格伯利族　Guebres
格拉那达　Granada
格恩济岛　Guernsey
格鲁吉亚　Georgia
根特　Ghent
哥尔多华　Cordova
哲尔济岛　Jersey
特纳里夫岛　Teneriffe
特洛伊　Troy
俾斯麦　Bismarck
爱泽纳赫　Eisenach
爱奥尼亚群岛　Ionian Islands
涅塞尔罗德　Nesselrode
海华德　Hayward
海林　Heylyn
诺夫戈罗德　Novgorod
诺思　North
诺曼底　Normandy
桑度　Sandu

〔十一画〕

基察第尼　Guicciardini
菲兰哲里　Filangieri
萨尔斯堡　Salzburg
萨托留斯　Sartorius
萨伊,尚·巴普蒂斯特　Say, Jean Baptiste
萨伊,路易　Say, Louis

梅迪奇　Medici
符腾堡　Würtemberg
鹿特丹　Rotterdam
维莱耳　Villele

〔十二画〕

斯瓦比亚　Swabia
斯托哈　Storch
斯图尔特　Stewart
斯特拉波　Strabo
斯特拉斯堡　Strasburg
斯宾塞　Spencer
斯密，亚当　Smith，Adam
斯塔普尔顿　Stapleton
提罗尔　Tyrol
喀德邻二世　Catherine II
傅立叶　Fourier
奥尔曼　Allman
奥尔登堡　Oldenburg
奥格斯堡　Augsburg
奥康奈耳　O'connell
鲁文　Louvain
敦刻尔克　Dunkirk
普立查德　Pritchard
普里斯特利　Priestley

〔十三画〕

瑙漠堡　Naumberg
赖默尔　Rymer
歇伐利埃，密歇尔　Chevalier，Michel
路易斯安那　Louisiana
魁奈　Quesnay
鲍尔文　Baldwin
鲍克尔斯，彼得　Böckels，Peter
鲍林　Bowring
新斯科夏（半岛）　Nova Scotia
塞加西亚　Circassia
塞哥维亚　Segovia
塞维尔　Seville

〔十四画〕

赫尔果兰岛　Helgoland
赫斯启森　Huskisson
赛里萨，玛丽亚　Theresa，Maria

〔十五画〕

墨尔本　Melbourne
德·威特　De Witte
德·莱可吕斯　De L'Ecluse
德拉韦　Delaware
摩尔达维亚　Moldavia
摩立尔　Morill

〔十六画〕

霍亨斯陶芬王室　Hohenstaufen
穆勒　Mill

〔十七画〕

魏马　Weimar

图书在版编目(CIP)数据

政治经济学的国民体系/(德)弗里德里希·李斯特著;陈万煦译.—北京:商务印书馆,2017
(汉译世界学术名著丛书:120年纪念版:珍藏本)
ISBN 978-7-100-14157-4

Ⅰ.①政… Ⅱ.①弗… ②陈… Ⅲ.①历史学派—研究 Ⅳ.①F091.342

中国版本图书馆CIP数据核字(2017)第139031号

汉译世界学术名著丛书
(120年纪念版·珍藏本)
政治经济学的国民体系
〔德〕弗里德里希·李斯特 著
陈万煦 译
蔡受百 校

商务印书馆出版
(北京王府井大街36号 邮政编码100710)
商务印书馆发行
南京爱德印刷有限公司印刷
ISBN 978-7-100-14157-4

2017年12月第1版　　开本710×1000 1/16
2017年12月第1次印刷　　印张27¼
定价:130.00元